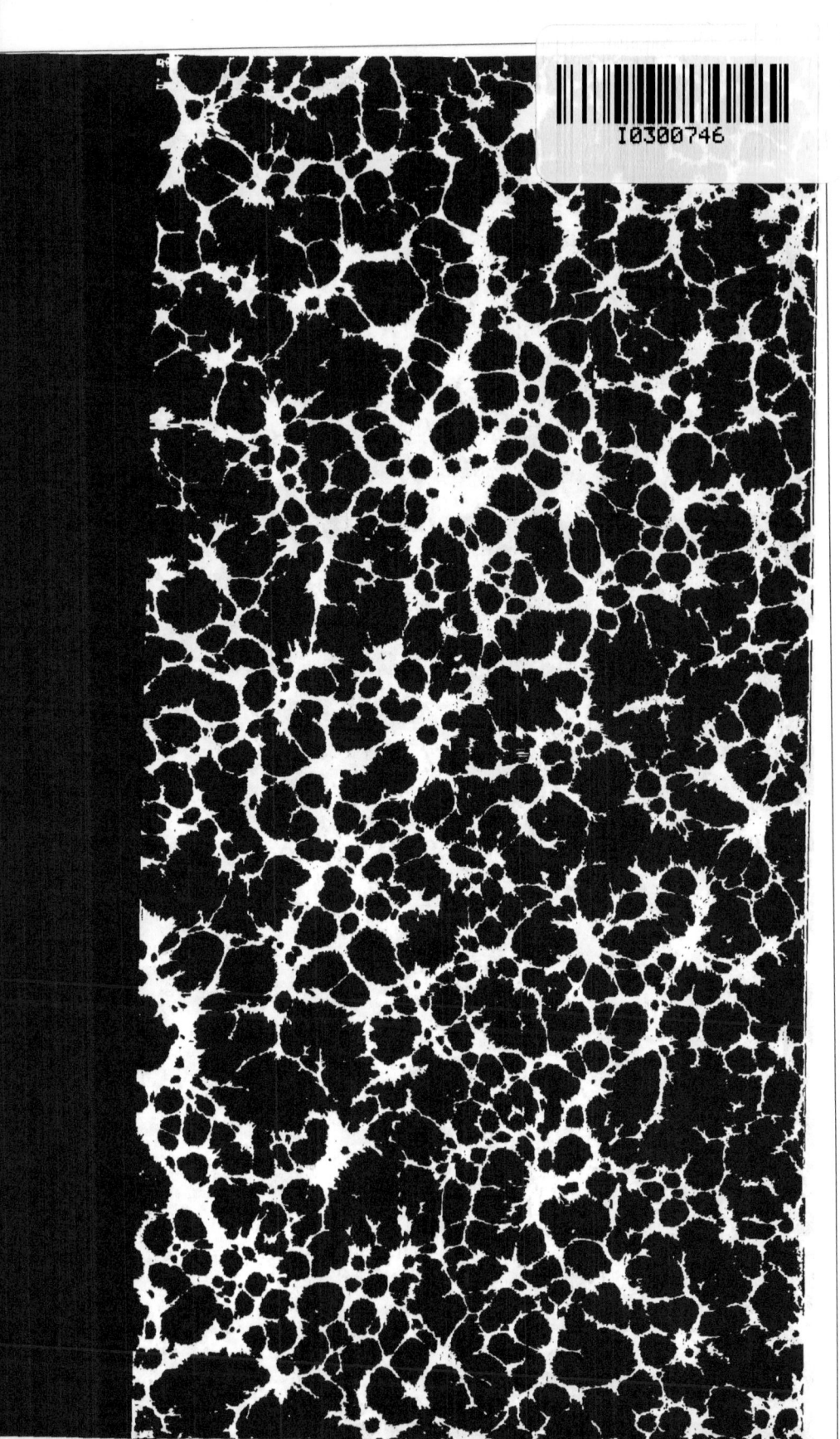

R. LAUB 1969

GUERRE DE 1870-1871

V

LES PRUSSIENS A MULHOUSE EN 1870

Journal d'un Conseiller municipal

PAR

Le docteur JEAN WEBER-KOECHLIN

Avec une préface de M. Auguste Dollfus, une biographie de l'auteur, par M. le docteur Eugène Koechlin, 136 portraits et 8 planches diverses

MULHOUSE
Ernest Meininger, Imprimeur-Éditeur
1910

GUERRE DE 1870—1871

LES PRUSSIENS A MULHOUSE EN 1870

Il a été tiré de cet ouvrage 50 exemplaires d'amateur sur papier de Hollande, numérotés à la presse, au prix de 12 Mark (15 francs) l'exemplaire.

Dʳ JEAN WEBER-KOECHLIN

1804 1872

GUERRE DE 1870-1871

V

LES PRUSSIENS A MULHOUSE EN 1870

Journal d'un Conseiller municipal

PAR

Le docteur JEAN WEBER-KOECHLIN

Avec une préface de M. Auguste Dollfus, une biographie de l'auteur, par
M. le docteur Eugène Koechlin, 136 portraits et 8 planches diverses

MULHOUSE
Ernest Meininger, Imprimeur-Éditeur
1910

PRÉFACE

Depuis quelques années, grâce, en grande partie au moins, à l'initiative de M. Ernest Meininger, une intéressante collection de volumes relatifs à la guerre de 1870-71 a été publiée; ce sont les mémoires de MM. Emile Gluck, Henri Juillard-Weiss, Edouard Doll et Alfred Engel.

Aujourd'hui, un nouvel ouvrage historique des plus importants vient s'ajouter à la série. C'est le journal écrit pendant la guerre par le docteur Weber, membre du Conseil municipal, et relatant, presque jour, par jour les incidents qui se sont produits et les discussions qui ont eu lieu. Ce journal est, à bien des égards, plus complet que les procès-verbaux officiels de l'époque, conservés aux archives municipales.

Au moment où M. Meininger, autorisé par les survivants de la famille du docteur Weber, s'apprêtait à imprimer ce volumineux manuscrit, quelques personnes lui ont fait observer qu'il pouvait y avoir quelques inconvénients, sinon quelque danger, à publier déjà un document relatant avec autant de sincérité et de détails tous les incidents qui se sont produits au Conseil municipal et à la Commission exécutive de 1870-71. M. Meininger a répondu, et à grande raison, nous semble-t-il, qu'il ne pouvait comprendre ni ces inconvénients, ni ce danger; que tout ce qu'il allait imprimer constituait des documents historiques, et que ceux qui avaient agi jadis, en s'opposant dans la mesure à eux possible aux agissements des envahisseurs d'alors, ne faisaient que remplir la mission imposée par leur conscience et par le mandat qui leur avait été confié; loin par conséquent de les exposer à des dangers imaginaires, il ne pouvait résulter pour eux de cette publication que de l'honneur et le mérite d'avoir honorablement accompli de sérieux devoirs.

Nous sommes convaincu que tous ceux qui liront ces pages émouvantes partageront ce point de vue.

AUGUSTE DOLLFUS
*dernier survivant
de la Commission exécutive de 1870-71.*

Au Lecteur,

Le «Journal d'un Conseiller municipal», du docteur Jean Weber, que nous publions aujourd'hui grâce à l'aimable autorisation de la famille, dont nous lui savons le plus grand gré, forme le 5ᵉ volume de la série des **Ouvrages d'auteurs mulhousiens sur la Guerre de 1870-1871**, dont nous avons commencé naguère la publication.

Tous ces récits concernant l'année terrible, celle qui a été si particulièrement douloureuse pour les Alsaciens-Lorrains, sont des pages d'histoire vécue ; ils contiennent chacun leur enseignement et apportent leur modeste contribution à la grande histoire. On les consultera plus tard avec fruit.

Pour nous-mêmes, ils comportent une consolation et un réconfort, car ils démontrent bien que le Mulhousien en particulier et l'Alsacien en général ont su remplir, comme soldats et comme citoyens, tout leur devoir envers leur patrie d'alors, la France, et qu'ils ont su faire, sans hésiter, tous les sacrifices que leur imposaient leur conscience et les circonstances.

Le livre du docteur Weber n'est pas un récit de batailles, ni de sang versé. Il n'en est pas moins poignant par la relation des tribulations de toute nature par lesquelles passent, en temps de guerre, les autorités d'une ville manufacturière ouverte. Séparé violemment par les armées ennemies du pouvoir central, notre conseil municipal d'alors se déclara en permanence, créa une commission exécutive chargée de la direction suprême des affaires publiques et sut faire face, durant de longs mois et sans secours extérieur, à toutes les difficultés et parer à tous les besoins d'une situation exceptionnelle. Le « Journal d'un Conseiller municipal » est, sous ce rapport, le plus bel hommage rendu à ces hommes énergiques, à ces citoyens avisés et courageux, qui se sont montrés, en 1870, les dignes descendants des bourgeois de l'ancienne république de Mulhouse. Cet hommage s'étend, au même titre, à la population entière, à toutes les classes de la population; les pages qui suivent en fournissent largement la preuve.

Pour donner au livre du docteur Weber toute sa valeur de document historique, nous y avons ajouté en grand nombre les portraits des principaux acteurs du drame d'alors. De la sorte, les survivants — bien clairsemés, hélas! — de l'année néfaste revivront mieux ces feuillets d'un passé déjà si lointain; quant à la jeune génération, elle y puisera l'exemple salutaire du devoir accompli sans phrase.

L'ÉDITEUR.

Pl. 2

Dr EUGÈNE KOECHLIN

NOTICE BIOGRAPHIQUE

(Extrait du *Bulletin de la Société Industrielle de Mulhouse*, Janvier 1873, p. 37.)

Messieurs,

Je viens un peu tard vous entretenir, selon l'usage consacré de longue date par la Société industrielle, de notre regretté collègue Jean Weber.

Il était du nombre toujours décroissant de ceux qui prirent part, sinon à la création, du moins à l'organisation de notre Société, et qui eurent aussi le bonheur de vivre pendant les belles années de prospérité de notre cité, pendant cette ère de jeunesse où tout grandissait et réussissait ici.

Nos aînés, en se mettant avec tant d'ardeur à l'œuvre pour jeter les fondations de notre institution, pouvaient sans doute s'attendre à des moments passagers de crise, où cette prospérité serait pour quelque temps éclipsée; mais ils ne pouvaient heureusement prévoir la maladie de langueur qui nous mine aujourd'hui et dont l'influence décourageante nous laisse sans forces, et nous empêche d'apporter notre pierre à l'édifice de l'avenir.

Né en 1804, Weber ne reçut pas, comme vous le savez, une éducation de luxe ; les impressions qui frappèrent son intelligence, dans le milieu plus que modeste où s'écoula son enfance, ne s'effacèrent pas, et donnèrent à son esprit cette âpreté au travail qui le distingua plus tard.

Il a dû, sans doute, aussi à cette éducation sévère une force de constitution qui lui a permis de se livrer presque sans interruption, pendant quarante-deux ans, à une profession des plus fatigantes.

C'est au moyen d'une bourse qu'il put aller faire son instruction secondaire au collège de Nancy, en compagnie de plusieurs Mulhousois. Car alors, comme aujourd'hui, nos compatriotes étaient contraints d'aller au dehors apprendre la langue française.

A Nancy, Weber se lia d'amitié avec deux Lorrains, qui, arrivés plus tard aux grandeurs, l'un comme chirurgien, Malgaigne, l'autre, Schneider, comme industriel, ne cessèrent de rester avec lui en très bons termes d'amitié.

En 1823 il se rendit à Paris pour commencer ses études médicales ; là encore il eut à lutter avec l'exiguïté de ses ressources jusqu'à ce que, reçu par concours interne dans les hôpitaux, il put se mettre un peu à l'aise, car l'administration fournissait à ses élèves, avec le logement, une nourriture aussi simple que peu variée.

C'est à cette Ecole, unique dans le monde, que Weber acquit ce coup d'œil médical, ce jugement sain qui le distinguait dans la pratique; c'est là que, constamment en contact avec ses malades, pouvant voir leur physionomie et l'effet des médicaments à toute heure du jour et de la nuit, passant des salles à l'amphithéâtre, il fut le collaborateur du célèbre Louis dans l'étude d'une maladie connue aujourd'hui de tout le monde, mais qui alors était un sujet de vives discussions entre les princes de la science, au grand détriment du malade, que l'un voulait guérir par les saignées et l'autre par les excitants.

Amère dérision du sort! c'est cette même maladie qu'il avait tant étudiée et contribué à faire connaître, qui devait, vingt-cinq ans plus tard, lui ravir son fils aîné, arrivé à Paris depuis quelques mois, et enlevé en peu de jours par une épidémie violente provoquée par les travaux de démolition alors dans toute leur splendeur.

J'ai assisté à ce drame affreux d'un corps jeune, d'une intelligence saine, frappés à mort en moins de deux jours par ce poison insaisissable; j'ai vu l'impuissance des soins dévoués du maître qui avait instruit le père et qui ne pouvait lui conserver son fils; j'ai vu l'arrivée des parents qui, appelés en toute hâte, ne trouvèrent plus que la dépouille inanimée de leur enfant.

Tout cela est horrible et l'est doublement pour un médecin, et vous m'excuserez d'avoir rappelé cette circonstance, toujours présente à mon esprit, où je reçus pour ainsi dire le baptême du feu.

Après avoir obtenu le prix de l'Ecole pratique que la Faculté décerne à ses meilleurs élèves, Weber revint se fixer à Mulhouse en 1830, peu de jours après la Révolution de juillet, dont il fut témoin et acteur. Il ne tarda pas à récolter les fruits du travail persévérant qui avait été la seule occupation de sa jeunesse. Il arrivait ici avec le prestige que donnait à ses élèves l'Ecole de Paris à une époque où nos concitoyens en étaient encore réduits à confier leur santé à quelques médicastres venus d'outre-Rhin, quelques-uns dans les fourgons des alliés, et dont les diplômes étaient fort sujets à caution.

Quoique entièrement voué à l'exercice de sa profession, Weber ne tourna cependant pas, comme tant d'autres, le dos à la science et aux travaux de l'esprit dès sa sortie de l'Ecole.

Notre Société, encore dans sa période de constitution, lui décerna, dès le 24 Novembre 1830, le titre de membre honoraire, en même temps qu'à ses deux confrères Curie et Bauer. Il ne considéra pas cet honneur comme un simple titre, mais il prit bientôt et ne cessa depuis, soit comme membre du comité d'utilité publique, soit surtout comme secrétaire du comité d'histoire naturelle, de prendre aux travaux de la Société une part aussi active que le lui permettaient ses autres occupations.

Il s'occupait principalement avec intérêt de l'entretien de nos collections et de leur développement, pour lequel il a souvent fait appel à votre caisse, et avait en outre mis en train une souscription annuelle qui nous a permis de nous enrichir de plusieurs pièces fort rares et intéressantes. C'est un grand vide que nous ressentirons au comité d'histoire naturelle au moment où le déplacement du Musée industriel nous permettra sans doute de consacrer plus d'espace aux collections, de ne plus avoir à notre tête cet esprit au jugement sain et aux allures sagement économes.

Il m'est impossible de vous énumérer tous les travaux qui sont sortis de la plume féconde de notre collègue; je me borne à vous en rappeler quelques-uns parmi ceux qui ont enrichi nos Bulletins.

Ce sont des rapports sur :
> La culture des forêts ;
> Les travaux de la section d'agriculture ;
> Les causes de la détresse de l'industrie ;
> La culture du lin ;
> Divers mémoires traitant de l'industrialisme ;
> La circulaire relative à la durée du travail dans les manufactures ;
> Le travail des femmes ;
> Des essais de reproduction de sangsues dans le Haut-Rhin.

Je relève parmi ces publications un travail de 1832 sur le choléra et sur les mesures à prendre contre cette épidémie, rapport fait au nom de la Commission sanitaire. Nous voyons dans ce rapport, fort bien fait, jaillir partout le sens pratique qui distinguait notre collègue ; il s'efforce de remettre dans leur assiette les esprits affolés par ce mal nouveau et encore inconnu, et de calmer les frayeurs de la population qui allaient jusqu'à prévoir la nécessité de la fermeture complète des ateliers par crainte de la contagion.

Enfin, nous devons à Weber plusieurs notices nécrologiques remarquables sur :
> Jean Zuber père ;
> Joseph Kœchlin-Schlumberger ;
> Dollfus-Ausset.

Les occupations professionnelles bientôt fort absorbantes de notre collègue ne l'empêchèrent pas cependant de se dévouer à d'autres œuvres de bien public.

En 1834 il fut placé avec son contemporain Bauer à la tête de l'hospice civil, et il ne cessa pas un seul jour, pendant près de quarante ans, de consacrer son temps et son savoir au soulagement de cette intéressante clientèle, prenant aux souffrances des malheureux le même intérêt que s'ils eussent été mieux partagés par la fortune. Le matin même de sa mort, le 2 avril 1872, il avait commencé sa laborieuse journée par son service d'hôpital, quoiqu'il se sentît depuis peu atteint mortellement, obéissant ainsi jusqu'à la fin à la voix du devoir.

Je ne puis non plus passer sous silence les excellents rapports dans lesquels notre collègue sut vivre constamment avec ses confrères Bauer et Mühlenbeck qui, moins robustes que lui, le précédèrent dans la tombe, minés par les fatigues physiques et morales de leur profession.

Weber fit partie dès 1833 du Conseil municipal, où il ne cessa depuis lors de siéger en qualité de secrétaire.

Il eut encore l'occasion de déployer son activité comme membre de la Commission cantonale des écoles, du Conseil d'hygiène et de salubrité publique, enfin comme membre fondateur de la Société médicale du Haut-Rhin, dont il fut longtemps président.

Il fut récompensé par une médaille pour la vaccine en 1841, une médaille pour le choléra en 1854, et par le titre d'officier d'académie en 1870.

Si un succès mérité fut la récompense de notre collègue, il a été par contre rudement éprouvé dans ses affections. Précédé dans la tombe par deux de ses fils, il avait supporté ces pertes cruelles avec ce stoïcisme qui n'est pas de la dureté de cœur, mais qui devient pour le médecin une condition de l'existence ; encore n'est-ce qu'en apparence qu'il avait résisté à ces coups du sort, car moi qui le voyais souvent et lui devais donner des conseils, malheureusement inutiles, je ne puis douter que c'est là qu'il avait puisé l'origine de la maladie qui l'a emporté. Il s'était rattaché à son dernier fils, sur le point de revenir dans sa ville natale ; c'était ce retour prochain qui soutenait Weber au milieu des souffrances qu'il cachait même à ses proches ; mais cette joie même ne lui fut pas donnée, et, enlevé subitement par un mal sans remède, il ne put voir son fils à son lit de mort.

Cherchant maintenant à vous résumer les traits saillants du caractère de notre regretté collègue, je constate que, malgré une profession fort absorbante,

Weber prenait un vif intérêt à la chose publique, au progrès moral et physique de la cité, et était prêt en toute circonstance à accepter des charges qui, loin d'être toujours honorifiques, se transformaient souvent en corvées ingrates. Ce qui me frappait particulièrement dans son caractère, c'était ce jugement sain, ce sens pratique, cette grande droiture, qui faisait de lui l'homme de bon conseil en toutes choses; c'était ensuite une fermeté d'âme à toute épreuve, qui n'excluait nullement l'affection (car je l'ai vu pleurer au chevet de mon père alors atteint d'une maladie fort grave), mais qui lui permettait de montrer à ses patients un visage riant, lors même que son âme était en proie aux plus graves préoccupations. Il était profondément attaché à sa ville natale et à ses institutions. Sa mort subite nous prive d'un citoyen dévoué à la chose publique, d'un collègue loyal et d'un travailleur infatigable.

Dr Eug. Koechlin.

L'HOTEL DE VILLE DE MULHOUSE, en 1867.

LES PRUSSIENS A MULHOUSE EN 1870

RÉSUMÉ GÉNÉRAL

15 Juillet 1870. — Déclaration de la guerre.

2 Août. — Succès équivoque de nos armes à Sarrebruck où l'on n'occupe pas même la ville : ce succès est proclamé au milieu de la nuit avec grand renfort de tambours, de cris et de chants.

4 Août. — Défaite du général Douay à Wissembourg, l'annonce en arrive le même jour jeudi à Mulhouse, et toutes les troupes, qui y séjournaient à peine depuis quelques heures, sont obligées de repartir subitement.

6 Août. — Déroute de l'armée de Mac-Mahon, sortie de Strasbourg, à Wœrth et à Frœschwiller ; le même jour l'armée du général Frossard est battue à Spickeren et à Forbach.

La nouvelle de la première de ces batailles arrive ici le dimanche 7 et fait replier brusquement les forces que le général Douay de Belfort avait amenées la veille : infanterie, cavalerie, artillerie. Les élections municipales commencées sont suspendues ; on s'attend à une invasion prochaine et le Conseil municipal se déclare en permanence.

12 Août. — Les Prussiens entrent à Nancy.

Dès le 14 août, les Prussiens cernent Metz, l'empereur peut encore sortir avec quelques régiments et se sauver à Châlons, mais Bazaine essaye en vain de sortir à son tour et livre les 3 ou 4 jours suivants des batailles continues autour de Metz pour se dégager. La plus importante a été celle du 18, qu'on appelle bataille de Metz ou de Gravelotte et où l'on nous fait croire à une grande défaite des Prussiens rejetés dans les carrières de Jaumont, à une vingtaine de kilomètres de Metz, mais, dans le camp prussien, il n'a jamais été question de cette défaite ni des carrières de Jaumont.

L'armée française, rassemblée à Châlons sous les ordres de Mac-Mahon et avec l'empereur, au lieu de se porter sur Saint-Dizier où sont déjà les Prussiens, se retire sur Reims pour de là se jeter dans les Ardennes.

Malgré une course au clocher dans cette direction, l'armée française est atteinte par celle du prince héréditaire, elle est battue dans trois jours de luttes successives et le tout finit par la capitulation de Sedan, où l'empereur, le premier, sans l'avis de ses généraux, fait hisser le drapeau blanc. La capitulation est du 2 septembre ; dès que la nouvelle en arrive à Paris, dans la matinée du 4, l'Empire s'écroule, la République est proclamée, un gouvernement dit de *Défense nationale* s'organise. La nouvelle en parvient à Mulhouse dans la soirée le même jour, dimanche 4 septembre. Longue figure des partisans de l'Empire. Le sous-préfet, baron Jacquinot, vient annoncer sa démission au Conseil municipal, mais dit qu'il restera pour servir les intérêts de son arrondissement tant qu'il lui sera possible, ce qu'il a fait avec beaucoup de zèle et de loyauté.

Dès le début de la guerre, les communications par le Rhin avec l'Allemagne ont été rompues et beaucoup de personnes n'ont pu revenir des bains d'Outre-Rhin qu'avec beaucoup de difficultés; le bac de Chalampé a été supprimé et les bateaux n'osaient plus aller d'une rive à l'autre; les douaniers des deux côtés se tiraient de temps en temps un coup de fusil, cependant il semblait y avoir comme une convention tacite dans le Haut-Rhin, des deux côtés, de ne pas chercher à s'envahir réciproquement, lorsque des francs-tireurs passèrent le Rhin à Kembs et brisèrent le télégraphe, en enlevèrent quelques poteaux et aussi quelques rails du chemin de fer; ce pauvre petit exploit qui fut signalé comme un grand succès par le ministre de la guerre, Palikao, dans la Chambre des députés, provoqua des hostilités plus vives sur le Rhin et nous tint sous la menace croissante d'une invasion.

14 Septembre. — On apprend que les Badois ont envahi Colmar.

15 Septembre. — De veille à la mairie, j'aide à l'expédition sur Belfort des fusils de la garde nationale qu'on va réclamer même dans la nuit pour ne pas les livrer à l'ennemi, dont on attend l'invasion.

Celle-ci eut lieu à Mulhouse le 16 Septembre par des troupes badoises venues à la fois de Colmar et du Rhin par Chalampé, qui s'étaient rejointes à l'Ile Napoléon.

Dès le matin, quelques dragons parcouraient les grandes avenues et rues de Mulhouse, et à midi quelques mille hommes envahirent la ville, laissant un parc d'artillerie campé dans le Nordfeld. Les troupes en ville restèrent massées à la gare, au faubourg de Bâle, sur la place du Nouveau-Quartier, et se logèrent et préparèrent leurs repas dans les maisons voisines. Elles firent toutes espèces de réquisitions en vivres, fourrages, chevaux, voitures, etc., et arrêtèrent M. Bernardini, dans les bureaux de l'*Industriel Alsacien*. Les communications avec les dehors de la ville sont coupées, il faut des laisser-passer pour tout, même pour les laitiers.

Le lendemain, mêmes difficultés, mais le général renvoie toutes les signatures de circulation, de chemin de fer, etc., à deux heures après-midi.

Il paraît qu'il savait bien pourquoi il en agissait ainsi: à une heure, en effet, tous les Badois étaient repartis, qui pour Chalampé, qui pour Ensisheim.

Une grande agitation populaire succède à leur départ, les rues sont pleines de monde, montrant sa satisfaction. Deux soldats français traversent la ville annonçant l'arrivée des troupes de Belfort pour poursuivre et cerner les Badois. Ce n'était malheureusement qu'un canard.

Le jour suivant, dimanche 18 septembre, l'agitation populaire est plus vive encore, elle tourne presque à l'émeute, on écharpe quelques Allemands domiciliés ici qui ont parlé la veille aux Badois et on n'obtient quelque peu d'ordre qu'en rétablissant une garde nationale presque sans armes et en balayant les rues avec quelques cavaliers montés qui ont servi auparavant d'éclaireurs sur le Rhin, aussi en qualité de gardes nationaux. Dès les premiers jours d'agitation on avait eu recours à des hommes de bonne volonté pour maintenir l'ordre, et on leur avait donné un brassard pour les distinguer.

Lundi 19 Septembre, la soirée est plus calme; mardi, le 20, arrivent de Belfort des troupes de ligne, des mobiles et quelques canons sans chevaux. Il s'agit de leur en trouver. Ces troupes, commandées par le colonel Sauterot, montrent peu de discipline, il faut que la garde nationale monte en quelque sorte les postes pour elles ; elles se dispersent dès le lendemain dans différentes directions, dont une grande partie à Burnhaupt pour y former un camp.

Les journées suivantes sont assez calmes ; à force de parler d'une nouvelle invasion prussienne sans la voir arriver, on finit par n'y plus croire.

L'artillerie de Belfort vient même tranquillement ici se remonter en chevaux. On fait connaître qu'une Commission composée d'officiers et de vétérinaires sera ici le jeudi 29, pour choisir et acheter tous ceux qui lui conviendront parmi ceux qu'on lui présentera. C'est effectivement ce qu'elle a fait. Le marché devait continuer le lendemain, mais, sur la menace d'une nouvelle invasion, la Commission s'empresse de rentrer à Belfort et les chevaux des particuliers sont inutilement amenés au lieu de vente. Le camp de Burnhaupt est levé à la même occasion. Cependant ce vendredi, le samedi suivant et le

Dimanche matin, 2 Octobre, sont calmes. C'était une belle journée et tout le monde était à se promener. On avait tant de fois annoncé les Prussiens qu'on finissait par croire qu'ils ne viendraient plus. Toutefois, dans l'après-dîner, on les signale vers Riedisheim, puis sur le pont du Canal, puis près des rotondes du chemin de fer, enfin passant sur le chemin de la Wanne.

L'agitation se met dans la foule, tout le monde est à regarder et à attendre.

Entre cinq et six heures du soir, des promeneurs venant de Riedisheim, dont un employé de la mairie, qui laisse son camarade en otage, apporte un chiffon de papier où, écrit au crayon, le colonel Von Loos commande des réquisitions de vivres pour Riedisheim avec menaces si on n'y obtempère pas; bientôt autre billet de l'extrémité du faubourg de Bâle d'un commandant Pretlwitz qui demande que tout le Conseil municipal se présente devant lui, avec menace de lancer des grenades sur la ville si on n'obéit pas.

Le Conseil ne juge pas qu'il y ait convenance ni dignité de sa part à se déplacer, mais il fait savoir au colonel Von Loos, par l'employé de la mairie qui lui avait servi de messager, qu'il exécutera ses réquisitions. On se met en mesure pour avoir du pain et du vin. M. Zipélius, l'un des membres du Conseil, accompagne la voiture qui doit conduire le pain à Riedisheim, mais dans le faubourg de Bâle il est assailli, entouré par la multitude, la voiture est arrêtée, M. Zipélius et M. Paul Kullmann, qui était aussi là, sont bousculés, maltraités et tout le pain est enlevé par miches.

La voiture de vin qui traverse peu après la rue du Sauvage a un sort analogue. La voiture est arrêtée, les tonneaux sont défoncés et le vin répandu dans la rue. Il est évident que les fournitures ne peuvent se faire, on cherche à en instruire le colonel à Riedisheim et il est clair aussi que si le Conseil municipal s'était porté au devant des Prussiens, il aurait pu être fort maltraité par la populace.

Dès qu'il a été question de l'entrée des Prussiens, le

poste de garde nationale qui était à l'Hôtel de ville s'est éclipsé et à cinq heures du soir le corps de garde était fermé.

Plus tard, pendant les pourparlers avec le camp prussien, la foule s'amasse sur la place de l'Hôtel-de-Ville; c'étaient d'abord surtout des femmes. On crie : « Vive la France », puis il semble s'élever des cris de mécontentement contre les fournitures qu'on a tenté de faire aux Prussiens. Les cris deviennent plus tumultueux, quelques pierres sont lancées contre les fenêtres de l'Hôtel de ville, plusieurs coups de feu se font entendre. Puis une véritable grêle de pierres vient briser la plupart des vitres de l'Hôtel de ville, on ne peut plus se tenir dans la grande salle et on va dans le corridor dont les fenêtres sont aussi brisées, mais dont les murs vous garantissent un peu.

Les membres présents du Conseil font appel au dévouement des bons citoyens et quelques-uns vont avec eux à la foule pour arrêter les plus mutins; quelques coups de pistolet les aident dans cette besogne. Ils n'attaquent personne, mais un émeutier montant l'escalier de l'Hôtel de ville reçoit un coup de pique ou de bayonnette, dont il meurt le lendemain. Plus tard on bat le rappel et quelques gardes nationaux se présentent; l'ordre est rétabli pour la soirée.

Pendant ce temps, M. Boehler, conseiller, va en son nom personnel chez le colonel Von Loos qu'il ne trouve pas au faubourg de Bâle, comme on le disait, et on le prie d'aller le chercher à Riedisheim pour lui expliquer notre position. Le colonel le charge d'aller l'exposer au général, qui est à

Bantzenheim, et il part en voiture avec un adjudant pour cette destination, d'où il ne revient que le lendemain.

Au milieu de la nuit, les Prussiens font encore une fois demander du pain et du vin, ce que l'on exécute.

Le lendemain, 3 Octobre, des troupes prussiennes se montrent autour de la ville, prennent possession de la gare et semblent vouloir explorer le terrain avant d'entrer en ville. Des pourparlers ont lieu avec Riedisheim, surtout par M. Doll. Les réquisitions à fournir pleuvent, et différents édifices sont assignés au logement des troupes qui, dans la soirée, doivent entrer en ville. Ce sont la caserne, l'Ecole professionnelle avec l'Ecole de dessin, le Collège avec la fabrique Amédée Schlumberger, rue du Théâtre, la gare, le faubourg de la porte Jeune avec la ferme Jean Steinbach, enfin l'Hôtel de ville.

Dans la soirée, environ 6000 hommes entrent en ville avec une multitude de voitures de train et s'établissent dans leurs différents quartiers avec une foule de sentinelles partout.

Le grand carré de l'Hôtel de ville qui sert d'antichambre est même envahi et toute la place qu'il présente est occupée par des Prussiens qui y campent jour et nuit.

Le jour suivant, 4 Octobre, c'est naturellement un va-et-vient continuel à l'Hôtel de ville, et rien n'est plus curieux qu'une journée pareille.

Les réquisitions pleuvent; on demande pour tout ce monde logé en ville, pain, vin, viande, riz, sel, café, tabac, et pour les chevaux foin, avoine, paille. Celle-ci aussi en grande quantité pour le coucher des soldats. On demande

FAC-SIMILÉ DU TABLEAU DES BOURGMESTRES
à la Salle du Conseil de l'Hôtel de ville de Mulhouse.

des voitures pour conduire toutes ces provisions à leur destination, d'autres voitures pour différentes expéditions, enfin des citadines à la disposition des chefs. Tout cela est demandé pêle-mêle en même temps que les conseillers municipaux présents traitent avec les fournisseurs de toutes ces denrées pour débattre les prix et indiquer les quantités. C'est une confusion sans fin, une activité, une agitation dévorantes. Quand on croit avoir tout prévu, tout expédié, il arrive à chaque instant un nouveau traîneur de sabre qui réclame qu'il n'a pas reçu sa paille, ou son avoine, ou son café, ou que celui-ci n'est pas grillé, et le ton n'est rien moins que poli, il est toujours raide. Il vous prend des crispations quand la porte s'ouvre, de peur de voir entrer un nouvel uniforme quémandeur. On vient réclamer jusqu'à des bandages herniaires.

Les difficultés s'augmentent de ce que ce ne sont pas toujours les mêmes conseillers municipaux qui sont présents, de manière qu'on ne sait pas bien quels ordres ont donné, quelles dispositions ont prises les absents, et le tout se fait dans une salle à courant d'air, parce que les vitres brisées n'ont pas encore été rétablies ; plancher et bancs sont restés couverts de débris de vitres.

Les choses ne sont guère plus faciles ni plus agréables dans les bureaux de distribution au Werkhof, par exemple. Il faut à la fois recevoir, peser, enregistrer les denrées qu'on reçoit, et les peser, enregistrer et charger pour leur destination ; tantôt ce sont les voitures, tantôt les sacs pour détailler le riz et le café, tantôt l'une ou l'autre denrée qui manque, de sorte qu'il est difficile de faire un chargement complet pour une des destinations où logent les troupes

Les soldats s'impatientent, vous assaillent de cris et s'ils n'obtiennent pas tout, reviennent à la charge pour les objets qui leur manquent. Ce ne serait au fond que leur droit. Mais par toutes ces manœuvres, les premiers venus ou les plus avides obtiennent plus qu'ils ne doivent recevoir et en ont à gâcher, tandis que les derniers arrivants n'ont pas le nécessaire. De là des réclamations sans fin qui reviennent à la mairie, etc. Quand on croit avoir obéi à toutes les réquisitions demandées, il faut en recommencer une partie.

27 Septembre. — Capitulation de Strasbourg.

27 à 29 Octobre. — Capitulation de Metz.

18 Septembre. — Investissement complet de Paris; ce jour-là le dernier train est parti pour Le Mans.

25 Octobre. — Capitulation de Sélestadt.

11 Novembre. — Capitulation de Neuf-Brisach.

29 Janvier 1871. — Capitulation de Paris.

18 Février. — Reddition de Belfort, avec sortie de la garnison ayant ses armes et bagages, libre de se porter où elle voudra, musique en tête.

CONSEIL MUNICIPAL

Séance du 5 Octobre 1870

Mercredi, surlendemain de l'occupation prussienne.

Présents : MM. Aug. Dujardin, Charles Bertelé, Lazare Lantz, Victor-Amédée Tagant, Louis Chauffour, Alfred Koechlin-Steinbach, Boehler, Heilmann-Ducommun, Huguenin, Henri Schwartz, Godefroi Engelmann, Jules Dollfus, Doct^r Klippel, Wacker-Schoen, Stengel-Schwartz, Alfred Koechlin-Schwartz, Beugniot, Aug. Dollfus, Gust. Mercklen, Henri Gerbaut, Georges Steinbach, Nic. Koechlin, Jean Dollfus, Henri Bock, Doct^r Weber.

Occupation prussienne

M. Jean Dollfus rend compte de sa mission auprès du général prussien.

Il dit que pour obtenir l'établissement du chemin de fer de Bâle à Mulhouse, on s'engage positivement à ne transporter aucun matériel de guerre. On indiquera les heures des convois.

Il annonce qu'une maison de Bâle pourra fournir tous les jours 50 000 cigares à 3 centimes pièce, et il en fournit un échantillon.

Quant à la réquisition des chevaux, il annonce qu'on pourrait trouver à Bâle beaucoup de chevaux français provenant des officiers sortis de Strasbourg, mais qu'il y aurait un droit d'entrée de 600 fr. par pièce.

Le service postal se fera par le chemin de fer pour Bâle ; pour Colmar il n'y aura pas de correspondance.

M. Nic. Koechlin prend la parole pour parler de la question financière qui deviendra de plus en plus grave, beaucoup de réquisitions à payer, etc. M. Jean Dollfus pense qu'en ce moment on ne peut faire un emprunt, ce que M. Nic. Koechlin n'adopte pas, il craint que nous n'épuisions nos ressources. M. Dollfus s'engage à avancer provisoirement une somme de.........

M. Lantz est pourtant d'avis qu'il faudra bientôt recourir à d'autres mesures financières.

M. Jean Dollfus parle de réorganiser le service des houilles de Sarrebruck à Mulhouse ; il est vrai qu'il y aura encore une interruption à Brisach, mais en attendant on pourrait les chercher en voiture de ce côté.

M. Steinbach estime qu'il faudrait envoyer une députation au gouverneur d'Alsace à Haguenau. On objecte que le fait d'occupation militaire domine le gouvernement civil et que cette députation serait au moins prématurée.

M. Boehler pense qu'il faut au moins attendre la réquisition écrite pour les chevaux dont on nous menace, avant d'agir.

M. Jean Dollfus est d'avis qu'il ne faut pas trop regimber et tâcher de s'entendre avec les Prussiens, de peur d'être traités trop sévèrement.

M. Steinbach revient à sa proposition pour la justifier

par la nécessité de subvenir à notre population prussienne, bien loin de vouloir faire adhésion à l'autorité prussienne.

La séance est interrompue par un officier prussien qui vient réclamer pour ce matin les fournitures du 6, disant que c'est ainsi que cela a été demandé. — La proposition de M. Nic. Koechlin pour la question financière est adoptée et renvoyée à une commission composée de MM. Jean Dollfus, Lantz, Nic. Koechlin et Steinbach, commission qui pourra s'adjoindre des membres en dehors du Conseil, si elle le juge à propos.

La Commission républicaine propose, pour occuper les ouvriers, de faire creuser le nouveau canal qui joindra celui du Rhône au Rhin à l'Ill. Le Conseil municipal s'est d'avance occupé de cet objet et on en reparlera plus tard.

M. Schwartz pense qu'on pourrait aussi à cette occasion nettoyer le grand canal d'écoulement.

M. Nic. Koechlin demande si on pourrait ouvrir l'Ecole spéciale de filles. On décide qu'on pourra rouvrir cette école, mais un peu plus tard.

Séance du jeudi, 6 Octobre 1870

Mêmes membres présents que la veille

M. Jean Dollfus expose que la confection des habillements ne pourra plus avoir lieu, faute du drap qui n'est pas arrivé et des autres circonstances.

On continuera la confection des chemises jusqu'à concurrence de 2000, parce que la façon et l'étoffe sont bon marché et qu'on pourra toujours les employer à l'Internationale.

M. Jean Dollfus a engagé une maison de Bâle à établir à Mulhouse une maison de change pour les billets de banque, avec un certain agio modéré.

M. Jundt rend compte de la question des ateliers à établir pour les ouvriers sans travail ; ces ateliers doivent consister dans l'élargissement du canal qui joint celui du Rhône au Rhin à l'Ill et dans l'opération de briser des pierres pour les routes.

Le premier travail est assez difficile à établir, parce qu'il y a un concessionnaire accepté de l'Etat. M. Jundt voudrait qu'on n'y allât que peu à peu, parce que, à mesure que nous avancerons, le travail deviendra plus rare.

On cherche encore différents travaux à faire : nettoyage du canal d'écoulement, prés à créer sur les travaux de la Doller.

On nomme une commission pour s'occuper de cet objet ; elle se compose de MM. Jundt, Zipélius, Muller et Stengel-Schwartz.

Séance du vendredi, 7 Octobre 1870

Présents : presque tous les membres

A l'entrée de la séance, M. le commandant de place Von Ohlen Adlerskron réclame avec insistance la fourniture de câbles en chanvre et en fer, 2500 mètres de chaque. De plus 40 voitures à échelles à deux chevaux et 40 chevaux de selle. Le tout à livrer demain à huit heures du matin.

Il nous avertit que si tout n'est pas livré à l'heure dite, la ville sera imposée d'une contribution de 100,000 fr., qui ne l'exempte pas de la fourniture à livrer.

Il exige la livraison à la gare de toutes les armes, même de luxe, et ne les permettra qu'aux pompiers et aux gardes nationaux habillés, ainsi que les personnes qui en feront la demande pour leur défense.

Le commandant nous menace de mesures plus sévères pour la suite.

Il réclame en outre des vivres et des fourrages pour le 7 et le 8; quelques parties des troupes ont déjà reçu pour le 7 et d'autres pour le 7 et le 8. On aura à fournir pour 9 ou 10,000 hommes et 1000 chevaux.

Après la sortie du commandant, le Conseil municipal délibère sur ses propositions, et à l'*unanimité* on vote qu'il faut subir ces ordres et se mettre en mesure de les exécuter.

On nomme une commission pour s'occuper des chevaux et des voitures, elle est composée de MM. Jean Dollfus, Koechlin-Schwartz et Boehler. M. Stein, qui a été appelé dans l'intervalle, s'engage à livrer les câbles jusqu'à demain soir; il va apporter des échantillons parmi lesquels les Prussiens choisiront.

On propose pour agent de réquisitions M. Fuchs.

Le garde champêtre chef, M. Staub, étant mort, on propose de le remplacer par M. Fritsch, garde champêtre, dont on est content et qui est apte à devenir chef.

On demande s'il faut remettre la rentrée de l'Ecole professionnelle et du Collège. Il est décidé qu'il y aura un ajournement de huit jours.

Samedi, 8 Octobre 1870

Rien n'étant à l'ordre du jour, il n'y a pas de séance. M. Lantz communique officieusement à l'assemblée que les fournitures faites à l'armée prussienne se montent déjà à l'énorme somme d'environ 200,000 fr.

Dimanche, 9 Octobre 1870

Avant la séance on apprend avec satisfaction que les Prussiens sont partis dans la nuit, qu'ils ont encore pris quelques chevaux de selle au manège, toutes les voitures et les chevaux qui leur ont été livrés hier, qu'au milieu de la nuit ils ont été requérir le tiers de la fourniture des câbles qui était achevée, en réveillant M. Zipélius pour leur faire faire cette livraison.

On a aussi réveillé M. Jean Dollfus, pour lui remettre les armes qui avaient été portées hier à la gare.

La séance ouverte, M. Jundt revient sur la question des travaux à exécuter pour occuper les ouvriers sans travail. La commission s'adjoindra M. Zipélius et d'autres personnes connaissant les ouvriers; on prendra d'abord les pères de famille.

On vote à l'unanimité un premier crédit de 5000 fr. pour s'occuper de ces travaux communaux, dont la commission rendra compte.

Les affiches pour les élections à la Constituante, pour le 16 Octobre, étant arrivées, on demande s'il faut les faire afficher et chercher à faire ces élections. Après discussion, on décide qu'il faut poser les affiches, sauf à voir ce qui

Conseil municipal de 1870-1871. Pl. 5

CHARLES BERTELÉ
(Commission exécutive)

EDOUARD BEUGNIOT

HENRI BOCK
(Commission exécutive)

ALOÏSE BOEHLER

sera possible dans huit jours. Si nous ne sommes pas occupés, on ira de l'avant en procédant avec toute la régularité possible ; à chaque jour suffit sa peine.

M. Engelmann vient rendre compte de sa tournée à l'Ecole professionnelle, où il n'a plus trouvé de Prussiens qui y étaient encore il y a une demi-heure. Il raconte que deux voitures de cantiniers saisies ont été amenées à l'hôtel de la Sous-Préfecture ; pour plus de sûreté elles seront transférées au Werkhof.

M. Jean Dollfus demande ce qu'il faut faire des armes déposées hier à la gare et qu'on lui a restituées au milieu de la nuit. On décide qu'on les rendra à leurs propriétaires, en les prévenant individuellement qu'ils pourront les retirer entre une et deux heures, à son domicile.

M. Heilmann demande pour la Compagnie Doll, si tous les soldats ont la haute-paie ou seulement ceux qui n'ont pas de travail. M. Heilmann est chargé de s'entendre avec M. Doll, pour que tout service rendu soit rétribué, comme par exemple une veille de nuit, quand même l'ouvrier travaillerait pendant la journée.

M. Roth jeune, pharmacien, se présente pour demander pour M. Romann, conseiller municipal, enlevé par les Prussiens, un certificat attestant son honorabilité et qu'il n'a jamais fait d'acte politique répréhensible, c'est-à-dire ne s'est pas occupé de francs-tireurs. Ce certificat sera délivré et rédigé dans le sens susdit.

M. Jean Dollfus demande s'il ne faudrait pas maintenir les approvisionnements. M. Lantz répond qu'on a déjà agi dans ce sens.

— 18 —

M. Schwartz s'enquiert des mesures financières qui devront être prises. M. Dollfus répond qu'en tout cas il faudra pour mardi prochain de forts acomptes pour les chevaux et voitures qui ont été achetés ; on l'a promis aux vendeurs. Sa maison se mettra provisoirement en mesure de payer le plus urgent.

La commission financière se réunira immédiatement après la séance.

Séance du lundi, 10 Octobre 1870

Présents : MM. Dujardin, président, Schoen, Koechlin-Steinbach, Lantz, Heilmann, Engelmann, Boeringer, Stengel, Mercklen, Jules Dollfus, Muller, Wacker, Schwartz, Roth, Koechlin-Schwartz, Chauffour, Ch. Laederich, Steinbach, Jundt, Nic. Koechlin, Aug. Dollfus, Dr Weber, Bock, Gerbaut, Jean Dollfus.

M. le président dit qu'il y a plusieurs questions à l'ordre du jour. La première est la question financière.

M. Lantz, rapporteur de la commission, expose la situation. Les ressources, y compris la somme avancée par M. Jean Dollfus (210,000 fr.), et les dépenses faites jusqu'à présent approximativement, se résument pour la fin du mois en un boni d'environ 80,000 fr.

La commission s'occupera de chercher à se procurer de nouvelles ressources.

La seconde question est celle des approvisionnements. M. Lantz rend compte des existences. La viande reçue sera vendue et, à défaut, livrée au Bureau de bienfaisance pour être distribuée.

Pour le pain, M. Jean Dollfus en reprendra une partie pour sa fabrique, le reste, s'il ne peut être conservé pour le cas de nouvelles réquisitions, sera à mesure distribué aux pauvres. On propose d'en donner aussi aux pompiers et aux gardes nationaux qui en feraient la demande. Pour les autres approvisionnements existants ou commandés, on les gardera pour une nouvelle invasion possible. M. Lantz expose ce qu'il y en a.

M. Jean Dollfus dit que les armes qu'il a chez lui n'ont pas été toutes retirées et il demande ce qu'il en faut faire. On préviendra une seconde fois les personnes intéressées et si elles ne cherchent pas leurs armes, elles seront déposées au Werkhof.

M. le président propose de voter des remerciements chaleureux à MM. Lantz et Auguste Dollfus, qui ont accompli pendant l'invasion un travail énorme et incessant, en véritables intendants militaires, et de même à la commission chargée de l'achat des chevaux et des voitures. Les membres de cette commission, MM. Jean Dollfus, Boehler et Koechlin-Schwartz y ont mis un zèle extraordinaire. Le Conseil vote avec enthousiasme ces remerciements.

Le président demande s'il serait opportun de faire suivre par une commission municipale l'enterrement des victimes faites hier par les Prussiens, lorsque la foule poursuivait de cris et de pierres leur dernière voiture. On décide que non.

On s'occupera des victimes ou de leurs familles produites par les fusillades d'hier et il y a huit jours, mais seulement à titre de bienfaisance publique et non d'une manière spéciale.

M. Aug. Dollfus parle de nouveaux retards d'élections qui, suivant une feuille de Bâle, devraient être de nouveau retardées. M. Aug. Dollfus a averti de cette nouvelle, qui n'est pas officielle, M. le préfet. En raison de cet avis, on suspendra tout travail de préparation de listes et de cartes jusqu'à demain soir, pour savoir s'il y aura contre-ordre.

M. Aug. Dollfus entretient le Conseil de la rentrée du Collège et de l'Ecole professionnelle. Le principal et le directeur de ces établissements pensent qu'il faudrait les ouvrir au plutôt pour assurer les ressources de la ville, occuper les enfants et pour que, s'il survenait une nouvelle invasion, ces locaux fussent habités et fussent ainsi respectés.

On tâchera d'ouvrir ces établissements cette semaine encore, dès qu'ils seront nettoyés et aérés, probablement jeudi.

Le président dit qu'il est resté à Mulhouse deux employés du télégraphe, qui sont restés à leur poste avec beaucoup de zèle et d'intelligence. Il pense qu'on devrait les encourager par une lettre de remerciements et une récompense pécuniaire et plus tard une recommandation à leurs chefs. On décide que M. le président les fera venir pour leur adresser les remerciements du Conseil et qu'on pourra leur allouer un mois de leurs appointements.

M. le président rend compte de la perception des octrois qui devient incomplète par le manque de concours de la Régie. Les ressources de l'octroi nous sont trop importantes pour qu'on puisse en négliger la moindre partie, surtout dans ce temps où nous sommes engagés dans des dépenses majeures.

M. Tagant entre dans les détails de cette perception et en montre, en connaisseur, toutes les difficultés à cause de l'enchevêtrement des intérêts de la ville et de l'Etat et de la possibilité d'entrepôt sans payer les droits d'abord.

On cherchera à réorganiser le personnel de la Régie existant et d'y joindre les employés encore nécessaires, et toute la question est renvoyée à une commission composée de MM. Tagant, Chauffour et Bock.

Il existe des plaintes contre M. Karcher, chef des gardes de nuit, qui a tenu des propos inconvenants, et contre un sieur Buff, sous le rapport politique. On saisira de cet objet M. le commissaire central, qui sera chargé d'en rendre compte.

M. Koechlin-Schwartz rend compte de l'affaire des deux voitures de cantiniers suivant l'armée prussienne, qui ont été saisies hier matin et déposées au Werkhof, en même temps que leurs guides, au nombre de trois, ont été déposés à la prison, surtout pour les protéger contre la foule.

Ces individus, ne faisant pas partie de l'armée prussienne, n'étant pas armés et suivant les troupes pour leur rendre service, ou les exploiter à leurs risques et périls, on a pensé qu'on ne devait pas les garder en prison et on les a fait partir pour Ensisheim au milieu de la nuit, en leur faisant donner une attestation qu'on ne les a mis en prison que pour leur bien et qu'ils n'ont subi aucun sévice.

Le Conseil donne son approbation à la manière dont on a agi.

Séance du mardi matin, 11 Octobre 1870

Présents : MM. Dujardin, Bertelé, Lantz, Chauffour, Tagant, Schoen, Boehler, Heilmann, Stengel, Muller, Koechlin-Schwartz, Schwartz, Mercklen, Jules Dollfus, Laederich, Wacker, Roth, Steinbach, Klippel, Nic. Koechlin, Aug. Dollfus, Jean Dollfus, Bock, Naegely, Jundt, Zipélius.

M. Auguste Dollfus expose que M. Josué Heilmann a reçu de Belfort une demande d'appareils télégraphiques et de matériaux pour faire des ballons. M. Joulin est venu demander la continuation des mêmes livraisons. En conséquence, M. Dollfus pense qu'il faudrait mettre à la disposition de M. Heilmann la somme de 500 fr., parce qu'il est obligé de voyager, d'acheter, etc., sauf, s'il était remboursé, il en tiendrait compte à la ville.

Le crédit est voté à l'unanimité.

M. Jean Dollfus a envoyé à Belfort quelques pigeons qui devront faire l'office de voyageurs avec dépêches.

M. Lantz expose que deux des voitures livrées aux Prussiens étant revenues, il pense qu'on doit les garder pour le service de la ville et ne pas résilier les marchés faits.

M. Jean Dollfus pense qu'il faudrait garder les voitures les moins chères, mais peut-être que les autres ne seront pas rendues ou volées.

M. Muller expose qu'une voiture qui lui appartient et qui a été requise il y a plusieurs jours, n'est pas revenue. On répond que plusieurs voitures de particuliers sont dans le même cas.

On vote de garder les voitures revenues.

M. Lantz expose que MM. Weiller, bouchers, ont épargné à la ville une somme de 1800 fr. sur les fournitures demandées. On a d'un autre côté réclamé à MM. Weiller une somme de 800 fr. d'octroi qu'ils auraient dû payer pour des fournitures antérieures. Ils objectent que la somme due était pour des livraisons antérieures fournies au général Douay et que ces viandes n'ayant pas été consommées en ville ne devraient pas payer de droits. On allouera à MM. Weiller la somme de 300 fr. de dédommagement, en déduction desquelles nous avons la valeur des peaux de bêtes abattues.

M. Chauffour rend compte du travail de la Commission de l'octroi instituée hier.

Les objets entrant en ville sont régulièrement enregistrés, pour que les droits puissent en être perçus, l'exercice en ville et chez les brasseurs se fait aussi régulièrement en ville depuis hier. Il n'y a qu'un seul danger, qui est habituel, c'est que les marchands de vin font des coupures et obtiennent des dédoublements qui échappent au contrôle.

On propose de laisser les choses en l'état, les employés de l'octroi et de la Régie s'engageant à faire régulièrement leur service.

Le Maire de Colmar demande des renseignements pour obtenir du Central suisse une extension jusqu'à Colmar de l'exploitation du chemin de fer. M. Jean Dollfus, qui s'est occupé de cet objet pour Mulhouse, veut bien se charger de répondre à M. le Maire de Colmar.

Deux membres de la Commission exécutive, MM. Bock et Engelmann, demandent à se démettre de ces fonctions. On demande à les conserver à titre honorifique et à les remplacer par deux autres membres.

M. Jean Dollfus serait bien l'un des hommes les plus propres à remplir cette fonction, mais on craint de le fatiguer ; d'ailleurs il sera toujours prêt, dit-il, à donner son concours dévoué.

On propose MM. Boehler et Heilmann. Le premier s'excusant de ne pouvoir accepter, M. Chauffour veut bien se charger de cette mission. MM. Heilmann et Chauffour feront donc partie de la commission exécutive.

M. Jundt expose que les ateliers de travail exposeront dès demain. Il a pris des arrangements avec l'entrepreneur et travaillera en quelque façon pour son compte, l'entrepreneur touchera de l'État et nous toucherons de lui, si toutefois l'État paye.

Pour le pont à faire en tête du Nouveau bassin, nous n'aurons à garantir que la main-d'œuvre, les matériaux étant déjà là et cela seulement si l'État ne paye pas.

On exécutera aussi des travaux aux cimetières.

M. Jundt demande pour le conducteur des travaux l'avance de son traitement. En général on ne paye pas les traitements, ce dont on se plaint, parce qu'il faut que les mandats soient contresignés par le trésorier du département.

M. Lantz propose d'écrire à Tours pour que le receveur général et les receveurs particuliers soient à leurs fonctions.

M. Koechlin-Schwartz expose que dans le corps de garde sous l'Hôtel de ville, il fait un très grand froid et que les gardes nationaux ne peuvent s'y tenir. On vote la pose de fenêtres et d'un poêle, et l'on prie M. Koechlin-Schwartz de s'en entendre avec M. Mosmann.

On demande ce qu'il faut faire des manteaux qui arriveront et on propose de demander au général qui commande à Belfort s'il les veut pour le compte de l'armée.

M. Josué Heilmann, allant à Belfort, sera chargé de cette mission.

On s'occupe de la possibilité des nouvelles élections qui devraient avoir lieu dimanche prochain et quels seraient les candidats.

Séance du mardi, 11 Octobre 1870, à 2 heures

Nous apprenons qu'un corps de troupes prussiennes est campé à la Doller et qu'à 11 heures et demie il a demandé que le corps municipal se présente devant lui pour de nouvelles réquisitions, en envoyant la missive ci-après :

Vor Mülhausen, den 11ten 8^{ber} 1870.

Die Municipalität von Mülhausen, welcher ich wichtige Eröffnungen zu machen habe, wird ersucht sich ungesaümt *in Corpore* und in Begleitung des Hr. Doll, mit welchem Letzeren ich am 2ten dieses Monats zu Riedisheim wegen Unterbringung von Truppen in Mülhausen conferirte, zu mir zu begeben.

Der Oberst und Regiments-Commandant
Von Loos.

MM. Schoen et Wacker, alors présents à la mairie, s'étant rendus à cet ordre, M. Von Loos leur a donné par écrit les réquisitions qu'il demande, en leur montrant les canons braqués sur la ville dans le cas de refus. Il a aussi réclamé M. Doll sur lequel il a demandé des renseignements, et ajouté que s'il ne venait pas, il saurait bien le trouver.

Le Conseil municipal prend connaissance de la lettre du commandant qui est ainsi conçue :

Vor Mülhausen, den 11ten 8^{ber} 1870.

Die Stadt Mülhausen hat binnen 3 Stunden zu liefern :

1° 60 (sechzig) zweispännige zum Tragen schwerer Lasten geeigneter Transportwagen bester Qualität mit kräftigen Post-, Omnibus- oder sonst tüchtigen Zugpferden bespannt. Die Rücklieferung dieser Fuhrwerke wird für spätere Zeit in Aussicht gestellt.

Jeder Wagenführer muss mit sechstägigem Futter für sein Gespann versehen sein.

2° Zahlung von 50 000 (fünfzig tausend) Franken. Ausserdem sind mir 6000 Stück wollene Hemder vom 13ten dieses Monats mittags 12 Uhr bei Ensisheim pünktlich zu überliefern, woselbst ich behufs Empfangnehmen derselben ein geeignetes Commando ausstellen werde ; Brod und Wein für 3000 Mann ausreichend, also 1500 litres Wein, und 1000 Leib Brod, sowie 18 000 Cigarren resp. 357 Kilos Tabak sind sofort zur Stelle zu schaffen.

Der Commandant
der Königlichen preussischen Truppen
Von Loos.

Le Conseil reconnaissant qu'on ne peut se refuser à ces réquisitions, nomme immédiatement une commission pour se rendre auprès du commandant à l'effet de tâcher d'en obtenir de mitiger ces dures conditions.

Cette commission est composé de MM. Steinbach, Jean Dollfus, Nic. Koechlin, Bock et Schwartz. Le Conseil reste en séance pour attendre le retour de la commission. Celle-ci, de retour, M. Jean Dollfus expose que pour les voitures et les chemises de flanelle, on veut bien accorder un délai, mais que la somme demandée doit être absolument livrée, que le commandant a des ordres positifs avec menaces de canonnade.

On discute donc avant tout de la question de l'argent, la commission étant persuadée que c'est là chose urgente.

On vote que les seuls 27,000 fr. qu'on a sous la main et préparés pour le payement des voitures de la première réquisition, seront portés au commandant prussien et qu'on tâchera d'avoir le reste de la somme pour demain, afin de la lui porter à son quartier.

Le vote a lieu à l'unanimité des membres présents : MM. les cinq membres de la Commission, Chauffour, Dujardin, Bertelé, Koechlin-Steinbach, Muller, Boehler, Stengel, Koechlin-Schwartz, Jules Dollfus, Schoen, Roth, Mercklen, Laederich, Heilmann, Lantz, Aug. Dollfus, Boehler, Naegely, Gerbaut, Klippel.

La commission n'ayant obtenu qu'une demi-heure pour rapporter la réponse au général, repart de suite, sauf M. Bock, pour donner la réponse du Conseil.

M. Bock donne quelques détails sur l'entrevue avec le commandant. La scène a été très vive.

M. Jean Dollfus ayant, dans la chaleur de la conversation, touché quelquefois le bras du commandant, celui-ci s'est rebiffé en lui disant: « Rühren sie mich nicht an! » Lui exposant que ses réquisitions sont dures et presque barbares, il a jeté sur la table l'ordre prussien dont il est décoré, déclarant qu'il ne voulait plus d'une telle distinction venant d'un tel peuple. Le commandant, s'emportant là-dessus, a donné à ses soldats l'ordre d'arrêter M. Dollfus, que pour lui il ne voulait plus le voir. M. Dollfus lui a répondu qu'on n'avait qu'à le saisir, le fusiller et bombarder la ville. M. Bock, intervenant, a raccommodé les choses par de bonnes paroles et la Commission a pu rentrer en ville.

M. Bock n'étant pas reparti avec la Commission porteur de l'argent, s'occupe de rédiger une promesse pour le commandant, promettant le reste de la somme pour demain, et les voitures et les chemises de flanelle dans la mesure du possible, sous peu de jours. Le Conseil voudrait que cette promesse fût la plus dilatoire possible.

Pendant qu'on rédige et qu'on discute, la Commission, qui a été à la Doller, revient et M. Jean Dollfus expose que lui et les membres qui l'ont accompagné ont donné par écrit au commandant prussien une promesse pour les livraisons à faire, à peu près dans les mêmes termes que le Conseil a jugés opportuns.

Le commandant ayant offert un sauf-conduit dans le cas où le Conseil voudrait envoyer quelques-uns de ses membres au général, pour conférer avec lui de ces réquisitions et tâcher d'en obtenir l'adoucissement, le Conseil municipal entre dans cette voie et charge MM. Aug. Dollfus et Trapp de se rendre demain auprès du général. Celui-ci réside à Wiedensohlen, près de Neuf-Brisach.

En portant demain au commandant à Meienheim le solde de 50,000 fr., on prendra de lui le sauf-conduit promis pour aller plus loin.

SCÈNE DE LA DOUANE (v. pages 27—28).
Reconstituée d'après des données authentiques.

Mercredi, 12 Octobre 1870

On communique au Conseil une dépêche de M. le préfet qui dit qu'il n'a pas d'avis officiel de la remise des élections pour la Constituante; il annonce son arrivée pour ce soir et on doit s'en entendre avec lui. Le chemin de fer reprendra son service de Belfort à Altkirch et, si possible, au moins pour quelques convois, jusqu'à Mulhouse.

On parle de l'opposition du gouvernement à l'exploitation du chemin de fer de Mulhouse à Bâle par le Central suisse. On croit pouvoir attribuer cette opposition à la Compagnie de l'Est, mais M. Jean Dollfus n'est pas de cet avis. Il paraîtrait que la défense d'exploitation faite par le gouvernement vient de ce que faussement on lui aurait fait savoir que le chemin de fer aurait servi au transport de troupes prussiennes et de leur matériel de guerre.

MM. Henri Schwartz et Heilmann parlent de la Compagnie Doll qui nous compromet par ses manœuvres, sa poursuite sans ordre contre les Prussiens, tandis qu'ils ne lui ont laissé ses armes qu'à la condition de ne les employer que pour le maintien de l'ordre en ville. Il faut évidemment une réforme, une nouvelle discipline dans ce corps qui ne doit être qu'aux ordres des chefs militaires de la ville et du Conseil municipal, surtout puisqu'ils touchent un salaire de la ville.

M. Wacker désirerait qu'on pût intervenir auprès des ouvriers par les contremaîtres ou autres personnes influentes, à l'effet de leur expliquer que les malheurs tombés sur la ville de Mulhouse, dans la journée d'hier, sont le résultat de ces poursuites imprudentes des derniers Prussiens qui sont sortis de la ville, et qu'il faudrait se comporter plus dignement à l'avenir.

M. le président pense qu'on pourrait essayer d'agir en ce sens.

On demande des personnes pour aider à la confection des cartes électorales ; quelques maisons de commerce fourniront des employés.

M. Riss, directeur des écoles primaires, met à la disposition de la commission des gilets de flanelle, les grandes élèves de ses écoles et leurs maîtresses. M. le président répondra à M. Riss de mettre ces personnes sous la direction de Mme Miquey, qui s'occupe déjà de cet objet.

Jeudi, 13 Octobre 1870

Absents : MM. Huguenin, Boeringer, Muller, Romann.

La commission qui a été chez le général de Schmeling à Wiedensohlen et à laquelle a bien voulu se joindre M. Loew, pour obtenir un délai aux conditions imposées, rend compte de sa mission.

M. Loew raconte que, dès la sortie de Mulhouse, ces Messieurs ont passé parmi les corps qui occupaient avant-hier Mulhouse et qui ont passé la nuit dans les villages de Sausheim, Baldersheim, etc. Le commandant Von Loos n'était pas à Meienheim, l'officier qui avait le commandement après lui, a donné le sauf-conduit pour le quartier général.

La commission a versé entre les mains du général les 23,000 fr. promis ; le général leur a donné quittance de la

ORDRE DE LA COURONNE
Photographie prise sur l'original.
(V. Scène de la Doller, pages 27–28).

somme de 50,000 fr., en disant que pour en obtenir la restitution entière ou partielle il n'y a que le Roi de Prusse qui puisse l'ordonner. Pour les chevaux et voitures, le général a compris les difficultés qu'il y avait à se les procurer à Mulhouse, surtout après une première réquisition déjà de 40 voitures, et il en fait la remise. Quant aux gilets de flanelle, il faut s'exécuter.

C'est contre les Cités ouvrières que, suivant le général, devaient être dirigés les canons avant-hier, afin de punir les ouvriers sensés coupables de l'attaque contre la voiture prussienne dans la journée de dimanche dernier.

M. Von Loos, que ces Messieurs ont vu au retour, a paru très contrarié de la concession faite par le général, qu'il aurait déjà su exécuter à Mulhouse et il prétend que cela retombera d'autant plus sur les villages. Mais il paraît bien qu'à la rigueur ils peuvent s'en passer et qu'en tout cas les services ne feraient que le temporaire pour conduire le matériel de siège autour de Neuf-Brisach, de sorte que ce service de voitures ne serait que de peu de durée et que Mulhouse, pour les fournir, se met dans de grands frais.

M. Loew dit en son nom personnel qu'il n'a jamais vu d'une manière aussi réelle les maux de la guerre, ce qui l'a frappé est la réquisition des gilets de flanelle et il aimerait que par compensation on pût en fournir à nos mobiles de Belfort, dont beaucoup sont insuffisamment vêtus. Le Conseil adopte la proposition de M. Loew et le charge d'y pourvoir avec discrétion.

On demande ce qu'il faut faire des manteaux commandés et on décide qu'on en enverra le plus tôt possible à Belfort, n'en gardant qu'une centaine pour la garde nationale dans ses postes. On en commandera encore mille dans le même but.

M. Trapp dit qu'il a vu en passant un agent civil qui pourrait bien avoir pour fonction de devenir le gouverneur de Mulhouse, et il nous engage de veiller à nos procès-verbaux, où sans doute il viendra fouiller, pour qu'on n'y trouve rien de compromettant. Il désirerait qu'on n'y mît que les réquisitions faites et les délibérations prises à leur égard. Quelques membres appuient cette manière de voir qui n'est pas prise en considération ; l'on ne tiendra pas de procès-verbaux réguliers.

M. Jundt expose que le général de Belfort se refuse à la navigation sur le canal et qu'il fera cesser aussi le service du chemin de fer de Mulhouse à Bâle. M. Jean Dollfus a déjà envoyé deux dépêches à Tours pour obtenir que cette circulation continue et nous devons attendre la réponse ; en attendant le Central suisse n'a plus de permission que pour aujourd'hui et il ne peut aller plus loin de peur d'être taxé de violation de la neutralité, s'il n'obtient pas l'assentiment de Belfort. M. le préfet n'ayant pas pu venir hier, sera prié par lettre d'agir dans le même sens pour obtenir cette circulation de chemin de fer.

Le commandant de place, M. Koechlin-Schwartz, reçoit à l'instant une lettre du général de Belfort qui demande que tout le monde s'arme, qu'il est prêt à fournir fusils et munitions et il rend M. Koechlin personnellement responsable de la non-exécution de cet ordre.

Il y a à répondre que ce serait livrer des fusils aux Prussiens, que Mulhouse sans troupes régulières ne peut se défendre, qu'on excite toujours Mulhouse, tandis que les

B. Conseil municipal de 1870-1871.

HENRY BOERINGER

LOUIS CHAUFFOUR
(Commission exécutive)

AUGUSTE DOLLFUS
(Commission exécutive)

JEAN DOLLFUS

soldats et généraux restent derrière leurs murs à Belfort, qu'on aurait pu avec des troupes empêcher le débarquement à Chalampé, etc. Une commission est nommée pour aller encore aujourd'hui à Belfort, afin de s'en entendre avec le général; elle est composée de MM. Beugniot, Koechlin-Schwartz et M. le président Dujardin.

Il est annoncé officiellement que les élections pour la Constituante sont indéfiniment remises. On affichera ce décret, ainsi que la lettre de M. Gambetta.

M. Beugniot réclame pour la garde nationale le traitement des adjudants, tambours, plantons, etc. Il a été voté 12,000 fr. pour cet objet, et les officiers devront s'entendre à ce sujet.

Le Conseil municipal reçoit une adresse de félicitations, couverte de très nombreuses signatures, sur la manière courageuse et zélée dont il se comporte dans les tristes circonstances où nous nous trouvons ; elle met en relief surtout la conduite de M. Jean Dollfus. Le Conseil se joint à cette dernière ovation.

Dans la soirée, arrivée de 180 hommes mobiles et francs-tireurs venant de Dannemarie et que l'on loge à la gare.

Vendredi, 14 Octobre 1870

Absents : MM. Romann et Huguenin.

La commission qui s'est rendue hier à Belfort auprès du général rend compte de sa mission. Elle a réussi à le faire revenir de ses idées trop absolues ; il recevra tous les hommes valides équipés et habillés qui se rendront à Belfort et se charge de les armer. Il est satisfait des sommes qu'on a votées à cette intention et des efforts qu'on fait pour les employer à l'usage pour lequel on les a destinées.

Il paraîtrait que la ville a une très mauvaise renommée à Tours, qu'on fait des rapports contre elle et par conséquent le général craint de recevoir contre nous des ordres sévères.

Ces Messieurs de la Commission n'ont rien appris à Belfort du mouvement des mobiles qui a eu lieu hier soir sur Mulhouse, il semble que le général l'ignore. Ils sont partis de Dannemarie sur l'ordre d'un capitaine de génie qui commande là. Il leur a donné mission sévère d'appeler tout le monde aux armes (or il n'y en a pas à Mulhouse), de faire des barricades, de créneler les maisons, etc., et il rend le Conseil municipal responsable si ces mesures ne sont pas exécutées.

Il semble évident au Conseil municipal que ces ordres sont incompatibles avec les communications verbales que la commission a eues hier avec le général. On parlera dans ce sens avec le lieutenant qui commande le petit détachement qui est à Mulhouse et on lui fournira ce dont il a besoin en fourniture et vêtements.

Mais le Conseil n'entend en aucune façon se mêler des affaires militaires et l'on engage M. le président Dujardin à ne pas même conférer avec le lieutenant.

Parmi les hommes qui devraient au plus tôt rejoindre Belfort, on pense que la compagnie Doll devrait être en premier et on en conférera avec son lieutenant ou avec M. Wehrlen, qui est à Bâle.

Pour ce qui est de l'exploitation du chemin de fer de Mulhouse à Bâle par le Central, le général est inflexible, et dit que l'ordre de la suspendre vient de Tours, aussi cessera-t-elle dès aujourd'hui; mais il paraîtrait que tant que Mulhouse n'est pas occupé par l'ennemi, la compagnie de l'Est veut reprendre ce service.

Plusieurs membres émettent la motion, que l'on adopte, d'envoyer une commission à Tours pour bien expliquer la position de la ville de Mulhouse et surtout montrer la nécessité des communications ferrées, soit pour l'alimentation, soit pour le travail des fabriques, avec liberté de passer au besoin par la Suisse.

La commission se composera de MM. Aug, Dollfus et Beugniot, avec un membre en dehors du conseil à leur choix.

M. Grosjean, préfet du Haut-Rhin, sera prié d'appuyer par une dépêche la mission de notre commission à Tours. On adopte le chiffre des traitements fixés par MM. les officiers pour MM. les adjudants et autres employés de la garde nationale.

Dans la journée, vers une heure, on apprend par une dépêche arrivée à Dornach (de gare en gare) et apportée à Mulhouse, qu'il y a un engagement entre Bollwiller et Guebwiller, qu'on sonne le tocsin dans les villages, particulièrement à Dornach. Une partie importante de la garde nationale de ce village part pour aller au secours. De

Mulhouse, les mobiles qui ont passé la nuit ici, une grande partie de la compagnie Doll et des gardes nationaux armés en font autant, se dirigeant vers la gare où ils doivent trouver des trains qu'a fait préparer le commandant de place qui accompagne les partants.

Mais tout ce monde revient dans la soirée, étant arrivé trop tard sur le lieu de l'action et l'ennemi s'étant retiré sur Isenheim.

D'après les rapports reçus aujourd'hui, les Prussiens ont canonné Soultz et particulièrement tiré sur le château de M. de Heeckeren, sénateur; ils ont poursuivi des francs-tireurs qui étaient à Guebwiller, se retirant sur Thann par la montagne et dont plusieurs ont été blessés. Les Prussiens ont demandé à Guebwiller une contribution de 10,000 fr., 1000 gilets de flanelle et des réquisitions en vivres évalués à la somme de 1800 fr. et qu'ils doivent renouveler tous les jours tant que durera la guerre. Ils ont emmené prisonnier, les mains liées derrière le dos, pour être partisan, un parent de M. Keller, ancien député du Haut-Rhin et chef des francs-tireurs alsaciens.

Samedi, 15 Octobre 1870

Absents: MM. Huguenin, Romann, Aug. Dollfus, Beugniot.

Les membres du Conseil sont engagés à signer les procès-verbaux des différentes séances auxquelles ils ont assisté et qui sont déposés sur le bureau.

Le président annonce que beaucoup de gardes nationaux ne demandent pas mieux que de partir pour Belfort, à l'effet d'entrer dans le service militaire actif, mais ils ne partiront que sur un ordre. Le général de Belfort pense qu'on fera bien de garder cette garde nationale mobilisable à Mulhouse, mais M. le président lui a répondu que sous l'imminence d'une nouvelle invasion, on ne peut former des corps militaires à Mulhouse, qu'il vaut donc mieux les envoyer à Belfort. Le général accepte à condition que les hommes qu'on lui envoie soient habillés et équipés ; quant à l'armement, il s'en chargera.

On formera donc les cadres suivant la loi et on les lui enverra successivement. Ce travail sera fait par le conseil de recensement, précédé d'une information par quartiers et rues faite par les sergents-majors de la garde nationale, avec cette condition qu'ici, comme il s'agit de l'armée, il ne peut et il ne doit pas y avoir d'exemption pour les ouvriers.

L'habillement présentera quelques difficultés, parce qu'il devra se faire presque en cachette ; cependant la commission d'habillement est à l'œuvre, elle a déjà envoyé 300 pantalons à Belfort, et bientôt il y en aura 500 de confectionnés. Quant aux tuniques, le travail est seulement commencé, le drap venant d'arriver. Pour aller plus vite, on divisera la besogne entre plusieurs tailleurs. On enverra par voiture manteaux et gilets à Belfort, parce qu'on ne sait pas si le chemin de fer marchera aujourd'hui.

On communique une dépêche de M. le préfet qui dit qu'il recommandera chaudement à Tours MM. Aug. Dollfus et Beugniot. Les Prussiens ont voulu cerner M. le préfet dans son hôtel à Colmar, mais il avait pris ses précautions.

Pour la compagnie Doll se présente la même question que pour la garde nationale ; elle ne veut aller à Belfort que par ordre, et entendant que leurs femmes et enfants reçoivent en leur absence une somme fixe, et la même pour tous, quelle que soit leur position de fortune, 1 franc par jour par femme et 50 centimes pour un enfant, parce que la recherche de la position sociale de chacun donnerait des discussions sans fin. Ces conditions acceptées, ils devront partir au plus tôt pour Belfort et leur lieutenant, entrant en ce moment dans la salle des délibérations, s'engage à les faire partir dès aujourd'hui; ils recevront à Belfort les manteaux et gilets qu'on leur destine.

On demande s'il ne faudrait pas faire fabriquer de nouvelles piques pour la défense de la ville, une partie ayant disparu. On dit qu'on devrait toujours avoir au poste 150 fusils et 150 piques pour servir aux gardes nationaux de service et que le capitaine leur ferait déposer quand on descendrait la garde.

Lorsque l'Hôtel de ville a été assailli par la foule et mitraillé de pierres dans la soirée du 2 Octobre, un certain nombre de citoyens se sont offerts à l'Hôtel de ville pour marcher avec courage contre les émeutiers; M. le président propose de leur adresser une lettre de remerciements.

M. le commandant de place fait part d'une lettre du maire de Soultz, qui dit que les Prussiens reviennent d'Isenheim sur Soultz et il demande des secours, surtout en artillerie, qui n'existe pas à Mulhouse.

(On apprend dans la journée qu'il n'y a pas eu de nouvel engagement, de nouvelle promenade militaire prussienne à Soultz).

Dimanche, 16 Octobre 1870

M. Bock, d'après des lettres reçues de Guebwiller, complète les renseignements sur l'occupation de cette ville avant-hier. Les soldats prussiens, remontant le long de la rivière en dehors de Guebwiller, sont arrivés jusqu'à l'établissement Bourcart, situé en dehors de la ville, et ont tiré dans les fenêtres de cette fabrique, où les ouvriers travaillaient.

Le soir, après le départ des Prussiens, les ouvriers se sont révoltés et portés sur l'Hôtel de ville, où il a fallu faire jouer les armes à feu pour les repousser.

M. Heilmann demande comment on pourrait parer aux conséquences graves qui peuvent résulter pour la ville de la part des Prussiens, en suite de l'expédition partie avant-hier de Mulhouse. Il craint que le Conseil municipal n'en soit rendu responsable. Mais il est évident que nous ne pouvons empêcher, et que nous ne le voudrions même pas si nous le pouvions, ces mouvements spontanés de défense nationale, que les francs-tireurs et les mobiles avaient leurs instructions auxquelles ils devaient obéir et qu'il est bon que des gardes nationaux se soient joints à ce mouvement. C'est le général de Belfort qui commande la force militaire, et nous serions coupables si nous nous opposions à son action. Le Conseil municipal n'a pas été consulté, et n'a pas même été réuni, que ce mouvement était déjà accompli. Les Prussiens peuvent bien prendre ce prétexte pour se livrer à de nouvelles invasions et réquisitions, mais s'il n'existait point, ils en trouveraient un autre.

M. Jean Dollfus nous apprend que Dornach n'a pas trop

de fusils et ne peut nous en céder. On revient donc à demander la fabrication de nouvelles piques pour la défense de la ville.

A Sausheim et à Wittenheim des hulans en tournée ont demandé s'il y avait des francs-tireurs à Mulhouse. Le commandant de place annonce qu'ils sont partis et campés à Brunstatt, cependant quelques-uns ont encore circulé en ville ce matin.

On affirme ici que les bruits sur le défaut de résistance au feu du bataillon des mobiles de Mulhouse est controuvé, que ce bataillon n'a été au feu et s'est retiré en bon ordre.

La municipalité reçoit une lettre de M. Bismark-Bohlen, gouverneur de l'Alsace, en réponse, à ce qu'il paraît, au certificat délivré par la mairie en faveur de M. Romann.

D'après cette lettre, M. Romann est inculpé d'avoir favorisé la correspondance de M. Valentin occupé à lever des francs-tireurs en Alsace; c'est un crime aux yeux des Prussiens, et l'instruction suit son cours.

Telle est la théorie de ces ennemis : ayant été une fois occupés par eux, tout ce que nous faisons pour la défense de notre pays est considéré comme haute trahison à leur égard.

Lundi, 17 Octobre 1870

Absents : MM. LAEDERICH, ROMANN, JUNDT, HUGUENIN, HEILMANN, AUG. DOLLFUS, BEUGNIOT.

M. le président propose d'accorder aux trois employés du télégraphe, dont il a déjà été question de récompenser le zèle, la gratification promise, en leur accordant un mois extra de leurs appointements et 20 fr. à chacun des trois facteurs.

Quatre des voitures qui ont été réquisitionnées à Mulhouse et qui ont été achetées par la ville, sont revenues avec 7 chevaux. Les conducteurs réclament leur salaire ; on leur avait promis 2.50 fr. par jour, qu'on va leur verser. Il est vrai qu'ils avaient reçu chacun 10 fr. au départ, mais comme ils ont été obligés en partie de nourrir leurs bêtes, on leur abandonne à cet effet cette somme de 10 fr. On tâchera de rendre une partie de ces voitures à leurs propriétaires, en leur payant une indemnité et pour les autres on pourrait au moins mettre les chevaux en pension comme on le fait pour l'armée, le preneur profitant du service des chevaux en les nourrissant. M. Steinbach demande 2 chevaux à ce titre ; la chose est renvoyée à la Commission *ad hoc*.

M. Demling-Rott, épicier, demande, en son nom et en celui de ses confrères, que les payements des fabriques se fassent toutes les semaines. On répond par une fin de non-recevoir, le Conseil n'ayant pas à se mêler des transactions particulières ; d'ailleurs cela augmenterait les lundis bleus qui sont déjà la perte des ouvriers. Il vaudrait mieux les habituer à payer comptant tout ce qu'ils prennent dans les magasins, il y en aurait de l'économie pour eux.

Le préfet annonce qu'il est arrivé à Belfort et qu'il en fait le centre de son administration départementale.

On nous apprend qu'à Colmar les Prussiens occupent deux casernes, qu'à Meienheim ils font leurs préparatifs de départ pour aller vers Neuf-Brisach.

Ceux qui étaient hier à Baldersheim, au nombre de 200 environ, éclairés par 25 hulans, se sont repliés dans la soirée sur Ensisheim.

M. Jean Dollfus dit qu'il leur pourra fournir demain le solde des gilets de flanelle promis et pense qu'après on pourrait revenir aux fournitures qu'on veut faire à Belfort. Les Prussiens sont d'accord pour ne recevoir ce solde que demain.

M. Koechlin-Steinbach demande que la ville s'occupe de la confection de havres-sacs pour les mobiles et pense qu'on pourrait les faire en toile caoutchouquée. Plusieurs membres insistent sur la nécessité de cet ustensile pour se mettre en campagne. On fera donc quelques modèles pour les soumettre au général qui commande à Belfort, et on lui soumettra aussi quelques autres objets d'habillement.

Le Conseil en agissant ainsi, croit être plus utile à l'armée qu'en fournissant simplement des hommes.

Mardi, 18 Octobre 1870

Absents : MM. Aug. Dollfus, Beugniot, Laederich, Heilmann.

L'administration militaire de Belfort n'est pas contente des gilets de laine que nous lui envoyons ; ils sont trop légers, à son avis, et demande qu'on en arrête la confection, mais comme l'étoffe est achetée, il serait difficile de satisfaire Belfort, d'ailleurs c'est un don que nous faisons à nos soldats. On voudrait aussi que les manteaux fussent plus amples, ici de même il est difficile d'obtempérer, l'exécution ne s'en faisant pas à Mulhouse, mais dans le Midi. Enfin Belfort réclame la confection de souliers.

Deux ou trois personnes, allemandes d'origine, mais depuis longtemps domiciliées à Mulhouse, ayant été arrêtées aujourd'hui de grand matin à leur domicile par les francs-tireurs, campés à Brunstatt ou à Zillisheim, cette arrestation excite la surprise indignée du Conseil municipal. On demande si on a le droit d'en agir ainsi sans mandat excipé, sans prévenir la police ou le commandant de place.

Les personnes arrêtées sont MM. Adrian, pharmacien, et Fischer-Lischy. La femme de ce dernier a été prévenue d'aller à 10 heures à Zillisheim pour voir son mari, qui peut-être serait fusillé.

Une dépêche est immédiatement rédigée pour le général à Belfort, à l'effet de l'informer de ces arrestations et lui demander si elles ont été faites par son ordre.

Une dépêche de M. Aug. Dollfus à Tours annonce que M. Gambetta doit se trouver à Besançon, et qu'il faudrait lui envoyer une délégation pour traiter des questions dont la Commission dont il est membre est allé chercher la solution à Tours. La délégation se composera de MM. Jean Dollfus, Chauffour et Jundt; avant de partir, elle demandera par dépêche si M. Gambetta est à Besançon. M. Staub, garde champêtre chef, étant mort, sa veuve demande un secours auquel elle semble avoir droit, parce que si son mari avait vécu une année de plus, elle aurait eu droit à une pension annuelle d'environ 360 fr. La question est renvoyée à la commission du budget.

M. Mathieu Thierry se plaint par lettre que les réquisitions pour chevaux et voitures retombent toujours sur les mêmes personnes et qu'au retour il y a grand déchet, parce que tout est abîmé. Sans prendre directement en considération ces plaintes, on répondra à M. Thierry que la ville gardera les voitures qui lui ont été renvoyées pour faire les services urgents, qu'on fera des procès-verbaux à ceux qui se refusent aux réquisitions, mais que celles-ci sont très difficiles parce que souvent chevaux et voitures ont été cachés. On se plaint à cette occasion de personnes riches qui ont envoyé leurs chevaux à l'étranger et l'on voudrait qu'elles fussent contraintes à contribuer aux réquisitions. Les chevaux en somme ne manquent pas, mais à Mulhouse les voitures appropriées font défaut; on n'a pas de voitures à échelles, mais des haquets, des camions, etc.

Enfin, on admet en principe des indemnités pécuniaires pour ces réquisitions et on examinera le mode possible de leur répartition. Le commerce de détail, l'épicerie surtout, se plaint de ne plus pouvoir vendre ses réserves, à l'encontre des produits introduits sans droits, depuis la cessation du service des douanes. On demande le rétablissement de ce service; à cet effet on s'entendra avec M. l'inspecteur, parce qu'il est de notre devoir de veiller aussi bien aux finances qu'à la protection de nos détaillants, et l'on adressera une lettre au préfet pour se plaindre de cette espèce de contrebande de marchandises introduites sans droits.

M. Jean Dollfus montre différentes espèces de vêtements à bon marché à l'usage des soldats, en particulier une bonne couverture à 4 fr.

Mercredi, 19 Octobre 1870

Absents : MM. Aug. Dollfus, Beugniot, Romann, Heilmann, Ch. Laederich.

Le président communique une dépêche du préfet qui demande où en est la question des houilles de Ronchamp. On répondra que tous les trains étant supprimés entre Ronchamp et Belfort, parce que l'ennemi est signalé à Lure, cette houille ne peut plus nous arriver. Il faudrait donc organiser un service de voitures entre Ronchamp et Bourogne pour, de là, profiter de la voie du canal. On pourra peut-être recevoir des houilles de Sarrebrück qui s'expédient déjà à Nancy et en Suisse, à condition qu'on nous la retournerait de là. On signalera à M. le préfet l'absolue nécessité de la houille pour la continuation du travail aux ouvriers.

M. Jean Dollfus a envoyé hier le solde des gilets dus aux Prussiens, à Meienheim, mais ces Messieurs n'étant plus là, la voiture a ramené la livraison à Mulhouse.

Il est arrivé hier 118 pièces de drap pour uniformes et vareuses, et pour plus de 4000 uniformes. On s'entendra avec M. le préfet Grosjean pour savoir ce qu'il y a à faire, celui-ci devant venir aujourd'hui à Mulhouse.

On a demandé pour Nantes, 55 ouvriers pour le travail du fer, ajusteurs, tourneurs, monteurs. On les a trouvés à Mulhouse et ils furent dirigés sur Nantes.

M. Lantz parle de douanes. M. Sergent, inspecteur, lui a dit que le service en sera repris dès aujourd'hui, et qu'ainsi cesserait la vente au rabais de sucre offert de maison en maison.

Le général de Belfort a déclaré illégales les arrestations faites hier, que les francs-tireurs n'ont aucune raison d'arrêter quelqu'un et qu'on a le droit de les repousser par la force. Il y a eu trois arrestations, la troisième était celle d'un garçon brasseur. Quand le commissaire de police central est allé les délivrer, ils étaient enfermés à la mairie de Zillisheim.

Affaire de la compagnie Schein. — Une femme dont le mari est dans cette compagnie, demande les secours qu'on a promis aux femmes et aux enfants de ces francs-tireurs. On répond qu'on n'a pris aucun engagement avec cette compagnie et qu'on ne pourra fournir qu'un peu plus largement qu'à d'autres les secours du Bureau de bienfaisance aux familles de ces soldats, si ces familles sont dans l'indigence.

Beaucoup d'ouvriers voudraient s'engager dans la compagnie Doll, pour avoir le salaire promis aux soldats de cette compagnie et l'indemnité promise aux femmes et aux enfants. Mais on nous rapporte que cette compagnie est repoussée de Belfort, où l'on ne sait qu'en faire, qu'on lui a même reproché le pain qu'on lui a donné le matin et qu'on l'a renvoyée à Mulhouse sans secours de route. Elle doit rentrer ce soir. On parlera de ce fait ce soir au préfet. Un membre propose de licencier cette compagnie qui ne peut nous attirer que des désagréments.

On revient à l'affaire de la compagnie Schein. M. Bertelé dit que M. Schein n'est pas même venu chercher la réponse qu'on lui avait promise et qu'on lui doit d'autant moins qu'il a contribué à calomnier la ville au dehors.

M. Nicolas Koechlin dit qu'il ne faudrait pas que les femmes et les enfants de ces soldats fussent victimes des procédés inconvenants de M. Schein.

La question est renvoyée à M. Wacker qui s'entendra avec M. Ehrsam pour les secours à donner, la question des secours aux familles de ceux qui défendent la patrie étant décidée en principe, à moins que ce ne soient de véritables soldats où l'Etat se charge de ce devoir.

Le président communique une note de M. Beinert pour la fourniture de 20 képis livrés à la compagnie Doll. Cette fourniture ayant été verbalement autorisée dans le temps, elle sera réglée par le budget municipal.

M. Zipélius annonce que les assaillants de l'Hôtel de ville, dans la soirée du 2 Octobre, ont été sévèrement punis par le tribunal.

Jeudi, 20 Octobre 1870

Absents : MM. Aug. Dollfus, Beugniot, Laederich, Heilmann, Romann, Tagant.

Le président rend compte de la visite d'hier de M. le préfet. Il y a surtout été discuté des questions d'habillements. On demande pour Belfort beaucoup de souliers, et que l'on hâte la confection des autres vêtements. M. le préfet accepte avec reconnaissance les gilets de flanelle confectionnés pour nos soldats.

Une dépêche de M. le colonel Von Loos, arrivée hier soir, demande qu'on livre aujourd'hui, à Colmar, les gilets qui n'ont pû être reçus hier à Meienheim. Il a été fait droit à cette demande ce matin.

M. le préfet s'est engagé par tous les moyens de faciliter la circulation des houilles, empêchée en ce moment par la présence des Prussiens signalés à Héricourt, en marche sur Montbéliard.

Le service des douanes sera aussi repris sur les instances de M. le préfet. Pour ce qui concerne la compagnie Doll, M. le préfet en conférera avec M. le général et il pense qu'elle retournera à Belfort. Enfin, M. le préfet a donné des réquisitions pour la libre circulation des blés à travers la Suisse, afin qu'ils puissent nous arriver ainsi, les voies directes étant coupées. On demande s'il ne faudrait pas acheter du blé à Marseille; mais ils sont de meilleure qualité et au même prix dans l'intérieur de la France, à Dijon par exemple.

A l'occasion de l'appel sous les armes de 25 à 35 ans, on se plaint que ceux qui ont été appelés à Belfort ont dû se promener de Belfort à Avignon, de là à Poitiers, pour revenir à Belfort et finalement être renvoyés chez eux. Cela n'empêchera pas de préparer les listes des catégories successivement appelées par la loi; les célibataires d'abord, les veufs sans enfants, en second lieu, les mariés sans enfants, en troisième lieu, les mariés avec enfants en quatrième lieu.

Arrivée en séance de M. le préfet, et discussion, en sa présence, des objets suivants :

Comme il se forme des ligues départementales pour la défense nationale, et qu'il y en aura une pour l'Est, dont le siège sera à Besançon, notre arrondissement doit aussi y être représenté. On désigne pour ce poste M. Schwenck-

Conseil municipal de 1870-1871.

Pl. 9

JULES DOLLFUS

AUGUSTE DUJARDIN
(Président de la Commission exécutive)

GODEFROI ENGELMANN
(Commission exécutive)

CHARLES GERBAUT

Hanhart; comme il exige une résidence à demeure, les membres de la ligue auront des jetons de présence, dont M. le préfet croit pouvoir faire les frais dans la limite de son crédit.

On soulève la question des Allemands demeurant en France, pour savoir quelle est l'opinion du préfet sur cet objet? Il déclare qu'ici la Commission municipale est souveraine, qu'elle peut maintenir ceux qui lui paraissent intègres, sans relations avec l'ennemi, mais qu'elle a droit d'expulser ceux qui, par leur attitude, leurs discours ou leurs actions exciteraient des soupçons. Il reconnaît, du reste, que cette question est entourée de grandes difficultés, et qu'il s'en présente ainsi à chaque instant.

M. le commandant de place profite de la présence de M. le préfet, pour parler des francs-tireurs qui ont fait ces arrestations illégales, qui font sans cesse des menaces contre la ville de Mulhouse et son Conseil municipal, et se livrent à toutes sortes d'exécutions dans les lieux qu'ils occupent, au point que les habitants préféreraient quelques fois la présence de l'ennemi.

M. le préfet prendra cette affaire en sérieuse considération et dit qu'il a le droit d'arrêter les francs-tireurs, s'ils se livrent à de pareils excès. Mais, lui répond-on, par qui les arrêter, la garde nationale n'étant pas armée? Ceux qui sont dans nos environs sont sous le commandement nominal du capitaine Valette, mais, en réalité, ils n'obéissent à personne. Ils se promènent constamment avec leurs fusils, sont souvent ivres et menacent à tout bout de champ tous ceux qui leur déplaisent. C'est le capitaine du génie Thiers qui semble les exciter ainsi.

Vendredi, 21 Octobre 1870

Absents : MM. Aug. Dollfus, Beugniot, Romann, Heilmann, Laederich.

On discute l'affaire des procès-verbaux qui, depuis l'occupation prussienne, sont écrits sur feuilles volantes pour les dissimuler plus vite et pouvoir dire qu'elles ont été envoyées au préfet.

M. le président donne lecture des différentes dépêches arrivées dans la journée d'hier. M. Boehler rend compte des chaussures qu'il a commandées jusqu'à concurrence de 150 paires.

M. Aug. Dollfus demande de Tours, s'il y a un engagement écrit de respecter le chemin de fer de Mulhouse à Bâle, exploité par le Central suisse. On répond qu'il n'y a pas d'engagement écrit, mais verbal devant témoins. M. Lantz dit que la question du transit des blés par la Suisse, et, en général, la circulation sur les chemins de fer devient de plus en plus difficile, M. le préfet de la Côte-d'Or y mettant à son tour des obstacles; aussi M. Lantz en a-t-il télégraphié à Tours.

On a renvoyé à la commission du budget la question d'un secours à la veuve Staub. Les retenues sur les appointements de M. Schaub sont de 950 fr., mais cette somme ne doit pas servir de guide pour donner un secours, elle est acquise à la caisse des employés de la ville. La somme de 600 fr. est accordée à la veuve Schaub, à titre de don, en faveur des bons services rendus par son mari. M. Tagant entre en ce moment au Conseil et reçoit les félicitations de ses collègues pour l'heureux accomplissement de sa mission à Neuf-Brisach. Il a reçu la quittance de la somme versée et a rapporté un grand paquet de cartes-lettres à mettre à la poste. En passant à Heidwiller, il a trouvé ce village évacué par les hulans, depuis une demi-heure. La ville de Neuf-Brisach est déjà bien abîmée, beaucoup de maisons trouées ; elle a eu jusqu'à présent un mort et 20 blessés.

On lit un rapport de M. Zündel, vétérinaire, sur l'état de sept chevaux qui nous sont revenus des réquisitions prussiennes, quatre sont dans un si piteux état qu'il faudra les abattre.

M. Faehnlein se plaint d'une briqueterie élevée trop près de sa propriété, par M. Bertier-Bassinon, au Schelkleweg. La question a déjà été en partie instruite et est renvoyée à M. Mosmann.

M. Mayer, employé de la mairie, demande une bourse à l'Ecole professionelle pour son fils ; accordée.

On nomme une commission pour la formation du cadre de la garde nationale mobilisée, elle se compose de MM. Wacker et Zipélius. Ils peuvent s'adjoindre des volontaires pour ce travail.

Le lieutenant Gingembre, des francs-tireurs, sous les ordres du capitaine Thiers, à Dannemarie, a arraché en ville l'affiche qui déclarait illégales les arrestations faites par les francs-tireurs. On a fait venir ce lieutenant à la Mairie et on lui a fait des observations sérieuses sur l'inconvenance de son acte. Mais on propose une intervention plus sérieuse du Conseil municipal et on demande qu'on dresse procès-verbal contre le lieutenant Gingembre et qu'on en réfère au préfet.

(Dans la soirée on apprend que des hulans prussiens en éclaireurs se sont montrés à l'Ile Napoléon, à Rixheim et à Riedisheim, et qu'un corps de 500 fantassins est venu coucher à Ensisheim.)

Samedi, 22 Octobre 1870

Présents : presque tous les membres. Absents : à peu près les mêmes qu'hier.

Le président est absent pour indisposition.

On communique une dépêche de M. Aug. Dollfus à Tours, où il a obtenu toutes les facilités possibles pour la circulation des grains de Dijon à Mulhouse.

M. Koechlin-Schwartz s'élève contre l'article de l'*Industriel alsacien*, où l'action de francs-tireurs faisant des arrestations semble justifiée. On pense que la Commission municipale devrait en conférer avec le rédacteur du journal, pour qu'il rétablisse les faits sous leur véritable jour. On demande s'il ne faudrait pas à tout étranger une nouvelle autorisation de séjour, pour lui éviter d'être inquiété ; cette proposition n'est pas appuyée.

Une dépêche de Belfort nous apprend que le service du canal, interrompu depuis quelque temps, va être repris. M. Jundt, présent à la séance, s'occupera de la mise en pratique de la décision du préfet.

(Il paraît que les Prussiens se sont retirés de leurs campements de la nuit dernière, et l'on n'en a pas de nouvelles à Mulhouse).

Dimanche, 23 octobre 1870

Absents : MM. Aug. Dollfus, Beugniot, Romann, Laederich, Nic. Koechlin, Dujardin, Heilmann.

M. Henri Schwartz préside la séance, en l'absence de M. Dujardin, indisposé.

M. Heilmann-Ducommun demande un congé de six mois motivé par l'état de sa santé. Le Conseil, espérant que l'état valétudinaire de ce membre si zélé ne durera pas si longtemps, lui accorde un congé indéterminé.

La Commission exécutive a examiné hier les comptes de la compagnie Doll qui, pour les cinq jours de son voyage à Belfort, séjour et retour, se montent à 1500 fr. Ces dépenses devenant trop onéreuses, on propose de ne pas conserver cette compagnie avec ses privilèges et de la réunir simplement à la garde nationale, dont elle formerait la 13me compagnie, ayant les mêmes droits et devoirs que les autres gardes nationaux. Plusieurs membres pensent qu'il vaudrait même mieux déverser tous les hommes de cette compagnie dans les autres cadres, suivant la demeure de chacun. Mais il y aurait peut-être quelques inconvénients à cette brusque dissolution et elle se fera sans doute peu à peu, lorsqu'il n'y aura plus de privilèges.

M. Lantz a la parole pour traiter de l'achat des blés nécessaires à la ville ; ceux qui ont été achetés à Dijon dans ce but ne pouvant plus nous parvenir, par suite de l'opposition de M. le préfet de la Côte-d'Or, d'abord ; par suite de l'évacuation de la gare de Dijon ensuite.

Les blés de l'intérieur et de Marseille ne pouvant plus, ainsi, nous arriver par suite des interruptions des voies ferrées, M. Lantz croit qu'il y aurait danger à ne pas s'adresser ailleurs pour faire des provisions, la ville n'ayant plus de blés ou farine que pour une dizaine de jours, et les farines déposées dans différents magasins étant déjà fortement entamées.

M. Lantz propose en conséquence de faire acheter du blé à Romanshorn, où il y a des approvisionnements et un grand marché. Ils seront bien un peu plus chers qu'à Dijon, mais leur trajet pour arriver ici est moins long; d'ailleurs, devant l'appréhension d'une disette à Mulhouse, une légère perte d'argent n'est pas à prendre en considération. Il est peu probable que les blés baisseront de prix, le contraire est plutôt à présumer.

M. Jean Dollfus ne partage pas les craintes de M. Lantz, il pense que la Suisse, qui reçoit ses approvisionnements d'Allemagne, de Hongrie, nous étant toujours ouvertes, nous y trouverons toujours les blés dont nous aurons besoin. On objecte que la Suisse, n'étant pas un pays producteur, peut à un moment donné se trouver sans provisions, et que déjà il n'y en pas à Bâle.

En tout cas, M. Dollfus voudrait que l'on n'achetât que du blé de seconde qualité, suffisant pour du pain de réquisition et qu'ainsi nous aurions du pain à meilleur marché. M. Lantz répond que nous avons déjà à cette intention des farines de seconde qualité en réserve. Il fait la proposition formelle que l'on achète, au compte de la ville, 2000 hectolitres de blé et que M. Zipélius soit envoyé en Suisse à cette intention. La proposition est adoptée à une grande majorité et la commission des finances sera chargée de pourvoir aux fonds nécessaires.

Une dépêche de M. Auguste Dollfus, à Tours, nous apprend que notre délégation a terminé sa mission et y a réussi en tant que l'exploitation du chemin de fer de Mulhouse à Bâle par le Central suisse, si cela devenait de nouveau nécessaire, serait autorisée. La difficulté, suivant M. Jundt, provenait de ce que, dans un cas analogue pour l'exploitation d'un chemin de fer de Reims vers la Belgique et faite par une compagnie belge, on avait autorisé la circulation d'approvisionnements pour les troupes prussiennes et l'on a craint à Tours qu'au Central suisse on n'eût donné la même permission.

Lundi, 24 Octobre 1870

Absents: MM. Aug. Dollfus, Beugniot, Heilmann, Romann, Laederich.

M. le président communique une réquisition d'un capitaine de francs-tireurs dans nos environs, qui demande manteaux, gilets de flanelle, chaussures, ceinturons, cartouches, etc. Cette réquisition étant signée par le sous-préfet faisant fonction de sous-intendant militaire, semble être au premier abord en règle et présumer le paiement par l'Etat des objets fournis. Il n'y aurait donc qu'à l'exécuter. Mais on objecte que nous ne sommes pas une commission régulière d'habillement, que nous ne gardons rien en dépôt, envoyant à Belfort tout ce que nous pouvons confectionner pour le besoin de l'armée régulière, que si nous nous prêtions à ces réquisitions, nous n'en verrions pas la fin, aujourd'hui telle compagnie, demain telle autre, et cela sans contrôle. Que du reste cette compagnie qui veut nous exploiter en ce moment, nous a déjà rendu d'assez mauvais services. On pense, en conséquence, que toutes ces réquisitions devraient être adressées à Belfort.

Cependant, MM. Alfred Koechlin et Zipélius disent qu'au nom de la commission exécutive, ils se sont engagés à pourvoir cette compagnie de francs-tireurs de tout ce qu'il est possible de leur fournir. A ce titre, on leur vote des gilets de flanelle ; quant aux chaussures, on consultera d'abord le préfet.

M. le président communique les dépêches arrivées hier, dont quelques-unes donnent lieu à des observations.

Ainsi M. Cornefert, un de nos agents pour achats de farines, a été arrêté à Chaumont comme émissaire prussien. M. Lantz a immédiatement télégraphié pour rectifier les faits.

On communique une lettre de M. le maire de Sélestadt à M. Grévy à Besançon. Cette lettre est parvenue ici dans la journée d'hier par des émissaires, avec autorisation verbale pour la municipalité d'ici d'en prendre connaissance et de la faire parvenir le plus tôt possible à destination. La voie du chemin de fer ayant été manquée, on a télégraphié la substance de la lettre à M. le préfet de Belfort ; la lettre elle-même a été expédiée ce matin. Elle nous a donné des renseignements sur le siège de Sélestadt, les dégâts peu importants jusqu'à présent que la ville a éprouvés, la disposition courageuse de la défense et le vote pour la Constituante que les habitants ont accompli le 16 octobre dernier.

Dépêches sur les engagements qui ont eu lieu entre Besançon et Gray et qui nous ont été, paraît-il, favorables.

Dépêche sur une intervention de l'Angleterre entre les belligérants, après conseil des ministres anglais, avec l'appui des puissances neutres.

Dépêche de M. le préfet, pour la confection et l'étoffe des guêtres. La toile doit être à peu près imperméable; renvoi à la commission d'habillement.

Nouvelle dépêche du gouvernement qui demande que toutes les communes se défendent vigoureusement; si elles défaillent, elles seront flétries dans le *Moniteur*.

M. Lantz expose qu'il a eu une conférence avec M. Emile Koechlin, minotier. Ce dernier a eu occasion d'acheter à Romanshorn 1600 hectolitres de blé, qu'il veut bien céder à la ville au prix coûtant, se contentant de la façon pour la conversion du blé en farine. Cette farine reviendra ainsi à 43 fr. les 100 kilos, et le pain fabriqué avec elle sera meilleur marché que le pain actuel.

La ville accepte avec empressement la proposition de M. E. Koechlin et la commission donnée à M. Zipélius devient pour le moment inutile.

Mardi, 25 Octobre 1870

(Capitulation de Sélestadt)

Absents: les mêmes membres qu'hier.

Le président communique une dépêche de M. le préfet, qui dit qu'on doit refuser les chaussures aux francs-tireurs, l'armée en ayant le plus urgent besoin. Cette décision a été communiquée au chef des francs-tireurs, d'ici. Pour les guêtres, M. le préfet demande une étoffe plus forte, plus imperméable que celle dont on lui a envoyé le modèle. Le même magistrat nous fait savoir que le passage des blés sur la Suisse, pour nous revenir de là, est autorisé par Pontarlier et Bellegarde, et que sa dépêche même doit nous servir de titre; en conséquence, il en sera fait plusieurs copies légalisées par M. le sous-préfet. M. le président lit une nouvelle dépêche sur les combats qui ont eu lieu, entre Besançon et Gray, une dépêche circulaire de Tours sur les combats autour de Paris et une 3e dépêche de notre représentant de la Ligue de l'Est à Besançon, M. Schwenck, qui dit que dans les combats qui ont eu lieu de ce côté, la mobile de Mulhouse n'a pas été engagée.

M. Nic. Koechlin revient à la circulaire ministérielle d'hier, qui demande, pour la résistance nationale, une résistance à outrance dans chaque commune. M. Chauffour propose, avant de prendre un parti, d'attendre le retour de nos délégués à Tours, pour avoir l'explication de cette circulaire.

M. Clément, secrétaire général de la Mairie, ayant demandé un congé d'un mois pour raison de santé, est intentionné de reprendre ses fonctions à partir du 1er novembre prochain, si c'est aussi l'avis du Conseil. Dans sa première demande, il avait aussi exprimé le désir que ses fonctions lui fussent continuées jusqu'au 1er Mai 1871, parce que le chiffre de sa pension de retraite sera ainsi plus élevé.

Bien des membres pensent que l'état valétudinaire de

M. Clément ne lui permettra pas de se remettre au travail activement, que d'ailleurs sa pension de retraite ayant été liquidée, quoique pas encore d'une manière définitive par le gouvernement, il n'est guère possible de revenir sur cette décision. On conclut à conserver à M. Clément ses fonctions jusqu'au 1er Janvier prochain, sans prendre d'engagement ultérieur et qu'on chargera M. Clément de faire surtout un état des affaires arriérées et litigieuses et de les accompagner de renseignements qu'il peut donner sur elles, s'il ne peut pas les tirer tout à fait au clair.

Mercredi, 26 Octobre 1870

Absents: MM. Heilmann, Romann, Tagant.

Le président lit une dépêche qui annonce de Besançon que l'ennemi bat en retraite, qu'il a beaucoup de blessés et que, des environs de Paris, il y a aussi des nouvelles satisfaisantes.

Nos délégués de Tours, auxquels a bien voulu se joindre M. Engel-Dollfus, étant revenus, sauf M. Beugniot, ces messieurs rendent compte de leur mission, par l'organe de M. Aug. Dollfus.

Les questions à traiter à Tours étaient les suivantes :

1º Affirmer hautement à Tours le patriotisme de la ville de Mulhouse.

2º Demander le rétablissement de l'exploitation du chemin de fer par le Central suisse, de Mulhouse à Bâle.

3° Demander la circulation par les chemins de fer qui vont de France en Suisse, des substances nécessaires à notre alimentation et de même sur le canal du Rhône au Rhin.

4° Obtenir du comptoir de la Banque de France établi à Tours des facilités pour l'escompte à Mulhouse, en établissant, au besoin, un dépôt d'espèces ou de billets de banque.

Si la mission de ces messieurs a éprouvé des retards, il faut l'attribuer à la lenteur de la circulation sur les chemins de fer et à l'absence de Tours de M. Gambetta. Ces Messieurs ont souvent vu M. Crémieux et les autres représentants des divers ministères, mais on ne pouvait obtenir rien de définitif sans M. Gambetta.

Du représentant du ministère du Commerce, la délégation a obtenu tout le concours possible, mais il a demandé que pour les substances alimentaires, on ne passât que par Pontarlier ou Bellegarde, qu'on fixât le nombre des trains et le maximum de leur charge. On lui a demandé un maximum d'approvisionnement de 6000 hectolitres et, le lendemain, l'agent du ministère a donné une lettre donnant satisfaction à nos demandes. On pourra expédier toutes denrées alimentaires par Bellegarde, sur la Suisse, en les adressant au consul de France à Bâle, qui sera chargé de les réexpédier à la municipalité de Mulhouse.

La 2e question qui a été traitée à Tours, a été l'exploitation du chemin de fer de Bâle à Mulhouse par le Central suisse. M. Chaudordy, représentant du ministère des Affaires étrangères, s'est montré d'abord très raide; il ne veut pas que ce chemin de fer serve à l'alimentation des

Prussiens, qu'il ne faut pas craindre de sacrifier une ville de 60,000 habitants, pour faire tuer quelques mille Prussiens. Il ne veut pas tenir compte de tous les sacrifices que fait pour l'armée la ville de Mulhouse. Dans une seconde note remise à M. Chaudordy, la délégation s'engagea formellement à ne pas faire servir le chemin de fer à tout ce qui est militaire, armes, munitions, équipement militaire, qu'il servira exclusivement au transport des denrées alimentaires. M. Gambetta, consulté le lendemain, après son retour des Vosges, a abondé dans ce sens, en demandant seulement qu'au lieu de dire ce qui était exclu de la circulation sur le chemin de fer, il fallait énumérer les objets dont le transport serait permis, ce qui était facile à indiquer en consultant le tarif des douanes, où tous les objets de circulation sont indiqués.

Pour l'exécution de cette affaire, il faudra voir maintenant M. Jacquemin, directeur des chemins de fer de l'Est; c'est ce dont veut se charger M. Jundt.

La 3ᵉ question, circulation à travers la Suisse de blés, farine, riz et sucre, a présenté moins de difficultés. On ne pourra demander une véritable neutralisation du chemin de fer de Bâle-Mulhouse, mais une simple tolérance. La remise en eau du canal a été accordée. M. Beugniot est chargé d'en suivre l'exécution; du reste, M. Jundt dit que la chose est déjà en train.

La 4ᵉ question, relative aux facilités à demander à la Banque de France, représentée à Tours, pour l'escompte du papier à Mulhouse, n'a pas non plus été facile à traiter. Il est vrai que ce comptoir de banque était dans un certain embarras, parce qu'il songeait à déménager de Tours.

Cependant on a fini par obtenir des promesses de concours pour l'escompte à Mulhouse. Quand MM. les délégués ont voulu affirmer le patriotisme de la ville de Mulhouse au gouvernement à Tours, ces Messieurs ont paru surpris, n'ayant jamais douté de nos sentiments. C'est de Paris, et surtout de Belfort que viennent ces méfiances, et l'ordonnance dont il a été question hier et avant-hier est une mesure générale d'une date assez ancienne, que Belfort nous a renvoyée pour nous faire peur.

M. Engel complète l'exposition que vient de faire M. Aug. Dollfus, en disant que M. Gambetta était parti de Tours furieux contre le général Cambriels et la retraite honteuse de son corps devant des forces inférieures ; mais que, quand il a vu l'état réel des choses et la gravité des circonstances, il s'est calmé ; l'Est a été réhabilité à ses yeux et Mulhouse avec la région de l'Est.

M. le président exprime, au nom du Conseil municipal, de vifs remerciements à MM. les délégués pour l'accomplissement de leur mission.

MM. les délégués donnent ensuite quelques traits de leurs impressions de voyage. A Lyon flotte partout le drapeau rouge, la garde nationale n'est pas en tenue ni armée complètement, elle sort sans drapeau, parce que les uns voudraient le drapeau rouge, les autres le tricolore. Il y a des ateliers, où travaillent 1500 hommes, à 3 fr. par jour, et qui ne font presque rien. Il n'y a plus d'octroi, un impôt sur la fortune qui ne rentre pas, etc. Il y a peu de troupes à Lyon ; par contre, du côté de la Loire, entre Bourges, Nevers, Tours, il y a beaucoup de soldats de toutes armes, et qui semblent bien s'organiser.

Séance du même jour, à 3 heures, en présence de M. le préfet

On revient aux difficultés de la circulation des grains et l'on se plaint au préfet, qui n'en peut mais, de l'opposition du maire de Dijon, qui a défendu la sortie d'un seul sac et qui a signé son opposition.

M. le préfet demande alors à traiter de la question des habillements; il pense que la moleskine serait la meilleure étoffe pour les guêtres, si elle ne se rétrécit pas. On approuve son idée, et dit qu'après le lavage, ou la teinture, ce rétrécissement n'a plus lieu. On fera teindre quelques pièces en chamois foncé et on l'emploiera pour faire des guêtres. M. Lantz se charge de fournir et de faire teindre ces pièces.

M. le préfet désire qu'on presse l'exécution de tous les effets d'équipement militaire, les uniformes, les chaussures, qui doivent être fortes et grandes, nos Alsaciens ayant de grands pieds; il réclame surtout des vareuses qui doivent être doublées. Les militaires d'administration ont été très satisfaits des havresacs en toile à caoutchouc et étonnés de leur bon marché. Ils ont pris l'étoffe pour de la peau de vache. Ils demandent qu'on en confectionne le plus possible. Les gilets de flanelle qui ont été envoyés à l'armée, à titre de don de la ville, seront, M. le préfet présumant l'opinion de Mulhouse, d'abord donnés aux Alsaciens; mais on lui répond qu'il faut d'abord les donner à ceux des soldats qui en ont le plus besoin.

On traite ensuite avec M. le préfet différentes difficultés survenues avec des fournisseurs. M. le préfet raconte que, d'ordre de Belfort, on a arrêté des grains circulant à Dannemarie ; il a trouvé la mesure injuste et a fait revenir l'autorité militaire sur sa décision. On a aussi arrêté en chemin, dans la Haute-Alsace, plus de 200 têtes de bétail, les pensant destinées aux Prussiens. Comme la question est litigieuse, on les a pesées et employées ensuite à la consommation de Belfort, afin d'indemniser les propriétaires de leur valeur, s'ils sont dans leurs droits.

A l'avenir, ceux qui voudront acheter du bétail hors de chez eux, devront se munir d'une autorisation du maire de leur commune. M. Chauffour voudrait que cette décision fût affichée. On y voit quelque inconvénient et l'on pense que les intéressés le sauront bien vite.

M. le préfet a des grandes difficultés avec les autorités militaires et surtout avec les francs-tireurs qui réquisitionnent à tort et à travers. M. Jundt, revenant de Bâle, entre dans la salle et rend compte que sa conférence avec M. Jacquemin, pour la circulation du Central suisse entre Bâle et Mulhouse, n'a pas abouti. Les pièces qu'on lui a montrées, signées de M. Crémieux, n'expriment, suivant lui, qu'une simple tolérance et il demande, lui, un ordre formel du ministre de la Guerre. Il partage le chauvinisme de Belfort, surtout celui du colonel Denfert qui voudrait forcer par la faim les Mulhousiens à tomber sur les Prussiens ; on lui a répondu s'il croirait donner du courage et de l'entrain à l'armée en l'affamant. M. le préfet a prié M. Hartmann, de Munster, d'aller à Tours et on le priera de suivre les affaires pendantes, dont celle-ci.

En attendant, le chemin de fer de Bâle à Mulhouse marche, exploité par l'Est, et cela suffit pour le moment. M. le préfet

D. Conseil municipal de 1870-1871.

PAUL HEILMANN-DUCOMMUN
(Commission exécutive)

LOUIS HUGUENIN

THÉODORE JUNDT

Dr EUGÈNE KLIPPEL

a reçu une lettre de Paris, du 19, où le ton général est plein de confiance. Le général Trochu organise une armée de soutien de 150,000 hommes, bien pourvue d'artillerie, au moyen de laquelle il se propose de sortir de Paris.

Jeudi, 27 Octobre 1870

Absents : MM. Romann, Heilmann, Laederich, Beugniot.

Le président communique une dépêche sur les opérations militaires près de Gisors et dans le bassin de la Loire.

Comme, pendant la séance d'hier soir à laquelle a assisté M. le préfet, plusieurs membres n'étaient pas présents, on revient aux questions qui ont été traitées.

Pour ce qui est de l'exploitation du chemin de fer de Bâle à Mulhouse, par le Central, M. Jundt propose d'écrire à M. Jacquemin pour le ramener à des idées plus conciliantes. M. Aug. Dollfus pense qu'il faudrait lui parler et s'offre pour cet objet ; mais il faudrait attendre qu'il eût reçu des communications de Tours. Toutefois ces communications doivent difficilement parvenir à M. Jacquemin, parce qu'il a pris son domicile hors de France. M. Aug. Dollfus trouve que M. Jacquemin se compromet gravement, en voulant s'opposer à la rentrée des blés en France et de vouloir entraîner le Consul de France, à Bâle, dans la même opposition ; ce dernier pourrait bien s'attirer ainsi sa destitution.

La prise de Sélestadt par les Prussiens entraînera probablement le rétablissement, par ces derniers, du chemin de fer de Strasbourg à Bâle, mais il ne pourrait aller que jusqu'à St-Louis ; en continuant jusqu'à Bâle, il violerait la neutralité de la Suisse. Par contre, si le Central reprend le service de Mulhouse à Bâle, il serait neutralisé et, par conséquent, respecté. La circulation des bestiaux étant entravée par les arrestations qu'ont fait les francs-tireurs, pour qu'ils ne servent pas d'alimentation aux Prussiens, il s'ensuit que les besoins de notre population sont difficiles à satisfaire. Il est donc nécessaire que les marchands de bétail ou les bouchers se munissent d'autorisations de leurs municipalités respectives et, comme celles-ci même n'ont pas toujours été respectées, il serait bon qu'ils les fissent viser à Belfort par l'autorité militaire. La chose est urgente, parce que lundi prochain il y aura grand marché de bétail à Montbéliard.

Le préfet a bien promis d'agir en ce sens, mais il sera bon de lui rappeler la chose par une dépêche. On pense aussi que les autorisations pour transport de bestiaux devraient être contresignées par M. le sous-préfet, agissant comme intendant militaire. M. Jundt fait connaître un projet de traité avec les entrepreneurs du nouveau canal, en vertu duquel nous exécutons pour eux le travail qu'ils ont entrepris, à l'aide des hommes à qui nous voulons procurer de l'ouvrage. Les entrepreneurs, représentés par M. Denthony, nous verseront la part afférente à notre travail, sur les sommes qu'ils toucheront de l'Etat. Nous serons ainsi tâcherons et nous avons toute garantie, à moins que l'Etat ne paye point.

Vendredi, 28 Octobre 1870

Présents : 28 membres

Lecture du procès-verbal du 26 Octobre : outre les objets dont il a été traité plus haut, il a été question, après mon départ, de deux choses que je n'ai pas mentionnées, parce que j'ai quitté la séance.

La première était de remplacer le capitaine et le lieutenant de la compagnie des tirailleurs de la garde nationale, autrement dit la compagnie Doll. Le lieutenant ayant donné sa démission, et le capitaine ayant disparu depuis le 10 Octobre, il est évident qu'il faudra de nouveaux chefs à cette compagnie.

La seconde chose était l'emprunt que la ville devait négocier à Bâle, emprunt de 500,000 fr. qui devait être garanti non par le conseil municipal en masse, mais par un certain nombre de citoyens garantissant chacun, pour une part déterminée par lui, la somme empruntée.

Cette garantie de l'emprunt a été trouvée hier.

Communication des dépêches d'hier sur les opérations militaires.

Communication d'une lettre de M. Schwenck, notre délégué à la Ligue de l'Est, sur les opérations de cette ligue qui transportera son siège à Lyon.

Lettre du locataire du fond du canal d'écoulement, pour demander un rabais sur son loyer, les soldats campés de ce côté ayant détruit les récoltes.

Lettre de M. Haensler, qui se plaint du manque d'écoulement des eaux fluviales et ménagères à la chaussée de

Dornach, depuis la rue Lavoisier jusqu'au canal d'écoulement. Renvoi à M. Mosmann, ainsi que la précédente affaire.

M. Koechlin-Schwartz donne des renseignements sur l'occupation prussienne, et sur les mesures qu'il prend pour être renseigné. Il y a 2 à 3000 hommes à Ensisheim, avec de l'artillerie. On pense que les canons sont de ceux de Sélestadt. M. Zipélius se fait l'organe d'un certain nombre de fournisseurs qui éprouvent beaucoup de difficultés pour se faire payer, ayant diverses courses à faire, des timbres à faire apposer, au point, si la somme n'est pas importante, de plutôt renoncer au payement que de se soumettre à toutes ces formalités. On chargera M. Ehrsam de simplifier le plus possible cet état des choses.

Dans la soirée du 28, on apprend par Bâle la capitulation de Metz, ce qui remplit tous les cœurs de tristesse et d'amertume. Le roi de Prusse annonce à la reine 150,000 prisonniers, dont 20,000 blessés et malades.

Dans la même soirée, missive de M. von Ohlen Adlerskron, qui nous renvoie trois des voitures qui, dans le temps, ont été requises et qu'il déclare impropres au service.

Samedi, 29 Octobre 1870

Le président communique au Conseil une missive du colonel von Loos, ainsi conçue :

Da in hiesiger Gegend neuerdings mehrfache Mordversuche und Mordthaten durch sogenannte Francs-

Tireurs gegen königliche preussische Soldaten begangen worden sind, verpflichte ich die Municipalbehörden aller Ortschaften zwischen Mülhausen und Colmar, diese Städte eingeschlossen, die Reisenden mit Legitimationen zu versehen. Leute welche fortan von diesseitigen Truppen ohne solche Legitimationen angetroffen werden, sollen angehalten und festgenommen werden. Unter Verantwortlichkeit der betreffenden Municipalbehörden werde ich deren Legitimationen respectiren.

Ensisheim, den 28. Oktober 1870.

Der königliche preussische Oberst
von Loos.

Cette missive est accompagnée d'une lettre signée du même, demandant (die Municipalität verpflichte ich) l'insertion de la missive dans les trois journaux de Mulhouse, à un endroit saillant et en caractères particuliers, en allemand et en français, enfin, de lui adresser à Colmar des exemplaires de ces journaux.

La discussion de cette question est délicate : faut-il se soumettre? En résistant, ne nous attirons-nous pas une nouvelle occupation? Ne devons-nous pas prévenir nos concitoyens de la nécessité de ces laissez-passer? Un seul membre vote pour qu'on exécute l'ordre de M. von Loos, plusieurs voudraient qu'on avertît officieusement nos concitoyens de se munir, pour voyager, des autorisations nécessaires, mais la majorité vote qu'on ne donnera pas suite à la missive de M. von Loos et qu'on lui répondra que nous n'avons pas qualité pour donner des ordres aux journaux.

Voici la substance de cette réponse :

« L'assemblée (municipale) consultée, reconnaissant que la législation actuelle sur la presse ne lui donne aucun pouvoir de réquisition ou d'injonction aux journaux, a dû décider que, sans excéder sa compétence et sans s'exposer à un refus légal de leur part, elle ne peut déférer aux ordres que vous lui avez transmis. »

Avis de M. le préfet sur l'emprunt de 250 millions de la Défense nationale, dont il indique les conditions. M. le Receveur particulier fait demander s'il peut en sûreté accepter les versements d'acompte sur cet emprunt. On ne peut lui répondre que, pour aujourd'hui, on ne croit pas que les Prussiens viennent.

Un autre avis demande l'exécution des mesures relatives à la peste bovine. On chargera M. Zundel, vétérinaire, de suivre cette exécution.

On communique une dépêche de M. le préfet, qui déclare réglée l'affaire des autorisations dont auront besoin les marchands de bestiaux pour circuler avec leur marchandise.

On s'occupe encore de la question des vêtements, pour en expédier le plus possible, avant une nouvelle invasion. A cette occasion, M. Lantz affirme que le magasin de Belfort regorge de chaussures que l'intendance refuse aux mobiles et aux soldats. On en référera au préfet. Une dépêche du préfet nous annonce qu'à Tours on ne sait encore rien de la capitulation de Metz. Pendant la séance, deux personnes viennent annoncer que la capitulation de Metz a échoué, parce que Bazaine et son état-major ont été emprisonnés par les soldats. On voudrait se laisser prendre à cette nouvelle avec joie, mais on craint bien que ce ne soit qu'un canard.

Dans la soirée, une dépêche de Bâle dans les *Basler Nachrichten* dit que le nombre des prisonniers de Metz est de 173,000 hommes avec 3 maréchaux de France et 6000 officiers; qu'on va tirer le canon Victoria à Berlin, que la remise des armes à Metz ne doit avoir lieu qu'aujourd'hui.

Dans la journée, un petit corps de Prussiens avec hulans, artillerie et fantassins a fait une expédition entre les villages de Rixheim et Riedisheim.

Ayant été obligé d'aller visiter M. Rieder, à l'Ile-Napoléon, je suis arrêté à mon retour par une troupe de hulans à pied, à côté de leurs chevaux, près du magasin de pétrole. Ils m'interdisent d'aller plus loin, sauf à chercher un abri dans une maison voisine, et disent que mon arrêt pourra bien durer une heure. Du point où je suis, je découvre des fantassins et des cavaliers, massés à l'origine du petit canal qui va du Rhône au Rhin au canal Vauban. Mes cavaliers et ces soldats au loin sont occupés à manger du pain. Bientôt, sur la route de Bâle, au-dessous de la propriété de M. Daniel Dollfus, je remarque plusieurs attelages conduisant des canons. Quand ceux-ci, au nombre de trois ou quatre, ont franchi le pont du canal sous Riedisheim, les troupes postées près de là se sont mises en marche sur le bord du petit canal, dans la direction de Modenheim; les cavaliers près du magasin de pétrole se sont remis en selle et, à ce moment, on m'a permis de me remettre en route pour Mulhouse. J'ai passé devant les soldats avant qu'ils aient franchi la route de l'Ile Napoléon. Ils avaient des vedettes à cheval jusqu'à côté du tissage Altenberger. Ainsi, s'ils n'ont pas voulu cette fois entrer à Mulhouse, ils en étaient bien près.

Dimanche, 30 Octobre 1870

Absents: MM. Jean Dollfus, Beugniot, Heilmann, Romann, Roth, Nic. Koechlin, Boeringer, Mercklen.

Communication d'une dépêche de Tours sur les diverses opérations militaires autour de Paris. On annonce des réductions notables par des compagnies de chemin de fer suisses pour la circulation des denrées alimentaires et du coton à notre destination.

Le président annonce que le comité du festival de chant qui n'a pas eu lieu cette année, voudrait consacrer à des œuvres de bienfaisance et à l'habillement des gardes nationaux les fonds qu'il a recueillis, après prélèvement des dépenses déjà faites. Comme la ville a concouru à ce fonds pour 5000 fr., qui ont été versés, on lui demande si elle consent à ce qu'elle suive la destination indiquée.

Après discussion, on décide qu'il n'y a pas lieu de faire concourir cet argent à l'habillement des gardes nationaux, mais le Conseil donne son approbation pour une destination de bienfaisance, soupes économiques, par exemple, se réservant cependant d'être toujours encore consulté. Le reliquat de cette somme est d'environ 16,000 fr.

Lettre de M. Zundel, vétérinaire, qui accepte les fonctions d'inspection relative à la peste bovine, mais qui demande un règlement *ad hoc*, qui devra être publié.

M. Aug. Dollfus dit qu'il a vu à Bâle M. Jacquemin, qui se refuse à ce que, à défaut de la compagnie de l'Est, le service du chemin de fer de Bâle à Mulhouse soit fait par le Central suisse. Il ne tient pas compte de la lettre de M. Crémieux, qui admet cette exploitation par le Central, il lui faut absolument un ordre de son supérieur, M. de Franqueville, et alors encore ?

Du reste, il promet qu'il continuera l'exploitation par la compagnie de l'Est le plus longtemps possible.

D'ailleurs, dans les circonstances actuelles et avec la capitulation de Metz, il faudra laisser dormir la chose pour se conformer plus tard à ce que nous imposeront les événements.

Dans la soirée arrive une dépêche très énergique dans le sens de la Défense nationale, répondant à la capitulation de Metz et accusant Bazaine de trahison.

Lund, 31 Octobre 1870

Lettre de M. le préfet relative au fait du lieutenant Gingembre, qui a arraché des affiches municipales. Il est très sévèrement enjoint aux militaires d'avoir à respecter ces affiches.

M. Alfred Koechlin-Schwartz rend compte de la mission de M. Schwenck, notre délégué de la Ligue de l'Est, qui est arrivé à Mulhouse et dont on attend l'entrée dans la salle du Conseil d'un instant à l'autre.

M. Schwenck et un autre délégué, n'ayant rien trouvé à faire à Besançon, sont allés à Lyon, où ils ont trouvé en M. Challemel, le préfet, un homme très énergique et prêt à agir, mais dans une position très difficile à Lyon. M. Challemel s'engage à fournir aux mobiles qui lui viendraient du Haut-Rhin, le logement et la nourriture.

Il propose au préfet du Haut-Rhin de recevoir ainsi les mobiles de Belfort, tandis que celui-ci recevrait ceux qui lui viendraient du reste du département.

Comme il faut habiller tout ce monde, il est question de s'entendre au plus tôt avec les fournisseurs de draps, képis, chaussures, etc.

M. Jean Dollfus dit que dans le compte des gilets de flanelle avec M. le préfet, il y a une différence de 700 gilets que M. le préfet n'a pas reçus. Il paraît qu'ils ont été remis à l'intendance militaire et que c'est pour cette raison qu'ils n'ont pas été portés en compte, l'intendance gardant ce qu'elle reçoit.

M. Dollfus dit qu'on pourra bientôt compléter les 1000 manteaux promis; les couvertures ne sont pas encore arrivées.

Il annonce qu'il a 2000 gilets de flanelle de trop, parce qu'il a fallu en commander en différents endroits et que provisoirement il les gardera pour son compte.

M. Mercklen montre des caleçons de coton, qu'on porte en compte aux mobiles à fr. 3.50, à payer sur leur solde et et qui ne valent pas plus d'un franc, la toile étant des plus légères.

On demande des renseignements sur la nouvelle garde nationale mobilisable. M. Wacker pense que le chiffre des hommes de Mulhouse sera d'environ 800 hommes, défalcation faite des exemptions légitimes. Le conseil de révision se réunira le 3 novembre.

Mardi, 1ᵉʳ Novembre 1870

La municipalité reçoit des lettres, l'une du général de Schmeling, l'autre du colonel von Loos, appuyant et expliquant la première. On a demandé accusé de réception de ces missives.

Voici la réquisition de M. de Schmeling :

Abschrift

C. Q. Künheim, den 29. October 1870.

Die bisherigen Requisitionen von wollenen Hemden und wollenen Decken für die Division sind von so geringem Erfolge gewesen, dass deren Beschaffung im Ankaufwege aus dem Inlande erfolgen muss. Die dadurch entstehenden Kosten müssen durch Erhebung von Contributionen aus den Cantons des obern Elsass gedeckt werden.

Es haben zu zahlen :
1—6 g. g.
7. Canton Mülhausen, 10,000 Thaler,
8—9 g. g.

Die Zahlung hat im baarem Gelde zu erfolgen, deren Vertheilung auf die einzelnen zum Canton gehörigen

Orte, ist den Cantonbehœrden zu überlassen. Euer Hochwohlgeboren beauftrage ich mit der Beitreibung der geforderten Summe innerhalb 8 Tagen von heute ab gerechnet und Abführung an die Intendantur der Division.

gez. von Schmeling

für die Richtigkeit

von Geyl (?)
Lieutenant und Regiments-Adjutant.

La lettre de M. von Loos dit qu'à défaut de payement, on emploiera la force pour faire rentrer cette contribution et que, dans ce cas, elle sera pour le moins augmentée d'un quart.

La discussion de cette question est assez embarrassante; nous ne pouvons guère nous refuser à cette réquisition, mais s'adresse-t-elle à l'arrondissement de Mulhouse ou aux deux seuls cantons de cette ville? Comment pouvons-nous répartir cette contribution entre les différentes communes? Sera-ce suivant la population ou suivant la cote des impositions et quels moyens aurions-nous pour agir sur les autres communes?

Il nous répugnerait de faire le métier d'exécuteurs vis-à-vis d'elles, et cependant, d'après les missives prussiennes, nous sommes rendus responsables. La question est renvoyée à la Commission exécutive, pour faire son rapport demain.

On communique une lettre particulière de M. Schein, capitaine de francs-tireurs, sur des engagements près de Colmar et des exécutions faites par les Prussiens.

M. Lantz fait savoir que la gare de Bâle ne reçoit plus de marchandises à destination de Mulhouse et qu'il faut aviser au plus tôt.

M. Jean Dollfus pense que ce serait le cas d'engager le Central suisse à reprendre le service de Mulhouse à Bâle, mais il est à craindre que la compagnie de l'Est ne s'y oppose. Il faudra donc adresser des dépêches relatives à cet objet à M. de Franqueville et à M. Crémieux.

La question des houilles de Ronchamp, dont nos usines ont le plus grand besoin, présente aussi de grandes difficultés, dont il est urgent de s'occuper.

Dans la soirée, chaude proclamation à l'armée par M. Gambetta, pour protester contre la trahison de Sedan et le crime de Metz et pour appeler au combat toute la jeunesse de la France.

Mercredi, 2 Novembre 1870

Absents : MM. Romann, Nic. Koechlin.

On commence par reprendre la question des 10,000 thaler imposés à la ville et à ses cantons pour payer la fourniture incomplète des gilets de flanelle. La Commission exécutive propose la nomination de délégués qui se rendraient chez le général de Schmeling, à Künheim, pour lui exposer que nous avons satisfait en nature à la réquisition des gilets qu'on nous a faite et qu'ainsi une demande d'argent en remplacement nous semble une surcharge ; on profitera de l'occasion pour exposer au général les autres difficultés de la ville et la masse de réquisitions qu'elle a déjà subies. Les délégués seront MM. Bock, Trapp et Tagant. Pour prouver que ce sont les cantons qui sont imposés dans la réquisition de 30,000 thaler, on dit que Guebwiller a à payer 3000, et Ensisheim 1000.

Lettre de M. le préfet relative aux secours à donner aux familles des mobiles. Elle dit que la commission instituée à Colmar à cet effet, a été obligée d'interrompre son travail, que M. le préfet n'a pas à Belfort les papiers nécessaires, mais que dès qu'il pourra les avoir, il reprendra son travail de répartition des fonds disponibles.

Les besoins étant grands, on demande s'il ne serait pas convenable que la ville fît une avance de fonds et, à cet effet, on fait venir M. Ehrsam, secrétaire de la Mairie, pour obtenir des renseignements, car le Conseil ne veut s'engager qu'en connaissance de cause. On télégraphiera au préfet pour le prier de hâter cette question, vu son urgence.

Le préfet avait promis de venir, mais les trains de Belfort sont interrompus. On raconte qu'il se vend des fusils à la Cité. La Commission exécutive priera M. Meunier, capitaine de la garde nationale, qui a avancé le fait, de venir en donner des renseignements.

Il est absolument impossible de savoir le nombre des fusils qui sont restés à Mulhouse, après la livraison faite aux Badois, et ceux qui auparavant ont été expédiés en hâte et avec confusion à Belfort. Il y a eu des fusils jetés dans le canal, d'autres sont encore cachés, d'autres ont été accaparés en nombre par quelques individus, et c'est là sans doute l'origine de ce brocantage dont on se plaint.

M. Ehrsam, venu dans le Conseil, dit qu'il y a 329 familles de mobiles qui réclament des secours et qu'une cinquantaine seulement en a reçus. On évalue à 10,000 fr. les secours mensuels qui seraient à distribuer, surtout en y comprenant les familles des soldats qui réclament aussi.

M. Ehrsam pense qu'avec 1000 fr. par mois, on pourrait obvier aux besoins les plus urgents.

M. Lantz voudrait qu'on demandât au gouvernement de Tours la quote-part du département, dans le fonds de secours de 50 millions votés par les Chambres. Cette quote-part serait de 600,000 fr., suivant le calcul de M. Lantz, et jusqu'à présent le département n'a reçu que 22,000 fr.

On nomme une commission pour cet objet ; elle est composée de MM. Zipélius, Wacker-Schoen, Merklen et Naegely.

M. le commandant de Place dit qu'il a beaucoup de peine a obtenir des renseignements sur le mouvement des troupes ennemies, parce que les hulans arrivent dans un village, demandent quels sont les hommes qui fournissent des renseignements et qu'ils sont ainsi menacés, aussi plusieurs de ces espions préfèrent-ils rester à la maison et toucher cependant leur salaire.

Ce que l'on sait, c'est qu'avant-hier 5000 hommes ont passé à Pulversheim, hier 6000 hommes avec au moins 17 canons, et que de nouvelles troupes passent à Sponeck le Rhin pour venir en Alsace. Les ennemis se dirigent sur Cernay, Pont-d'Aspach, peut-être Thann, soit pour faire la chasse aux francs-tireurs, soit pour commencer l'investissement de Belfort, soit enfin pour passer à travers les Vosges.

M. Jean Dollfus dit que M. Jacquemin se propose d'aller

à Tours et qu'alors les affaires du chemin de fer pourraient s'éclaircir. L'affaire des houilles de Ronchamp devenant de plus en plus urgente, M. Dollfus pense que le chemin de fer de l'Est devrait en expédier le plus longtemps qu'il lui serait possible, et qu'après on devrait engager le Central suisse à aller jusqu'à Ronchamp, pour en chercher.

Dans la soirée on apprend qu'hier on a canonné la filature de M. Gros entre Cernay et Vieux-Thann; il paraît qu'on s'est aussi battu dans les rues de Soultz, que M. West, docteur, adjoint, a été emmené prisonnier. Plusieurs personnes, dont M. le maire, ont aussi été emmenées prisonnières hier.

Il paraît que l'ennemi marche sur Giromagny.

Jeudi, 3 Novembre 1870

Absents: MM. Bock, Klippel, Romann, Tagant, Nic. Koechlin, Ch. Laederich.

Communication d'une dépêche de Tours sur la prise du village du Bourget, près de Paris, dans une sortie faite par les Parisiens; il est vrai que les dépêches prussiennes disent que ce village a été repris par l'ennemi.

Le Conseil reçoit une lettre du capitaine de francs-tireurs Schein, qui donne des détails sur les opérations de sa compagnie et se plaint d'être sous les ordres du colonel Keller, qui ôte à sa compagnie toute spontanéité. Il se plaint

Conseil municipal de 1870-1871. Pl. 11

NICOLAS KOECHLIN père

ALFRED KOECHLIN-SCHWARTZ

ALFRED KOECHLIN-STEINBACH
(Commission exécutive)

CHARLES LAEDERICH-WEBER

aussi des paysans qui la trahissent au profit de l'ennemi. Il donne la liste des familles des membres de sa compagnie qui auraient besoin de secours. Ces familles seront assimilées à celles des mobiles et des soldats.

M. Wacker rend compte des opérations de la commission nommée *ad hoc*. Elle a trouvé 332 familles à secourir, dont 241 où il y a moins de secours à donner, 72 où il en faudrait davantage, et 19 où les secours sont urgents. En leur donnant suivant la série 30, 40, et 50 fr. par mois, on arriverait à une somme de 11,060 fr., pour le total du mois.

Régle générale, ces secours sont nécessaires. Beaucoup de mobiles sont soutiens de famille, ont des pères septuagénaires, d'autres ont de petits enfants ou des femmes près d'accoucher.

Ces secours sont à la charge de l'Etat, mais on demande si, vu l'urgence, la ville ne devrait pas en faire l'avance.

M. Jean Dollfus voudrait même qu'on remontât à l'origine de l'absence des soldats ou des mobiles, dont quelques-uns ont déjà reçu des secours, pour que tous soient placés sur le même pied. Mais on répond que le départ des soldats et mobiles a eu lieu d'une manière très inégale, et que le nombre des familles à secourir augmente sans cesse; qu'ainsi il faut prendre le moment actuel pour point de départ.

M. Jundt pense que M. de Thiry, receveur des finances, ne pouvant plus verser à l'Etat les recettes qu'il fait, pourrait être réquisitionné de verser à la ville les fonds nécessaires à ces secours, parce que c'est un engagement de l'Etat et qu'il pourrait d'un instant à l'autre être forcé de verser les fonds qu'il a en caisse, entre les mains des

Prussiens. M. Jundt s'engage à faire une démarche en ce sens auprès de M. de Thiry. Si l'Etat nous verse des fonds, et que nous n'y ayons pas droit, nous en serons toujours responsables. En suite de ces considérations, le Conseil vote un premier crédit de 11,000 fr., pour cet objet.

M. le capitaine Meunier a donné à la Commission exécutive des renseignements sur les armes vendues à la Cité; un fusil à tabatière a été vendu 30 fr., un fusil ordinaire 7 fr.

La chose est renvoyée au capitaine d'armement de la garde nationale.

On a demandé à M. Clément, secrétaire général de la Mairie, l'état des affaires en souffrance. La première est celle du marché couvert, dont le terrain même n'est pas encore acheté par la ville, à cause des difficultés qu'il y a avec M. Linck.

M. Jean Dollfus tâchera d'en finir promptement avec ces difficultés, et alors on réglera cette affaire.

La seconde se rapporte au Dollergraben en amont de la porte Haute, où il y a des difficultés avec l'un des riverains.

La troisième est relative au chemin de Galfingen vendu à M. Benj. Paraf, de Paris, mais comme cette vente est en corrélation avec la construction du palais de justice, à la porte Haute, cette affaire ne peut recevoir actuellement une solution.

La quatrième se rapporte au fond du Mittelbach, qui a été vendu aux riverains, mais sans titre régulier, parce que le décret d'expropriation, pour cause d'utilité publique, ne peut être obtenu. M. Jundt fera un rapport sur cette affaire.

La cinquième est la question d'une 4me brigade de gendarmerie. Comme nous n'avons en ce moment pas de gendarmerie du tout, il est inutile de s'occuper de cet objet.

Les dernières affaires sont relatives au compte administratif pour l'exercice 1868 et au compte normal de l'exercice de la même année pour l'hôpital. M. Clément sera chargé de mettre ces dernières affaires au net.

On renvoie à M. Jundt des pièces relatives au canal d'écoulement et qu'il faut examiner, parce qu'on croit qu'il y a double emploi. M. Jundt sera aussi chargé de suivre la levée des scellés de la succession de M. Winterer, pour que les papiers concernant la ville lui reviennent.

On annonce que les chevaux vendus par M. Montagnon à l'Etat ont été payés par celui-ci, de sorte que la ville est déchargée de cette responsabilité.

On annonce que sur les voitures et les chevaux qui ont été réquisitionnés par les Prussiens, 17 voitures et 28 chevaux sont revenus. On s'occupera de placer ces chevaux chez différents particuliers, en attendant que la ville en ait de nouveau besoin.

Vendredi, 4 Novembre 1870

Présents : presque tous les membres.

Rapport de la commission qui a été hier chez le général de Schmeling et dans laquelle M. Klippel a remplacé M. Tagant, dont la présence a paru compromettante pour lui au quartier général. M. Bock dit d'abord que, quant à la réquisition d'argent pour les gilets de flanelle, on a exposé que nous n'avions pas d'action sur les communes qui font partie de nos deux cantons.

Le général, comprenant cette position, adresse la réquisition à la ville seule, mais en la modifiant d'une manière qui lui est favorable. Il accepte des gilets de flanelle en nature et nous taxe à 6000, dont 1200 à livrer dans deux jours à Bollwiller à M. von Loos, et les 4800 à livrer plus tard dans une localité à indiquer.

La somme à débourser ne sera ainsi que d'environ 20,000 fr., et il y aura du travail pour beaucoup de pauvres femmes.

Pour avoir de la houille de Sarrebrück à Mulhouse, chose des plus nécessaires, le général dit qu'au premier jour le chemin de fer ira de Strasbourg à Colmar, et que si nous voulons examiner si la voie de Colmar à Mulhouse est praticable, le chemin de fer ira aussi de Colmar à Mulhouse et nous amènera des houilles.

Le général maintient l'autorisation qu'il a donnée antérieurement de la circulation du Central suisse, de Bâle à Mulhouse.

Enfin il prend à témoin les délégués de Mulhouse qu'il a tenu sa parole de ne plus, sans grande nécessité, faire venir de ses troupes à Mulhouse, quoiqu'elles aient dû faire des tournées jusque près de nos faubourgs. M. Trapp ajoute aux communications de M. Bock que le général de Schmeling a parlé d'une sortie de 80,000 hommes, faite par le général Trochu, que cette sortie a eu d'abord du succès, mais que le lendemain les Prussiens ont repris leurs positions, avec des pertes considérables des deux côtés; c'est sans doute l'affaire du village du Bourget.

Le général croit qu'il y a des négociations sérieuses avec Versailles, par l'intermédiaire de M. Thiers.

Ces Messieurs ont entendu toute la matinée la canonnade contre Brisach et y ont vu des incendies. Le général affirme que l'investissement de Belfort est complet. Enfin, il a confirmé le fait que les Prussiens payent maintenant leurs réquisitions en vivres et qu'ils n'exigent, là où ils arrivent, que le logement et place au foyer, mais que la rupture d'un pont sur le Rhin à Marckolsheim peut le mettre dans la nécessité d'exiger de nouvelles réquisitions en vivres, ses arrivages d'Allemagne étant empêchés.

M. Jean Dollfus demande comment on pourrait expédier des vêtements et fournitures militaires à Belfort, si cette place est fermée, il pense que l'on devrait expédier ces objets à Besançon, puisque c'est toujours à l'armée qu'ils sont destinés, mais ici se présente la difficulté du passage par la Suisse, à cause de sa neutralité. On s'informera d'abord si ce passage à travers la Suisse est possible.

M. Chauffour raconte que la ville de Colmar est déjà tellement prussianisée, qu'elle n'ose pas recevoir un exemplaire de l'*Industriel alsacien* et qu'il y a à Colmar beaucoup de blessés provenant du siège de Brisach.

M. le sous-préfet se plaint d'une promenade des conscrits d'hier avec un drapeau rouge et voudrait qu'on empêchât une pareille manifestation aujourd'hui. Le Conseil pense que le fait ne paraît pas assez important pour qu'on s'y arrête. M. Jundt annonce que les ateliers de la ville fonctionnent avec beaucoup d'ordre.

M. Bock propose d'écrire au général pour demander la restitution de voitures réquisitionnées qui ne sont pas encore rentrées. Comme beaucoup sont revenues, on ne trouve pas cette démarche nécessaire. Il est vrai que nous payons les conducteurs de ces voitures à fr. 2.50 par jour, mais comme elles seraient remplacées par des voitures de paysans qui leur sont si nécessaires, nous ne voulons pas demander un retrait trop précipité de nos voitures. On parle encore de mettre en pension les chevaux qui nous reviennent, cela vaudra mieux que de les revendre.

M. Lehmann, sergent de la garde nationale de Dornach, a été condamné à 6 mois de prison pour avoir été l'un des assaillants de l'Hôtel de ville, dans la soirée du 2 Octobre dernier. La garde nationale de Dornach a signé une pétition au préfet, pour que cette peine soit adoucie ou levée, s'appuyant sur les excellents antécédents de cet homme qui n'a eu qu'un moment d'égarement par suite d'un excès de vin. Cette pétition est renvoyée au Conseil pour avoir son avis. M. Bertelé fait observer que la marche régulière de cette pétition devrait être au ministre de la Justice et que le Conseil n'a pas à intervenir.

M. Zipélius, qui a été présent à l'arrestation de M. Lehmann, et qui a trouvé la peine un peu forte, mais appliquée ainsi surtout en vue du respect dû au Conseil municipal, demande que celui-ci intervienne pour demander la grâce de M. Lehmann. M. Weber opine qu'on ait égard à l'intervention de la garde nationale de Dornach, avec laquelle la nôtre doit entretenir des rapports de confraternité.

Sur ce, le Conseil décide qu'on appuiera la demande en grâce.

Belfort étant investi, on demande si Mulhouse ne devrait pas prendre en quelque sorte l'autorité en mains et correspondre directement avec Tours, et que déjà les affaires de l'arrondissement soient gérées à la Mairie d'ici.

M. Bertelé communique le résultat des derniers mois d'exercice de l'octroi de la ville ; les recettes sont de plus de 30,000 fr. inférieures à celles du mois correspondant de l'année dernière.

M. Koechlin-Schwartz communique une lettre de M. Doll, qui donne sa démission de capitaine de la compagnie des tirailleurs de Mulhouse. On lui fera savoir que le Conseil a déjà dû prendre une décision qui l'a démis de ces fonctions.

Samedi, 5 Novembre 1870

M. Jundt revient à la question de l'argent à fournir aux familles des soldats et des mobiles, et propose au Conseil de régulariser par des titres les versements que nous fera le receveur particulier à cette intention.

Mme Jos. Koechlin-Schlumberger adresse à la municipalité une lettre dans laquelle elle dit que la salle d'asile, qui se trouve dans la caserne, ne pouvant plus subsister là, il est urgent de la remplacer et qu'à cette occasion elle offre une nouvelle salle, établie impasse des Tonneliers, dans la rue des Maréchaux. Elle demande à la ville, pour cette salle, un loyer annuel de 1500 fr., avec condition qu'au bout d'un certain nombre d'années, 15 ans ou peut-être moins, la ville deviendrait propriétaire de l'immeuble sans autre payement. Dans les temps difficiles que nous traversons et dans la crainte que Mulhouse, bien amoindri, n'ait pas besoin de cette nouvelle salle d'asile, le Conseil craint de s'engager ainsi à long terme. La chose est renvoyée à la commission du budget et l'on répondra dans ce sens à Mme Koechlin, tout en la remerciant de son offre généreuse.

Dimanche, 6 Novembre 1870

Communication d'une dépêche de Bâle, non officielle, qui donne le résultat du vote de confiance demandé par le Gouvernement provisoire de Paris. Il y a eu 446,000 oui et 49,000 non. Un armistice aurait été signé le 3 Novembre. Mais comme on entend ici encore toujours la canonnade de Brisach et peut-être de Belfort, il ne paraît pas que ce soit réel.

On propose d'envoyer une dépêche au gouvernement à Tours, pour recevoir de lui les communications nécessaires à la défense nationale, Belfort étant investi et le département n'ayant ainsi plus de préfet libre.

Il est donc urgent que les municipalités reçoivent directement des instructions du Gouvernement central. Une dépêche en ce sens est immédiatement expédiée.

Cependant, les dépêches officielles, Belfort coupé, devant passer par la Suisse, il est probable que celle-ci y mettra obstacle. Il faudrait peut-être correspondre par l'intermédiaire du vice-consul français à Bâle, qui correspondrait à son tour avec Tours en dépêches chiffrées.

M. Jean Dollfus revient à la question des expéditions de vêtements et fournimuents militaires qui, ne devant plus aller à Belfort, devraient, suivant son avis, recevoir une autre destination. Il demande si on ne devrait pas les envoyer à Besançon, mais à l'ordre du préfet du Doubs. Toutefois, par la Suisse il y aura des difficultés, parce que c'est contrebande de guerre; par la lisière extrême de notre pays, il y a danger de saisie par les Prussiens. Peut-être

M. Schwenck se chargerait-il d'accompagner le convoi de ces objets, pour chercher à en éviter les difficultés. La Commission est chargée d'aviser. Il y a 26 ballots de Colmar, 600 vareuses et beaucoup d'autres objets d'habillement de Mulhouse à transporter.

Le Conseil reçoit une lettre de M. Ammann, ex-capitaine de francs-tireurs, qui veut organiser une nouvelle compagnie à Ferrette. Il demande cabans, souliers, chemises. On lui répondra d'une manière évasive, d'autant plus justement que nous n'avons pas ces objets.

Lundi, 7 Novembre 1870

Nouvelle lettre du capitaine Ammann, apportée hier soir par deux hommes se disant francs-tireurs, et qui demandent en même temps un billet de logement. Cette lettre demande les mêmes choses qu'hier; on lui répondra, par l'intermédiaire de ses messagers, que tous nos objets d'habillement sont partis pour Belfort et que d'ailleurs il n'a pas de commission régulière, qu'il devrait obtenir de M. Keller.

M. Wantz, directeur de l'asile des orphelins, écrit au Conseil une lettre, dans laquelle il signale les inconvénients qui résulteront pour la ville du non-paiement par l'Etat de la pension des enfants assistés.

Leurs pères nourriciers les rapporteront sous peu à l'hôpital de Mulhouse, dépositaire, où ils causeront un grand embarras.

On en référera au sous-préfet, pour qu'il engage M. le

receveur à verser la somme nécessaire pour ces pensions pour un mois, et qui est de 5000 fr.

En cas d'insuccès de cette négociation, le Conseil avisera demain. On annonce que M. Jean Dollfus a dit hier soir que nous pouvons facilement correspondre avec Tours par la Suisse, et répondre de même en nous servant de l'intermédiaire d'une maison de Bâle. Il a dit aussi qu'en mettant sous plombs les vêtements militaires, nous pourrions les envoyer par la Suisse à Besançon, et sans doute M. Jean Dollfus, absent du Conseil, est en ce moment occupé de cette expédition.

M. Henri Schwartz revient à la dévastation du Forst par des maraudeurs qui font maison nette du bois qui s'y trouve, et demande une surveillance plus efficace. Au Tannenwald, plus en vue, les dégâts sont un peu moindres. Le commandant de Place dit qu'il a donné des ordres sévères au garde champêtre chef et il en espère une meilleure surveillance. On fera aussi venir le garde forestier, qui touche de la ville un appoint de traitement pour cette surveillance, pour lui recommander vivement la chose.

M. Koechlin-Steinbach revient à la compagnie des tirailleurs Doll, pour signaler les inconvénients de sa position sans chefs, avec plusieurs démissionnaires, qui d'un autre côté se refusent à rendre leurs fusils. Il propose de les fondre dans les autres compagnies de la garde nationale. On objecte que ce serait là de mauvais éléments. Alors, dit M. Lantz, il leur faut des chefs, sans quoi le désordre va croissant. M. Beugniot demande qu'on laisse subsister la compagnie, en la tenant un peu à l'ombre et ne la laissant pas monter la garde le dimanche; enfin il propose de leur faire nommer un lieutenant et un sergent. Ces tirailleurs sont encore environ 80.

On engagera M. Servin à ne plus faire de nouvelles recrues pour cette compagnie, et l'on redemandera les armes aux démissionnaires, au besoin en leur dressant procès-verbal. Le commissaire central sera chargé de l'exécution de cette mesure.

On annonce que 8 de nos chevaux sont partis pour la Suisse, pour commencer un service de transports. Deux de nos voitures ont été revendues.

Mardi, 8 Novembre 1870

M. Lantz a reçu hier soir une dépêche, confirmant le fait avancé de la rupture des négociations d'armistice, M. Thiers ayant reçu ordre de quitter Versailles.

M. Bock dit que l'affaire de la pension des enfants assistés est réglée. M. le sous-préfet a donné des ordres à M. le receveur particulier, qui fera payer les pensions dans les localités, où se trouvent les enfants, par les percepteurs correspondants.

On passe à la discussion de la mise en œuvre du décret de la garde nationale mobilisée. Les deux premières catégories, célibataires et veufs sans enfants, sont prêtes, elles ont passé le conseil de révision, leurs feuilles de routes ont été préparées, mais M. le sous-préfet se refuse à les signer, avant de savoir où les soldats doivent aller.

M. Schwenck a bien dit qu'on pouvait les recevoir à Lyon, suivant promesse de M. le préfet Challemel-Lacour, qui s'engage à les nourrir et loger. A Besançon, ils ne pourraient être reçus que pour passer.

M. Aug. Dollfus voudrait qu'on s'assurât plus positivement si nos hommes peuvent être reçus à Lyon, et comme le préfet du Rhône veut des soldats habillés, il demande si nous pouvons leur donner les vêtements nécessaires. Il y a bien 600 vareuses et une cinquantaine de pantalons, mais, pour l'hiver, ces vêtements sont insuffisants et il faudrait des équipements complets ; enfin, il faudrait savoir si nos mobilisés recevront la solde des soldats.

M. Schwenck, parti pour Besançon, répondra par dépêche à une partie des questions posées ci-dessus.

M. Beugniot dit que les mobiles à Lyon ne sont encore ni habillés ni armés complètement, et il craint que nos mobilisés ne se trouvent dans des conditions pires. M. Chauffour ne veut pas qu'on s'arrête à ces objections, que nous sommes dans des conditions exceptionnelles qui exigent qu'on laisse de côté les règles ordinaires de la prudence, qu'il s'agit pour nous de chercher à rester Français et non Prussiens, et qu'au moins les hommes de bonne volonté doivent pouvoir rejoindre l'armée nationale.

M. le sous-préfet, nous dit-on, signera les feuilles de route sur un ordre de la municipalité, à défaut d'instructions de Tours qu'il ne peut recevoir. Mais quels moyens de coërcition aura-t-on contre ceux qui refuseront de marcher ? A Mulhouse, l'opinion publique les y forcera bien, mais que sera-ce à la campagne ? Nous n'avons à nous occuper que de la ville, qui serait taxée de lâcheté si elle ne s'exécutait pas.

M. Weber fait observer que les mobilisés ne peuvent

partir qu'en civil, et non en corps, parce que sans cela ils seraient saisis par les Prussiens et faits prisonniers. Il dit aussi qu'il faudrait s'assurer si, en route, ils ont droit à être logés et nourris.

Au départ, il leur faudra au moins un manteau ou une couverture ; pour des vêtements militaires, ils pourront en trouver à Besançon de ceux que la commission des habillements a expédiés jusque-là et M. Schwenck, pense-t-on, pourra les leur faire délivrer. Mais on objecte que ces vêtements ne sont pas notre propriété, que le drap a été fourni par le préfet, et qu'ainsi nous ne pouvons savoir si nos mobilisés en obtiendront.

Question en ce sens sera adressée au préfet du Doubs.

Sous le bénéfice des restrictions ci-dessus, à savoir si nos mobilisés seront logés, habillés, nourris et payés, on vote leur départ prochain. Il faudrait les organiser en compagnies d'une cinquantaine d'hommes, ayant un chef d'équipe qui les surveille, surtout s'il est question de passer par la Suisse qui est la seule voie praticable. Dans ce cas, il leur faudra assigner des frais de route à prendre sur le crédit de 100,000 fr.

On pense qu'il y aura environ 500 hommes prêts à partir, et s'ils ne trouvent pas de vêtements à Besançon, il faudra s'arranger à leur en envoyer. Nous ne faisons partir que les 2 premières classes de mobilisés, parce que nous ne savons que par des dépêches étrangères que les 3e et 4e classes sont aussi appelées.

M. le président pose la question d'un télégraphe à établir par Delle, pour nous mettre en communication avec le reste de la France, mais on y voit des objections. On pense qu'il vaudrait mieux se servir de la voie de Bâle, en y faisant adresser nos dépêches à une maison de confiance, mais pas en chiffres que la Suisse n'admet pas. La Commission exécutive s'occupera de régulariser cette affaire.

Un membre propose d'aller en corps aux obsèques de M. le curé Sester.

M. Jean Dollfus dit qu'il faut demander aux Prussiens un délai pour le complément de gilets à leur livrer.

Mercredi, 9 Novembre 1870

Réponse de M. préfet du Rhône, M. Challemel-Lacour, qui se déclare prêt à recevoir les mobilisés qui lui seront adressés ; il les voudrait autant que possible habillés et armés.

L'enterrement de M. le curé Sester devant avoir lieu demain, M. les vicaires ont exprimé le désir que les pompiers accompagnent le convoi. Le commandant de Place dit qu'autrefois le corps de pompiers existant a seul accompagné le convoi de M. le curé Ullmann. Comme maintenant il y a de la garde nationale, il ne serait pas juste que les pompiers y allassent seuls, mais d'un autre côté celle-ci n'est régulièrement ni habillée ni armée. D'un autre côté, si on a rendu les honneurs militaires à M. Ullmann, c'est qu'il était chevalier de la Légion d'honneur. Si un de MM. les pasteurs ou le rabbin venaient à mourir, serait-il question de leur rendre les honneurs militaires ?

Le Conseil vote qu'il n'y aura aucune manifestation militaire au convoi de M. le curé Sester.

Demande de M. Riss, directeur des écoles communales,

pour obtenir des cartes gratuites, à l'effet de suivre les cours de l'Ecole de sciences appliquées par la plupart de ses instituteurs ou institutrices. Le Conseil accorde cette demande, avec la condition que ces cartes soient nominatives.

On revient à la question d'un télégraphe à établir sur Delle, dont l'exécution serait facile, mais M. Schwenck doit avoir dit qu'il vaudrait mieux établir un service de courrier pour porter notre correspondance jusqu'à Montbéliard ; M. Gerbaut dit que ce service existe et qu'on n'a qu'à en user. Ce service est même inutile pour nous, suivant M. Lantz ; le télégraphe marchant, ainsi que le prouve la dépêche reçue hier de Lyon.

On ajoute, contrairement à ce qui a été dit hier, que les dépêches chiffrées passent à travers la Suisse, mais seulement pour les agents diplomatiques, de sorte que pour correspondre avec Tours, il faudrait passer par l'intermédiaire du consul de Bâle, qui, il est vrai, ne nous offre pas toute garantie.

M. Heilmann expose que la commission d'habillement, qui a reçu à cet effet des fonds du préfet, est à court d'argent et qu'il faudrait lui ouvrir un crédit pour achever ce qu'elle a commencé. Si M. le préfet du Doubs fournissait alors des vêtements que nous avons envoyés à Besançon pour nos mobilisés, il y aurait un décompte à faire entre l'Etat et la ville. Sous cette réserve, on vote un crédit de 7000 fr., à prendre sur la somme de 100,000 fr. votée pour l'armée.

M. Jean Dollfus, à son tour, aura des avances à demander pour ses fournitures, mais il est évident que le payement des gilets fournis à l'armée prussienne ne devrait pas être imputé à ce crédit. Le président soulève la question des tabacs, qui commencent à manquer en ville, et que certains débitants font venir par contrebande. M. Steinbach demande qu'on force les débitants à payer les droits, mais ils sont si élevés, qu'ils sont vraiment prohibitifs. Comme le tabac est un besoin pour les ouvriers, on tâchera d'en faire venir de différentes localités où il y en a en réserve, et l'on chargera l'entrepositaire d'en faire venir, par la Suisse, de Lyon ou de Marseille.

M. Boehler donne des détails sur les réquisitions exercées par les Prussiens à Thann et à Cernay, et si on objecte qu'on n'a pas les objets nécessaires, ils disent qu'on n'a qu'à user, pour se les procurer, du chemin de fer de Mulhouse à Bâle. M. von Loos est à Cernay où, entre autres, il a demandé 80 lits à envoyer à La Chapelle, où les Prussiens établissent un hôpital. Outre le tabac, il demande aussi de l'huile pour l'éclairage.

Jeudi, 10 Novembre 1870

Absents: MM. ROMANN, LAEDERICH, NIC. KOECHLIN, ROTH.

M. Jean Dollfus dit qu'une dépêche annonce que le préfet du Doubs fait savoir que Besançon ne peut recevoir nos mobilisés, et qu'il faudra, par conséquent, les diriger par la Suisse sur Lyon.

Les uniformes expédiés de Mulhouse sont en route, sans qu'on sache où ils sont en ce moment; s'ils arrivent à Besançon, M. Heilmann voudrait qu'on priât le préfet du Doubs de les envoyer à Lyon. On ne pourrait pas même

F. Conseil municipal de 1870-1871.

LAZARE LANTZ
(Commission exécutive)

FÉLIX-PIERRE MERKLEN

FRÉDÉRIC MULLER

CHARLES NAEGELY

se servir des uniformes qui sont arrivés ici de Colmar, parce que nos mobilisés ne peuvent partir qu'en civil, mais doivent trouver des uniformes à Lyon.

M. Steinbach dit qu'il est informé que Besançon ne sera pas investi de sitôt, mais que des corps prussiens parcourent les environs pour les débarrasser des francs-tireurs, mobiles et troupes qui peuvent s'y trouver.

Le même membre demande si les communes rurales feront aussi bien que nous leur devoir d'expédier la garde nationale mobilisée. On répond que nous n'avons aucune action sur elles, mais que cela ne doit pas nous empêcher de faire notre possible pour faire partir par la Suisse les mobilisés de Mulhouse. Il y a des maires, on en cite, qui déclarent qu'ils ne feront pas partir un seul homme, tant que nous aurons la République.

M. Beugniot demande que le sous-préfet soit prié d'agir sur les communes rurales de son ressort. A défaut du sous-préfet, et le préfet étant enfermé à Belfort, ne devrait-on pas demander à Tours un préfet intérimaire, qui pût exercer la pression nécessaire sur les communes rurales?

On propose de payer les frais de voyage à ceux des mobilisés qui en auraient besoin, mais pour cela il faudra un intermédiaire à Bâle, pour qu'ils ne reçoivent de frais de route que s'ils sont déjà en chemin. On pense que cet intermédiaire pourrait être M. Doll, chargé déjà d'une mission analogue par le gouvernement de Tours, et on lui offrira un crédit à Bâle à cet effet. M. Beugniot partira de suite pour mettre cette affaire en règle, et M. Jean Dollfus lui remet une note qui mettra à la disposition de nos mobilisés les cabans qui sont arrivés à Bâle, pour être distribués par M. Doll. On essayera d'un départ d'une cinquantaine d'hommes, pour en apprécier les difficultés.

On revient à la dévastation de la forêt du Forst. Le maraudage est si bien organisé que les voleurs ont un tambour qui donne un signal, dès qu'on voit arriver un garde champêtre.

Pour arrêter les dégâts, on propose même de faire la coupe de tout le bois du Forst, sauf les plus grands arbres; mais on pense qu'il vaut mieux organiser d'abord une surveillance plus rigoureuse, qui devra aussi s'étendre au Tannenwald et même aux forêts particulières.

On saisira le bois à l'entrée en ville et on propose la destitution des employés de l'octroi qui ne feraient pas leur devoir sous ce rapport. M. Steinbach est tellement persuadé de la nécessité de cette répression et du maintien de l'ordre dans la République, pour qu'elle dure, qu'il s'offre de mettre à la disposition de la municipalité une somme de 20,000 fr. pour organiser un service de surveillance très actif.

La compagnie de la garde nationale de la chaussée de Dornach s'étant offerte pour aider à la surveillance du Forst, au lieu de faire son service de garde, on accepte cette proposition. Si cette mesure entraînait quelques frais, on les prendrait sur les fonds offerts par M. Steinbach.

On propose de voter des remerciements à ce généreux membre du Conseil.

Deux femmes de gendarmes, logées d'habitude à la gendarmerie, en ont été expulsées lors de l'invasion prussienne et ont été obligées de se loger à leurs frais. Elles demandent en conséquence une indemnité de loyer; le sacrifice ne serait pas important, mais si on accorde cette demande, on craint qu'il ne vienne d'autres demandes analogues.

On pourrait traiter les femmes de ces gendarmes comme femmes de militaires, et leur donner un secours sur les fonds votés pour les familles des soldats. On refuse ce secours en principe, sauf à accorder une indemnité par l'intermédiaire du bureau de bienfaisance. On engagera ces femmes à reprendre leurs logements à la gendarmerie, pour que la maison soit occupée, sauf à avoir droit à une indemnité de logement si elles étaient de nouveau expulsées par les Prussiens.

Demande de M. Müller, entrepreneur, pour extraire du sable à la Doller; accordé aux conditions ordinaires.

Le directeur des Postes fait savoir qu'il y a un courrier régulier par Delle jusqu'à l'Ile-sur-le-Doubs; on le chargera de nous apporter toutes les publications du gouvernement français et nous faire connaître quels sont les lieux occupés. On dit que Montbéliard est occupé.

M. Lantz expose la position financière de la ville pour le mois de Novembre. Il n'y aura que 94,000 fr. de recettes et plus de 100,000 fr. de dépenses; il propose en conséquence d'emprunter une première somme de 50,000 fr. à Bâle, sur l'emprunt voté, et de tirer au sort quels seront les garants de cette somme.

Vendredi, 11 Novembre 1870

Absents: MM. Nic. Koechlin, Romann, Laederich.

Après lecture du procès-verbal, M. Henry Schwartz revient à la difficulté de cacher nos procès-verbaux en cas de nouvelle occupation prussienne. On ne trouve pas de solution à la question et on continuera à les faire sur feuilles détachées que l'on mettra de côté.

A propos de la dévastation du Forst, les instructions nécessaires ont été données au commissaire central et au surveillant en chef de l'octroi, M. Lallemand.

M. Beugniot a été chez le sous-préfet pour l'engager à agir sur les communes rurales, afin qu'elles expédient leurs gardes nationales mobilisées. Le Conseil reçoit une missive du général de Schmeling, relative aux houilles de Ronchamp; il a appuyé notre demande d'en faire venir par voitures auprès du général de Treskow, qui commande aux Errues et avec lequel il faudra aller s'entendre le 13 de ce mois. MM. Steinbach et Bock veulent bien se charger de cette mission.

Le Conseil reçoit une lettre de M. l'entrepositaire des tabacs, qui en fera venir de Lyon par la Suisse.

M. Chauffour se plaint de la contrebande qui se pratique sur cet objet et demande qu'on poursuive les contraventions. Suivant M. Beugniot, la contrebande se fait en grand sur le sucre, le café, le tabac, etc.

M. Schwenck, se rendant à Lyon, sera chargé d'appuyer la demande de l'entrepositaire des tabacs.

M. Jean Dollfus a reçu de Colmar un nouvel envoi de 15 balles d'effets militaires, vêtements, ceinturons, chaussures, etc. On décide qu'on enverra le tout à Lyon. Aux mobilisés partants, on ne donnera ici qu'un gilet de flanelle.

Dans l'après-midi arrive un piquet de Prussiens, un officier et 6 soldats, avec une voiture à échelles, qui viennent s'entendre avec la municipalité pour les convois de houilles de Ronchamp. Cette visite inattendue excite une assez forte émotion en ville et l'on prend les plus grandes précautions pour qu'ils ne soient ni insultés, ni attaqués par le peuple quelque peu frémissant, la mission de cet officier étant pacifique et dans l'intérêt de la ville.

Dans la soirée, on aimait encore à douter de la capitulation de Neuf-Brisach, qu'on avait annoncée dans la journée, mais M. Henry Schwartz ayant été jusqu'aux environs de cette ville, pour avoir des nouvelles de son fils, nous confirme la nouvelle de la capitulation de Neuf-Brisach et de la conduite de toute la garnison à Rastadt, dès 9 heures du matin, comme prisonnière de guerre. Mme L..... est revenue dès le matin en charrette, ses parents sont venus au devant d'elle. M. L...., le fils Henry Schwartz sont parmi les prisonniers et ceux-ci sont environ au nombre de 5000 hommes.

Samedi, 12 Novembre 1870

Le président communique une dépêche du service spécial de l'*Industriel* à Zurich, annonçant les succès de l'armée française autour d'Orléans, qui a été repris sur les Prussiens.

On regrette une fois de plus de n'avoir pas d'agent à Bâle, pour recevoir par son intermédiaire des nouvelles de Tours, et M. Jules Koechlin s'offrant pour être cet agent, on désirerait qu'il fût accrédité en cette qualité. M. Jundt a vu hier à Bâle M. Jacquemin, de retour de Tours, apportant de là l'autorisation de l'exploitation du chemin de fer de Mulhouse à Bâle par le Central Suisse. Il faudra donc s'entendre avec le directeur de ce dernier, M. Schmidlin, et lui communiquer aussi la lettre d'autorisation du général prussien. M. Jundt espère que dès lundi ce service pourra être établi, et il propose d'en revenir aux anciennes heures de départ, qui sont beaucoup plus commodes que celles du service actuel.

Sur ces convois du Central de Mulhouse à Bâle, il ne peut être question de faire voyager des mobilisés et surtout à prix réduit au quart de place, comme c'est le droit pour les militaires. Même dès aujourd'hui, avec l'exploitation par l'Est, on ne devrait pas profiter de cette latitude pour ne pas montrer que nous faisons voyager des militaires.

M. Aug. Dollfus parle de l'appel fait par une société de bienfaisance de Bâle, en faveur des prisonniers français en Allemagne. Ces soldats, pour la plupart emmenés en exil pendant l'été, dans des pays plus rudes que le nôtre, sont insuffisamment habillés; c'est donc surtout des objets de vêtements qu'il faudrait leur fournir. La ville, en prenant part à cette souscription, qui a déjà reçu plusieurs importantes adhésions, témoignerait ainsi de sa sympathie pour les prisonniers français. Le Conseil vote une somme de 3000 fr. pour cet objet.

La Société internationale de Mulhouse se chargera de faire confectionner des vêtements divers, qui seront expédiés à destination par la Société de Bâle et qui, en attendant, donneront du travail à nos ouvriers et ouvrières.

M. Munschina fils est introduit dans la salle du Conseil

pour donner des renseignements sur la capitulation de Neuf-Brisach, à laquelle il a assisté.

Entré à Brisach comme franc-tireur, il a été enrégimenté comme soldat et, hier matin, ayant appris la capitulation, il a caché ses armes et a pu se déguiser et filer sur Mulhouse. La garnison s'est rendue, parce que peu à peu elle a été démoralisée par l'affreuse destruction qu'opéraient à Brisach les batteries ennemies, tandis que les nôtres ne les atteignaient pas, parce que leurs bombes contenaient des matériaux incendiaires, infects et nuisibles, d'un volume énorme, et parce que la mort du commandant d'artillerie, M. Marsal, a mis le désarroi dans la Place. La garnison, avant de se rendre, a noyé pour des millions de poudre et a faussé les canons. Les Prussiens n'avaient qu'une perte d'une vingtaine d'hommes. Les mobiles du Rhône se sont très bien conduits, mais on n'en peut pas dire autant de tous les autres.

D'après un rapport du commissaire central, on a déjà arrêté plusieurs des voleurs de bois et saisi leurs voitures. Les délinquants sont venus réclamer à la mairie au moins la restitution de leurs voitures. Mais on décide que la justice suivra son cours et qu'on doit épargner à la municipalité les importunités de ces pillards. Les tabacs que notre entrepositaire fera venir de Lyon, seront adressés à Bâle à destination de MM. Meyer & Schauenberg, mais pour le compte de la municipalité. Il y aura quelque embarras pour les payements, dont la ville sera aussi responsable, et pour opérer la livraison aux débitants. On cherchera à lever ces difficultés, quand on sera avisé de l'arrivée des tabacs à Bâle.

Le capitaine von Bülow, qui était ici hier avec ses six Prussiens, ayant demandé à parler en particulier aux deux membres du Conseil qui étaient en conférence avec lui pour la question des houilles de Ronchamp, les autres membres du Conseil présents se sont discrètement retirés, mais ils se sont plaints aujourd'hui de ce manque de procédés à leur égard. Le capitaine désirait savoir si on payait encore à Mulhouse les contributions au percepteur, ou s'il y avait encore d'autres caisses de l'Etat percevant des deniers publics. Il aurait aussi voulu savoir s'il y avait en ville de ces chaudes têtes, qui mettent tout en branle. On lui a répondu négativement.

Dimanche, 13 Novembre 1870

Absents : MM. Bock, Steinbach, Jean Dollfus, Laederich, Roth, Nic. Koechlin, Romann.

Le Conseil reçoit une lettre de Kuenheim et envoyée par le général von Schmeling, faisant réquisition de 20 cartes du quart Nord-Est de la France, jusqu'à Bourges et Orléans, ces cartes au 1/80,000, c'est-à-dire l'échelle de la carte de l'état-major, et 20 cartes des mêmes lieux sur une échelle plus réduite, indiquant le tracé des chemins de fer et les voies de communication les plus récentes.

On fait venir M. Perrin, libraire, pour savoir ce que l'on peut fournir et on délibère si on veut se refuser d'une manière absolue à cette réquisition, comme fournissant à l'ennemi des facilités pour nous vaincre, ou si on lui répondra qu'on lui enverra, en fait de cartes, ce qu'on peut se procurer. On répond à l'objection que, au fond, ce n'est là

Pour éviter d'avoir à loger et nourrir des soldats prussiens,

Vous êtes requis d'avoir à fournir avant ~~mardi~~ mercredi soir, à la caserne :

..... 3 matelas en crin animal ou végétal, et

..... 3 couvertures en laine.

M. Spoerry Henri
rue d'Altkirch 12

Mulhouse, le 14 novembre 1870.

FAC-SIMILÉ D'UN BULLETIN DE RÉQUISITION

qu'une réquisition en argent, ces cartes étant dans le commerce. On passe au vote et 5 personnes seulement sont d'avis d'un refus absolu.

M. Perrin, introduit dans le Conseil, déclare ce que savait déjà la plus grande partie des membres du Conseil, que la carte de l'état-major n'existe pas dans le commerce, qu'il y a des cartes allemandes sur un pied plus réduit et que surtout on pourrait s'en procurer à Bâle.

Le Conseil décide d'envoyer M. Perrin au général von Schmeling qu'il pourra rencontrer à Ensisheim ou à Cernay, pour s'entendre avec lui.

M. Wacker rend compte d'un entretien qu'il a eu avec M. Sergent, sous-inspecteur des douanes, qui lui a déclaré que les douaniers sont en force insuffisante pour préserver le pays de la contrebande et semble demander avis sur ce qui leur reste à faire. On répond que c'est à la douane à aviser, qu'elle doit s'inspirer de son devoir et ne pas s'en rapporter au Conseil municipal.

M. Jundt, revenant de Bâle, expose au Conseil les nouvelles et longues négociations qu'il a dû entreprendre avec M. Jacquemin, directeur de la compagnie de l'Est, M. Schmidlin, directeur, et M. Sulger, l'un des administrateurs du Central suisse, pour faire enfin aboutir l'exploitation du chemin de fer de Mulhouse à Bâle par le Central suisse. Il y a des traités à réviser, des houilles à promettre, des délais à fixer, etc.

M. Jundt espère avoir levé toutes les difficultés et que le chemin de fer de Bâle à Mulhouse marchera bientôt suivant nos désirs.

Dans la matinée, arrivée nouvelle d'une dizaine de Prussiens, avec char, accompagnés d'un officier. Ce fait met de nouveau en émoi toute la ville, on s'imagine que c'est l'avant-garde d'un corps prussien qui doit faire bientôt son apparition à Mulhouse. Mais ces soldats détachés, venant des environs de Belfort, n'ont aucun renseignement sur ce point; ils sont venus pour acheter du drap, des cuirs, etc. On les engage à hâter leur commission et à dîner au plus vite, pour qu'ils puissent repartir avant midi, de peur que leur présence plus prolongée n'amène du tumulte en ville, quelques collisions entre les ouvriers et ces soldats.

La chose se pratique ainsi et quelques gardes nationaux les accompagnent hors des portes de la ville, pour qu'il n'arrive pas de troubles.

Lundi, 14 Novembre 1870

M. le président communique une dépêche de l'agence Havas, qui dit que M. Gambetta est parti pour l'armée de la Loire et que la Russie dénonce les traités de 1856 et ne se croit plus engagée par eux.

Dépêche de notre agent à St-Louis, qui demande des fonds pour frais de route pour 6 engagés volontaires du Bas-Rhin, voulant passer par la Suisse. On répondra que c'est l'affaire de M. Doll, que la municipalité ne peut entrer dans cette voie, et qu'elle entend ne soigner que pour le voyage des mobilisés de Mulhouse.

M. Perrin, libraire, vient rendre compte de sa mission d'hier. Il a trouvé le général von Schmeling à Ensisheim, vers midi. Celui-ci a fait aboucher M. Perrin avec quelques officiers d'état-major. Il résulte de cet entretien que les cartes que voudraient le général peuvent se trouver à Bâle ou à Fribourg-en-Brisgau, et qu'on se contentera de 20 cartes au lieu de 40. M. Perrin sera chargé d'aller faire l'achat de ces cartes et prendre des libraires une attestation qu'il n'y en a pas de plus complètes, surtout pas de celles imitées de l'état-major français.

M. Tagant propose de se procurer des matelas, pour loger, dans les casernes, les Prussiens qui nous arriveront bientôt, afin de dispenser les particuliers du logement militaire, embarras qu'on voudrait pouvoir leur épargner.

M. le commandant Koechlin-Schwartz parle des difficultés qu'a entraîné le séjour du piquet de Prussiens qui est arrivé hier. Un coup de fusil est parti inopinément près de la mairie, il paraît que c'est le fusil d'un des soldats; au moment du départ, un des soldats a manqué à l'appel, heureusement il a rejoint bientôt après; enfin, M. Koechlin-Schwartz déclare qu'il se refusera à l'avenir à faire la conduite à travers la ville de ces petites escouades ennemies.

Comme on s'est plaint au général von Schmeling de ces incursions, il a déclaré qu'il préviendra par estafette à Belfort qu'on n'envoie plus ici des hommes isolés.

M. Steinbach rend compte de la mission qu'il a accomplie hier, avec M. Bock, auprès du général de Treskow aux Errues. Ces messieurs ont convenu avec le général des mesures à prendre pour que la houille puisse venir de Ronchamp à Sentheim sur essieux et de là par waggons sur le chemin de fer jusqu'à Mulhouse.

Le général faciliterait aussi, au besoin, la circulation sur le canal, enfin il déclare qu'on ne pourra pas compter sur la houille de Sarrebruck, dont l'exploitation est beaucoup trop restreinte.

Pour l'exploitation du chemin Sentheim-Mulhouse, on pourrait s'adresser au Central suisse, d'autant plus qu'il réclame lui-même des houilles pour son service de Bâle-Mulhouse. Il est entendu que ces convois de houille ne pourront pas conduire des voyageurs. Le général prussien a paru contrarié qu'il n'y ait pas de garnison à Mulhouse, ne fût-ce que pour maintenir l'ordre ; il aurait voulu savoir si l'Etat fait encore des perceptions directes ou indirectes, ce qu'il voudrait surtout empêcher.

A propos de houilles, M. Beugniot dit qu'il y a une vingtaine de bateaux de houille de Sarrebrück arrêtés à Nancy, dont une partie pourrait bien arriver à Mulhouse, dès que la circulation du canal deviendra libre près de Neuf-Brisach.

M. Jean Dollfus dit qu'il a expédié samedi à Widensohlen, 3000 gilets de flanelle, solde de ce qu'on a promis au général, mais comme celui-ci s'est déplacé et les réclame maintenant à Ensisheim ou à Cernay, M. Dollfus ne sait pas s'ils arriveront à destination.

La voiture de M. Jean Dollfus n'est pas de retour ce matin. Pour tout le reste des gilets de laine et autres objets militaires, M. Dollfus s'est hâté de les expédier à Bâle.

Pour l'exploitation du chemin de fer Mulhouse-Bâle, le Central demandant les houilles nécessaires, la ville prend l'engagement de les fournir contre remboursement. M. Jean Dollfus dit qu'il en a déjà pris l'engagement en son nom personnel. Le Conseil remercie M. Dollfus, mais il ne peut se refuser à l'engagement qu'on lui demande. Un des conducteurs des voitures de réquisitions, en ce moment à Cernay, demande une avance de 50 fr. sur son salaire. La chose est renvoyée à la Commission exécutive. M. Bock voudrait qu'on réclamât du général nos voitures réquisitionnées, qu'on avait promis de nous renvoyer. M. Beugniot lit une lettre de M. Schein, capitaine de francs-tireurs, qui demande qu'on fasse arrêter les individus de sa compagnie qui l'ont abandonné. Il veut, s'ils ne l'ont pas rejoint dans cinq jours, qu'ils soient cités devant un tribunal de guerre, où la punition de leur désertion est la peine de mort. Il fournit une liste de 36 francs-tireurs absents.

On se déclare incompétent ici. M. Jean Dollfus dit que les effets expédiés à Besançon ont été refusés par le préfet du Doubs, parce qu'ils seront mieux à leur place à Lyon, aussi seront-ils expédiés à cette destination et l'on donnera la même destination à ce qu'il y a encore à envoyer.

Dans la journée, quoique nous ayons nourri l'espoir de n'être pas immédiatement envahis, est arrivé dès 11 $^1/_2$ heures un bataillon de soldats prussiens de plus de 1000 hommes, avec 29 chevaux d'officiers.

Les capitaines ont demandé, ainsi que leur colonel, à être logés à l'Hôtel Romann, et les soldats ont été logés chez les bourgeois par 2, 4 et 6 par maison. Ces troupes paraissent très tranquilles et maintiennent une grande discipline, de manière que la soirée se passe dans le plus grand calme.

Mardi, 15 Novembre 1870

La séance commence par la lecture des procès-verbaux des trois dernières séances. Celui d'avant-hier n'est pas adopté, parce que les membres opposés à la fourniture de cartes aux Prussiens sont désignés nominativement, ce qui ne s'est jamais pratiqué jusqu'à ce jour. Plusieurs membres craignent que ce procédé n'introduise des divisions dans le Conseil, qui jusqu'à ce jour a été si uni.

M. Aug. Dollfus montre de gros paletots faits avec des couvertures de laine et destinés aux prisonniers français en Allemagne. Ces paletots ne reviennent qu'à 5 fr. pièce.

M. Dujardin demande à se démettre de ses fonctions de président et de membre de la Commission exécutive, ce à quoi l'incident signalé plus haut dans le procès-verbal ne paraît pas étranger. Sur les instances du Conseil, il restera membre de la Commission exécutive. M. Jean Dollfus rend compte de l'odyssée de ces gilets de flanelle, qui ont été conduits de Mulhouse à Widensohlen, de là à Kuenheim, pour revenir à Ensisheim, ensuite à Cernay, sans que l'agent de police qui les accompagnait ait pu réussir à en faire prendre livraison. Il est venu hier soir ici rendre compte de sa mission, laissant la voiture aux gilets suivre le mouvement des Prussiens vers Belfort. M. Jean Dollfus propose de faire une publication affichée dans toutes les communes intéressées, pour annoncer que tout voiturier pourra charger des houilles à Ronchamp, que sa voiture sera respectée des Prussiens et non sujette à réquisition, pourvu qu'il se munisse d'une attestation *ad hoc* de la municipalité de son ressort.

M. Bock ayant été chargé hier de demander au commandant prussien arrivé hier, que ses soldats soient logés à la caserne, celui-ci a exigé qu'il y ait d'abord là un aménagement convenable.

Pour entrer dans ses vues, la Commission exécutive propose de faire un appel aux habitants de la ville, pour fournir des couvertures de lit et des matelas. Cet appel ne sera adressé qu'aux citoyens aisés et on espère qu'en vue de préserver les particuliers des logements militaires, cet appel sera entendu. Cette contribution devant être à peu près volontaire, ne donne pas lieu à un vote du Conseil. La ville achètera des couvertures qu'elle cédera aux particuliers au prix coûtant, pour y arriver à meilleur marché.

On vote l'expédition sur Bâle des derniers vêtements et objets militaires qui sont encore ici, malgré l'occupation de Habsheim par les Prussiens.

La ville continue à être occupée par les mêmes troupes qu'hier, et, sauf leur présence au corps de garde de l'Hôtel de ville, c'est à peine si on s'aperçoit qu'il y a des étrangers ennemis en ville.

Mercredi, 16 Novembre 1870

M. Dujardin ayant maintenu sa démission de président, la Commission exécutive a décidé que la présidence serait exercée successivement, à tour de rôle pendant une semaine, par les différents membres de la Commission.

La première semaine est échue à M. Lazare Lantz, qui prend place au fauteuil. On vote des remerciements à M. Dujardin pour sa gestion.

M. Naegely se fait excuser de ne plus pouvoir assister aux séances du Conseil municipal du matin, son directeur de filature étant parti pour l'armée, il est obligé d'en remplir les fonctions.

On décide que quand on aura un nombre suffisant de lits, c'est-à-dire matelas et couvertures, pour loger quelques centaines de Prussiens, on les fera entrer à la caserne, même partiellement, pour en débarrasser plus vite les habitants.

Le Conseil ayant fait demander au général prussien par lettre le retour de nos voitures de réquisition, nous recevons en réponse l'avis que l'armée ennemie en a encore besoin.

Lettre de M. Schmidlin, directeur du Central suisse, qui, en reprenant le service du chemin de fer Mulhouse-Bâle, demande la garantie qu'il ne servira pas à des transports militaires.

La lettre du général de Treskow offre quelque ambiguité à ce sujet, mais M. Jundt pense que cette lettre est cependant suffisante, et il la communiquera à M. Schmidlin.

M. Jean Dollfus communique un avis du capitaine prussien, qui commande à St-Louis et à la frontière suisse, en vertu duquel le public est prévenu que tous les trains seront visités et qu'on ne laissera passer personne qui n'ait un laissez-passer du commandant prussien de Mulhouse. C'est évidemment pour mettre obstacle aux mobilisés qui voudraient rejoindre l'armée.

onseil municipal de 1870-1871. Pl. 14

GEORGES ROMANN

EMILE ROTH

JEAN DE FRÉDÉRIC SCHOEN

HENRY SCHWARTZ
(Commission exécutive)

Cet avis sera inséré dans l'*Industriel* et le *Journal de Mulhouse*.

Dès le commencement de la séance de ce jour, M. Schœn s'est plaint que hier soir, étant de garde dans la salle du Conseil, il a reçu la visite de M. Châtel, qui s'est élevé violemment contre la décision du Conseil municipal de dimanche dernier, relative aux cartes à livrer aux Prussiens. Entre autre, il a dit que cette action était *infâme*. Cette expression excite la juste indignation du Conseil et, après discussion, on décide que M. Châtel sera cité devant la barre du Conseil, pour s'expliquer et retirer son expression offensante.

Cette citation ayant eu lieu immédiatement, M. Châtel a comparu à la fin de la séance (pendant que je n'y étais plus). Il paraît qu'il aurait retiré à peu près son expression d'infâme, mais pour la remplacer par le mot de trahison.

Jeudi, 17 Novembre 1870

La municipalité a reçu hier soir une réquisition faite par un sous-officier, pour avoir ce matin à $7\,{}^3/_4$ heures un guide expert de toutes les routes et chemins des environs de la ville. M. Bock, avec deux autres membres du Conseil, s'est rendu chez le major commandant à Mulhouse pour lui faire comprendre qu'il y a pour nous une impossibilité morale d'obéir à cette réquisition. Le major a acquiescé. Il en a fait autant pour une autre réquisition que nous refusons, celle d'effacer de toutes les publications affichées sur les murs de la ville, le mot de *République Française*.

Quant aux publications nouvelles, nous sommes bien obligés de ne pas mettre l'en-tête *République Française*.

M. Schwartz raconte que le maître de chapelle du corps prussien a demandé s'il n'y avait pas en ville une grande salle pour y donner un concert au profit des pauvres. On lui a fait comprendre qu'un concert, dans les circonstances où se trouve la ville de Mulhouse, n'est guère opportun.

M. Wacker dit qu'on est très occupé à préparer la caserne et qu'à 10 heures du matin, le payeur viendra en faire l'inspection pour voir si les aménagements sont convenables.

M. Bock annonce encore que le major s'est plaint qu'on fasse partir beaucoup de jeunes hommes pour la Suisse, pour rejoindre l'armée française, et que, notamment, il a dû envoyer une compagnie de ses troupes dans une commune de nos environs pour empêcher les mobilisés de là de partir.

M. le président annonce que les Prussiens prennent ce matin possession des postes et du télégraphe. M. Jean Dollfus pense que nous devrions nous informer de la manière dont les lettres arriveront et partiront.

M. Sergent, sous-inspecteur des douanes, annonce qu'il a dû cesser son service par suite de l'occupation prussienne, mais qu'il y aura à l'entrepôt un agent, M. Botz, qui fera le plombage des colis qui doivent transiter la Suisse.

Le rapport de police constate que par suite des mesures sévères qui ont été prises, l'ordre a été rétabli dans nos forêts.

MM. de Speyr, à Bâle, ont demandé par écrit a être fixés sur les termes de l'emprunt qui a été négocié avec eux, parce que le taux de l'intérêt va rapidement croissant et que l'on craint une crise monétaire. La Commission exécutive est d'avis de prélever toute la somme de l'emprunt, sauf à en tirer parti, en la négociant contre du bon papier.

M. Steinbach pense qu'il ne faudrait pas trop se préoccuper de cette hausse de l'intérêt en ce moment, parce que c'est l'époque de la St-Martin, où il y a beaucoup de payements à faire, et que plus tard cet argent revient à Bâle. M. Jean Dollfus pense qu'on ne devrait prélever d'abord que 300,000 fr., que nos besoins ne sont pas si urgents.

M. Alfred Koechlin-Steinbach est pour l'emprunt entier, parce que les conditions en sont avantageuses ; M. Lantz ajoute que nous aurons un déficit de 100,000 fr. par mois. Renvoi à la commission du budget pour faire un rapport demain.

Le Conseil reçoit une lettre de M. Weiss-Bornand sur son voyage à Lyon, pour suivre et caser nos mobilisés. Nos hommes ont été reçus avec enthousiasme, ils se sont comportés avec beaucoup d'ordre ; M. Weiss a obtenu la circulation gratuite sur le chemin de fer de la frontière de Genève à Lyon.

M. Beugniot parle des houilles de Ronchamp qui doivent venir en char jusqu'à Sentheim et de là en chemin de fer.

Il a de nouveau eu une longue conférence avec M. Jacquemin, qui met des obstacles à cette circulation et veut en référer à Tours. Il craint que les waggons, en retournant à Sentheim, ne prennent des denrées dont pourraient se servir les Prussiens.

Il faudrait une lettre de la municipalité adressée à Tours, pour expliquer et appuyer la demande de M. Jacquemin, ce qui est approuvé. On expliquera bien dans cette lettre que le Central exploitera la ligne de Sentheim-Mulhouse, comme celle de Mulhouse-Bâle, sous la garantie de sa neutralité. Suivant M. Aug. Dollfus, tous ces arrangements ne seront que très provisoires, l'exploitation de toute la ligne de Strasbourg avec ses annexes sera faite par les Allemands.

M. Bock pense qu'on devrait écrire au général pour lui demander des explications sur la lettre d'autorisation qu'il a donnée, et qui n'est pas très claire. Le Conseil ne pense pas que cette démarche soit opportune. Le général s'est du reste réservé de supprimer tout ce service de chemin de fer, dès qu'il y verrait des inconvénients.

M. de Thiry a versé à la ville la somme de 17,000 fr., pour faire, pour le mois de Novembre, le service des pensions aux femmes des mobiles et des militaires.

M. Jean Dollfus s'est entretenu avec le directeur du gaz, qui n'a plus de houilles que pour quelques jours, et il l'a mis en demeure de s'approvisionner malgré les difficultés qu'il y a, sans quoi le privilège qu'il tient de la ville deviendrait caduc. Le directeur dit bien qu'il a 6000 tonnes en route, venant de la Loire, mais qu'elles n'arrivent pas.

On lui répond qu'il y a de ces houilles à Bâle, et qu'il n'y a qu'à en payer le prix, quoique celui-ci ait beaucoup monté. Il n'est pas plus élevé que lorsque la ville a consenti au privilège de la compagnie du gaz.

Vendredi, 18 novembre 1870

On communique au Conseil une lettre de M. Schwenck, qui annonce que les affaires de nos mobilisés marchent très bien à Lyon et qui demande un nouveau crédit, ses ressources commençant à s'épuiser. On mettra une somme de 1000 fr. à sa disposition, quoique les fonctions de M. Schwenck lui aient été conférées par le préfet et que ses dépenses doivent incomber au département. On cherchera plus tard à se récupérer de ce côté.

M. Steinbach demande si cette dépense durera et voudrait lui voir un terme. On ne peut répondre positivement à cette question; dès que M. Schwenck n'aura plus rien à faire de relatif à sa mission, il ne demandera pas mieux que de revenir.

L'organisation de la caserne marche plus lentement qu'on ne croyait; on demande des cuvettes, des rayons, des tables, des chaises, etc., et tout cela demande du temps. Pour calmer l'impatience des bourgeois qui logent des soldats, on mettra un avis dans ce sens dans les journaux. Si cependant le séjour chez les particuliers se prolongeait, on changera les soldats de logement en leur donnant de nouveaux billets. A 11 heures, le commandant ira visiter la caserne pour voir si l'installation est en ordre.

M. Lantz expose que la loi qui ne donne que 50 fr. par livret, est d'un effet déplorable pour beaucoup de gens, dont les besoins vont croissant avec le manque de travail qui existe.

M. Lantz a pu obtenir encore heureusement des fonds de

M. le receveur, pour payer de nouveaux acomptes sur les livrets, soit ceux qui ont déjà reçu, s'il y a de grands besoins, soit ceux qui n'ont encore rien touché.

M. Dujardin propose que nos commissaires de police soient considérés comme agents municipaux, afin d'être maintenus dans cette qualité par les autorités prussiennes. A Colmar, les commissaires ont dû prêter serment au roi Guillaume, ou vider les lieux dans un délai de cinq jours. A Colmar, les Prussiens se sont emparés de la police municipale. M. Guerber, commissaire central, interrogé par les Prussiens, a répondu dans le sens ci-dessus. On adopte la proposition de M. Dujardin.

M. Jundt dit que les agents prussiens se sont emparés du canal et que l'un d'eux a demandé une voiture de réquisition pour aller le visiter à Neuf-Brisach.

Hier toute la journée, il y a eu des réquisitions de toutes natures, qu'il a fallu chercher à satisfaire, mais il y en a une qui entraînera de grandes difficultés, c'est la demande d'un hôpital de 400 lits à Mulhouse.

M. Tagant pense qu'on pourrait offrir pour cet objet le séminaire de Zillisheim, un autre membre parle dans le même sens du pensionnat de Lutterbach, ajoutant que le séjour à la campagne sera plus profitable que la ville pour les malades et les blessés, mais on objecte que nous ne pouvons pas disposer de ces locaux sans le consentement de leurs propriétaires ou des communes où ces locaux se trouvent; que de plus nous ne pouvons pas charger les communes voisines et, par là, chercher à nous exonérer. Ne pouvant espérer que nous pourrons échapper entièrement à cette réquisition, on pense qu'il faudra chercher à entrer en composition avec l'autorité militaire prussienne et offrir ce que nous pouvons, l'école de la rue Koechlin, où l'on pourrait installer environ 130 lits et une centaine de lits à l'hôpital. A cet effet, une commission est nommée pour aller s'entendre avec le commandant prussien. La commission sera composée de MM. Bock, Dujardin, Schwartz, Weber et Klippel.

Dans la journée, on apprend que les troupes logées en ville repartiront demain et seront remplacées par d'autres plus nombreuses, de sorte qu'une partie seulement sera logée aux casernes et qu'il faudra encore recourir aux habitants pour loger les autres. Le commandant, M. Schramm, qui est ici, devant partir aussi, la mission que la commission ci-dessus devait accomplir auprès de lui, relativement au lazareth, devient pour le moment sans effet.

Samedi, 19 Novembre 1870

La Commission des finances a conclu à prendre immédiatement toute la somme de l'emprunt de 500,000 fr., contracté à Bâle, ce qui, en vue des réquisitions croissantes, n'est pas une précaution inutile.

MM. Jean Dollfus et Steinbach rendent compte de leur entretien avec le nouveau directeur prussien des postes, à l'effet de faire porter les lettres à domicile. Les facteurs se refusent à se service, parce que cette nouvelle position les rend inquiets sur leur avenir et risque de les priver de leur retraite. M. Dollfus a cherché à les rassurer, en parlant à leur chef, et ils doivent aujourd'hui en conférer ensemble. M. Dollfus a parlé aussi au directeur de l'affranchissement des lettres, lui disant qu'on devrait vendre les nouveaux timbres.

Dans le Bas-Rhin, les facteurs ont repris leur service, ce n'est qu'à Colmar qu'ils ont fait opposition.

M. Chauffour dit que la crainte des facteurs de perdre leurs droits à la retraite est fondée, mais il ne voudrait pas que la ville entrât en lieu et place du gouvernement pour assurer le traitement et la retraite des facteurs.

M. Steinbach dit que le nouveau directeur a permis que les particuliers organisent à leurs frais un service des postes sur Bâle.

M. Jean Dollfus s'est occupé, avec le directeur, de la distribution des lettres à Mulhouse et qui maintenant sont entassées en masse sur une table sans être triées. Si quelqu'un réclame une lettre, il cherche dans le tas et pourrait bien s'approprier ce qui ne lui appartient pas. Quoique cet état des choses éveille toute la sollicitude du Conseil municipal, il croit ne pas devoir intervenir et laisser à des particuliers ce soin.

M. Jean Dollfus déclare qu'il n'a pas agi en qualité de conseiller municipal, mais que s'il y a opposition ici, il ne se mêlera plus de rien. Aujourd'hui même la Chambre de commerce doit aussi s'occuper de cet objet.

Les troupes qui nous occupaient jusqu'aujourd'hui quittent la ville ce matin, mais seront remplacées par un nombre double, dont la moitié entrera dans les casernes qui sont préparées maintenant.

Pour venir en aide aux particuliers qui ne peuvent pas loger leurs garnisaires, on fera demander dans les différentes auberges s'ils peuvent loger des soldats et à quel prix quotidien.

M. Boehler voudrait qu'on pût créer de nouvelles casernes, mais les locaux ne se trouvent pas.

M. Dujardin se plaint de l'irrégularité de la fourniture des matelas et de la distribution des soldats en ville. Pour remédier à ces inconvénients, on nomme une commission composée de MM. Boehler et Engelmann, qui s'adjoindront tous les citoyens aptes à les aider, pour revoir toute la liste des logements et des matelas fournis, afin d'arriver à la plus stricte égalité proportionnelle dans cette charge.

Les officiers seront logés dans les hôtels aux frais des particuliers aisés, mais il leur faudra cependant des billets de logements qu'ils présenteront aux particuliers, sans quoi ils se refuseront à payer et ceux qui voudront loger et nourrir leurs officiers seront libres de le faire.

M. Lantz fait part au Conseil qu'il a touché encore plus de 5000 fr. du receveur particulier pour être appliqué aux pensions des soldats et des mobiles et mobilisés, ce qui pourvoira au moins pour la moitié de Décembre, le mois de Novembre étant assuré.

M. Jundt parle des dépenses des ateliers de travail, où d'un côté travaillent 100 hommes et de l'autre 268, et tous les jours s'inscrivent de nouveaux candidats. On a déjà dépensé à ce travail 10,000 fr. dont 3000 récupérés sur l'Etat, s'il arrive à tenir plus tard les engagements qu'il a contractés. On pourrait chercher à diminuer le prix de la journée, ou mettre une partie de ces ouvriers à la charge du bureau de bienfaisance. Avec une moindre somme, on ferait plus de bien, mais on démoraliserait les ouvriers. On vote donc de continuer les travaux publics.

Dans la journée, les nouvelles troupes sont arrivées et logées en partie à la caserne, en partie chez les habitants.

Dans l'après-midi, le préfet prussien du Haut-Rhin, M. von der Heydt s'est présenté dans la salle des séances et a annoncé qu'il désirait se présenter au Conseil réuni, dans la journée de demain.

Dimanche, 20 Novembre 1870

Absents : MM. Dujardin, Romann, Nic. Koechlin.

M. le président demande s'il ne serait pas opportun de voter les fonds nécessaires pour l'ambulance à créer et pour laquelle nous avons reçu réquisition. Le chirurgien venu hier à cette intention, a compris que nous ne pouvions pas fournir 400 lits, et semble content pour le moment de 130 lits que l'on pourra installer dans la maison d'école de la rue Koechlin. Si le local est agréé, on pourrait faire les installations nécessaires, qui demandent toujours un certain temps. Il faudrait surtout s'assurer de suite de matelas, parce que la provision qui en existe va s'épuisant pour les nécessités des casernes. On vote un crédit de 2000 fr. pour ces installations.

Hier est entré à la caserne un bataillon de fantassins; les

cavaliers n'ont pas voulu y entrer, parce qu'ils sont ainsi trop loins de leurs chevaux. Il faudra tenir compte de ce renseignement, quand de nouvelles troupes arriveront, pour y loger encore une compagnie de fantassins.

Hier s'est présenté ici M. von der Heydt, se disant préfet du Haut-Rhin pour la Prusse. Les membres présents ont conféré avec lui, surtout M. Bock, que ce monsieur a fait demander, probablement parce qu'il connaissait ce nom comme ayant été premier magistrat de la cité. M. Bock a parlé avec lui du commissaire de police, des commandants de la garde nationale, des armes existant encore en ville, enfin de l'*Industriel*, dont M. le préfet a voulu recevoir le rédacteur dans la soirée.

C'est M. Jourdain, agent du journal, qui s'est présenté chez lui, mais il a voulu voir M. Lereboullet. Celui-ci n'étant à Bâle que pour voir sa mère, le préfet a demandé qu'on le fasse immédiatement venir. Avec M. Guerber, commissaire central, il a eu aussi un entretien, pour lui dire qu'il voulait bien le conserver comme commissaire, mais qu'il y aurait au-dessus de lui un commissaire de police prussien. Lors de sa visite ici, le soit-disant préfet a demandé à réunir le Conseil municipal et la Chambre de commerce, pour leur faire visite. On lui a répondu que nous n'avions aucune action sur la Chambre de commerce; alors il a demandé à être introduit devant le Conseil, réuni à son intention aujourd'hui à 3 heures.

La question se pose de savoir si on veut le recevoir ou décliner cette réception. M. Alfred Koechlin-Steinbach appuie cette dernière opinion, mais on lui répond que devant la force il faut savoir s'incliner et, pour sauvegarder les intérêts de la ville, se mettre au-dessus de quelques dégoûts et d'un peu d'impopularité dans les brasseries.

M. Chauffour ajoute que, quant à la question posée plus haut, il s'agit de savoir si nous devons déposer nos fonctions devant cette nouvelle exigence, mais que, si nous croyons devoir rester en fonctions dans l'intérêt de la ville, il faut subir la nécessité de se mettre en rapport avec les agents prussiens.

On dit que, comme il y a toujours des membres du Conseil municipal présents dans la salle, ces Messieurs pourraient bien recevoir M. von der Heydt ; mais on répond que personne ne voudrait alors être présent.

M. Aug. Dollfus émet alors l'idée qu'on pourrait le prier de venir demain à l'heure ordinaire de nos réunions quotidiennes, en lui disant que l'heure de 3 heures est mal choisie, surtout un dimanche. On sauvegarderait ainsi la dignité du Conseil municipal.

La proposition de M. Aug. Dollfus est acceptée et on nomme pour aller en conférer avec M. le préfet, MM. Aug. Dollfus, Steinbach, et Henry Schwartz.

Le Conseil reçoit une lettre de M. Jacquemin, qui déclare que le Central ne consentira pas à exploiter la ligne de Sentheim-Mulhouse. M. Jean Dollfus ira demain à Bâle pour en conférer avec la direction du Central et il tâchera d'avoir quelques waggons qui, avec ceux de Ronchamp et sa locomotive, permettront de faire ce service. C'est la compagnie de Ronchamp qui s'en chargera et la ville n'aura plus à intervenir.

Le Conseil reçoit aussi une lettre de M. Weiss-Bornand, notre agent convoyeur des mobilisés à Bellegarde ; elle donne tous les renseignements que nous pouvons désirer sur la mission et les dépenses qu'elle a occasionnées.

Les délégués qui ont été chez le préfet reviennent avec la réponse qu'il se présentera demain au Conseil, à l'heure habituelle de ses séances.

Lundi, 21 Novembre 1870

Lecture et adoption du procès-verbal d'hier.

M. Beugniot a visité, avec le chirurgien en chef allemand, l'école de la rue Koechlin et celui-ci en a été satisfait, de sorte qu'il faudra continuer les installations nécessaires pour un hôpital.

On arrête de recevoir les communications du nouveau préfet sans entrer en discussion avec lui.

Le nouveau commissaire de police prussien envoie un avertissement qui défend le colportage en ville des journaux et autres imprimés et veut qu'on publie cette affiche en ville par affiches et par le tambour de ville. On se refusera à cette réquisition, en disant que c'est là une mesure politique, dont nous n'avons pas à nous mêler. A M. Koechlin-Schwartz, le préfet a dit que son agent de police était supérieur aux nôtres et qu'il fallait se conformer à ses ordres.

Il y a de fréquentes réclamations contre les logements militaires, entre autre une du consul américain qui, en cette qualité, s'en prétend indemne, mais il a cédé aux observations faites et pour conserver l'immunité de sa demeure, il logera à l'hôtel les soldats qui lui sont attribués.

M. Dujardin lit une lettre de M. Grosjean, préfet du Haut-Rhin, écrite de Belfort; il parle des défenses de cette place et il voudrait qu'on pût retenir, pendant trois mois, 60,000 Poméraniens. Il demande des renseignements sur la situation de Mulhouse, sur les approvisionnements industriels, sur l'esprit public, sur les vêtements et fournitures militaires confectionnés, sur le compte de dépenses de tous objets et sur les lieux où ils ont été déposés. Il espère que Paris sera délivré pour le 1er Janvier, et dit que c'est dans son sein que se forme son armée de secours.

M. Dujardin a été hier à La Chapelle, où il a vu des canons, beaucoup de soldats, de nombreux chars d'approvisionnements, enfin des fossés autour du village. C'est leur habitude de s'entourer ainsi partout où ils campent, et on ferait bien de le faire connaître aux assiégés, afin qu'ils ne viennent pas à buter contre cet obstacle sans l'avoir connu.

L'ambulance de La Chapelle est remplie de blessés, Masevaux a réclamé les blessés français, mais on n'y a pas consenti. M. Schrott a été aussi dans cette intention à La Chapelle, mais il n'est pas encore revenu.

On annonce que nos mobiles sont à Gien. A 9 heures, le préfet prussien est introduit dans la salle du Conseil et prend la parole en allemand pour expliquer sa position:

« La guerre, que la Prusse n'a pas cherchée, a mis l'Alsace en sa possession et il est de l'intérêt de toute l'Allemagne de ne pas lâcher cette province. Il n'a d'autre mission que d'administrer le Haut-Rhin dans le sens de son annexion prochaine. Il dit que la guerre, durant toujours, les charges militaires iront croissant pendant l'hiver, parce que les besoins sont alors plus grands. Mais on cherchera à ménager l'Alsace, plus que les autres provinces ennemies ou françaises de langue. Il reconnaît que la ville de Mulhouse a des charges particulières, en vue de sa population, et l'administration allemande viendra ici en aide, en tant que faire se pourra. Quant aux charges militaires, on cherchera à les adoucir après la paix, mais il ne prend pas d'engagements à cet égard, parce que, à la conclusion de la paix, il y aura plusieurs parties contractantes.

« Il prie la municipalité de lui venir en aide pour maintenir la tranquillité et le travail en ville, et il nous aidera dans nos efforts que nous ferons en ce sens. »

Il se fait ensuite présenter successivement à chaque membre du Conseil.

Puis, il remercie pour l'accueil qu'il a reçu.

Mardi, 22 Novembre 1870

Procès-verbal d'hier adopté.

M. Bock s'excuse d'être pour quelques jours absent du Conseil par suite d'un mal de pied. M. Nic. Koechlin envoie sa démission de membre du Conseil, motivée par des raisons de santé. Elle est acceptée, et les regrets que le Conseil en éprouve seront consignés au procès-verbal.

L'école de la rue Koechlin ayant été trouvée convenable pour une ambulance, la Société internationale pour les blessés, qui y avait fait des préparatifs et installé du matériel, en fera l'abandon à la ville contre le prix de revient. On fera donc l'inventaire de ce que l'Internationale a placé là, sans que la ville soit obligé de payer immédiatement. Si même ce matériel n'avait subi qu'une usure modérée, l'Internationale le reprendrait. La Commission municipale a plein pouvoir pour s'entendre sur ce sujet avec cette dernière.

L'inspecteur de police prussien, avec qui on a conféré relativement aux journaux, a déclaré qu'il ne s'opposait pas à la vente dans les gares, les cafés, les brasseries, les kiosques, mais il défend la vente dans les rues avec les cris et les importunités des vendeurs.

Le même chef de police veut avoir un bureau; la Commission exécutive lui a dit de s'installer provisoirement à la sous-préfecture.

M. Dujardin expose que les Prussiens ayant fermé les deux bureaux d'enregistrement, il peut en résulter de graves embarras; le tribunal civil ne pourra plus rendre la justice, les hypothèques ne pourront plus être enregistrées.

M. Dujardin propose à l'assemblée du Conseil de faire venir les receveurs de l'enregistrement et le conservateur des hypothèques pour les engager à avoir des registres où les droits seraient portés en *débit*, c'est-à-dire dus par les parties intéressées, mais non perçus en ce moment. Si ces Messieurs ne voulaient pas agir en ce sens, on trouverait un agent qui le ferait.

M. Jean Dollfus a été à Bâle hier, pour le transport des houilles. Il a obtenu de M. Schmidlin de fournir des waggons pour l'exploitation de Sentheim-Mulhouse, mais la Société des Houillières de Ronchamp donnera une garantie pour la conservation de ce matériel.

M. Dollfus a aussi traité des moyens de faire arriver la

H. Conseil municipal de 1870-1871.

GEORGES STEINBACH
(Commission exécutive)

ALOÏSE STENGEL-SCHWARTZ

VICTOR-AMÉDÉE TAGANT
(Commission exécutive)

CHARLES WACKER-SCHOEN
(Commission exécutive)

houille de Sarrebrück. La voie du canal pourrait être rétablie, mais en présence de l'hiver, cette voie est peu sûre, à cause de la glace. Par le chemin de fer de l'Est, l'exploitation pourrait se faire depuis Sarrebrück par le Central, mais M. Jacquemin vient aussi à la traverse, au moins veut-il en écrire à Tours.

M. Steinbach dit que la Prusse pourrait agir, en prenant possession du chemin de fer. M. Jacquemin laisserait faire.

Le Conseil reçoit une nouvelle réquisition, à la fois des autorités militaires et du préfet prussien, pour fournir :

1,400 paires de bottes à longues tiges,
40 paires de souliers,
129,940 clous à souliers,
200 pièces de fers à bottes (diminutifs de fers à cheval),
2,000 clous pour attacher ces fers.

La fourniture à exécuter jusqu'au 1er décembre, le tout contre des bons, qui seront payés plus tard ? MM. Jean Dollfus et Steinbach veulent bien se charger d'aller voir le préfet (prussien), pour lui dire que cette fourniture ne peut se faire, que le délai est insuffisant, qu'on ne trouve à Mulhouse ni le cuir, ni les ouvriers nécessaires.

Mercredi, 23 Novembre 1870

Absents : MM. JEAN DOLLFUS, CHAUFFOUR, ROMANN, NAEGELY, KOECHLIN-SCHWARTZ.

Présidence de M. BERTELÉ.

La première question est le logement ou plutôt bureau du commissaire prussien. M. Steinbach demande, si à cet effet, on ne pourrait pas disposer de partie du logement de M. Clément, qui va devenir libre. Mais ce logement ne sera libre qu'au 1ᵉʳ Janvier, le commissaire veut avoir son bureau sur la place de la Réunion et ne veut pas s'installer à la sous-préfecture.

On a eu une conférence avec le chef des hulans qui ne veut pas loger ses hommes à la caserne.

Pour le 25 courant, nous aurons deux compagnies de plus à loger, on cherchera à les caser à la caserne. M. Heilmann demande si l'on ne pourrait pas loger les chevaux au marché couvert de la rue Franklin, arrangé à cet effet; mais les frais seraient considérables et probablement les cavaliers ne voudraient pas y faire entrer leurs chevaux, parce que le local n'est pas plafonné.

M. Boehler a été hier chez le commandant prussien pour l'affaire des bottes. Il s'est fait accompagner de cordonniers qui pourraient faire ces bottes, à raison de 13 fr. la paire. Mais on ne pourrait faire que 3 à 400 paires dans l'espace d'un mois.

MM. Steinbach et Jean Dollfus ont, de leur côté aussi, été chez le commandant qui a dit que la fourniture était à faire dans son entier, que les besoins étaient beaucoup plus grands, mais que la réquisition avait été répartie entre les différentes villes du Haut-Rhin. Nos délégués n'ont pourtant pas pris d'engagement à terme fixe et le commandant a fini par dire qu'on devait faire le possible et qu'on doit lui fournir la note de cette livraison. Quant aux souliers, aux clous et aux fers, on pourra les livrer prochainement, pour faire acte de bonne volonté. M. Dujardin a trouvé chez le conservateur des hypothèques un homme qui a le sentiment de son devoir. Il continuera à tenir son bureau ouvert, malgré l'injonction de son supérieur à Colmar; seulement, il voudrait une invitation de la municipalité à continuer ainsi, pour lui servir d'appui. Si, d'un autre côté, l'autorité prussienne s'opposait à ce que le conservateur remplît ses fonctions, il devrait en référer à la municipalité.

Pour l'enregistrement, les receveurs ont reçu de leur directeur général de Colmar l'ordre de fermer leurs bureaux, mais il y a à cela tant d'inconvénients, qu'il ferait bien de ne pas s'y conformer. Ainsi la justice criminelle ne pourrait pas se rendre, parce qu'il n'y aurait pas d'argent pour payer les témoins. Il serait donc important d'instituer, au greffe même du tribunal, un bureau d'enregistrement, mais cette mesure devrait être provoquée par M. le président du tribunal civil. Une autre difficulté relative à l'enregistrement est la nécessité des timbres pour les effets de commerce, chose aussi indispensable pour le commerce que la houille pour l'industrie. Cela est si vrai, suivant M. Steinbach, qu'il pense que pour cet objet on obtiendrait l'assentiment de l'autorité prussienne.

Jeudi, 24 Novembre 1870

Absents : MM. KOECHLIN-SCHWARTZ, BOCK, ROMANN.

Présidence de M. BERTELÉ.

La discussion se rouvre sur le lazareth ou hôpital de 400 lits à installer pour blessés prussiens; la question a été débattue hier soir un peu confusément, devant quelques membres du Conseil et en présence de deux chirurgiens-majors prussiens, ainsi que d'un membre de l'Internationale allemande. MM. Ehrmann et Schrott avaient eu le tort de faire voir, outre l'ambulance de la rue Koechlin et celle de la rue de Didenheim, les salles disponibles de l'hôpital, où on leur a assuré qu'il y aurait 130 lits disponibles. Naturellement cet hôpital a beaucoup plu aux étrangers. Mais le Conseil entend se défendre le plus longtemps possible contre l'invasion des Prussiens à l'hôpital, qui est un établissement civil à l'usage des pauvres et des ouvriers de la ville, et ce n'est qu'en dernier lieu et en toute extrémité qu'il s'y prêtera. Les deux ambulances peuvent être encombrées, et, malgré cela, des blessés ou malades peuvent être amenés à Mulhouse et comme on ne peut pas les laisser dans la rue, ils seront admis à l'hôpital. D'ailleurs, au moment où l'on proteste contre l'admission des Prussiens dans cet hôpital, il a déjà été envahi par eux. Enfin, les majors prussiens déclarent que, devant une réquisition de 400 lits, ils ne peuvent se contenter de 230, et si on refuse l'hôpital, il faudra trouver un nouveau local.

Les officiers médicaux prussiens entendent n'avoir pas seulement fait la réquisition de lits, mais aussi du personnel de médecins et d'infirmiers pour les soigner, ainsi que d'un commis et d'une cuisinière.

Une commission formée de MM. Huguenin, Jundt, Heilmann et Wacker, sera chargée de finir les installations et de chercher le personnel nécessaire.

M. Schwartz pense qu'il faudrait s'approvisionner de bois pour les besoins de la ville, vu que dans les chantiers il va grandement diminuant et que le prix de cette marchandise

Pl. 16

Dr EHRMANN

hausse. M. Jean Dollfus pense que cette hausse ne continuera pas, quand la houille reviendra plus abondante. Néanmoins le Conseil vote l'acquisition d'une vingtaine de cordes.

Les ouvriers travaillant au compte de la ville réclamant, dans une pétition écrite, contre l'abaissement de leur salaire de fr. 1.75 à 1.50, donnent une foule de bonnes raisons contre cette diminution.

Après discussion et en considération surtout de ce que, les jours de pluie et de neige, les ouvriers ne travaillent pas et ne gagnent ainsi rien, on revient au salaire de fr. 1.75 par jour, sur la proposition de M. Dujardin.

M. Steinbach désire qu'on ne prenne pas d'ouvriers de la campagne. M. Jundt répond qu'on ne prend que des hommes mariés et chargés de famille, qui ont depuis longtemps leur domicile à Mulhouse.

M. Bertelé parle de la nécessité pour Mulhouse de se conformer à l'ordonnance du gouvernement de Tours, réclamant dans tous les départements une batterie de canons pour 100,000 habitants. Le décret est formel et une longue circulaire de M. Gambetta entre dans tous les détails à cet égard. Une souscription circule en ville à cet effet et une centaine de jeunes gens s'offrent pour être artilleurs. On demande le concours de la ville et on pense qu'elle ne doit nullement se soustraire à ce nouveau et suprême témoignage de patriotisme, dans l'espoir que nous échapperons ainsi à l'annexion.

M. Beugniot donne beaucoup de détails sur les moyens d'accomplir cette fourniture, sur ce que l'on pourrait confectionner à Mulhouse ou à Lyon, ou dans les chantiers de la Méditerranée; il s'offre de faire un voyage d'exploration à cet effet.

Cette proposition est acceptée et, sans prononcer de chiffres pour cette fourniture, on vote que le crédit militaire sera augmenté de 150,000 fr.

M. Dujardin donne des renseignements sur la manière dont pourront fonctionner, dans les circonstances difficiles où nous nous trouvons, l'enregistrement et le bureau des hypothèques.

Vendredi, 25 Novembre 1870

Présents : MM. Bertelé, Boehler, Tagant, Zipélius, Schoen, Heilmann, Engelmann, Müller, Boeringer, Wacker, Lantz, Huguenin, Dujardin, Aug. Dollfus, Jundt, Mercklen, Roth, Klippel, Chauffour, Gerbaut, Laederich, Koechlin-Steinbach, Steinbach, Jean Dollfus.

Le Conseil reçoit une seconde demande des ouvriers de la ville, ce sont ici ses travailleurs habituels. On leur avait augmenté le salaire de 0.25 cent. par jour, vu la cherté des vivres pendant les mois d'Octobre et de Novembre. Ils demandent la même subvention pour le mois de Décembre. Quelques-uns de ces ouvriers ont un service très dur. Le Conseil vote le maintien de cette subvention quotidienne supplémentaire.

Pour le mois de Novembre, les pensions servies aux familles des mobiles dépassent la somme de 11,000 fr. Comme la caisse municipale a touché encore 5000 fr. de la recette particulière pour cet objet, on appliquera encore 1000 fr. sur cette somme au mois de Décembre. Il restera ainsi 4000 fr. pour le mois de Décembre.

Il y a dans les magasins de la mairie encore 200 ceintures de flanelle, qui avaient été préparées pour les soldats campés à Burnhaupt. La Commission municipale propose de les envoyer aux prisonniers français en Allemagne; adopté.

La municipalité reçoit une nouvelle réquisition consistant à faire cuire et à envoyer aux environs de Belfort quotidiennement 5000 pains de trois livres. Les Prussiens s'engagent à fournir les farines et demandent 140 kilos de pain pour 100 kilos de farine.

La cuisson serait à la charge de la ville et, pour les deux premiers jours, il faudrait que la ville fît l'avance des farines. La fourniture devrait commencer demain.

Faut-il donner suite à cette réquisition? C'est 7500 kilos par jour! On objectera que cette quantité est impossible à fournir, qu'il y faudrait des magasins et tout un personnel, que même celui-ci est impossible à trouver, en fait de garçons boulangers, et qu'ils devraient travailler jour et nuit, ce qui est impossible. On proposera donc de ne fournir que 3000 miches ou 1500 de six livres. On insinuera, suivant M. Bertelé et d'après l'avis d'un fournisseur, qu'il y a à Colmar et à Neuf-Brisach de grands fours employés pour les fournitures militaires et que les Prussiens pourraient mettre en réquisition.

M. Dujardin est d'avis qu'on invite l'administration prussienne à chercher elle-même le pain, avec les voitures de réquisition dont elle dispose en abondance, et on demande qu'elle fasse réception à Mulhouse, parce que ce pain pourrait bien diminuer de quantité en voyage.

M. Jean Dollfus croit que pour le transport jusqu'à Sentheim, on pourrait employer le chemin de fer dès qu'il marchera.

Relativement au lazareth de 400 lits, M. Huguenin a cherché un emplacement pour remplacer l'hôpital et il a trouvé, à cet effet, l'Asile des vieillards, dans lequel on peut placer 72 lits. On aurait en tout ainsi 285 lits à la disposition des malades et blessés prussiens. Il ne manque que des matelas, l'Internationale a des bois de lits.

La commission, au besoin, cherchera encore ailleurs, mais M. Lantz dit que nous ne devons pas chercher plus loin, au moins pour le moment. L'asile de la rue Koechlin peut fonctionner dès demain.

Le logement pour le commissaire prussien n'est pas encore trouvé. Pour la fourniture des bottes, on est d'accord avec l'autorité prussienne, qu'on en fournira 150 paires par semaine.

M. Dujardin communique une lettre de Bellegarde de M. Weiss-Bornand, traitant du passage des soldats mobilisés, des frais qui en résultent, etc. Sur la frontière, près de Bâle, il y a beaucoup de mobilisés et beaucoup d'anciens soldats qui ne peuvent aller à Lyon faute de ressources pécuniaires. M. Doll, manquant de fonds, se lamente et s'éclipse. Pour éclairer la question, M. Jean Dollfus s'offre d'aller demain à Bâle et veut même faire pour cet objet un sacrifice personnel. On écrira aussi à M. Beugniot pour s'informer à ce sujet à Lyon. Le Conseil remercie M. Jean Dollfus de son offre généreuse.

SOUS-PRÉFECTURE
DE
MULHOUSE
(Haut-Rhin)

FAC-SIMILÉ D'UNE LETTRE DU Dr SCHULTZE
Kreisdirector de Mulhouse, au maire de Dornach.

Le général von Roeder a fait au Conseil fédéral en Suisse, des réclamations contre le passage de nos hommes à travers ce pays ; par suite il y aura grande surveillance de la part de la police à Bâle.

Samedi, 26 Novembre 1870

On apprend la capitulation de Thionville, qui a eu lieu hier.

Absents : MM. Jean Dollfus, Romann, Beugniot, Naegely, Chauffour.

Les membres permanents du Conseil ont reçu hier l'intendant militaire prussien et ils croient avoir obtenu de lui de n'avoir à fournir à l'armée prussienne que 3000 miches de 3 livres, en lui faisant comprendre que la ville ne pouvait faire plus. Le transport sera à notre charge, mais la réception sera faite ici.

Ce même intendant a expliqué ce qu'on entend par « un magasin général », qu'ils prétendent établir et où ils puiseront leurs approvisionnements. C'est une zone d'une certaine étendue, qu'ils circonscrivent, autour d'une place forte par exemple, et le territoire compris dans cette zone est chargé de fournir la nourriture au corps d'occupation qui s'y trouve, proportionnellement à la cote des contributions, si la commune occupée ne veut pas elle-même pourvoir à la nourriture des soldats qui y sont logés. A ce compte, nous verserions probablement plus que ce que nous fournissons ainsi.

A propos de la réquisition des bottes, on nous fait savoir qu'il y faut des fers ; mais il y a déjà de confectionnées un certain nombre de paires de bottes avec clous ; il faudra bien que les Prussiens les acceptent.

Dimanche, 27 Novembre 1870

Présents : MM. BERTELÉ, DUJARDIN, KOECHLIN-SCHWARTZ, KOECHLIN-STEINBACH, BOEHLER, WACKER, HEILMANN, ENGELMANN, MÜLLER, JULES DOLLFUS, STENGEL, HENRY SCHWARTZ, LANTZ, ZIPÉLIUS, SCHOEN, AUG. DOLLFUS, NAEGELY, LAEDERICH, STEINBACH, JEAN DOLLFUS, JUNDT, BOCK, HUGUENIN, KLIPPEL, CHAUFFOUR, MERCKLEN, TAGANT.

Le Conseil reçoit une communication du commandant de Place, M. von Usedom qui déclare que nous n'avons d'autres réquisitions à exécuter que celles qui sont signées de lui, ou de son adjudant, M. Kollmann.

Le Conseil reçoit une lettre de M. Schwenck, relative à nos mobilisés à Lyon, leur organisation, leur équipement ; relative, aussi, aux effets militaires qui sont arrivés là, et le crédit qui a été ouvert à M. Schwenck. On réclame entre autres des cravates bleues en cretonne, qu'on pourra leur confectionner.

Les deux membres du Conseil présents hier, dans la salle, ont reçu la visite du nouveau sous-préfet allemand,

M. Schultz, D^r *juris* ; il doit se présenter aujourd'hui pendant la séance.

M. Jean Dollfus donne des renseignements sur sa mission à Bâle hier. Il a vu M. Doll, qui se dit très fatigué de l'œuvre qu'il exécute et qui n'a plus de fonds. Il voudrait 3 ou 4 aides, parce qu'il faut surveiller les hommes qui arrivent et les accompagner un bout de chemin. Déjà environ 1200 mobilisés ont passé entre ses mains. Il a reçu 25,000 fr., de Tours, et a dépensé, sur crédit qui lui a été ouvert, 7000 fr., quoique la somme ait été fixée à 6000 fr. Il a demandé de nouveaux fonds à Tours, sans savoir s'il obtiendra ce qu'il a demandé. Il désire, et le Conseil appuie, qu'on fasse savoir aux communes rurales qu'elles doivent donner un petit pécule aux hommes qui partent.

Comme tous les jours il se présente à la mairie des mobilisés ou d'anciens soldats prêts à partir, M. Aug. Dollfus demande qu'on soit très circonspect avec eux, parce que nous pourrions bien être espionnés. M. Jean Dollfus se charge de trouver quelques aides pour M. Doll, et veut bien subvenir à leur entretien.

On annonce que le Consul de France a été changé et qu'il a un remplaçant provisoire.

Une dame Mayer-Warnod ayant fait avant-hier un triste tableau de nos mobiles blessés autour de Belfort, les disant en nombre abandonnés, sans soins et sans nourriture, le bureau de l'Internationale a jugé opportun d'envoyer hier à La Chapelle deux de ses membres, dont un médecin, M. Koechlin. Ces Messieurs n'ont nullement trouvé les choses dans l'état susdit. Il y a peu de mobiles blessés, ils sont entourés des soins nécessaires, et, sur 15, 7 sont prêts à partir pour Thann, où Mme Kestner les réclame ; les autres recevront une autre direction.

M. Huguenin, qui s'est occupé de cette affaire, lit en conséquence une lettre qu'il adresse à Mme Mayer-Warnod, où les faits sont exposés dans leur véritable jour.

Le médecin divisionnaire que ces messieurs ont vu à La Chapelle, réclame toujours les 400 lits d'ambulance imposés à Mulhouse, et s'est plaint du procédé peu parlementaire d'un des membres de la Commission exécutive, qui lui a dit que plutôt que de donner des lits à l'hôpital d'ici, il faudrait les prendre avec le canon.

On s'occupera éventuellement à chercher de nouveaux locaux d'ambulance, ce sera l'affaire de la commission déjà existante.

Il est arrivé hier une ambulance allemande, qui paraît vouloir prendre possession du lazareth de la rue Koechlin ; elle se compose de 62 personnes, dont 12 officiers, et 25 chevaux ; il a fallu loger tout cela. S'ils voulaient se mettre à la tête de l'ambulance rue de Didenheim, l'Internationale opposerait son veto. Le Docteur Schultz, nouveau sous-préfet, se présente à la séance, c'est seulement pour faire connaissance ; il n'a pas de communication particulière à faire. Il a dit hier qu'il avait déjà ménagé la ville dans une forte réquisition de voitures, destinées à aller de Brisach à Belfort.

Le Conseil s'occupe de la difficulté du logement et de la pension des officiers, qui provoquent les réclamations les plus vives. Les hôtels sont très chers et il est impossible de bien partager la charge. On cherchera à aviser et on s'en entendra avec le commandant de Place.

Lundi, 28 Novembre 1870

Présents : MM. Bertelé, Schoen, Lantz, Boehler, Henry Schwartz, Heilmann, Stengel, Engelmann, Boeringer, Müller, Jules Dollfus, Wacker, Huguenin, Mercklen, Roth, Koechlin-Steinbach, Koechlin-Schwartz, Dujardin, Klippel, Gerbaut, Chauffour, Aug. Dollfus, Laederich, Steinbach, Jundt, Bock, Tagant, Weber.

Lettre de M. le commandant de Place de Mulhouse, qui déclare que provisoirement 300 lits d'ambulance seront suffisants pour Mulhoose, sauf à en augmenter promptement le nombre en cas de besoin. Le personnel d'ambulance arrivé avant-hier suffira pour 200 malades et il s'installera, à cet effet, dans la rue Koechlin et dans l'Asile des vieillards, rue des Orphelins.

Le Conseil reçoit une lettre du général von Treskow, en réponse à celle où nous avons réclamé contre les arrestations des voitures de houille. Cette lettre dit que le voiturier Weiger, de Hirtzfelden, qui a été puni d'une amende, est dans ce cas, parce qu'il s'est à plusieurs reprises refusé à des réquisitions militaires. On interviendra en sa faveur. Quant au fait principal, elle dit que les autorisations de circulation de houille que le général a données, sont toujours subordonnées aux nécessités militaires, qu'on a arrêté les voitures, parce qu'on avait besoin des chevaux ; d'ailleurs ce ne sont pas des troupes dépendant de lui qui ont fait ces réquisitions. Il est probable qu'à l'avenir on respectera un peu plus les voitures de houille.

Hier, le Conseil a reçu la visite d'un officier qui demande en réquisition : boucles, pains à cacheter, cuirs, papiers, encre, etc. On a fait droit à cette demande, parce qu'elle était signée par le commandant de Place.

Le Conseil reçoit une lettre de M. Doll qui dit que les mobilisés ne pourront plus passer à Bâle, parce qu'ils se sont trahis par trop de tapage. M. Doll lui-même a été invité à vider les lieux dans deux jours, c'est-à-dire mardi matin.

M. Bertelé veut lui-même aller à Bâle, pour conférer avec M. Doll qui ira s'établir à Bellegarde.

M. Boehler rend compte de la commission des logements militaires. Elle a divisé la ville en 18 quartiers, où des délégués y demeurant ont indiqué les logements et la position de fortune probable des occupants. Mais comme ces délégués ne sont pas tous partis des mêmes bases et qu'il y a ainsi quelques divergences dans leur travail, la commission les réunira demain pour un travail en commun, qui sera soumis à l'approbation du Conseil municipal.

Le Conseil entend que les propriétaires absents de maisons de Mulhouse, ne pourront pas échapper aux logements militaires, qu'on cherchera à les atteindre par tous les moyens possibles et entre autres en s'adressant à leurs régisseurs.

MM. Bock, Lantz et Aug. Dollfus ont été hier chez le commandant de Place, pour s'entendre sur le logement et la pension des officiers, parce que cet objet provoque beaucoup de plaintes. Il a promis d'examiner la chose et de donner réponse plus tard.

M. Dujardin demande ce qu'il faut faire des hommes, surtout anciens soldats, qui se présentent tous les jours pour aller rejoindre l'armée. Quelle justification faut-il leur demander, quels secours leur allouer, quels moyens pour échapper à l'espionnage ?

M. Koechlin-Steinbach dit qu'un de ses ouvriers a reçu 5 fr. et un sac pour aller rejoindre l'armée ; qu'il a dépensé l'argent et que, le surlendemain, il est revenu demander de l'ouvrage. M. Dujardin se rendant aujourd'hui à Saint-Louis verra ce qu'il y aura à faire. On pense que M. Doll pourrait laisser quelques fonds. M. Lantz dit qu'il a reçu une lettre qui donne d'excellents renseignements sur Paris, qu'il y a pain et vin en quantité suffisante pour trois mois encore et de même de la viande de cheval. En Allemagne, le sentiment public semble avoir changé, on paraît déconcerté de la longue résistance de Paris.

M. Jundt raconte qu'on a positivement appris qu'aucune bombe n'est encore tombée dans Belfort, que les Prussiens ont échoué dans leur attaque contre le Salbert, qu'en général la situation de Belfort est très satisfaisante.

Le canal d'ici à Strasbourg fonctionnera dans quelques jours et amènera des houilles.

Mardi, 29 Novembre 1870

Présents : MM. Bertelé, Tagant, Schoen, Dujardin, Koechlin-Steinbach, Lantz, Boehler, Heilmann, Engelmann, Henry Schwartz, Müller, Jules Dollfus, Wacker, Huguenin, Mercklen, Roth, Koechlin-Schwartz, Klippel, Chauffour, Aug. Dollfus, Laederich, Steinbach, Bock, Jean Dollfus, Jundt, Weber.

M. Bertelé rend compte de sa mission à Bâle; il a conféré avec M. Doll, qui est bien obligé de partir, mais il a trouvé là M. C. W., qui veut bien se charger de la besogne d'expédier les hommes arrivants pour l'armée. Il en arrive presque 200 par jour. M. W. les faisant passer pour des émigrants, a déjà obtenu un rabais de 1700 fr. sur leur transport. M. W. ne reste jamais longtemps à Bâle, mais il y vient très souvent. Seulement il ne peut pas continuer longtemps ce métier; il demande des aides et un remplaçant. M. Doll a laissé à M. W. 5000 fr. Si les 50,000 fr. demandés à Tours arrivaient, il y aurait pour longtemps des fonds suffisants. Mais, en attendant, il faudra ouvrir un nouveau crédit de 6000 fr., que le Conseil vote.

On nous raconte qu'un convoi de 120 hommes était hier en route sur le chemin de fer et que les Prussiens étant signalés à Saint-Louis, on les a fait descendre à Bartenheim, d'où ils ont pu filer à pied en Suisse. Il s'ensuit qu'il faut beaucoup de tact pour prévenir les jeunes hommes des précautions à prendre.

Conseil municipal de 1870-1871. Pl. 18

Dr JEAN WEBER-KOECHLIN

JEAN ZIPÉLIUS

M. Dujardin a été à Habsheim et à Landser, pour encourager les maires à donner un petit pécule aux partants. A Sierentz se sont trouvés quelques hommes de Senones, qui en annoncent encore 200 de là.

M. Dujardin a vu les receveurs d'enregistrement, dont les uns fonctionnent encore et les autres ont suspendu leurs fonctions. Il leur a exposé à tous qu'ils devraient percevoir, parce que ces fonds sont nécessaires aux communes pour le service courant et pour le traitement des fonctionnaires. Ils pourraient, en attendant, verser leurs fonds disponibles, soit à la Caisse d'épargne, soit à la Recette municipale.

Des mobilisés à Bâle, à défaut de M. Doll, se sont adressés au consul de France qui leur a fait délivrer des billets de retour en France. M. Dujardin a donc été au consulat et ayant demandé M. Truy, il lui a vivement reproché sa manière d'agir comme antipatriotique; le consul s'est à peu près engagé à ne plus agir ainsi. Mais il devient de plus en plus évident qu'il faudra à Bâle un autre consul, et qu'il faudra en demander un à Tours. On pourrait désigner M. Jules Koechlin, qui accepterait ces fonctions gratuitement. M. Tagant dit que le remplacement de M. Doll est à peu près accompli par la Commission républicaine.

Un fil télégraphique ayant été coupé près de la gare, l'autorité prussienne nous en rend responsables, et, si on ne trouve pas le coupable jusqu'au 30 Novembre à midi, elle impose à la ville une contribution de 1000 fr. On répond que les Prussiens ont des sentinelles, des gendarmes, un commissaire de police, et qu'ils devraient garder leurs lignes. On pense qu'on devrait s'opposer à cette amende, parce qu'ils pourraient ainsi à chaque instant nous imposer de nouvelles amendes. MM. Steinbach et Jundt partent pour aller examiner l'objet de la réclamation.

On annonce que les farines sont arrivées pour faire du pain aux Prussiens autour de Belfort. M. Lantz veut essayer de s'arranger avec un commissaire de roulage pour le transport de ce pain à destination.

M. Huguenin rend compte de ses démarches pour obtenir l'Asile des vieillards à l'effet d'y installer une ambulance. La commission de l'Asile refusant son local, M. Huguenin propose de lui adresser une réquisition formelle. Mais M. Jean Dollfus propose de réunir tous les fondateurs de l'Asile et de leur soumettre la question; il pense obtenir leur consentement.

La commission de l'Asile a surtout été blessée d'un manque de forme, parce qu'on avait, en quelque sorte, envahi la maison sans en demander la permission. S'il fallait les 400 lits, on trouverait encore un atelier du chemin de fer assez convenable, mais provisoirement on ne prendra pas de nouvel arrangement.

L'ambulance bavaroise qui est arrivée ici et avec laquelle on avait pris des arrangements pour s'installer à l'école de la rue Koechlin, doit repartir, de sorte qu'il n'y a pas lieu de donner suite aux installations faites à son intention. A sa place, est arrivé un médecin prussien qui restera quelque temps à demeure et avec qui il faudra s'entendre pour tout ce qui concerne les lazareths. M. Aug. Dollfus pense que l'Internationale pourrait se charger des frais de ces lazareths, voir à quel prix on pourrait établir la nourriture, les infirmiers, la pharmacie, et alors décompter avec la ville, qui doit avoir la charge des malades prussiens, tandis que les Français resteraient à la charge de l'Internationale ou de l'autorité militaire française.

M. Riss, directeur des écoles primaires, annonce la mort de M. Clyptus, instituteur. Le commissaire de police prussien demande un logement pour ses six gendarmes et un cheval, et il réclame un bureau pour lui. On pense qu'on pourrait placer ces gendarmes à la caserne de notre gendarmerie; quant au bureau, on le priera de s'entendre avec notre commissaire de police.

M. Jean Dollfus propose de chercher un moyen de venir en aide à notre population ouvrière, si éprouvée cet hiver. Il voudrait que les secours fussent centralisés et donnés d'une manière régulière, et, à cet effet, il voudrait qu'on s'entendît avec les patronages. Un membre fait observer qu'en agissant ainsi, on détruira les patronages en tuant l'esprit d'initiative. M. Dujardin veut prendre la question de plus haut et pense qu'on pourrait créer une institution permanente pour venir au secours des misères de notre ville.

La question est renvoyée à une commission composée de MM. Jean Dollfus, Lantz et Dujardin.

Mercredi, 30 Novembre 1870

Absents : MM. Romann, Beugniot, Naegely, Boehler, Laederich.

Présidence de M. Henry Schwartz.

M. Bock donne lecture de la lettre qui a été adressée au nom du Conseil municipal à M. le commandant, pour protester contre l'amende de 1000 fr., si jusqu'aujourd'hui à midi on ne lui livre pas le coupable qui a coupé un fil télégraphique. Le commandant a répondu qu'il agissait ainsi par l'ordre du général et qu'il n'avait pas qualité pour nous dispenser de cette amende. Hier soir, le sous-préfet prussien s'est présenté ici et on lui a parlé de cet incident. Il a paru trouver que cette amende est de peu d'importance pour la ville de Mulhouse, cependant il a paru bien disposé pour la ville, tout en disant qu'il n'avait pas qualité pour l'exonérer. On lui a dit, et on répète ce matin, que l'on n'aurait qu'à placer les fils télégraphiques à une certaine hauteur et qu'alors ils ne seraient plus si aisément coupés, qu'on pourrait mettre des gardiens à la baraque où le délit est arrivé, mais alors ce serait à nous à les payer. D'un autre côté, M. Jundt dit que cette baraque ne sera plus nécessaire et qu'on pourra l'abattre.

La question, suivant M. Chauffour, est plus haute; il s'agit de savoir si nous voulons nous refuser à une exigence injuste pour un délit commis à un kilomètre de la ville et dont nous ne saurions être responsables. M. Schwartz craint que si nous résistons, nous n'attrapions des amendes supplémentaires. Nous avons bien été imposés de 50,000 fr., sans pouvoir réclamer. M. Chauffour voudrait qu'on résistât, à cause du principe et non à cause de la somme. Le Conseil décide qu'on écrira une réclamation au général par l'intermédiaire du commandant de Place et que, provisoirement, on ne paiera pas l'amende aujourd'hui.

Le Conseil reçoit une nouvelle réquisition pour l'ameublement d'un bureau à la gare : poêle, table, chaises, etc. qu'il faudra exécuter jusqu'à demain. On vote un nouveau crédit de 12,000 fr., pour les familles des mobiles et soldats pour le mois de Décembre.

L'inspecteur de police prussien réclame toujours son bureau; on tâchera de le caser chez Mme veuve Lugino, en ne faisant qu'une location au mois.

On nous apprend que le Conseil fédéral suisse n'admettra plus à travers son territoire des hommes voyageant en troupes, que ceux qui veulent la traverser doivent donc être isolés.

Le commissaire de police prussien a demandé un agent de police de confiance pour lui servir de planton et de guide. Mais tous les agents de police ont refusé. A cela le commissaire a répondu qu'il le remplacerait par des agents allemands. On tâchera de lui trouver l'homme qu'il lui faut.

On revient à la question du logement et de la pension des officiers, pour lui trouver une solution.

Jeudi, 1er Décembre 1870

Absents : MM. Romann, Beugniot, Naegely, Jean Dollfus.

Lecture et adoption des procès-verbaux des deux séances précédentes. On communique au Conseil une lettre de M. Beugniot, où il relate en termes voilés ses opérations et ses impressions à Lyon.

L'affaire du bureau pour le commissaire de police prussien n'est toujours pas arrangée. M. Zipélius est chargé de la terminer, sinon il faudra recourir à une réquisition.

Le sous-préfet a demandé à faire poser une affiche contenant des pénalités contre ceux qui enlèvent des rails ou coupent des fils télégraphiques ; puis il donne contre-ordre.

MM. Bock et Lantz ont fait hier visite au commandant de Place, pour régler avec lui le dû pour pension et logement des officiers ; il n'a pas encore voulu se prononcer faute d'informations, mais il a promis la liste quotidienne des officiers logés dans les hôtels de la ville, afin qu'on puisse ne pas porter en compte ceux qui sont momentanément absents.

Le commandant a envoyé au général von Treskow la lettre relative à l'amende de 1000 fr., concernant la coupure d'un fil télégraphique ; il faudra donc attendre la réponse de ce dernier. Il y a beaucoup de plaintes relatives aux chevaux logés en ville, on adopte, en conséquence, le principe d'une indemnité aux logeurs, après examen de chaque cas individuel.

M. Jundt a fait comprendre aux agents télégraphiques allemands qu'ils n'avaient qu'à élever les fils, pour en empêcher la section.

Le Conseil reçoit une réquisition d'un chirurgien militaire prussien, qui réclame une somme de 20 fr. pour avoir donné une consultation à un blessé dans le déraillement du chemin de fer qui a eu lieu dimanche, 27 novembre, menaçant de doubler la somme si, dans huit jours, on n'obtempérera pas à sa demande. On convient de ne pas répondre à cette réquisition.

Le Conseil reçoit une nouvelle réquisition pour fournir à La Chapelle des sangsues, de la morphine, du beaume de copahu et de l'eau distillée. Cette réquisition étant signée de l'adjudant de Place, on la fera exécuter par un des pharmaciens de la ville, avec demande de fournir aux prix établis pour le bureau de bienfaisance.

M. Huguenin insiste pour qu'on obtienne bientôt pour lazareth l'Asile des vieillards. La réunion des fondateurs, qui doit avoir lieu aujourd'hui, en statuera.

Vendredi, 2 Décembre 1870

Absents : MM. ROMANN, BEUGNIOT, TAGANT, NAEGELY, ROTH.

Le relevé de l'octroi donne un nouveau déficit de plus de 30,000 fr. pour le mois de Novembre.

Le Conseil reçoit du préfet du Haut-Rhin, prussien, la demande du catalogue de nos archives et de tous ses anciens documents, le tout dans l'intérêt de la science, dit M. le préfet. Ce catalogue n'existe plus à Mulhouse (peut-être à Paris); M. Bertelé se chargera, de concert avec M. Ehrsam, secrétaire de la mairie, de faire une réponse déclinatoire à M. le préfet.

La veuve Kuntz, dont le mari était commissaire de police, réclame des secours à cause de son indigence. On la notera parmi les familles qui ont droit aux secours, parce qu'elle a deux soldats volontaires dans l'armée. Cinq femmes de gendarmes, dont les maris sont loin, probablement à l'armée, demandent aussi un secours; elles ont chacune des enfants.

Elles avaient droit au logement dans la caserne de gendarmerie, dont la ville a pris possession et, par conséquent, il y a lieu de leur donner une indemnité. Il est vrai que, d'un autre côté, le département ne paye pas le loyer qu'il doit pour la gendarmerie, mais peut-être cela se retrouvera plus tard. On vote un secours de 20 fr. par mois à chacune de ces femmes, et si les besoins sont plus grands, elles devront s'adresser au bureau de bienfaisance.

Des ouvriers mécaniciens sont demandés pour les ateliers de l'Etat à Nantes. Un agent résidant à Bâle est venu en causer hier avec MM. Jean Dollfus et Heilmann-Ducommun, mais il n'a désigné ni le nombre d'ouvriers qu'on demande, ni quel genre de travail ils doivent savoir faire, ni enfin qui fera les fonds du voyage. On demandera à cet agent les renseignements nécessaires. En attendant, vingt ouvriers tourneurs ayant été positivement demandés antérieurement, on les expédiera à Bellegarde aux frais de la ville, regardant ceux-ci comme une avance à l'Etat. A Bellegarde, M. Weiss-Bornand soignera pour leur expédition ultérieure.

M. Lallemand, de l'octroi, se plaint que M. Weninger, boucher, ne veut plus payer qu'en monnaie prussienne ses redevances d'abattoir. On fera venir M. Weninger devant la Commission, pour lui reprocher son manque de procédés. Il se targue, il est vrai, qu'il donne un kilo de viande (d'os) à l'Internationale, mais, sous ce prétexte, il a déjà refusé matelas et logements militaires.

La Commission s'est occupée du logement des chevaux prussiens, qui présente des difficultés toujours croissantes. MM. Wacker et Jundt seront chargés de visiter les locaux qu'on pourrait approprier à cette destination, soit au chemin de fer, soit au marché de la rue Franklin.

M. Jean Dollfus rend compte de la séance des fondateurs

de l'Asile des vieillards. Ces messieurs seraient prêts à céder devant une réquisition de la ville, pour mettre leur responsabilité à couvert vis-à-vis des intéressés et pour sauver leurs droits de propriété, au cas où nous deviendrons Prussiens.

M. Aug. Dollfus voudrait qu'on ne fît pas cette réquisition, parce qu'il n'y a pas urgence et qu'il est probable que l'ambulance de la rue Koechlin et celle de la rue de Didenheim suffiront sans doute aux besoins. En tout cas, il ne faudra pas encore faire d'aménagements.

M. Huguenin, craignant des épidémies de maladies contagieuses, voudrait qu'à cette intention cet asile fût le plus promptement organisé.

M. Bertelé voudrait qu'on cherche à lever la difficulté avec l'Asile des vieillards, en faisant un bail avec la commission qui y préside.

L'affaire du bureau du commissaire de police prussien offre toujours des difficultés; on fera venir Mme Lugino pour traiter avec elle.

M. Jean Dollfus a envoyé deux agents à M. C. W., à Bâle; on leur donnera 5 fr. d'indemnité par jour.

On parle de réparations au chemin de fer faites par l'autorité prussienne. On communique au Conseil des lettres qui donnent de bonnes nouvelles du bataillon des mobiles de Mulhouse, qui s'est signalé dans un engagement sérieux qui a eu lieu, sans que ce bataillon ait été gravement compromis.

Une lettre de M. Weiss-Bornand annonce qu'à l'exemple de Mulhouse, les autres communes du Haut-Rhin se sont exécutées pour l'envoi des mobilisés. Mais hier on en a arrêté à Habsheim, prêts à partir; on dit même que le maire de cette commune a été arrêté. M. Jean Dollfus demande pour M. le maire de Reiningen, M. Gerber, arrêté et conduit à Strasbourg pour envoi de mobilisés, une lettre de recommandation du Conseil, attestant son honorabilité et les services qu'il a rendus déjà à la chose publique.

Samedi, 3 Décembre 1870

Absents : MM. Romann, Beugniot, Naegely, Roth, Alf. Koechlin-Schwartz, Zipélius.

Le Conseil reçoit une lettre de M. Riss, directeur des écoles primaires, relative à un instituteur, M. Pontius, qui veut partir pour l'armée pour l'instruction des recrues, parce qu'il a été autrefois sous-officier. M. Riss appuie la demande de M. Pontius. On vote dans le sens que M. Pontius conservera sa place et son traitement, malgré son absence, si les autres instituteurs peuvent faire la suppléance de sorte qu'il n'y ait pas d'augmentation de frais pour la ville.

On communique la note des frais de gaz pour la ville, pour le mois de Novembre; elle se monte à plus de 4000 fr. L'affaire du logement ou bureau du commissaire prussien est enfin réglée avec Mme Lugino, au prix de 50 fr. par mois; M. Guerber, commissaire de police, est chargé de veiller à l'installation. La ville reçoit de nouvelles réquisitions d'allumettes chimiques, de papier, cire à cacheter, balais, matériaux de chauffage et d'éclairage, etc.

De plus, hier, de nouvelles réquisitions de 10 voitures, dont 6 ont pu être livrées par la ville. Il arrivera un moment où les Prussiens iront eux-mêmes les prendre de force. On nous dit, comme consolation, que Giromagny, Montbéliard, etc., sont encore bien plus exploités que nous, et sont littéralement mis à sac.

M. Zipélius a éprouvé hier de la résistance de la part des agents de police chargés de conduire des voitures de soldats ou officiers prussiens blessés à des hôtels de la ville. Le Conseil se plaint vivement de la conduite de ces agents et le Commissaire avisera.

M. Trapp a été hier à la mairie pour traiter de l'affaire de l'Asile des vieillards. Il a dit qu'on ne pouvait faire un bail, parce que les statuts de la société de l'Asile s'y opposaient. Celle-ci demande une réquisition en règle, et, dans ce cas, elle évacuerait tout son matériel, qu'elle ne veut pas laisser contaminer par des maladies contagieuses. M. Aug. Dollfus pense qu'il faut suspendre cette réquisition, jusqu'à nécessité absolue ; il croit qu'il n'y a pas urgence. Adopté.

M. Henry Schwartz a visité les provisions de bois dans les chantiers et a constaté que les provisions s'épuisaient. Il demande une nouvelle autorisation d'en acheter au besoin. M. Jean Dollfus pense que la hausse du bois ne durera pas, parce que les houilles vont arriver et dès qu'il y en aura, M. Jean Dollfus prend l'engagement d'en fournir pour les établissements de la ville. Le Conseil autorise M. Schwartz dans ce sens.

M. Tagant se plaint qu'il y a inégalité dans le service que les conseillers remplissent constamment, mais à tour de rôle à la mairie. On avisera à répartir plus également ces charges.

M. Chauffour revient à la question du logement des officiers; il semble que ceux des environs sentent le besoin de venir ici de temps en temps à nos frais. Ceux qui sont logés dans les hôtels n'entendent pas être changés tous les quatre jours de logement, suivant que le particulier à qui on les attribue veut les loger ou les renvoyer à un autre hôtel. D'un autre côté, on ne peut pas exiger que les mêmes particuliers gardent leurs garnisaires pendant 15 jours et plus. M. Chauffour pense qu'il faut le plus possible éviter le contact des habitants avec les Prussiens, pour qu'ils ne deviennent pas trop familiers avec eux. Il estime donc que les soldats étant logés à la caserne aux frais de la ville, les officiers devraient l'être de même. Il ajoute qu'en dehors des personnes de grande notoriété de fortune, on risque de commettre bien des injustices, suivant que l'on attribue à tel ou tel des officiers ou de simples soldats.

MM. Lantz et Bertelé sont d'avis qu'il ne faut pas obérer le budget municipal de cette énorme charge, car ses ressources s'épuisent déjà trop vite ; il faut que les particuliers supportent le poids de la guerre pendant sa durée. En attendant, on tâchera d'obtenir des hôtels, des prix plus raisonnables pour le logement et la pension des officiers.

On vote cependant que quand la liste des personnes pouvant loger des officiers sera épuisée, ceux-ci seront logés aux frais de la ville et qu'on répartira cette contribution sur les habitants, d'après la cote de la contribution mobilière.

Dimanche, 4 Décembre 1870

Absents : MM. Romann, Beugniot, Roth, Dollfus, Boeringer, Tagant, Koechlin-Schwartz, Laederich.

Le Conseil reçoit une réclamation de M. Scheidecker, charcutier, au nom des bouchers, sur les abus qui se commettent à l'abattoir. Il s'agit de perceptions injustes au pesage, de deux vaches provenant des réquisitions prussiennes et qui sont nourries avec les fourrages de la ville, mais dont le lait va on ne sait où. Il y a des plaintes diverses contre les employés, et demande d'une commission d'examen. Le Conseil désigne à cet effet MM. Engelmann et Jundt.

Le Conseil reçoit une réquisition de 800 paires de gants chauds en drap noir doublé de flanelle. On ne pourra les établir qu'à fr. 1,80 la paire. On répondra que l'on ne peut exécuter la réquisition de suite, que les matériaux manquent. M. Heilmann sera chargé de l'exécution de cette commission, pour laquelle il se hâtera lentement.

La ville a reçu diverses autres réquisitions dans la journée d'hier, dont, surtout, 20 voitures à la gare du chemin de fer ce matin à 9 heures, pour le transport du pain à La Chapelle. On ne pourra en fournir que la moitié de ces voitures, qui seront ainsi obligées de faire deux fois le voyage. Bientôt on ne pourra plus trouver de voitures en ville, et cela deviendra un grand embarras.

M. Jundt rend compte que le nouveau chef de gare prussien a saisi des waggons arrivés de la Suisse avec de la houille, parce que ces waggons appartiennent à la société du P. L. M. Ce chef de gare prétend qu'il a le droit d'agir ainsi, comme droit de guerre, quoique, à notre avis, ce soit propriété privée, et il ne reconnaît pas les autorisations données par le général, M. von Schmeling. Si la saisie est maintenue, le Central suisse ne continuera pas son exploitation ; du reste, le chef de gare en a référé au chef de gare à Strasbourg.

M. Dujardin trouve cet incident très grave, et demande des démarches immédiates pour obvier à cet abus. M. Jundt demande qu'on attende jusqu'à demain, parce que le chef de gare aura sans doute reçu réponse jusque-là.

MM. Steinbach et Jundt iront se plaindre au sous-préfet, parce qu'il ne faut pas perdre de temps ; il s'agit de faire respecter la neutralité qu'on a promise à la Suisse. Le nouveau chef de gare a annoncé qu'il prendra prochainement l'heure allemande pour les départs des trains, elle est en avance de quelques minutes sur l'heure de notre ville.

Hier est arrivé un escadron de hulans, 150 hommes et 154 chevaux, qu'il a fallu loger en ville ; on avait même annoncé 500 cavaliers de plus, mais qu'on a logés dans les villages des environs. Cette cavalerie est arrivée par chemin de fer et doit aller à Huningue.

Un des voituriers réquisitionnés pour le compte de la ville, est rentré hier, et a dit que certains d'entre eux ont vendu leurs chevaux, et que d'autres ne sont jamais partis. On chargera M. le commissaire central de faire une enquête à ce sujet. Un attelage est revenu avec un cheval prussien, en remplacement d'un cheval qui a été tué.

Lundi, 5 Décembre 1870

Absents: MM. Romann, Beugniot, Laederich, Roth, Koechlin-Schwartz, Naegely.

Le Conseil reçoit une nouvelle réquisition de 25 voitures devant être à la gare ce matin, sinon les Prussiens recourent à des voies de rigueur. Le président demande en conséquence aux conseillers présents de faire leur possible pour satisfaire à cette exigence. M. Muller s'empresse de s'exécuter.

Déjà hier il n'y a pas eu le nombre de voitures suffisant pour transporter le pain qui est à la gare, et qui, suivant l'autorité prussienne, doit au plutôt être conduit plus loin.

M. Dujardin annonce que les directeurs de l'enregistrement vont reprendre leurs fonctions. On nous annonce, pour aujourd'hui, surcroît de garnison, hommes et chevaux, qui seront logés chez les habitants.

On pense qu'il est convenable de prévenir M. le commandant de Place qu'on fera son possible pour avoir les voitures demandées, et qu'il ne doit pas s'impatienter d'un peu de retard. M. Heilmann, qui a à traiter avec M. le commandant l'affaire des gants, se chargera de cette commission. Hier on a reçu une réquisition pour mettre à la disposition des chevaux prussiens tous les maréchaux-ferrants de la ville, à cause de la glace. Le Conseil vote l'acquisition de 600 paires de souliers, à envoyer à nos mobiles qui en ont le plus grand besoin.

M. Jean Dollfus communique une lettre de M. Schwenck, qui est débordé par l'arrivée de nos mobilisés et qui a dû en loger 700 dans un couvent de filles qu'on a dû expulser. Il en attend encore 450. On les forme en compagnies, bataillons, etc., on les exerce avec de vieux fusils et on en fera une Légion alsacienne. Bientôt on nommera le colonel, et alors elle sera prête à marcher. Le préfet du Rhône se montre toujours très bien disposé pour nos hommes. M. Schultz (des francs-tireurs) rend de signalés services, il est infatigable et d'un dévouement absolu. Sainte-Marie-aux-Mines et Gérardmer ont envoyé leurs hommes.

On reproche à M. Wallach, qui est là, de vendre trop cher ses chemises et gilets de flanelle.

M. Weiss-Bornand écrit aussi que les chemins de fer du côté de Bellegarde sont encombrés. Déjà plus de 3000 hommes ont passé là. Il a dû en garder pendant quelques jours 800, parce que Lyon ne pouvait pas les recevoir. Il réclame toujours que les communes doivent donner un pécule aux hommes qu'ils expédient.

Déjà douze ouvriers mécaniciens ont été expédiés à Nantes. M. C. W. est toujours à Bâle pour ces expéditions, aidé de M. A. K. M. Aug. Dollfus voudrait charger ce dernier d'aller vers nos mobiles sur la Loire. On dit que, le chemin de fer marchant de Clerval jusqu'à Lyon, on pense que les mobilisés pourraient se rendre à Clerval par Delle, ou par Porrentruy, et ainsi échapper à la surveillance active qui est faite à Saint-Louis et environs.

A. Délégués de la ville de Mulhouse.   Pl.

CHARLES DOLLFUS
Délégué à Berlin.

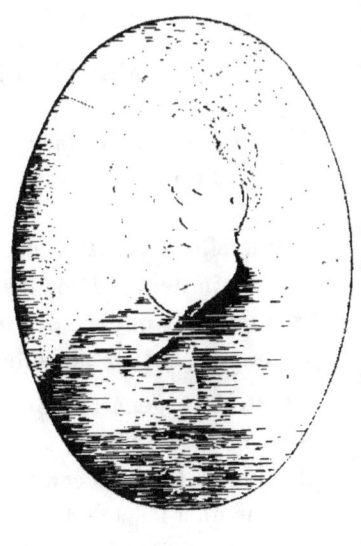

FRÉD. ENGEL-DOLLFUS
Délégué à Tours.

JULES KOECHLIN
Vice-consul de France, à Bâle.

ALEXANDRE SCHWENK
Délégué de la Ligue de l'Est.

Mardi, 6 Décembre 1870

Absents : MM. Romann, Naegely, Koechlin-Schwartz, Boeringer, Tagant, Roth.

Nouvelle réquisition de dix voitures, devant être ce matin au chemin de fer. Hier les Prussiens n'en ont accepté que 13, sur celles qui se sont présentées ; toutes celles fournies par la ville ont été acceptées.

Lettre du général von Treskow, qui nous impose une amende de 50,000 fr., si toutes les bottes demandées ne sont pas livrées le 12 Décembre. La lettre dit qu'au besoin nous n'avons qu'à les acheter dans l'Allemagne méridionale. Les Prussiens prétendent qu'une ville comme Mulhouse devrait pouvoir fournir 500 paires par semaine.

M. Boehler ira chez le commandant de Place pour demander quelque délai, et la ville tâchera de s'exécuter, soit en faisant fabriquer, soit en achetant. On a donné à M. Mécusson 500 fr. pour payer les frais de transport des souliers dirigés pour nos mobiles sur la Loire.

M. Aug. Dollfus dit que beaucoup de toiles de coton ont été envoyées à Bâle en dépôt, pour les garantir du feu et du pillage, ou pour servir de gages contre des fonds. Une partie de ces toiles, pour pouvoir entrer en France, ont été estampillées, une autre partie n'a été accompagnée que de passavants. M. Aug. Dollfus trouve trop grands les frais d'estampillage et il parle au nom de tous les intéressés. On paie 5 centimes par estampille et les intéressés croient qu'on pourrait descendre ce droit à un demi-centime, parce que le prix de 5 centimes grève de trop de frais les marchandises qui doivent rentrer. Il faut une délibération du Conseil pour abaisser ce droit.

M. Steinbach dit que le droit proposé est trop minime, qu'il ne couvrirait pas même les frais, surtout s'il fallait faire revenir pièce par pièce des toiles façonnées ou imprimées pour refaire les assortiments de Mulhouse. On décide que le droit sera abaissé, mais qu'il devra être suffisant pour couvrir les frais, probablement il sera d'un centime.

La ville reçoit une nouvelle réquisition de quatre voitures pour le « Feldpostamt », cet après-midi à 3 heures. Les réquisitions de voitures sont si fréquentes qu'il faudra finir par laisser les Prussiens chercher eux-mêmes chevaux et voitures, et les personnes qui ont des chevaux de prix feront bien de les mettre à l'abri.

M. Beugniot, de retour de sa mission, vient en rendre compte. Il a parlé à M. Challemel-Lacour, et il insiste sur toute l'économie à apporter dans notre fourniture d'une batterie de canons dans les circonstances où la ville se trouve. L'opinion publique a beaucoup changé à Lyon, à l'encontre de Mulhouse, et elle lui est devenue favorable, lorsqu'on a vu venir en nombre nos mobilisés. Mais les vêtements manquent, quoiqu'une société de secours à Lyon s'en occupe activement.

Une simple batterie coûtera 75,000 fr., sans les chevaux et leur harnachement. Lyon veut fournir ces deux dernières choses, la batterie s'appellera *Alsace et Lorraine*; les dames de Lyon lui brodent un drapeau. Nos Alsaciens allaient être réunis à des hommes du Rhône, mais étant devenus trop nombreux, on les a séparés pour leur conserver leur individualité. Tout ce qu'on pourra organiser à Lyon, ira à l'armée de la Loire, qu'il faut renforcer.

A Marseille on fabrique une batterie par jour, mais sur les anciens errements. On n'est pas encore tombé d'accord sur un nouveau modèle de canons rayés se chargeant par la culasse. Il a fallu renoncer à l'acier fondu, qui offre trop de défectuosités, de sorte qu'on s'en tient au bronze, qui a seulement moins de durée que l'acier et c'est ce qui importe peu en ce moment.

Quoiqu'il en soit, ce n'est que vers la mi-janvier qu'on pourra avoir des batteries attelées et prêtes à entrer en campagne.

M. Beugniot dit que si nous avions de l'argent de reste, il serait urgent de mieux équiper nos mobilisés en cabans, chaussures, guêtres, chemises de coton et de flanelle, couvertures.

Les maires ruraux ont envoyé des hommes tout à fait inaptes au service et qu'il faut rapatrier avec beaucoup de peine. Nos hommes n'ont pas encore de cuisine régulière, ils reçoivent fr. 1.50 par jour pour s'entretenir; il s'ensuit qu'il y en a qui boivent trop et qui mangent trop peu. Il y a parmi eux beaucoup de malades, dont des varioleux. On réclame encore des havresacs; ceux qui ont été faits avec des toiles caoutchoutées ont été trouvés excellents.

Mercredi, 7 Décembre 1870

Absents : MM. Romann, Laederich, Roth, Koechlin-Schwartz.

Présidence de M. Alf. Koechlin-Steinbach.

M. Boehler est allé hier chez le commandant de Place, pour réclamer contre le trop bref délai pour la livraison des bottes. Le commandant a renvoyé M. Boehler au général ; en attendant, il a réuni les maîtres bottiers, et il croit pouvoir à peu près finir les bottes dans le délai prescrit.

Les troupes d'occupation arrivées hier ont demandé pour leurs officiers le logement chez les particuliers et une indemnité pécuniaire pour la pension ; cette manière de procéder reviendrait plus cher que le logement et la pension payés actuellement dans les hôtels. MM. Bock et Steinbach en référeront au major, pour maintenir l'état des choses.

M. Jean Dollfus offre de céder à la ville, pour les besoins des bâtiments communaux, cinquante tonnes de houille de la Loire. M. Jean Dollfus a reçu des agents prussiens l'assurance que des houilles de Sarrebrück arriveront maintenant tous les jours par le chemin de fer.

M. Ducommun, consul suisse, a recueilli deux enfants abandonnés, d'origine suisse; c'est une lourde charge pour lui et il demande leur admission temporaire à la maison des orphelins. En attendant, il fera les démarches nécessaires pour leur rapatriement.

Le receveur des actes judiciaires a encore quelques fonds dont on pourrait faire usage pour payer des traitements ou les pensions des familles des mobiles, mais il faudrait la quittance du sous-préfet français, qui n'existe plus. On pourrait les verser à la Caisse municipale, pour couvrir les avances que la ville a fait à l'Etat, mais nous avons à craindre l'ingérence des Prussiens dans notre caisse. Il vaudrait donc mieux ordonnancer seulement à la mairie les mandats destinés à couvrir tel ou tel besoin. On pourrait ainsi remettre au receveur des états émargés des mobiles, qui lui serviraient de garantie. M. Jundt se charge d'aller voir M. de Thiry et les deux receveurs de l'enregistrement et des actes judiciaires et de s'entendre avec eux.

Hier, la ville a reçu de nouveau de nombreuses réquisitions de toutes espèces et réclamations pour les logements.

Le Conseil reçoit une circulaire de M. von de Heydt, préfet, demandant l'état de toutes les fournitures faites par la ville, soit aux troupes françaises, qui n'ont pas encore été payées, soit aux troupes allemandes. On craint qu'il n'y ait là un piège et qu'on ne trouve que la ville n'a pas encore fourni assez ici, et on conclut à ne pas répondre immédiatement.

M. Jean Dollfus, au nom de la commission d'habillement, propose pour Lyon de nouvelles fournitures.

On a livré :		On demande encore :
Caleçons	360	2640
Gilets de flanelle	500	500
Souliers	270 paires	1000 paires
Chemises cretonne	300	2500
Guêtres	1900	1500
Sacs	2000	1000

Tous ces objets iraient à 30 ou 32,000 fr. et pourraient être prêts dans huit ou dix jours. M. Beugniot atteste l'urgence de tous ces effets d'habillement et dit que le prix pourra venir en déduction de l'équipement de notre batterie d'artillerie, équipement que nous ne fournirions pas alors.

Le Conseil vote le crédit demandé. M. Alf. Koechlin-Steinbach dit que la matière première des sacs va manquer.

M. Tagant signale le fait de l'arrestation d'un facteur de la poste qui faisait le service de la poste aux lettres de Bâle à Mulhouse, pour quelques maisons de la ville, service qui avait été autorisé par les Prussiens. Il est vrai que cet homme a fait voyage avec un laissez-passer qui n'était pas le sien. A cette occasion, M. Auguste Kullmann devait faire une démarche auprès du sous-préfet, mais il ne l'a pas rencontré. M. Auguste Dollfus veut bien se charger des informations et démarches nécessaires pour faire lever cette arrestation.

M. Jean Dollfus a vu le chef de gare prussien pour traiter avec lui la question de l'exploitation du chemin de fer de Sentheim-Mulhouse. Celui-ci l'a renvoyé au directeur général des chemins de fer à Strasbourg. C'est un nouveau retard, mais en attendant la houille arrive à Sentheim.

Hier la Banque de France d'ici a reçu la visite d'agents prussiens chargés d'en faire l'inventaire ; le directeur a protesté tout en donnant les renseignements demandés. Il n'y avait rien en caisse et on leur a dit que les fonds étaient à Bâle, mais ils ont craint que ces renseignements ne soient que fictifs.

M. Jean Dollfus émet le vœu que toutes les nouvelles que les particuliers reçoivent de nos mobiles soient centralisées à la mairie, pour que toutes familles intéressées puissent venir se renseigner ici et qu'on évite ainsi de malheureuses exagérations. On adopte la proposition, et un avis dans ce sens sera inséré dans les journaux de Mulhouse.

M. Aug. Dollfus annonce la formation et le départ d'une ambulance pour nos mobiles. Ce départ aura lieu demain.

M. Schoen demande si l'affaire du logement des officiers est terminée. On lui répond que la Commission exécutive se réunira de nouveau ce soir pour terminer ce travail.

Jeudi, 8 Décembre 1870

Absents : MM. Romann, Laederich. Tagant, Naegely, Roth, Koechlin.

On communique au Conseil une lettre de M. C. W. à M. Jean Dollfus. Le premier a déjà pris la somme de 3000 fr. sur le crédit qui lui a été voté, mais il a pu la rembourser sur les fonds que lui a adressés M. Doll. Il expose le grand travail et les difficultés de toutes espèces qu'il y a pour faire partir nos hommes, et souvent ils s'éparpillent en chemin. M. W. et ses agents se tiennent à cheval sur la frontière, pour aider le passage. En ce moment, ils sont à Leimen, où l'on pourrait diriger les mobilisés par Altkirch, plutôt que par la route directe. La mairie devra se garder de donner aucun renseignement aux hommes qui en demanderaient, car nous sommes surveillés. Le sous-préfet, pans une visite qu'il a faite hier, a montré qu'il était bien au courant de cette filtration de mobilisés, et la police refuse le passage sur Bâle de tout ce qui est jeune.

Faut-il, en conséquence, refuser des laissez-passer à ceux-ci? Non. Mais il est nécessaire qu'ils les fassent viser par l'autorité prussienne. Quant à ceux qui ont des livrets, il s'agira simplement ici de les viser.

M. Dujardin se plaint qu'on lui adresse beaucoup d'anciens militaires qui voudraient rejoindre l'armée, et qui auraient besoin d'un secours de route. Il n'est pas en mesure d'en donner et la mairie non plus, elle laissera ce soin à des citoyens de bonne volonté.

On a parlé hier à M. le sous-préfet et le commandant de Place des difficultés toujours croissantes qu'occasionnent les réquisitions de voitures, et quand les maîtres consentent à donner les dernières qu'ils ont, et dont ils ont un plus grand besoin, les cochers ne veulent plus marcher.

MM. Steinbach et Bock ont été hier chez le nouveau major, pour s'occuper de la question du logement des officiers chez les bourgeois, avec indemnité pécuniaire pour la pension. On lui a dit que cette manière de procéder était impossible et qu'on ira s'en entendre avec M. Bismarck-Bohlen, le gouverneur d'Alsace, parce que ces nouvelles troupes sont des troupes d'occupation pour l'Alsace. Sur cette observation, le major s'est radouci et veut attendre avant de prendre une mesure quelconque.

Les Prussiens promettent de faire ici un parc de voitures pour diminuer les réquisitions. Ils ont compris qu'en s'emparant des voitures des paysans, ils finiront par arrêter ici les approvisionnements.

Le commandant von Usedom a demandé la pose d'une affiche qui exige la remise de tous les fusils qui sont encore en ville, dans un délai qui se termine aujourd'hui à 3 heures. Les fusils demandés sont ceux de chasse comme ceux de munition, il n'est pas question des pistolets. Ils doivent être livrés à la mairie et on en donnera l'état au commandant de Place ; les fusils de chasse seront étiquetés de manière à pouvoir être rendus plus tard à leurs propriétaires. Les fabricants qui demanderont à conserver des armes, pour la garde de leurs établissements, devront réclamer de nouveaux permis. On demandera au commandant si les pompiers, ou une partie au moins, pourront conserver leurs armes, ce qui est nécessaire pour le maintien de l'ordre aux incendies. S'ils sont obligés de rendre toutes leurs armes, on détruit l'institution. MM. Engelmann et Beugniot, officiers, iront faire une démarche dans ce sens auprès du commandant.

M. Couget, appelé au Conseil, refuse comme consul d'Espagne de faire la réception et l'inventaire des fusils rendus. La réception aura lieu à la salle de la justice de paix et, plus tard, ces armes seront déposées au grenier de la mairie.

Le facteur arrêté hier est, dit-on, relâché, mais on n'en est pas certain.

M. Aug. Dollfus, qui a été aux informations, dit que la poste prussienne veut absolument faire cesser une poste clandestine française, dont ce facteur était supposé l'agent. Ce n'est pas le transport des lettres de maisons de Mulhouse à Bâle qui constitue le délit aux yeux des Prussiens, et si le facteur n'est pas compromis dans cette poste clandestine, il sera, dit-on, relâché.

M. Jean Dollfus annonce que le premier train de waggons pour chercher de la houille à Sentheim est parti ce matin, et que deux trains, amenant de la houille de Sarrebrück, arriveront par jour.

Vendredi, 9 Décembre 1870

Absents: MM. Romann, Roth, Laederich, Jean Dollfus, Koechlin-Schwartz, Beugniot.

Une voiture de la ville a été retenue par une femme de Baldersheim, en place de la sienne qui a été vendue par son domestique. La ville tâchera de rentrer dans son bien, au besoin par une poursuite judiciaire.

M. Dujardin fait une communication relative à l'enregistrement. L'autorité prussienne a fait demander au receveur s'il voulait continuer ses fonctions pour le compte de la Prusse. Il a refusé. Il est de nouveau question de la destination à donner aux fonds qu'il perçoit encore. Il pourra payer les émargements des familles des mobiles, comme il a déjà été dit, ou les verser à la Caisse d'épargne, qui peut mandater.

L'économe de l'hôpital annonce qu'un officien prussien est venu réclamer l'Asile des vieillards, parce que les blessés et les malades affluent et que l'ambulance de la rue Koechlin sera bientôt insuffisante.

M. Bertelé s'en est entretenu avec M. Trapp, et il faudra finir par adresser à la commission de l'Asile une lettre, moitié invitation, moitié réquisition, se basant sur la nécessité de la chose et promettant de rendre l'Asile à sa destination primitive, dès que la guerre aura cessé. La commission de l'Asile enlèvera son matériel, pour qu'il ne soit pas contaminé. L'hôpital fournira des lits en fer, en place des lits en bois qu'on lui adressera, et, pour les autres lits, l'hôpital les fournira. La cuisine de cette nouvelle ambulance sera faite à l'hôpital. On vote de prendre ainsi possession de l'Asile des vieillards, et la commission déjà instituée est chargée de chercher encore de nouveaux locaux d'ambulance.

MM. Bertelé et Dujardin seront chargés de formuler la lettre destinée à la commission de l'Asile.

La ville reçoit une nouvelle réquisition pour la caserne : couvertures, essuie-mains, cuvettes, cruches, balais, etc. Il est évident que les couvertures disparaissent, on dit même qu'on en a mis en vente, et il est difficile de surveiller les soldats partants, parce qu'à la caserne, c'est comme dans un pigeonnier. M. Wacker ira chez le commandant de Place pour s'entendre avec lui et tâcher d'avoir des inventaires, et M. Wacker reçoit plein pouvoir pour régler cette affaire.

MM. Engelmann et Beugniot ont été chez le commandant de Place pour traiter la question des fusils à garder par les pompiers. Ces Messieurs ont pensé qu'il valait mieux n'en pas parler, parce que ce serait avouer qu'ils ont des fusils.

M. Engelmann a demandé au commandant comment se maintiendrait l'ordre en cas d'incendie. Le commandant a répondu qu'en cas d'incendie il mettrait ses soldats sur pied pour maintenir l'ordre ; mais qui commandera? Il est probable que c'est le chef des pompiers, mais il faudra que les officiers de pompiers s'entendent ensemble à ce sujet.

Les chefs d'établissements seront autorisés à conserver des armes pour la garde de leurs fabriques, en en faisant la demande.

A-t-on demandé satisfaction à la police prussienne pour les coups qu'un de nos agents a reçus? Le commissaire veut informer, mais il veut que la requête soit présentée en allemand.

Il n'a été reçu hier qu'un petit nombre de fusils ; on continuera à recevoir encore aujourd'hui.

M. Aug. Dollfus communique une lettre de M. Audran, datée d'Orléans, relative à nos mobiles et l'affaire de Beaune-la-Rolande. Elle est datée du 2 Décembre, de sorte qu'elle ne parle pas encore du retrait de notre armée derrière la Loire. Cette lettre donne le nom des blessés et des morts. Une copie de cette lettre restera déposée à la mairie.

Relativement au parc des voitures, on a déjà commencé à l'installer au chemin de fer, mettant jusqu'à 60 chevaux dans l'atelier de réparations. Les Prussiens tiennent à ce parc, pour que les voitures et les conducteurs ne leur échappent pas.

M. le président du tribunal a rendu compte hier d'un entretien qu'il a eu avec M. le sous-préfet, d'où il résulte que s'il ne veut pas rompre toute relation avec le gouvernement français, sans que cependant on lui demande de rendre la justice au nom de la Prusse, il devra résigner ses fonctions et que dès demain il devra les cesser, sinon, il en sera empêché par un factionnaire. Ainsi à partir d'aujourd'hui, il n'y a plus de tribunal à Mulhouse.

Samedi, 10 Décembre 1870

Absents : MM. Romann, Laederich, Koechlin-Schwartz.

M. Dujardin dit que le receveur de l'enregistrement se refuse à disposer des fonds qu'il perçoit ; comme il a été dit hier, il ne considère pas comme régulier ni le dépôt de la Caisse d'épargne, ni les listes d'émargement aux familles des mobilisés. Il ne paiera sur mandats que le traitement des fonctionnaires et voudrait encore la garantie de la ville. Mais les preneurs pourraient eux-mêmes garantir, sauf les employés des grades inférieurs, comme par exemple les cantonniers. On fera venir M. le receveur à la mairie, pour traiter directement la question avec lui.

M. Bock rend compte de la délibération de la commission de l'hôpital, qui accepte l'échange temporaire des lits de bois de l'Asile contre des couchettes en fer, et de nourrir et de fournir des médicaments aux malades qui seront placés dans cet asile, au prix de fr. 1.20 par jour.

M. Huguenin dit que la commission *ad hoc* a trouvé un nouveau local pour y installer une ambulance ; ce sont trois maisons neuves dont les chambres ne sont pas encore tapissées et qui sont situées au faubourg de Colmar, sur le terrain où M. Bühler habitait autrefois. On pourra placer là une centaine de lits. On fera bail au mois avec M. Bühler, et on en espère des conditions favorables.

M. Wacker rend compte de ses démarches pour la conservation du mobilier de la caserne. Le commandant de Place n'entend pas être gardien de ce mobilier, parce que les occupants viennent et partent à chaque instant, et que tous ne sont pas pas même sous ses ordres. Il faudrait donc un agent de la ville qui restât à demeure à la caserne, et qui fît un rencontre avec le Feldwebel de chaque compagnie, au moment où ils partent. Sous cette condition, et en cherchant lui-même cet agent, M. Wacker veut continuer à soigner cette affaire.

M. Jean Dollfus voudrait qu'on mît le mobilier au complet et qu'on chargeât alors les Prussiens d'y veiller, nous en lavant les mains s'il y a de nouveaux manquants.

M. Tagant voudrait qu'une affiche, posée par l'autorité prussienne, menaçât de peines sévères ceux qui commettent des soustractions. On vote le remplacement des objets manquants.

M. Bertelé soulève la question du supplément de traitement aux ouvriers de la ville. Ce salaire supplémentaire a été voté au mois de Juillet, à cause de la cherté des vivres, et a été continué depuis par de nouveaux votes, de mois en mois. Avec les dépenses croissantes de la ville, ce supplément pèse lourdement sur nos finances, et il n'avait été accordé que pour mettre le salaire des agents de la ville au niveau de celui des ouvriers, qui avaient reçu une augmentation en suite de la grève.

Ceux-ci ayant vu diminuer leurs salaires, il ne serait que juste que les agents de la ville revinssent aussi au niveau ancien.

M. Schwartz prend partie pour les ouvriers de la ville, dont partie ont un service très dur, notamment les agents de police et les voituriers. M. Steinbach dit que la philanthropie n'a rien à faire avec les salaires qu'on s'engage à payer, cela doit se régler sur les services rendus, et sur l'offre et la demande.

On vote que le supplément de traitement qui, malgré les petites sommes de 0.25 et 0.30 par jour qui le constitue, font un total de 1200 fr. par mois, sera payé jusqu'au 1er Février, pour dernier terme.

La mairie reçoit une lettre du Bahnhof-Inspector, qui

demande un commis sachant l'allemand et le français et connaissant les lieux d'ici. Le Conseil décline cette mission.

M. Boehler a eu une nouvelle conférence avec l'agent prussien chargé de recevoir les bottes ; il demande maintenant en place des souliers et des guêtres, mais M. Boehler n'est pas encore arrivé à une solution.

M. Chauffour soulève la question de plus en plus difficile de la réquisition des voitures, mais on n'arrive à aucune solution.

Dimanche, 11 Décembre 1870.

Absents : MM. Romann, Beugniot, Jundt, Tagant, Roth, Laederich, Boeringer, Koechlin-Schwartz.

M. Schwartz demande encore une fois d'acheter du bois pour les besoins de la ville, les provisions allant vite s'épuisant. Le Conseil adopte. A cette occasion, on traite de la question de chauffage de la caserne, qui consomme beaucoup de houille et de bois, tout en excitant des plaintes. MM. Jean Dollfus et Wacker proposent un agent chargé d'exécuter ce chauffage et de soigner en même temps l'éclairage. On pense y trouver ordre et économie, et on vote cet essai.

Le Conseil reçoit une réquisition d'objets de pharmacie pour La Chapelle, coussins à air, seringues, thermomètres pour apprécier la chaleur du corps humain. Autre réquisition de 50 voitures ; les difficultés de ce genre de réquisition allant croissant pour arriver à l'impossible, on les a exposées aux Prussiens qui ont promis salaire pour le transport : 2 fr. pour 50 kg. pour La Chapelle, et se sont engagés à faire revenir régulièrement les voitures.

MM. Steinbach et Jean Dollfus se sont rendus à la Banque de France pour se rendre compte de ce qui s'y est passé, et voir quelles mesures il y aurait à prendre dans l'intérêt de cet établissement et de la ville.

L'autorité prussienne a installé là un inspecteur à demeure. Elle voudrait trouver que l'Etat est créancier d'une somme de 40,000 fr., que la Banque doit avoir reversé au Trésor. Mais il paraît que ce règlement n'a pas été fait avec toutes les formalités voulues?

La succursale d'ici devra probablement liquider, parce que la Banque ne souffrira pas d'ingérence étrangère, et il faudra demander à la Suisse de permettre à la Banque d'établir à Bâle une succursale qui, aidée du Comptoir d'escompte d'ici, arriverait à faire le service de banque presque aussi vite qu'avec le comptoir de la Banque d'ici.

Le Conseil d'administration de la Banque de France se réunira demain, avec le sous-préfet prussien, pour aviser aux difficultés pendantes. M. Chauffour voudrait que la Banque protestât en fermant, ainsi qu'elle l'a fait à Metz, en même temps il appelle l'attention sur la pénible position qui est faite au Conseil municipal. On nous enlève la justice, en fermant le tribunal, on viole la propriété individuelle, en enlevant dans la rue chevaux et voitures, et, par la même mesure, on empêche l'approvisionnement de la ville. Il pose la question si nous ne devrions pas faire une protestation motivée. On vote de surseoir encore, parce que nous ferions sans doute arriver ici des agents prussiens, soit pour la justice, soit pour les finances.

M. Dujardin dit qu'il faut protester verbalement à chaque occasion et leur montrer la plus grande réserve, mais que

Délégués de la ville de Mulhouse. Pl. 20

HENRI SPOERRY
Délégué à Bordeaux.

JULES WEISS-BORNAND
Délégué à Bellegarde et Villefranche.

CHARLES WAGNER
Délégué à Bâle.

nous ne devons pas abandonner nos fonctions, parce que nous avons à veiller aux faibles.

On lit au Conseil une lettre de M. le préfet à Belfort et des extraits du journal publié dans cette forteresse, donnant des renseignements favorables sur la position de la Place. Les premiers obus y ont été jetés le 3 Décembre.

M. Jean Dollfus lit aussi une lettre de M. W. sur le mouvement des mobilisés à travers la frontière suisse, malgré les obstacles existant des deux côtés.

Lundi, 12 Décembre 1870

Absents : MM. Roth, Laederich, Naegely, Roth, Tagant, Jean Dollfus.

On s'occupe d'abord des nouvelles réquisitions pour la caserne. On convient de rétribuer un peu un agent prussien chargé de veiller aux mobiliers de la caserne, de concert avec un agent de la ville. A cette occasion, on soumet au Conseil un projet de lettre rédigé par M. Bock pour le commandant de Place, à l'effet de régulariser avec lui cette affaire.

Réquisition du commandant de Place pour établir au Manège, où logent 80 à 100 chevaux, un poêle et des perches de séparation entre les chevaux, enfin aussi des mangeoires.

Le Manège appartenant à une société privée, il est nécessaire de demander son approbation et, à cet effet, M. Jundt s'adressera à M. Spoerry, président de la société. L'autorisation obtenue, on fera les installations nécessaires.

Aujourd'hui il y aura de nouveau 25 chevaux à loger et 30 voitures à fournir à la gare. On verra s'il y a de la place à l'ancienne gendarmerie. Nouvelle réquisition de fourrage pour les 104 chevaux et 52 conducteurs du parc des voitures. On nous dit que c'est le 47e régiment qui doit pourvoir à cette réquisition, mais ce régiment nous la reversera.

A Colmar, dans un des pains fournis, il y avait un morceau de vitre. Comme la cuisson de ce pain devait servir à la nourriture de 350 hommes, on a condamné la ville à 2 fr. d'amende par homme, et il a fallu que la ville de Colmar s'exécutât.

Les transports pour nos mobiles de la Loire sont extrêmement difficiles : nos chaussures, nos effets d'ambulance n'arrivent pas, et sont probablement égarés.

M. Dujardin soumet un nouveau projet pour le logement des officiers, ce projet est adopté après discussion et renvoyé à une commission.

Mardi, 13 Décembre 1870

Absents : MM. Romann, Boeringer, Laederich, Beugniot, Naegely.

On fait savoir au Conseil que l'allocation aux voituriers réquisitionnés sera payée à l'hôtel Romann[1], au N° 72, chez M. Born, mais ils devront se munir d'une attestation de la mairie.

La Société du Manège consent à céder son local pour

---

[1] Ancien hôtel du *Lion Rouge*, aujourd'hui *Hôtel Central*.

logement de chevaux, à la condition que la ville paye, au prorata de la jouissance du local, les intérêts dus par la Société, qu'elle s'arrange avec M. Marniesse, qu'elle remette les choses en état à la fin de la jouissance et qu'elle s'entende avec l'assurance, surtout parce qu'on place là un poêle.

Provisoirement on n'appropriera pas de nouveaux locaux pour logement des chevaux.

Le Conseil reçoit la réponse du général von Treskow qui maintient l'amende de 100 fr. pour coupure d'un fil télégraphique. Il se retranche, pour ne pas céder, derrière les règlements militaires. On propose d'attendre une réquisition en règle de M. le commandant de Place.

En suite de la démarche prussienne, il a été déposé neuf fusils de munition, presque tous brisés, et seize fusils de chasse. M. Chauffour demande s'il est prudent, dans ces circonstances, de redemander, pour la garde des établissements industriels plus de fusils qu'on a livrés. On répond que ces fusils de garde n'ont pas été déposés, dans l'espoir de pouvoir les retenir. Les gardes champêtres ayant aussi été dépouillés de leurs fusils, on en demandera la restitution.

M. Lantz demande qu'aucun membre du Conseil municipal ne signe de mandats à payer, sans qu'il en soit préalablement référé à la Commission municipale. Adopté.

Le Conseil reçoit un indicateur pour les chemins de fer de Strasbourg à Mulhouse.

Réquisition d'un encrier pour le *Lion Rouge*, de différents objets pour l'ambulance, de lieux d'aisance au corps de garde sous la Mairie. On propose au commandant qu'on ne peut donner suite à cette dernière demande. M. Mécusson, chargé de nos objets d'habillement pour les mobiles, est arrêté à Lyon, les chemins de fer n'acceptant plus aucun colis.

On lui fait savoir qu'il doit louer des voitures pour le transport de ces effets. 19 ouvriers ont été envoyés à Nantes, M. Jean Dollfus dit que le transport de chacun revient à 45 fr., dont 25 leur ont été donnés au départ, le surplus leur étant alloué à Bellegarde.

On n'a pas continué cette expédition, parce qu'il n'y a pas eu de réponse relativement au nombre d'ouvriers demandés et au genre de travail qu'on exige d'eux. M. Weiss-Bornand est à Villefranche, il dit que 200 hommes ont encore passé à Lyon et que tous les jours il en arrive encore une cinquantaine.

Un premier envoi de vêtements confectionnés pour les mobiles a été envoyé à Bâle, sous le couvert de destination pour les prisonniers. Le port de ces objets, qui doivent voyager à grande vitesse, est assez élevé; on pense que c'est à la ville de Lyon à payer ces frais. L'expédition de 400 sacs a coûté 190 fr. Les chaussures n'étaient pas prêtes à être expédiées, mais bientôt nous en aurons 1000 paires, dont 700 sont déjà à Bâle.

M. Jean Dollfus dit qu'il est à bout de cigares, de sorte qu'il en fait revenir coûtant 1 à 2 centimes pièce.

M. Jean Dollfus rend compte de la nouvelle organisation de secours aux pauvres. Il est resté une somme disponible sur les fonds qui ont été attribués à la ville, dans la distribution qui a été faite lors du grand ralentissement du travail dû à la guerre d'Amérique. Cette somme est d'environ 14,000 fr. M. Dollfus demande qu'on fasse les démarches nécessaires auprès des détenteurs autorisés de cette somme, pour qu'elle reçoive l'emploi de contribuer à nos secours de bienfaisance.

On s'occupe des mesures à prendre relativement à la suspension de la Banque.

Mercredi, 14 Décembre 1870

Présidence de M. Wacker.

Absents : MM. Romann, Naegely, Tagant, Beugniot, Roth, Jean Dollfus.

La séance s'ouvre par la discussion du projet de logement des officiers par abonnement volontaire à 40 fr. par mois, par officier. Ce projet avait été lu et avait trouvé de l'appui dans l'avant-dernière séance. On convient qu'avec le débordement de troupes qui nous envahit inopinément, chaque jour, on ne peut encore adopter aucune règle pour un abonnement relatif au logement des officiers, de sorte qu'on surseoit à une décision définitive.

Le Conseil reçoit une lettre de M. Heinrich, se déclarant nommé sous-préfet de Mulhouse, par le gouvernement de la Défense nationale. Il veut chercher à se rendre aussi utile que possible, et il voudrait qu'un membre du Conseil vînt s'entendre avec lui pour les mesures à prendre.

La lettre est datée de Lyon du 13, de sorte qu'il est impossible de savoir où se trouve ce nouveau sous-préfet *(in partibus).*

La municipalité a reçu hier une nouvelle réquisition de 15 attelages à 2 chevaux avec harnachement, mais sans voitures. On lit la réponse formulée à cette occasion par M. Chauffour. Il a répondu que MM. les Prussiens avaient promis la veille qu'ils ne feraient plus de réquisitions de chevaux et voitures, lorsqu'ils avaient été eux-mêmes témoins des efforts que faisait la ville pour obéir, qu'en conséquence on ne pouvait pas répondre à cette nouvelle demande. La lettre de M. Chauffour est, jusqu'à ce moment, restée sans réponse. A cette occasion, M. Lantz fournit la preuve que les voitures réquisitionnées vont beaucoup plus loin que les Prussiens le promettent. M. Brucker, chargé par la ville d'aller conduire le pain à La Chapelle, a été obligé d'aller plus loin dans les Vosges, jusqu'à Frayet, de sorte que sa note s'en est considérablement enflée. On comprend ainsi que nous ne pouvons fournir autant de voitures qu'on nous en demande.

M. Huguenin croit qu'avec les difficultés croissantes des voitures, et le retard de l'ouverture de la ligne Sentheim-Mulhouse, on pourrait amener des houilles avec les voitures qui reviennent vides de La Chapelle, après y avoir conduit du pain. On objecte que ces arrangements seraient difficiles, que tout est provisoire, que le chemin de fer prussien veut aller à Sentheim et qu'il tâchera d'évincer le Central suisse, pour aller lui-même à Bâle. Tout ceci rend notre position de plus en plus difficile sous le rapport des houilles.

Le président donne lecture des dépêches arrivées hier ; elles semblent indiquer de la part de l'ennemi un léger progrès sur la rive droite de la Loire, où ils marcheraient sur Beaugency, Blois et Tours. La dépêche française n'est pas si alarmante. Montmédy est sérieusement attaqué, Phalsbourg a capitulé.

Jeudi, 15 Décembre 1870

Absents : MM. Romann, Naegely, Tagant, Beugniot, Engelmann.

Au nom de la municipalité, on a fait des plaintes au directeur du Gaz sur son mauvais éclairage. Il en a rejeté la cause sur le froid et la mauvaise qualité des houilles de la Loire. Il s'engage à améliorer son produit ; de son côté, la ville s'engage à surveiller la chose pour qu'elle soit en ordre.

Le Conseil reçoit une lettre d'un M. Lischer Mathias, entrepreneur de la grue, demandant une réduction sur le prix de sa soumission, parce que depuis la guerre, la grue ne fonctionne plus. Après délibération, on convient de lui accorder remise de la moitié du prix du semestre.

Le Conseil reçoit aussi une lettre de M. von Usedom, qui exige que ce soit la ville qui conduise à La Chapelle ce que nous fabriquons. La farine étant épuisée, nous n'aurons plus longtemps, pour le moment, du pain à conduire. Quant aux autres réquisitions de voitures, M. von Usedom dit qu'il a pris des mesures pour nous en exempter.

Le Conseil reçoit une seconde lettre de M. von Usedom, relative au gardien militaire à établir à la caserne, et qui devra s'entendre avec un agent que la ville instituera là aussi. Il y a là un commencement d'exécution, et M. Wacker se charge de suivre cette affaire. On convient de donner une légère attribution à l'officier prussien.

Réquisition de 5 livres d'huile de foie de morue.

M. Lantz traite d'une réclamation qu'on prévoit de la part de M. Montagnon, qui demandera une remise sur le droit de stationnement de ses voitures sur la place publique. On pense ne pas donner suite à cette réclamation, parce qu'il a vendu ses chevaux avec avantage, que ceux qu'il a encore sont employés fréquemment en réquisitions payées, et qu'enfin il a un forfait qui lui permettra de mettre sur la place plus de voitures que celles pour lesquelles il payait le droit.

M. Mécusson est de retour ici ; il n'a pas réussi dans sa mission : le chemin de fer ne prend plus de colis au delà de Lyon, et, pour une voiture pour l'expédition des chaussures, on lui a demandé 500 fr. et, de plus, le dépôt du prix des chevaux et de la voiture qu'il engagerait. On laissera provisoirement les chaussures à Lyon, pour savoir où sont nos mobiles et si on peut expédier les chaussures à leur destination.

M. Mécusson a reçu 500 fr. pour le transport des chaussures ; les transports étant très chers, il n'a pu rendre qu'une soixantaine de francs.

La ville loue à la douane les bâtiments qu'elle occupe : les trois premiers trimestres du loyer de l'année courante ont été payés, et comme il y a encore de l'argent en caisse, on propose d'engager la douane à payer par avance le quatrième trimestre, et même le premier de l'année prochaine. Avec le reste de cet argent elle payerait les employés ou verserait ces fonds à la caisse d'épargne.

On soumet au Conseil l'état des débiteurs pour le balayage. La plupart pourraient payer ; on avisera à les y contraindre.

RÉPUBLIQUE FRANÇAISE.

DÉPARTEMENT
DU
HAUT-RHIN.

MAIRIE DE MULHOUSE

Laissez librement passer de Mulhouse à _____
le porteur du présent _____
profession d _____ âgé de 27 ans

Mulhouse, le _____ 1870.

Au nom de la Municipalité,

Le Conseiller municipal délégué,

Réquisition d'une voiture élégante pour Mme la générale von Roeder, à envoyer au *Lion Rouge*. Réquisition de cuirs, de boucles, etc.

M. Lantz rend compte qu'on l'a pris à témoins que les voitures de réquisitions sont bien revenues, mais qu'on les gardait pour faire immédiatement d'autres voyages. L'agent prussien a refusé le paiement de certaines voitures, disant que ce n'est pas lui qui les a employées, mais l'artillerie prussienne pour laquelle il n'a pas qualité de débourser.

M. Jean Dollfus dit qu'il a la promesse que le Central suisse ne cessera pas son service, ce qui est en contradiction avec l'assertion de M. Steinbach faite hier et ce qui rassure beaucoup ce dernier.

Réclamation d'un M. Heilmann qui réclame l'exemption d'un loyer pour un champ à l'Urhau. La question a été examinée par M. Mosmann qui propose une réduction de fr. 82.71 sur le prix du loyer qui est de 150 fr., et dont le pétitionnaire demandait l'exonération entière. Le Conseil adopte la proposition de M. Mosmann.

Vendredi, 16 Décembre 1870

Absents : MM. Romann, Naegely, Schwartz, Chauffour.

Le Conseil reçoit une lettre de M. Henry Schwartz, qui s'excuse de ne plus pouvoir assister aux séances du Conseil, pour raison de santé. Il remercie le Conseil du congé qui lui a été accordé hier. Il s'agit de lui nommer un remplaçant dans la Commission exécutive. Le Conseil désigne à l'unaminité M. Steinbach.

La Commission exécutive propose de ne pas donner suite à la motion faite hier de désigner un certain nombre de nos concitoyens pour aider les conseillers municipaux dans leurs fonctions quotidiennes à la mairie. Ces messieurs seraient peu utiles ici, parce qu'ils ne peuvent avoir la signature et qu'ils n'excluent pas ainsi la nécessité de la présence constante d'un ou de plusieurs membres du Conseil. Autre chose est d'appeler quelques-uns de nos concitoyens bénévoles à remplir des fonctions spéciales. On en usera suivant l'occasion.

Le Manège est installé pour servir d'écurie de cavalerie, sauf le poêle que nous devons retirer de cette localité, parce que l'assurance contre l'incendie refuse d'assurer le bâtiment si un poêle y était placé. On fera connaître ce refus à M. le commandant de Place.

La Mairie a reçu la visite d'un officier prussien qui demande un logement pour 86 chevaux. Ce monsieur a été inspecter le marché couvert de la rue Franklin, la seule localité qu'on ait pu lui désigner pour encore loger des chevaux. L'officier accepte ce local, à condition qu'on le ferme du quatrième côté; on y pourra loger environ 60 chevaux, pour le reste il faudra qu'il cherche à s'arranger. M. Heilmann a examiné le travail à faire avec M. Ruckert, charpentier, qui s'engage à l'entreprendre à raison de 300 ou 600 fr., suivant qu'il reprendra les planches à la fin du service ou qu'il les abandonnera à la ville. M. Stengel-Schwartz est chargé d'examiner encore les prix avec M. Heilmann, et le Conseil vote l'exécution de cette mesure.

Cette écurie sera d'autant plus opportune que les cavaliers, qui tiennent à être près de leurs chevaux, pourront ainsi être logés à la caserne.

Nouvelles réquisitions de plumes, papier, encrier, pains à cacheter, etc., à la Commandature, hôtel Romann.

Les hommes d'équipe du chemin de fer, au nombre d'une dizaine tous les jours, réclament des billets de logement, sans la nourriture. Ces billets de logement épuisent trop vite le tour des logements et donnent lieu à des inégalités, parce qu'ils n'entraînent pas la nourriture ; en conséquence, M. Jundt propose d'établir un dortoir pour ces hommes d'équipe à l'ancienne Gendarmerie.

M. Dujardin appuie cette proposition, tout en s'élevant, ainsi que d'autres membres du Conseil, contre ce genre de réquisition pour des employés civils qui sont rétribués, pour des voituriers qui viennent ici du pays de Bade, pour une voiture pour Mme la générale von Roeder, etc.

M. Tagant dit qu'il y a un dortoir aux Rotondes, dont on pourra se servir peut-être. M. Jundt est chargé d'examiner et d'arranger cette affaire. Le chef-facteur, avec ses agents, se charge de la distribution des lettres qui arrivent jusqu'à Dornach, mais il voudrait que lui et ses agents fussent assurés de leur salaire par la municipalité. Le Conseil ne veut pas entrer dans cette voie, il ne veut rien avoir affaire avec cette distribution clandestine ; cependant, à titre de bienfaisance, il fera, à défaut du gouvernement, le traitement de Décembre et ils continueront à distribuer les lettres qui arrivent à Dornach et qu'ils chercheront le soir.

M. Tagant entretient le Conseil d'une nouvelle question qui s'élève relativement à la police. Les commissaires devront se mettre aux ordres du commissaire prussien et lui transmettre leurs procès-verbaux; en cas de refus, ils devront quitter l'Alsace dans les 24 heures.

Le commissaire central espère échapper à cette mesure, parce qu'il est malade et, à cet effet, il nous demandera un congé de trois mois, tout en cherchant à nous rendre encore tous les services qu'il pourra.

Les agents de police doivent aussi se mettre à la disposition du commissaire prussien et, à cet effet, avoir une réunion ce matin. M. Tagant croit qu'ils refuseront.

Que doit faire le Conseil dans ces circonstances? Il n'y aura plus de police, plus de tribunal; cependant, on nous assure que la justice de paix continuera à fonctionner. M. Dujardin pense que nous devons chercher à conserver nos agents, que nous sommes responsables de l'ordre en ville, que nous ne pourrions plus veiller à notre octroi, etc., qu'en conséquence nous devons protester et au besoin offrir notre démission.

M. Jean Dollfus s'offre d'en entretenir le sous-préfet, mais on veut encore attendre pour savoir ce qui va résulter de la réunion des agents de police.

On délivrera un congé au commissaire central, dès qu'il en aura fait la demande.

On nous annonce qu'il y a un nouveau commandant de Place M. Kirstein, et un nouvel adjudant, M. Weiseck. Un membre demande quelle mesure on a prise pour s'entendre avec le sous-préfet, envoyé de Tours à Bâle; un membre ira s'entendre avec lui.

Samedi, 17 Décembre 1870

Absents : MM. Romann, Schwartz, Muller, Naegely, Tagant, Beugniot, Klippel, Chauffour.

Le commissaire de police prussien fait savoir que les laissez-passer doivent porter le signalement du demandeur ; mais ce ne sera pas toujours une raison suffisante pour permettre la sortie du pays.

Le Conseil reçoit une lettre de M. le commissaire central, M. Guerber, qui demande un congé. Accordé suivant délibération d'hier.

Lettre de M. Muller, notre collègue, qui demande un congé pour raison de santé.

Hier, 68 prisonniers français, quelques mobiles et la plupart soldats du 84e, ont été amenés ici de Belfort, où ils étaient cernés dans une forêt près de Bavilliers. Ces prisonniers ont été logés par les Prussiens à la caserne. La municipalité a à veiller à leur nourriture ; l'Internationale leur a fait distribuer des sous-vêtements chauds, et une quête faite à leur intention a été assez productive.

M. Stengel fait un rapport sur l'écurie à établir au marché de la rue Franklin. Il dit qu'on pourra placer là deux lignes de chevaux, en conséquence il y aura place pour 58 bêtes. Il faudra mettra cinq fenêtres à ce bâtiment et veiller à ce que la nouvelle paroi soit mieux établie que celle qui est du côté Nord du bâtiment. M. Rückert s'y engage, et M. Heilmann dit, pour excuser M. Rückert, que cette paroi Nord, qui est mal établie, a dû être faite en quelques heures.

On propose d'élargir le bâtiment, ce qui ne demanderait qu'une dépense de 100 fr. de plus ; mais il y aura à cela quelques difficultés.

MM. Heilmann et Stengel sont chargés d'exécuter cette construction au mieux et on leur ouvre à cette intention un crédit de 800 fr.

Le Conseil reçoit une réclamation du sieur Braesch, qui a logé des Prussiens et, après leur départ, il s'est aperçu de la disparition d'une médaille, prix de l'Ecole primaire, à laquelle il tient beaucoup, et d'une bourse un peu garnie. Il demande l'appui de la municipalité, sans laquelle le commandant de Place ne veut pas informer ; accordé. Si la médaille n'est pas retrouvée, M. Lantz propose de donner à M. Braesch une nouvelle médaille au nom de la ville.

Le bibliothécaire des cités ouvrières, M. Guth, nous informe qu'il veut continuer son service gratuitement et faire rentrer les livres qui sont dehors. Il demande en échange une bourse entière pour son fils au collège, au lieu de la demi-bourse dont il jouit déjà ; accordé.

Nous avons de grandes difficultés avec les médecins de l'ambulance, qui demandent à être logés près du Lazareth et ne veulent pas prendre possession d'un logement qui a pourtant été préparé à cette intention, parce qu'ils sont ainsi trop loin de leur pension.

Après des pourparlers très longs, il paraît qu'ils se contenteraint de toucher leur pension en argent, au prix de 8 fr. par jour.

Le Conseil autorise la commission *ad hoc* d'entrer en arrangement avec ces médecins, à ce taux. Les deux officiers de santé supérieurs n'accepteront sans doute pas cet arrangement, peut-être qu'ils voudront 10 fr. par jour. S'ils sont trop opiniâtres, on les fera changer de logement tous les quatre jours, suivant la règle établie.

M. Lantz dit qu'il fera signer des mandats pour les ateliers de charité, et il faut l'autorisation de la Commission exécutive pour cela.

M. Huguenin rend compte des mesures que le Comptoir d'escompte veut prendre, avec quelques maisons de la ville, pour tenir lieu de succursale de la Banque de France qui a fermé ses bureaux.

Dimanche, 18 Décembre 1870

Absents : MM. Romann, Schwartz, Boeringer, Beugniot, Muller, Stengel.

Hier 51 nouveaux prisonniers français sont encore arrivés ici et ont été logés à la caserne. M. Heilmann, au nom de l'Internationale, section « Secours aux prisonniers », a été leur porter des secours en vêtements, chaussures, etc., et a donné à chacun un petit pécule. La mairie a pourvu à ce qu'ils soient convenablement nourris.

Le commandant a annoncé qu'il en passerait encore aujourd'hui 300 au moins, à Lutterbach, car il craint de les faire passer par la ville, de peur d'esclandre. Avec quelque peine, M. Heilmann a obtenu de M. le commandant la permission d'aller les visiter à Lutterbach et de leur porter les secours nécessaires.

Cependant, si ces prisonniers étaient des lâches qui eussent jeté leurs armes devant l'ennemi et aimé à se rendre, on ne voudrait pas leur prodiguer des secours, mais se borner au strict nécessaire. M. Zipélius dit que la dernière voiture de la ville portant à La Chapelle le pain, fait avec la farine fournie par les Prussiens, est partie avant-hier. La voiture n'étant pas escortée, un des chevaux a été enlevé et le voiturier n'a pas eu de reçu de sa livraison. La voiture appartenait à la ville, M. Bazin a été chargé de faire un rapport sur cette affaire, afin qu'on en fasse l'objet d'une réclamation auprès des autorités prussiennes.

M. Dujardin demande ce que signifie une voiture chargée de pain qui stationne depuis deux jours devant la mairie, et est exposée à la pluie. Personne ne peut répondre.

M. le président annonce que les laissez-passer causent à la mairie beaucoup d'embarras et de frais, qu'il faut presque, depuis la nécessité des signalements, un commis spécial, et il propose au nom de la Commission exécutive d'établir un droit sur ces laissez-passer, pour couvrir la mairie de ses frais et de ses peines. Comme ces papiers doivent être renouvelés presque à chaque voyage et que, tout en étant délivrés par la mairie, ils peuvent ne pas être approuvés par les autorités prussiennes, ce droit ne doit pas être élevé. La majorité vote pour 50 centimes, avec exemption pour les indigents.

On communique au Conseil la lettre que MM. les commissaires de police, sauf le commissaire central, ont adressée

A. Consuls étrangers à Mulhouse.

JACQUES BOURCART
Consul d'Italie.

COUGET-MOERLEN
Consul d'Espagne.

CHARLES DOLL
Consul de Bade, Bavière et Wurtemberg.

JULES DUCOMMUN
Consul Suisse.

à l'autorité prussienne, pour refuser de servir sous ses ordres.

Les agents de police resteront provisoirement aux ordres de la municipalité, car ils refusent aussi de se mettre à la disposition du commissaire prussien. Le Conseil suspend toute mesure à prendre à cet égard, parce qu'on l'informe que M. le sous-préfet est parti pour Colmar, afin de s'entendre avec M. le préfet de cette affaire.

Le Conseil reçoit une lettre de Montbéliard réclamant un cheval qu'on lui a signalé être arrivé par erreur à Mulhouse, et maintenant on ne retrouve plus ce cheval; on s'occupera de le découvrir.

Pendant la séance arrive une réquisition par dépêche, pour faire dîner à la gare un certain nombre d'artilleurs prussiens.

Le Conseil reçoit une lettre du commandant de Place, demandant le nombre des fusils qui ont été fournis à Mulhouse, celui des fusils qui ont été restitués et la liste des fusils que MM. les fabricants ont demandé à conserver. On craint un piège sous toutes ces demandes. M. Bock, au nom de la municipalité, en écrira à M. le commandant.

Une lettre des ateliers de l'Etat à Nantes remercie la ville des ouvriers qu'elle lui a envoyés et dit qu'il ne lui en faut pas davantage.

M. Dollfus fait savoir qu'il y a toujours au bureau de poste une quantité de lettres qui n'ont pas été cherchées par MM. les facteurs qui, sans doute, ont peur. M. Dollfus veut bien se charger d'aviser.

Il entretient le Conseil des derniers effets et vêtements militaires dont il a soigné l'expédition.

Lundi, 19 Décembre 1870

Absents : MM. Romann, Muller, Schwartz, Beugniot.

M. Tagant a vu le sous-préfet français qui lui a dit qu'il avait même qualité de préfet, celui-ci étant enfermé dans Belfort. Il se met à la disposition de l'autorité municipale pour tous les cas où il pourrait être utile. On ne fait pas d'observations sur cette affaire.

M. Lantz traite la question des indemnités qu'il y aura à régler avec M. Marniesse, le locataire du Manège. Ce monsieur est très délicat et, quoique sans fortune, il ne demandera que le plus strict de ce dont il a droit. Mais il a dix chevaux à entretenir et ne peut pas donner de leçons d'équitation, le manège étant occupé.

M. Lantz demande, pour n'avoir plus cette difficulté, s'il ne serait pas opportun de construire une écurie de 130 chevaux. On objecte que ce serait là une énorme dépense et que cette occupation du manège ne durera probablement pas assez longtemps pour la compenser.

On nomme une commission composée de MM. Heilmann, Stengel et Jundt, pour étudier cette affaire et pour proposer un règlement d'indemnité avec M. Marniesse.

M. Aug. Dollfus dit que les facteurs refusent leurs services pour le paquet de lettres de Dornach, dans la crainte de poursuites et d'arrestations de la part des Prussiens. Il faudrait donc qu'une tierce personne prît le paquet à Dornach et le remît à la poste prussienne à Mulhouse, pour que la distribution de ces lettres ait lieu régulièrement. M. Jean Dollfus s'occupera de la chose.

Dans la journée, les Prussiens ont commencé au Nouveau-Quartier les visites domiciliaires, pour découvrir les fusils dont les habitants pourraient être détenteurs. Ils ont donc arrêté trois personnes : le portier de M. Nicolas Koechlin, qui s'acheminait pour porter deux fusils à la mairie, MM. Grimm et Bietsch, chez chacun desquels on a trouvé un fusil; enfin une quatrième personne, le jeune Favre-Blech, chez qui on avait trouvé des fusils d'enfant, a été, après arrêt, relâché dans la soirée, sur les instances de MM. Aug. Dollfus et Lantz.

M. Grimm a été relâché ce soir.

Mardi, 20 Décembre 1870

Absents : MM. Romann, Muller, Schwartz, Roth, Jean Dollfus, Koechlin-Schwartz, Beugniot.

Le Conseil reçoit une lettre du préfet de Colmar qui demande le projet de budget de 1871. Il demande ce budget pour le 20 courant. Il a été voté en juin et doit être à la préfecture à Colmar. Mais on lui fera observer que ce budget devra subir bien des changements, par suite des charges de la guerre et de la diminution de nos ressources, qu'on ne peut faire aucun budget en prévision.

On nous annonce que la Régie a cessé toutes ses perceptions, mais la ville ne peut cesser les droits qui lui incombent comme octroi. On propose de tenir note de ce que les introducteurs devront à l'Etat, pour qu'ils puissent plus tard rentrer dans ce qu'ils lui doivent.

Une dame Koch réclame au sujet des chevaux de l'ambulance qui logent trop longtemps chez elle. M. Jundt propose de mettre tous ces chevaux dans la ferme de Mme Vve Jean Steinbach, qu'on exempterait de ce fait d'autres charges militaires.

On demande où en est le travail de la commission qui doit rechercher les écuries disponibles, et, si elle ne peut agir, il faudrait faire faire ce travail par des hommes du métier, loueurs de voitures, ou commissionnaires.

Une lettre de la Feldintendatur annonce que sur la fourniture des 6000 gilets de laine, il y en a encore 101 qui manquent et dont les Prussiens font provisoirement abandon. La commission pour les secours aux familles des soldats et mobiles a épuisé le crédit qui lui a été voté et qui était de 24.000 fr., sur lesquels la ville est en avance de 7000 fr., le reste ayant été versé par l'Etat. Elle demande, pour finir le mois, un nouveau crédit de 7000 fr. Faut-il voter cette somme? L'Etat avait d'abord donné aux familles des soldats et mobiles des mandats mensuels de 40 à 50 fr.

La commission est descendue en outre à des mandats de 30 fr. suivant les besoins des familles, et puis à 15 fr., de sorte que la moyenne des versements n'est plus que de 17 fr. par famille, et on ne peut guère descendre plus bas. On demande s'il n'y a pas là double emploi avec les secours de bienfaisance, la commission chargée de ceux-ci est avisée d'y veiller.

On propose aussi de supprimer ces pensions, en fondant le tout dans les secours de bienfaisance, mais un membre fait observer que les pensions sont un droit, que les familles en ont besoin pour payer les loyers; quoique ceux-ci, suivant la loi, ne soient pas exigibles, ils sont cependant toujours dus. Le Conseil vote la nouvelle somme de 7000 fr.

Suivant le décompte de M. Lantz sur les 50 millions votés par l'Etat pour ces pensions, il en reviendrait à la ville, suivant le chiffre de sa population, la somme de 75,000 fr. ; ainsi l'Etat aurait encore beaucoup à nous verser. On demande donc si on ne pourrait pas obtenir des fonds par l'intermédiaire de M. Heinrich, notre sous-préfet à Bâle.

La question, pour ce qui est relatif à l'année prochaine, est renvoyée aux deux commissions pour les mobiles et pour les secours de bienfaisance.

M. Dujardin revient à la question du logement des officiers par abonnement. Il dit qu'il s'est entretenu avec les différents hôteliers, et que la pension, sans le logement, pourrait être établie entre 10 à 10 fr. 50 par jour, les brosseurs non compris.

Outre les officiers à l'hôtel Romann, il y a une multitude de secrétaires, de plantons, auxquels il faut pourvoir et, en outre, les officiers supérieurs ont besoin de salons que la ville doit fournir. Ainsi il lui incombe bien plus de frais que le simple logement et la pension des officiers, et il faut bien que la ville rentre dans ses frais.

M. Dujardin propose donc de faire contracter aux habitants qui veulent s'y soumettre, et qui sont taxés pour officiers, de leur faire verser une somme mensuelle de 50 fr. par officier.

Une lettre que le Conseil reçoit à l'instant et qui demande que les logements militaires soient maintenus à 8 jours, au lieu de 4, chez les mêmes habitants, et les officiers montés pendant 15 jours, donnera lieu peut-être à modifier les données ci-dessus, de sorte que la solution de la question est encore remise à demain.

M. Aug. Dollfus pense que les officiers reviendront à charge pour recevoir une indemnité de logement ou de pension en argent, mais le Conseil n'entend pas les encourager dans cette voie.

On annonce que les maires de Leimen et de Niederhagenthal ont été arrêtés, pour fait d'avoir facilité le passage des mobilisés et que la maison qui était à cheval sur la frontière, et qui servait au passage, a été incendiée par les Prussiens.

Les visites domiciliaires pour recherches d'armes ont continué aujourd'hui.

Mercredi, 21 Décembre 1870

Absents : MM. Romann, Schwartz, Beugniot, Naegely.

Présidence de M. Tagant.

Réclamation des exploiteurs de la rue des Champs qui se plaignent que les filles soient assujetties à une seconde visite hebdommadaire, à raison de 2 fr. par visite. Ils se plaignent que cette espèce d'impôt est trop onéreux pour eux ; sans doute est-ce l'autorité prussienne qui exige cette seconde visite. On passe à l'ordre du jour.

L'administration des pains Chérêt fait savoir que l'ambulance de la rue Koechlin fait venir des bains et ordonne des bains de vapeur et des bains sulfureux. Elle demande si elle doit obéir à cette réquisition, et si la ville en réglera, le compte. On répond affirmativement, à condition qu'elle mette les prix les plus modérés. M. Lantz dit que les bains pourront être fournis par l'hospice israélite.

Le Conseil est saisi de la question des droits d'octroi dont on a exempté les fournisseurs pour les militaires. On réglera avec eux à ces conditions, mais, à l'avenir, ils payeront les droits comme tout le monde et, dans le règlement, on leur tiendra compte de cette dépense.

Le président entretient le Conseil de l'affaire des agents de police. Ceux-ci ont été convoqués chez le Commissaire de police prussien, pour savoir s'ils veulent servir sous ses ordres et ceux de son adjoint. Tous les agents ont refusé. Les gardes champêtres n'ont encore reçu aucun ordre et continueront leur service comme auparavant. Il en est de même du gardien-chef de la prison. Il restera donc en fonctions jusqu'à nouvel ordre. Le greffier de la prison veut rester en place et refuser d'inscrire des écrous prussiens.

M. Chauffour dit que ce greffier devrait déposer une démission motivée. Le même membre ajoute que notre situation devient intolérable : absence de justice, absence de police, violation de domicile ; devant tant de gêne et d'humiliation, ne devons-nous pas faire une protestation énergique ? Plusieurs membres, MM. Steinbach, Jean Dollfus, Bertelé, etc., se proposent d'aller en personne chez le sous-préfet, pour s'expliquer avec lui et demander le maintien de nos agents, sans lesquels nous ne pouvons plus marcher, maintenir la sûreté de la ville, percevoir les droits qui alimentent notre caisse municipale, etc.

Pour ce qui est de la suppression du tribunal, nous

n'étions pas directement intéressés, et nous n'avions pas à protester. Il est même évident que nous n'avions pas un vrai droit à en agir ainsi à propos des commissaires de police qui, quoique payés par la ville, étaient des agents gouvernementaux, ce que les Prussiens savent bien.

Mais, dit M. Dujardin, si on touche à nos agents de police et à nos autres institutions municipales, nous n'avons plus qu'à nous retirer.

On répond que notre démarche auprès du sous-préfet est déjà une protestation. On vote qu'on fera cette démarche, et on en charge MM. Tagant, Jean Dollfus et Bertelé.

M. Jean Dollfus dit que M. Wagner à Bâle ne peut plus fonctionner en quelque sorte : il est très surveillé ; cependant il arrive tous les jours des hommes qui veulent se diriger sur Lyon. Ses fonds étant épuisés, on lui vote un dernier crédit de 2000 fr.

Jeudi, 22 Décembre 1870.

Absents : MM. Romann, Schwartz, Naegely, Beugniot.

On avertit la municipalité que les mangeoires doivent être garnies de fer blanc, parce que les chevaux mâchonnent le bois. Il faudra aussi faire des séparations pour les chevaux et garnir les portes d'entrée de planches de protection contre le froid. Enfin, on réclame le poêle pour chauffer. M. Jundt est chargé de l'exécution de ces réquisitions, sauf le poêle pour lequel on opposera la fin de non-recevoir déjà signalée.

M. Bertelé rend compte de la démarche faite par trois membres du Conseil auprès du sous-préfet prussien, relative à nos agents de police. On lui a fait la déclaration convenue, le sous-préfet a répondu qu'il ne demande pas la destitution de nos agents, que ce sont eux qui, en refusant de la servir, le forceront de constituer une police prussienne. On a essayé de lui faire comprendre le rôle que remplissent nos agents, mais il objecte qu'il ne peut y avoir à Mulhouse deux polices. A force d'argumentations, on a pu le décider à laisser les choses en l'état pendant quelque temps encore, sauf, paraît-il, à en référer à ses supérieurs. Quant à la démission du Conseil municipal, qu'on lui a fait entrevoir, il a répondu que ce serait pour le malheur de la ville.

Il est à craindre qu'il y ait ainsi bientôt conflit entre deux autorités. M. Koechlin-Steinbach demande, à cette occasion, si on ne devrait pas prendre dès à présent des mesures pour opérer notre déménagement et sauver nos archives. M. Dujardin voudrait que surtout on se hâtât d'appurer nos comptes, et on charge M. Lantz d'y veiller.

A propos de la réquisition des bottes, il est arrivé une lettre avec menace d'amende parce que le délai était dépassé. Il résulte des explications données que la livraison a été faite dans le délai convenu, mais que les bottes reçues par les Prussiens sont restées deux jours sous leur garde, à l'hôtel de ville. On pense que ces explications suffiront.

Le Conseil reçoit une nouvelle réquisition du commandant de Place pour loger plus de monde (150 hommes) à la caserne ; il demande une augmentation de mobilier, qui exigera une dépense de 2200 fr. Le Conseil vote cette somme.

La Suisse fait des efforts pour obtenir la sortie de Belfort des vieillards, des femmes et des enfants. Si elle réussit et s'il vient de ces réfugiés à Mulhouse, M. Aug. Dollfus est d'avis de venir à leur aide, mais sans appeler dès maintenant l'attention du public sur ce point.

M. Lantz dit que le receveur municipal doit toucher de l'Etat, tous les trimestres, notre quote-part de centimes additionnels et que c'est là une ressource importante pour nos finances. M. Lantz demande, en conséquence, s'il n'y aurait pas à faire de démarches auprès des fonctionnaires de l'Etat qui perçoivent encore, pour rentrer dans les sommes qui nous sont dues. M. Pillot, notre percepteur, par exemple, concentre encore des fonds à Bâle et c'est auprès de lui qu'il faudrait chercher à intervenir.

Vendredi, 23 Décembre 1870

Absents : MM. Romann, Schwartz, Beugniot, Weber.

La commission des finances a examiné le compte de gestion de l'hospice pour l'exercice de 1869, elle propose de l'approuver. Le Conseil adhère à cette proposition.

Le capitaine de la batterie d'artillerie, qui fait partie du corps d'occupation, réclame de nouveau l'installation d'un poêle au Manège. Il lui sera répondu qu'il est impossible de satisfaire à cette réquisition, les compagnies d'assurances ayant refusé d'assurer le local, si le poêle demandé y était placé.

Le président communique ensuite au Conseil une lettre du sous-préfet allemand, relative à la suppression de la police municipale. Aux termes de cet ultimatum, notre service de police est supprimé ; les agents doivent, dans les 24 heures, déposer leurs armes à l'Hôtel de ville, et cesser de porter leurs uniformes.

En présence de ce procédé inqualifiable de l'autorité prussienne, qui, après toutes les vexations que nous avons été contraints de supporter depuis l'occupation ennemie, n'a pas hésité à nous enlever nos agents, si nécessaires à l'administration de la ville, le Conseil décide qu'une protestation énergique serait déposée entre les mains du sous-préfet.

La rédaction de cette protestation est confiée à une commission composée de MM. Chauffour, Dujardin et Bertelé.

Les agents de police ont été ensuite introduits. Le président leur a fait connaître les exigences prussiennes ; il les a félicités sur la conduite patriotique qu'ils ont tenue, en refusant de se soumettre à une autorité étrangère, et leur a déclaré qu'ils continueront à rester à la disposition de la municipalité et à toucher leurs appointements.

Un membre fait part au Conseil de l'interruption par les agents prussiens de la circulation des trains sur Bâle. Comme il importe de ne rien négliger pour maintenir nos relations avec la Suisse, le Conseil charge M. Jean Dollfus de s'enquérir des motifs qui ont pu amener cette mesure regrettable, malgré l'autorisation qui a été donnée par le général von Schmeling et d'aviser, d'accord avec la compagnie du Central Suisse, aux démarches à faire.

Il résulte d'informations reçues, que M. Pillot, percepteur installé à Bâle, continue par l'entremise d'un tiers à percevoir les contributions dues au Trésor. Comme le gouvernement est débiteur de la ville de sommes assez importantes, il y aurait lieu de faire des démarches pour obtenir le versement de ses fonds à la caisse municipale. M. Dujardin est chargé de voir à cet effet le percepteur, aussitôt que les communications avec Bâle seront rétablies. La séance ayant été suspendue à 9 heures, a été reprise à 2 heures.

Le commission désignée pour la rédaction de la protestation, a soumis son projet, qui a été adopté et signé par tous les membres présents du Conseil municipal.

Samedi, 24 Décembre 1870

Absents : MM. Romann, Schwartz, Naegely, Beugniot, Jean Dollfus.

On propose de régulariser les cessions de terrain du Mittelbach. Adopté.

Le Conseil reçoit une lettre du major Kirstein, demandant réponse à deux questions qui ont été posées au Conseil.

L'une est relative aux militaires qui doivent séjourner 7 jours dans les mêmes logements et les officiers montés 15 jours. Le major demande réponse, pour savoir si la ville s'est conformée à cette prescription.

La seconde est toujours la question depuis longtemps débattue et dont la solution est si difficile, de la somme à payer aux officiers en indemnité de pension. Il est évident qu'il faudra en venir là, parce que les Prussiens y tiennent. Mais si les particuliers doivent conserver les officiers en logement, il y aura peu de personnes qui voudront s'abonner.

Ensuite, si à chaque instant on doit encore loger des officiers ou des soldats de passage, les citoyens se plaindront qu'on ne tient guère compte de leur abonnement.

L'affaire est renvoyée à une commission composée de MM. Bock, Dujardin, Aug. Dollfus et Lantz, tant pour élucider la question que pour s'entendre avec M. le commandant de Place.

Le Conseil reçoit une lettre de M. le sous-préfet, qui demande que les pièces qui lui sont renvoyées, soient accompagnées d'une missive indiquant que l'objet dont elles traitent a été exécuté, ou a reçu une autre solution.

Une réquisition demande une pièce de flanelle de 96 mètres de long, sur 6 mètres de large. Il est évident qu'il y a là une erreur, et, dans le cours de la séance, la réquisition revient rectifiée, en ne donnant à la pièce de flanelle qu'une largeur de 6 centimètres.

Le Conseil reçoit une seconde lettre du sous-préfet, réclamant des secours pour la famille d'un sieur Pancrace Beck, qui a 2 fils dans l'armée prussienne. On répondra que, dans ce cas, ce n'est pas à la municipalité qu'incombe la charge de donner des secours, que le sieur Beck est dans une caisse mutuelle. Comme ce monsieur est étranger, on ne pourra que lui donner des secours de route jusqu'à la frontière du pays.

Nouvelle réquisition pour fournitures de bureau aux commissaires de police prussiens, et de bancs du corps de garde de l'Hôtel de ville.

Le Conseil reçoit une lettre du greffier des prisons, qui dit qu'il ne veut pas servir sous les Prussiens. On lui donnera le conseil de demander un congé.

Les entrepreneurs de roulage, qui ont fourni des voitures et qui devraient être payés par les Prussiens, se plaignent que leurs voitures avec leurs conducteurs ne sont plus lâchés, et que les familles de ces conducteurs sont dans le besoin.

Le Conseil consent à leur faire une avance sur les fonds qui rentreront.

Dimanche, 25 Décembre 1870 (Noël)

Pas de séance.

Lundi, 26 Décembre 1870

Absents : MM. Romann, Naegely, Dujardin, Aug. Dollfus.

Les commissaires de police ont reçu de l'autorité prussienne l'ordre de partir dans les 48 heures. Ils n'ont pas reçu leurs appointements des mois de Novembre et de Décembre. Cependant, la ville en a versé les fonds dans les caisses de l'Etat. On vote à ces Messieurs leurs appointements pour le mois de Novembre, Décembre et Janvier 1871, mais en tâchant de les récupérer sur les fonds de l'Etat.

L'affaire du logement et de la pension des officiers est tombée à l'eau pour le moment : la garnison actuelle et le commandant de Place partant demain.

Demande d'admission à l'hôpital pour une femme très âgée et indigente ; renvoi à la commission de l'hôpital.

M. Henry Haeffely, pour payer son prix de bail annuel, 200 fr., pour la chasse de Mulhouse, en demande la prolongation, pour une année, n'ayant pu jouir de la chasse cette année-ci. La demande est peu claire; se refuse-t-il à payer pour l'année courante? Dans le cas contraire, la prolongation est accordée.

Une voiture de M. Blind, loueur de voitures, a été brisée par une voiture d'artillerie; les réparations seront au compte de la ville.

Lettre de la Commandatur, qui renvoie les dernières cartes signées pour permissions de conserver des armes, et qui déclare qu'elle n'en délivrera plus à l'avenir.

La sous-préfecture demande l'inscription d'un décès à Mulhouse, décès qui a eu lieu dans une autre partie du département. On exécutera la chose, mais M. Bertelé propose qu'on déclare qu'il n'y a pas lieu à répondre.

On vote une gratification de 200 fr. à M. Steiger, employé du bureau militaire, pour le travail extraordinaire qu'il a eu ces deux derniers mois. M. Willmann fils, revenant de Lyon avec des ordres à exécuter pour l'intendance, nous fait savoir que M. Schwenck réclame 500 paires de guêtres. Il y a des guêtres en route, la question est de savoir si elles sont destinées aux mobiles ou aux mobilisés. Le besoin semble le plus pressant chez les premiers. M. Jean Dollfus veut bien se charger de régler cette affaire et il est d'avis que nos sacrifices pour objets de vêtements ont été assez nombreux pour que nous cherchions à arrêter ce compte.

M. Koenig, ancien agent-voyer, demande l'avance de la somme qui lui revient sur sa pension. Comme M. Koenig ne doit pas avoir un besoin urgent de cette somme, on passe à l'ordre du jour.

Une lettre de M. le major Kirstein annonce que, pour l'avenir, un entrepreneur veut se charger de la nourriture des soldats et des chevaux, et déjà cet entrepreneur offre à nos fournisseurs des prix plus élevés, que ceux auxquels ils nous livrent, sauf à livrer à son tour à un prix bien supérieur. On dit bien que ce seront plus tard les indemnités de guerre qui régleront ces frais, mais comme, en attendant, il est à peu près certain que c'est la ville qui payera ces livraisons, elle se refusera à entrer dans cet arrangement et M. Lantz s'en expliquera avec cet entrepreneur pour l'éconduire.

Le Conseil reçoit une lettre du commandant de Place qui demande des renseignements sur un voiturier Haury, qui a été maltraité dans son voyage à La Chapelle, et qui n'a pas rapporté la quittance de la fourniture du pain qu'il a conduit là.

On lui adressera le voiturier lui-même, pour qu'il explique les sévices dont il a été l'objet.

On vote d'employer les agents que nous voulons conserver à notre charge, partie à fournir des employés supplémentaires pour l'octroi, partie pour compléter le service des agents champêtres chargés de veiller sur nos forêts ; d'autres resteront à la disposition de la mairie, où il y en aura chaque nuit un de garde. La Commission exécutive sera chargée de leur fournir un signe distinctif.

M. Jean Dollfus rend compte de sa mission à Bâle, relative à l'interruption du chemin de fer à Saint-Louis. L'ad-

EMILE KOECHLIN
Consul des Pays-Bas.

EDOUARD WEHRLIN
Consul de Belgique.

FRÉDÉRIC THESMAR
Consul de Prusse.

AUGUSTE STROHL
Consul des Etats-Unis.

ministration du Central n'a été prévenue que peu de temps avant que cette violence ait été exécutée.

M. Schmidlin est de suite parti pour Berne, afin de réclamer auprès de l'ambassadeur de Prusse; il ira au besoin aussi à Strasbourg. Les Prussiens ont coupé la voie pour s'emparer du matériel de l'Est, qui circulait en quantité pour le service des houilles entre Mulhouse et Bâle, et ce au mépris de la neutralité qu'ils avaient promise pour ce chemin de fer. Ils disent qu'il ne suffit pas d'un changement de plaque pour que le matériel de l'Est soit considéré comme appartenant au Central. La ville se propose de faire elle-même des démarches, si celles du Central Suisse n'aboutissent pas.

M. Jean Dollfus dit que M. Ch. Wagner a été arrêté et mis au secret pendant 4 jours, puis on l'a relâché, parce que la législation suisse n'a pas d'article de loi s'appliquant au délit imputé au sieur W. Il prendra sa résidence à Liestal. parce qu'il y a toujours passage d'hommes.

M. Heinrich dit à cette occasion qu'il est à bout de ressources, et qu'il a demandé à Bordeaux un crédit de 50,000 fr. à cette intention.

M. Jean Dollfus rend compte de l'organisation du service de secours aux indigents. On leur distribue du pain, des pommes de terre, de la houille, et quelquefois un peu d'argent. Les sommes que réclamera ce service seront considérables, et M. Dollfus pense qu'il faudra bientôt un appel sérieux à la population aisée, pour pouvoir le continuer.

M. Henry Schwartz demande un nouveau crédit pour achat de bois, à destination des établissements publics.

On propose, pour avoir du bois, et pour occuper les ouvriers communaux, de faire un chemin à travers la forêt du Forst.

Mardi, 27 Décembre 1870.

Absents: MM. Romann, Naegely, Jean Dollfus, Roth.

A l'occasion du dernier paragraphe de la délibération d'hier, M. Schwartz demande qu'on coupe toute la forêt du Forst, parce que les besoins de bois sont très grands. On répond qu'on fera d'abord le chemin, sauf à décider ultérieurement la coupe totale.

M. Steinbach, s'étant rendu à la sous-préfecture prussienne, pour traiter de l'arrivée des houilles, a reçu du sous-préfet l'assurance qu'à partir du 28 courant, un convoi journalier de houille arriverait ici de Sarrebrück.

A la question qu'on a dû poser hier à M. Haeffely, ce dernier a répondu qu'il n'entendait pas payer le prix de la location de la chasse pour l'année courante. On accepte néanmoins la proposition de M. Haeffely, de la prolongation de son bail pour une année.

M. Lantz rend compte de son entretien avec le fournisseur prussien, qui paiera toutes les fournitures de la caserne, sauf le chauffage. L'entretien des officiers resterait aussi à la charge de la ville. Le fournisseur dit qu'il payera avec l'argent de la Prusse, mais reste à savoir si, en fin de compte, l'administration prussienne ne nous fera pas repayer tous ses déboursés. En attendant, ce fournisseur achètera à la ville les provisions qu'elle a en magasin, et la question restera suspendue jusque vers le Nouvel-An, car si on nous paye nos provisions et que ce payement retombe à notre charge, il n'y a rien de nouveau.

Des malversations avaient été signalées à l'abattoir, il y a 12 à 15 jours, et l'examen en avait été confié à MM. Engelmann et Jundt. Ces messieurs n'ayant pu exécuter leur mission, à cause de leurs nombreuses occupations, sont priés de s'en occuper immédiatement et de faire leur rapport après-midi, jeudi.

Deux chevaux, revenus de réquisitions et abandonnés dans une écurie d'ici, ont dû être abattus, sur rapport d'un vétérinaire, parce qu'ils étaient morveux ; par contre, sept chevaux absents depuis trois mois, reviennent en très bon état de Dijon.

M. Gœtz, aubergiste à l'*Hôtel du Rhin*, faubourg de Bâle, demande qu'on garnisse de fer-blanc les mangeoires de son écurie, où sont logés des chevaux prussiens qui rongent le bois. Est-ce bien à la ville qu'incombe cette dépense ? Si l'aubergiste touche l'indemnité de 56 centimes par jour pour logement d'un cheval, c'est à lui à entretenir son écurie en bon état. On répondra dans ce sens.

M. Vaucher réclame contre la charge des logements militaires qu'on lui impose. M. Vaucher est taxé à 100 hommes et on trouve que ce n'est pas trop. D'ailleurs, s'il y a un abonnement pour la nourriture des soldats, il y aura à revoir tout le travail de répartition.

Aujourd'hui doivent arriver 1100 hommes. On tâchera de les faire entrer dès ce soir à la caserne, sinon demain, et, dans le premier cas, ils n'auraient qu'à avoir le dîner et le souper chez les personnes à qui ils seront adressés avec des billets de logement.

Il y a tous les jours de nouvelles plaintes de voituriers qui ont fourni des voitures et des chevaux à La Chapelle, et qui ne les voient pas revenir, et qui, d'un autre côté, ne reçoivent pas les indemnités promises.

M. Bock s'est vivement intéressé à cette affaire, il a couru après M. Born, officier d'administration prussien, qui devait régler cela et qui a répondu que toutes les réclamations devaient être adressées, par écrit, à M. Mayer, intendant, et qu'alors elles seraient probablement réglées.

Lors du premier départ des Prussiens, un ouvrier badois a été tué par eux, lorsqu'ils ont fait usage de leurs armes contre les cris et les pierres dont on les poursuivait. La veuve a demandé une indemnité auprès du sous-préfet prussien. Celui-ci nous renvoie cette affaire. On vote de répondre vertement à cette réquisition, cette histoire de la sortie des Prussiens nous ayant valu le payement d'une contribution de guerre de 50,000 fr. et la fourniture de 6,000 gilets de flanelle.

On répond à une demande d'un officier prussien, qui veut changer de grosses valeurs contre des coupures plus petites en thalers ou monnaies françaises. Il lui sera conseillé de s'adresser à une maison de banque, M. Oswald, par exemple.

Le Conseil reçoit une pétition des brasseurs de Mulhouse, qui demande qu'une commission soit chargée d'examiner comment ils pourront payer leurs droits d'octroi. Il y a eu contravention, le 19, de la part de l'un des brasseurs, et cependant on n'a exigé que le droit dû, sans verbaliser. M. Tagant dit qu'il n'y a qu'à faire exécuter la loi, et tenir note des frais qui seront dus à l'Etat. C'est probablement cette servitude que les brasseurs voudraient éviter. M. Bertelé traitera cette question avec le préposé en chef de l'octroi et avec l'un des principaux brasseurs, puis on avisera.

Le futur sous-préfet de Belfort, un M. Baudoin, fait réquisition d'une voiture qui doit rester un temps indéfini à sa disposition, autour de Belfort. Cette réquisition est très dure pour la ville et signée par le commandant de Place, M. Kirstein.

MM. Aug. Dollfus et Dujardin, qui ont été hier à Bâle, ont vu MM. Heinrich et Pillot. A ce dernier devrait encore rentrer, comme contribution pour la fin de l'année, environ 230,000 fr., mais il y aura sans doute du déficit. Il faudrait d'ici faire des démarches pour aider la rentrée de ces fonds, qui pourraient servir à différents emplois, auxquels se prêterait M. Pillot, comme de payer à la ville les centimes additionnels qui lui sont dus, de solder des mandats à différents fonctionnaires, par exemple les commissaires de police, dont il a été question hier, et auxquels M. Aug. Dollfus a avancé hier des fonds.

Dans ce cas particulier, le receveur de la ville devra attester qu'il a reçu la somme afférente à ces traitements. Enfin, au 1er janvier prochain, il y aura échéance d'un trimestre des pensions de retraite et là il y a de grands besoins. Si ce trimestre n'était pas payé, beaucoup de ces pensionnés tomberaient à la charge de la charité publique; c'est donc une nouvelle lacune importante que peut remplir

M. Pillot. Il en est de même pour les pensions dues aux familles des mobiles et des soldats.

Il arrive toujours à Bâle des hommes qui veulent partir pour l'armée, surtout des anciens soldats échappés de l'Allemagne. M. Heinrich a demandé pour eux des secours à Bordeaux, mais, en attendant, on ne peut les laisser sans ressources.

La ville a déjà affecté 2000 fr. à cette œuvre patriotique; on vote de porter la somme à 10,000 fr., comme avance à l'Etat, et l'on consacrera plus spécialement des fonds aux anciens militaires qui veulent rejoindre. On trouve moyen de les diriger sur de petites communes du canton de Soleure, voisines de Bâle, et de là ils se dirigent sur Soleure, où ils prennent le chemin de fer.

Mardi, le 27 Décembre 1870

Dans la soirée.

Tous les hommes de la garnison, infanterie, artillerie, hulans, partent pour Delle en hâte, devant faire une marche de nuit pour y arriver; il paraît qu'il y a des engagements sérieux autour de Belfort et que c'est là la raison qui les fait appeler en toute hâte. Mais, avant leur départ, d'autres troupes d'infanterie sont arrivées et logées chez les particuliers.

Une réquisition arrive pour une voiture couverte à deux chevaux et pouvant emmener treize hommes. Cette voiture doit être placée à la gare, à la disposition d'un officier d'artillerie devant aller à Dannemarie. On fait au soldat, porteur de cette réquisition, quelques observations sur la difficulté de son exécution ; il faudrait un omnibus et l'on ne sait si l'on en trouvera un. Le soldat dit qu'il se chargera bien d'en trouver un, le débat s'échauffe un peu entre M. Jundt et le soldat, et ce dernier dit qu'il n'entend pas être traité grossièrement, et, abaissant son fusil qu'il dit chargé, il menace de s'en servir si l'on ne change pas de langage. Cependant il cède aux observations qu'on lui fait et se retire. L'officier, pour qui était la voiture, arrive sur ces entrefaites, il demande une voiture à quatre places, mais urgente. On cherchera partout à trouver cette voiture ; l'officier promet de faire châtier le soldat qui a été insolent.

Mercredi, 28 Décembre 1870

Absents : MM. Romann, Naegely, Tagant.

Présidence de M. Heilmann.

Le Conseil reçoit une lettre de M. Schmidt, commissaire de police, qui dit que pour un laissez-passer à destination de Bâle, pour les personnes de 20 à 40 ans, il faudra qu'il soit signé à Colmar.

M. Vaucher réclame une seconde fois contre le nombre d'hommes qui lui est attribué. On lui offrira la communication du registre des taxations, ce que, du reste, a examiné plus tard un des employés, et celui-ci a paru satisfait.

On ajoute au vote pour l'emploi à donner à nos agents de police, celui de servir aussi comme garde de nuit.

M. Lantz expose qu'il a vendu à l'intendant prussien de nos provisions pour une somme de 2013 fr. M. l'intendant ne veut pas encore qu'on publie qu'à l'avenir on n'aura plus à nourrir les hommes de la garnison; il croit que l'avis doit partir de la Commandatur et qu'il faut, au préalable, s'entendre avec elle. MM. Lantz et Wacker seront chargés d'aller se concerter avec le commandant de Place. Il y a des amateurs pour acheter des voitures et des chevaux qui nous reviennent des réquisitions. On vote de ne rien vendre; nous avons de plus en plus besoin de voitures.

On a promis des gratifications aux voituriers qui ramènent de ces voitures de réquisitions et de les indemniser de leurs frais de route. M. Boehler est chargé de régler cette affaire et de chercher à faire rentrer encore d'autres voitures nous appartenant, à l'aide d'encouragements.

Le comité pour les secours aux pauvres fait un appel chaleureux aux habitants aisés de Mulhouse, pour une souscription mensuelle pendant les trois mois prochains. Les besoins sont très grands, il faudra environ 40,000 fr. par mois. L'appel rédigé par M. Loew est lu au Conseil.

M. Jules Koechlin écrit que M. Wagner est aussi obligé de quitter Liestal. M. J. K. a dû faire une avance pour faire partir les hommes qui se présentent chaque jour, et qui sont obligés pour quelque temps de se cacher à la Schweizerhalle.

On demandera à M. Challemel-Lacour, par l'entremise de M. Schwenck, de faire les avances nécessaires.

Dans la soirée, nouvel incident, très grave cette fois. Un soldat arrive avec une réquisition verbale du major de Place qui demande un membre du Conseil municipal, ou un notable de la ville, pour monter sur la locomotive d'un train qui va partir de Mulhouse à Dannemarie. Les membres du Comité exécutif présents à la mairie se révoltent à cette idée et demandent une réquisition écrite. Pendant que le fusilier va chercher sa réquisition, deux membres vont parler au commandant de Place, qui prétend que cette demande est injuste et qu'il ne faut pas y donner suite. Néanmoins le fusilier revient avec sa réquisition écrite, et exige son notable d'une manière absolue.

Pendant son absence, on avait fait habiller convenablement un de nos agents, qui a été emmené par le fusilier pour aller à Dannemarie, sur la locomotive.

Cet incident provoque la plus vive émotion parmi tous les membres du Conseil qui l'apprennent, et aussi dans le public.

Jeudi, 29 Décembre 1870

Absents : MM. ROMANN et NAEGELY.

On vote des remerciements à M. Bertelé, pour les soins et le zèle infatigables qu'il apporte à recueillir et à mettre au net les procès-verbaux de nos séances et de la Commission municipale.

On approuve les indemnités payées par M. Boehler aux voituriers qui nous ont ramené des chevaux et des voitures que la ville a fournis en réquisition.

M. Jundt fait son rapport sur les malversations qu'on lui a signalées à l'abattoir. Il y a, suivant nos délégués, beaucoup d'exagération dans les plaintes, cependant, il y a quelques abus à signaler.

M. Jundt est prié de mettre par écrit ses observations, pour qu'on en fasse l'objet d'une lettre à M. le surveillant de l'octroi.

M. Schoen fait encore observer que Mme Zundel donne des bons de salubrité pour des bestiaux conduits à l'abattoir, sans que son mari, le vétérinaire, les ait examinés ; ce sera aussi à réformer.

Un homme de la rue de Didenheim a donné un coup de couteau à sa femme qui a dû être admise à l'hôpital. Faut-il signaler le fait à l'autorité prussienne, ou simplement dresser procès-verbal pour servir plus tard ? On pense que le juge de paix étant resté en fonction, c'est à lui à verbaliser et on lui parlera dans ce sens.

L'inspecteur de police allemand demande pour ses agents l'usage du corps de garde qui est à l'Hôtel de ville. On lui répondra que nous avons besoin de ce local pour nos propres agents.

Les nouveaux officiers prussiens se sont plaints de l'état de la caserne, qui est dans un très grand état de malpropreté : les matelas sont salis par les bottes des soldats qui y ont été couchés précédemment, le sol sur lequel on les étendait étant mouillé, de sorte que le dessous est aussi sali et presque pourri ; enfin il y a beaucoup de vermine.

Il s'ensuit que MM. les officiers refusent de faire entrer leurs hommes à la caserne, à moins de quelques changements à y introduire. On voudrait des lits de camps *(Britsche)* et des draps de lit, parce que les soldats arrivants viennent de Phalsbourg et n'ont pas quitté leurs vêtements depuis des mois.

On examinera s'il ne vaudrait pas mieux de faire des bois de lits simples, mais mobiles. Une commission composée MM. Wacker, Aug. Dollfus, Jundt et Stengel, examinera la chose et se mettra en rapport avec la Commandatur.

Un avis de celle-ci annonce que pour les troupes de la garnison, on ne devra plus, chez les particuliers, que le logement, le chauffage et place au foyer pour cuire leurs aliments. Mais il faut faire savoir au public que cette disposition ne s'applique pas aux soldats de passage, ni au premier jour de ceux qui doivent rester en ville. Pour que les particuliers sachent à quoi s'en tenir, le billet de logement portera une indication qui dira s'il est avec ou sans nourriture.

M. Philippe Bernheim, rue Saint-Nicolas, a refusé de loger un officier. On l'a envoyé à l'hôtel à ses frais, et on lui fera dire de régler cette affaire avec l'hôtelier, sinon, une autre fois, on lui enverra une garnison de 20 hommes.

Dans la journée d'hier, il y a eu encore de nombreuses réquisition de voitures : une quinzaine. Le commandant de Place à qui on s'en est plaint, a promis de nous ménager à l'avenir.

Le Conseil s'occupe de nouveau de la question des houilles, qui devient de plus en plus urgente. On parle de faire un recensement de ce qui existe et de faire une démarche auprès de M. Bismarck-Bohlen, gouverneur d'Alsace, pour obtenir qu'il nous en arrive.

Le sous-préfet a de nouveau donné l'assurance d'un train

par jour de Sarrebrück, mais il paraît que les convois militaires l'empêchent d'arriver. Quant aux houilles de Ronchamp, il faudra s'entendre de nouveau avec le général von Treskow. Il paraît qu'on a demandé que les voitures de Ronchamp aillent en convoi, avec un surveillant civil qui veille sur elles et qui soit muni d'une autorisation régulière du général. Les houilles une fois arrivées de Ronchamp à Sentheim, il faudra obtenir de les faire venir ici par le chemin de fer. Enfin, il y a beaucoup de houilles de la Loire à Bâle ou même à Saint-Louis, tout près de là. Il faudrait donc trouver le moyen de faire venir cette dernière. M. Jean Dollfus est chargé de faire les démarches nécessaires pour que, de ces différents points, les houilles puissent arriver.

Enfin, le Conseil s'occupe encore de l'incident d'hier soir, et une commission de 5 membres est chargée d'aller à la Commandatur, pour réclamer contre cette mesure inique de faire voyager des conseillers municipaux ou des notables sur les locomotives de Mulhouse à Dannemarie, pour en assurer la sécurité.

Comme il y a encore beaucoup de contributions directes à rentrer et que la ville a droit à une partie de ces fonds, on propose de partager entre les conseillers municipaux les noms des retardataires, pour que chacun fasse auprès de ceux qui lui sont tombés en partage les démarches nécessaires pour qu'ils paient leur dû à l'agent de M. Pillot, percepteur, ou au conseiller municipal qui leur aura signifié l'avertissement.

La répartition des noms de ces contribuables en retard, entre les membres du Conseil municipal, est remise à une séance extraordinaire qui aura lieu ce soir.

Jeudi, 29 Décembre 1870

Séance du soir.

Absents : MM. Jean Dollfus, Bock, Boeringer, Jundt et Laederich.

La répartition, dont il est question à la fin de la séance de ce matin, est pratiquée ; les conseillers feront diligence pour engager les contribuables à verser les sommes dues et qui seront encaissées à domicile par un agent de M. Pillot.

On passe à l'ordre du jour de demain, de sorte qu'il n'y aura pas de séance Vendredi matin.

Il a été convenu avec le commissaire de police prussien qu'une des deux salles qui sont au bas de la mairie, sera cédée à ses agents et que celle dont la porte donne sur la rue Guillaume-Tell est réservée aux nôtres.

M. Amédée Schlumberger fait connaître qu'il souscrit 500 fr. par mois, pour les trois mois indiqués comme présentant les plus urgents besoins pour nos pauvres.

Une lettre de la Commandatur fait savoir qu'on n'aura non plus à pourvoir à la nourriture du lazareth, mais qu'il incombe à la ville de livrer tout ce qui n'existe pas dans les magasins d'approvisionnement, comme médicaments, instruments, etc.

Dans la journée, nouvelle réquisition de voitures. Cependant on nous fait savoir que le rétablissement du chemin de fer jusqu'à Dannemarie permettra d'exiger moins de voitures pour le service de la poste aux lettres.

L'autorité prussienne nous informe qu'elle fera tous ses efforts pour faire venir de la houille à Mulhouse. Le commandant de Place a fait, dans la journée, une visite de cérémonie à la Mairie.

Une dépêche de la Banque de France à Bordeaux déclare Bâle impossible pour y établir une succursale. Il y aura lieu de faire des références à un autre comptoir, Chambéry par exemple, où M. Hartung, le directeur de la succursale de Mulhouse, pourrait être accrédité comme le mandataire de notre ville. On répondra en ce sens à Bordeaux et on charge une commission de cinq membres de poursuivre l'exécution de cette mesure.

M. Philippe Bernheim écrit qu'il consent à loger à l'hôtel les officiers qui lui seront attribués.

Le Conseil reçoit les renseignements demandés sur la veuve Koch, et comme ils indiquent une grande gêne dans sa famille, on vote l'admission provisoire de cette veuve à l'hôpital, aux frais de celui-ci, en attendant que le Conseil d'administration vote sur son admission définitive.

Samedi, 31 Décembre 1870.

Absents : MM. Jean Dollfus, Naegely, Romann, Beugniot, Roth, Laederich, Gerbaut, Dujardin.

La pétition de la femme Beck nous est renvoyée par la sous-préfecture prussienne, pour qu'on prenne des renseignements qui doivent lui être transmis. On prendra ces renseignements.

L'appartement occupé par M. le commissaire de police prussien chez Mme veuve Lugino, étant devenu vacant, on réglera le loyer dû.

Les officiers allemands ont de nouveau demandé une indemnité en argent pour leur pension, tout en restant logés chez les bourgeois. Il ne peut être fait droit à leur demande, que s'ils veulent se charger de se loger eux-mêmes, car, en logeant les officiers, les particuliers ont presque autant d'embarras que s'ils leur donnent aussi la pension.

Cinq femmes de gendarmes en résidence à Mulhouse, réclament de nouveau des secours de la municipalité; il leur a déjà été accordé 100 fr. Une sixième femme est arrivée à Mulhouse, et toutes ont beaucoup d'enfants. On leur vote un secours de 20 fr. par mois et par famille, espérant pouvoir un jour récupérer cette somme sur l'Etat.

M. Aug. Dollfus rend compte des travaux à faire à la caserne, pour la rendre habitable pour les nouveaux soldats. La commission propose de faire par chambrée quatre lits de camp, dont le dernier serait mobile de façon à obtenir de la place pendant le jour. On fera cet essai dans une salle, et on demandera aux Prussiens si la chose leur convient, avant de terminer.

Les planches employées pourront servir plus tard.

M. Jundt voudrait qu'on proposât aux Prussiens d'entrer pourtant à la caserne, à titre provisoire, pour débarrasser les habitants.

Un boucher de cette ville met à la disposition de la Mairie, pour les pauvres, 50 kilos de bœuf. Accepté avec remercîments.

La souscription pour les pauvres a été signée par M. Jean

Dollfus, qui fournira 20,000 fr. en trois mois, et par M. Steinbach qui fournira 10,000 fr. Le premier fait en outre distribuer 1200 portions de soupe par jour.

Le conseil de la Banque de Mulhouse a envoyé une dépêche à Bordeaux, pour faire adopter Chambéry comme lieu d'escompte pour Mulhouse. La municipalité appuyera la chose en faisant la même demande.

M. Jean Dollfus a remis hier son compte de dépenses pour habillements, etc., qui ont été terminés et expédiés. Ce compte s'élève à la somme de 99,508,05 fr. Mais le tout n'est pas imputé au crédit extraordinaire pour nos soldats, une partie de cette somme a payé les gilets de flanelle de réquisition, de sorte qu'il faudra séparer ce compte du total. L'examen des pièces fournies par M. Dollfus est renvoyé à la commission du budget ou des finances.

Le compte des bottes, clous et fers fournis aux Prussiens, s'élève à la somme de 19,350 fr., d'après M. Boehler.

M. Jean Dollfus a fait toutes les démarches possibles pour faire arriver de la houille à Mulhouse, d'abord celle qui est à Saint-Louis, puis celle qui est en Suisse, et, pour celle-ci, pour qu'elle ne perde pas de waggons, par saisie prussienne, on lui offrira autant de waggons vides qu'elle en fournira de pleins.

On propose aussi de chercher à obtenir la signature du général von Treskow lui-même pour que les convois des voitures de houille venant de Ronchamp soient respectés. M. Steinbach s'offre d'aller encore à cette intention chez M. le sous-préfet prussien.

L'autorité allemande nous fait savoir que le sieur Valentin, envoyé à Dannemarie sur le chemin de fer comme

A. Fonctionnaires français. Pl.

JULES GROSJEAN
Préfet du Haut-Rhin.

ALPHONSE HEINRICH
Sous-préfet de Mulhouse.

CHARLES OBERLIN
Secrétaire de la sous-préfecture de Mulhouse.

notable, est de retour sain et sauf et a été traité convenablement. Cependant, il a été conduit à la gare entre six fusiliers.

On vote de ne pas faire exécuter cette nuit-ci la sonnerie de minuit, pour annoncer la nouvelle année.

Lundi, 2 Janvier 1871

Absents : MM. Jean Dollfus, Romann, Beugniot, Gerbaut, Tagant, Schoen, Roth, Naegely.

Le président annonce une lettre de M. Engel-Dollfus, qui annonce la répartition de la somme restant de l'ancienne souscription pour les ouvriers sans travail, lors de la guerre d'Amérique ; la quote-part de la ville sera de un peu plus de 12,000 fr.

Une deuxième lettre, de M. de Speyr, mentionnant un versement de 3000 fr. à M. Heinrich, sur le crédit qui lui a été voté.

Une troisième lettre de M. Scheidecker, charcutier, annonçant l'envoi de 100 fr. pour les pauvres, en place des étrennes qu'il sert à ses clients.

Une autre, de M. le maire de Vesoul, qui dit que cette ville est frappée d'une forte réquisition de bas de laine, et qui demande des renseignements sur le moyen de s'en procurer. On lui répondra de s'adresser à Bâle.

Une autre lettre de l'autorité prussienne est relative aux lièvres saisis et qui viennent de Dinglingen (Bade). Il résulte de cette lettre que cette question sera portée devant les tribunaux, ce qui semble indiquer leur prochain rétablissement.

M. Bock s'est entendu avec le commandant de Place, pour qu'il n'arrive plus de réquisition après 7 heures du soir, la municipalité entendant se retirer à cette heure. Le commandant est d'accord et désire seulement que M. Steiger reste à son poste, dans le cas où des troupes à loger arriveraient.

M. Perret, professeur de chimie, demande 5000 kilos de houille pour le laboratoire. Dans les circonstances actuelles, M. Steinbach permet qu'on s'adresse à sa maison, mais pour une moindre quantité, 2000 kilos, environ.

Nous recevons de l'autorité prussienne une feuille imprimée, l'*Amtsblatt*, et on nous demande un accusé de réception. Cette feuille doit être à la disposition du public. Elle contient divers avis nous intéressant et intéressant le public, par exemple, les amendes contre ceux qui engagent des soldats pour la France ; une liste à dresser de tous les hommes de 17 à 40 ans ; confiscation des biens de ceux qui ne se rendront pas à l'appel, etc.

M. Hartmann (fils d'Antoine) a été visiter les prisonniers français en Allemagne, surtout dans les villes du Nord. Il a fini partout, à force de patience, par triompher des obstacles qu'on lui opposait et a pu pénétrer chez nos prisonniers et leur distribuer les secours dont il était chargé. Il ne fait pas un trop triste tableau de leur état ; à Magdebourg il y en a 250,000 (?) ; à Stetten 12,000. Ce sont ceux-ci qui sont le plus mal.

Il résulte de ces renseignements que le meilleur moyen de venir en aide à nos prisonniers, c'est de leur adresser directement les secours par des agents *ad hoc*, et il serait bien utile de pouvoir employer l'agent qui a déjà voulu remplir ce rôle, M. Hartmann.

M. Scheidecker, charcutier, a eu des désagréments relatifs au change de l'argent prussien. Un soldat a voulu d'abord de la monnaie pour un billet de 30 thalers et, sur le refus du charcutier, il a demandé une livre de lard pour avoir de la monnaie. M. Scheidecker, ayant encore refusé, les soldats prussiens l'ont arrêté, mais relâché peu de temps après. Cette question du change et de l'argent prussien présente des difficultés pour lesquelles il sera nécessaire de s'entendre avec l'inspecteur de police prussien ; en tout cas, on ne peut admettre qu'on échange un gros billet prussien contre l'acquisition d'un objet de mince valeur pour se faire donner beaucoup de monnaie française.

M. Steinbach s'offre pour de nouvelles démarches à faire auprès du sous-préfet prussien et ailleurs pour obtenir de la houille. Le sous-préfet dit qu'il a bien promis de faire venir un convoi de houille de Sarrebrück par jour, mais qu'il ne se peut expliquer d'où viennent les retards, il a appris seulement que de ces convois sont arrêtés à Strasbourg, à Lutterbach, etc.

On avait proposé d'employer, pour aller à Sarrebrück, une locomotive et des waggons que la Société de Ronchamp avait achetés pour y chercher de la houille, mais le sous-préfet n'a pas donné son appui à ce mode d'exploitation.

M. Bock annonce que M. Jean Dollfus a reçu une lettre qui autorise la circulation des houilles entre Sentheim et Mulhouse.

Hier, le chirurgien en chef de l'ambulance est venu annoncer le départ de celle-ci, en demandant que les médecins de Mulhouse prennent le service de l'hôpital de la rue Koechlin. Il en résultera une grande économie pour la ville, car le personnel de cette ambulance est nombreux, et il y a en outre beaucoup de chevaux. M. Aug. Dollfus et M. Heilmann s'entendront, pour cette transmission, avec M. Müller, le chirurgien en chef.

M. Dujardin a autorisé une nouvelle réquisition pour cet hôpital et l'a confiée à M. Braun, qui s'occupe déjà de toutes les affaires de cette ambulance.

La Commission des finances est à renouveler; on propose d'y mettre M. Dujardin, en remplacement de M. Nicolas Koechlin et d'y conserver les membres qui y étaient déjà : MM. Engelmann, Boeringer, Steinbach et Lantz.

On vote que les séances quotidiennes du Conseil municipal auront lieu dorénavant à 5 heures $^1/_2$ du soir, la Commission exécutive se réunira une demi-heure avant.

Mardi, 3 Janvier 1871

Absents : MM. Romann, Jean Dollfus, Weber, Beugniot, Laederich.

Présidence de M. Aug. Dollfus.

Plusieurs veuves d'employés de la ville, ne pouvant en ce moment toucher le quartier échu de leur pension, s'élevant à la somme de 222,35 fr., en demandent le payement à la ville. Le Conseil autorise le payement à titre d'avance au Trésor.

M. Baumert-Scheidecker a versé pour les pauvres une somme de 100 fr. ; ce don est accepté avec reconnaissance.

Le président communique l'état des recettes de l'octroi

pour le mois de Décembre écoulé; elles s'élèvent à la somme de 33,238.13 fr. et présentent une diminution de 31,784.20 fr. sur le mois correspondant de 1869.

Les recettes pour les droits de halle et de marché présentent également un déficit. La diminution de tous ces droits pour l'année 1870 sur l'année précédente est de 118,047,23 fr., et se répartit exclusivement sur les derniers mois, les premiers ayant présenté une augmentation sur les mois correspondants de l'année précédente.

Sur l'observation faite par le président que d'habitude une gratification est allouée au Nouvel-An au concierge et aux plantons, mais que, pour cette année, il y aurait lieu d'en augmenter le chiffre en considération du surcroît de travail que ces employés ont eu ces derniers mois, le Conseil décide qu'une gratification de 100 fr. sera payée au sieur Strub, concierge, de 75 fr. à chacun des plantons Scheidecker et Ring, et de 25 fr. au planton Gohr.

Le Conseil donne son approbation à une recette de 980 fr. faite par M. Lantz, pour une nouvelle vente de denrées provenant de notre magasin d'approvisionnement.

La commission chargée de faire à la caserne les installations demandées par le commandant de Place, n'a pu tomber d'accord avec ce dernier, dont les exigences seraient trop onéreuses pour la ville si elle devait y faire droit; en effet, il demande non seulement des lits de camp, dont on a garni l'une des pièces à titre d'essai, mais encore des draps de lits pour chacun de ces hommes.

Ce n'est qu'à cette condition qu'il consentirait à prendre possession du local. La commission ne pense pas qu'il y ait lieu de faire une dépense aussi considérable, elle propose d'attendre que le bataillon actuel soit changé, ce qui ne peut tarder, pour essayer, quand viendra un nouveau bataillon, de le faire entrer à la caserne qui est actuellement en bon état d'entretien.

Sur les indications de M. Guerber, commissaire central, le service des agents de police est ainsi organisé : huit d'entre eux sont adjoints aux employés d'octroi, deux aux gardes champêtres, dix resteront à la disposition de la municipalité ; partie de ces derniers pourront être employés comme gardes de nuit auxiliaires.

Lettre de M. Jean Dollfus qui fait connaître les démarches faites à Berne et à Strasbourg par la Compagnie du Central suisse, au sujet de la saisie faite par les autorités prussiennes du matériel dont elle s'est servi pour l'exploitation de la ligne de Bâle à Mulhouse, et de l'interruption de cette exploitation, malgré la convention qui était intervenue.

La Compagnie espère que tout le matériel qui n'appartient pas à la Compagnie de l'Est sera restitué ; quant à ce dernier, il y a lieu de craindre que la saisie soit maintenue, les autorités allemandes n'ayant pas encore paru comprendre la gravité de l'atteinte qu'ils ont portée à une propriété privée, au mépris des engagements pris par le général von Schmeling.

La Compagnie suisse fait espérer qu'à la suite des négociations qui sont en cours, elle pourra établir des trains pour amener les houilles de Sarrebrück.

Le service de l'ambulance de la rue Koechlin ayant quitté, le Comité international des secours aux blessés a bien voulu se charger de la gestion de l'établissement ; des démarches ont été faites pour que les vivres soient fournis par le magasin prussien.

Des vols de houilles sont signalés comme se commettant tous les jours à la gare, mais par suite de la suppression de la police, il est impossible de prendre les mesures énergiques que les circonstances commandent.

La Commission des finances nommée hier faisant double emploi avec celle qui a été chargée de l'emprunt de la ville, le Conseil décide qu'il n'y aura qu'une seule, et qu'on lui adjoindra M. Jean Dollfus, le seul membre qui ne faisait pas partie de deux commissions.

Communication d'une lettre du commandant de Place qui dit que le général von Treskow a déclaré que la grande concentration des troupes autour de Belfort étant exigée par les secours que la ville de Mulhouse donne à cette place, il ne se croit plus obligé de maintenir la neutralisation des voitures allant de Ronchamp à Sentheim, et que les voituriers iront à leurs risques et périls.

Un membre donne ensuite lecture de la traduction du numéro de l'*Amtsblatt* qui nous a été adressé. On décide qu'on ne se soumettra point à des exigences si contraires à la dignité des membres du Conseil et à leurs devoirs de citoyens français.

Mercredi, 4 Janvier 1870.

Absents : MM. Jean Dollfus, Romann, Gerbaut, Beugniot.

Le terrain appartenant à la ville entre l'Entrepôt et la route de Riedisheim est loué à M. Burgard, marchand de bois. Le bail étant échu depuis le 31 Décembre, le président propose de le louer aux anciennes conditions pour un an encore. Adopté.

Plusieurs vols ont été commis dans différentes parties de la ville. On appellera sur ce point l'attention des gardes de nuit.

Les Prussiens ont demandé un poste de gardes rue Kléber, ils y veulent tenir 30 hommes ; il a fallu installer ce poste et le munir du nécessaire.

L'ambulance de la rue Koechlin est partie et remplacée par une nouvelle qui a moins de médecins et d'infirmiers et pas de cuisiniers, ni de chevaux ; nous gagnons donc au change, de plus les denrées ordinaires seront fournies par le magasin d'approvisionnement, mais la pharmacie sera comme auparavant à la charge de la ville et, de plus, il a fallu remplacer un certain nombre de couvertures qui étaient la propriété de l'ambulance qui part.

Un sous-officier de cavalerie demande la réparation de l'écurie qui est installée à la gare ; il sera fait droit à cette demande.

Il y a des plaintes sur l'enlèvement imparfait des boues de la ville. On avertira l'entrepreneur et on le surveillera. Les ouvriers de la ville seront chargés de veiller à la rupture et au prompt enlèvement des glaces des rues. On se plaint surtout de celles de la rue des Bons-Enfants, qu'on attribue aux eaux de la brasserie Degermann, qui sera mise en demeure de les conduire hors la ville dans une voiture *ad hoc*.

Un grand nombre de voitures de la ville ont été conduites à La Chapelle et sont retenues là ; c'est un grand embarras et une grande dépense pour la ville. On vote donc une commission pour aller chez le commandant de Place et réclamer la rentrée de ces voitures.

Les membres de cette commission se feront accompagner des entrepreneurs de roulage qui sont en partie engagés dans cette affaire de transport.

On a réquisitionné de la ville des voitures sans attelage, de sorte que nous avons maintenant une vingtaine de chevaux sans voitures ; on réclamera celles qui nous appartiennent.

M. Trapp, présent à la séance, rend compte des démarches qu'il a faites avec MM. Steinbach et Jundt, relativement aux houilles de Bâle.

On espérait le rétablissement du chemin de fer de Bâle à Mulhouse, et le sous-préfet prussien pensait qu'une démarche à Bâle pouvait y aider ; c'est pour quoi ces messieurs s'y sont rendus hier. Mais là se sont présentées des difficultés sans fin. M. Schmidlin, le directeur du Central, s'est adressé à Berne et à Strasbourg pour lever ces difficultés, mais sans succès. Les Prussiens disent qu'ils ont rompu la voie, parce qu'elle était exploitée par du matériel français. Ils ont ainsi saisi illégalement, puisqu'ils avaient admis la neutralisation de ce tronçon de chemin de fer. Ils refusent de rendre ce matériel, parce que la Compagnie de l'Est ne remplit pas ses engagements envers l'Etat, en n'exploitant pas la ligne et ils disent maintenant que l'Etat, c'est l'Etat Prussien.

Par contre, M. Jacquemin, directeur de l'Est, se refuse à toute circulation sur la partie de voie dont il est encore le maître, de Bâle à Saint-Louis, tant que les locomotives et waggons de sa compagnie ne lui seront pas rendus.

Il se refuse même à toute transaction, comme échange

de waggons vides contre des waggons pleins, ou convois appartenant à des particuliers pour aller chercher de la houille à Bâle. On lui objecte en vain les urgentes nécessités de Mulhouse, toute une population sans travail et sans pain, si on ne reçoit pas de houille.

Il renvoie à Bordeaux pour toutes les réclamations, mais comme dans les dépêches on ne peut expliquer toutes les choses, M. Trapp propose d'y envoyer des délégués.

MM. Koechlin-Seinbach et Chauffour s'opposent à cette démarche, parce que ce serait légitimer en quelque sorte l'acte commis par les Prussiens, qu'il est impossible que le gouvernement français entre dans cette voie et qu'il ne faudrait pas même le lui proposer. M. Trapp, par contre, voudrait que, laissant la question politique de côté, on ne songeât qu'à la famine imminente et la démoralisation de Mulhouse, si le combustible vient à manquer.

Il est vrai qu'on pourra organiser avec quelque peine des convois de voitures attelées pour conduire la houille de Bâle à Saint-Louis, mais cela sera très cher et toujours insuffisant. Une voiture ne peut faire le trajet que deux fois par jour et la dépense sera au moins de 5 fr. par tonne.

Il ne resterait donc que la ressource d'un convoi privé, composé d'une locomotive et d'une série de waggons achetés ou loués par des industriels de Mulhouse, pour aller chercher de la houille à Bâle, afin d'en avoir en quantité suffisante pour les besoins de l'industrie mulhousienne. C'est la seule chose qu'il s'agirait de demander à Bordeaux, mais faut-il y aller avant d'avoir pour cette mesure l'approbation des Prussiens, ou après ?

La question est longtemps discutée, cependant en dernier

lieu on décide que le gouvernement français aura la préférence. Faut-il que les délégués aillent à Bordeaux au nom de la municipalité ?

On décide que non ; ils seront choisis par la Chambre de commerce, iront en son nom, mais avec une recommandation du Conseil municipal.

On offrira à la Compagnie de l'Est une indemnité pour la circulation, sur sa voie. On vote dans le sens ci-dessus, à peu près à l'unanimité.

M. Steinbach, revenant de la gare, rend compte de ses démarches pour obtenir la circulation sur essieux de la houille entre Bâle et Saint-Louis. M. Schneider, le chef de gare, est extrêmement favorable à cette mesure ; il a immédiatement télégraphié à Saint-Louis pour qu'on accorde à à la gare des emplacements où loger la houille qui arrivera, et a prescrit des mesures pour qu'elle soit en sécurité.

Jeudi, 5 Janvier 1871

Absents : MM. Jean Dollfus, Romann, Beugniot, Roth.

Lecture de quelques dépêches imprimées, des environs de Dijon, du général Faidherbe, de Versailles, etc.

La Chambre de commerce ne se réunira que demain pour nommer les délégués pour Bordeaux, afin d'y traiter la question du transport des houilles de Bâle à Saint-Louis.

Relativement aux installations à la caserne, M. Aug. Dollfus dit que l'officier avec lequel il a examiné la question, a paru satisfait des lits de camp, il en voudrait surtout dans les petites chambres de la caserne de gendarmerie, parce qu'il a besoin d'y faire entrer une centaine d'hommes récalcitrants. Mais il exige en outre des draps de lits ; on tâchera d'esquiver cette demande, mais si elle revient, il faudra que le Conseil en décide.

La Mairie reçoit une requête du sous-préfet, en vertu de laquelle il donnerait son visa pour les biens que les prisonniers donneraient en caution pour être libérés, à la condition de ne plus porter les armes contre la Prusse. Ce visa garantirait que le gage fourni par les prisonniers a bien la valeur que leurs ayants droit lui ont assignée et qu'il est franc d'hypothèques. On vote de répondre d'une manière évasive, que la municipalité n'a pas qualité et n'a pas les éléments pour taxer ces biens, et qu'elle n'est pas à même de consulter le registre des hypothèques.

Le bail de M. Burgard, dont il a été question hier, est de 1500 fr. Vu la difficulté des circonstances, il demande une réduction à 1200 fr. Le Conseil rejette la demande.

On demande de la houille pour le bureau du télégraphe à la gare. Prière de s'adresser aux Prussiens, la ville n'ayant presque plus de houille disponible.

M. Aug. Dollfus a visité les deux ambulances qui sont pleines et risquent de devenir insuffisantes ; il faudra donc s'occuper de préparer, pour une troisième ambulance, l'Asile des vieillards ; les vieillards qui sont dans la maison seront transférés à l'hôpital.

Réquisition d'une voiture de place à l'ambulance de la rue Koechlin pour transporter des malades à la gare. On fait observer que ce genre de réquisition doit être signé en blanc, relativement au nom du destinataire, afin que M. Rey ou M. Montagnon puissent se l'appliquer, suivant que l'un ou l'autre de ces Messieurs aura des voitures stationnant sur la place du Nouveau-Quartier.

M. Henry Schwartz déclare qu'on ne doit plus requérir du bois de chauffage, parce qu'il y en a de disponible chez M. Gerbaut et chez Mme Wehrlen, à des prix déjà débattus.

On revient à la question du logement des officiers par abonnement pour les particuliers. M. Dujardin expose les calculs qu'il a faits à ce sujet. Il y a en moyenne de 65 à 67 officiers en garnison à Mulhouse. Le prix d'abonnement pour le tout serait de 27,000 fr. par mois, et les personnes qui sont taxées pour officiers pourraient être exonérées du logement et de la pension, en payant 60 fr. par mois, par officier. Mais il faudrait toujours réserver les cas de force majeure comme grands passages de corps de troupes, et se soumettre en outre à loger à son tour les troupes de passage.

M. Steinbach voudrait qu'on s'entendît avec les hôteliers pour les prix et que les officiers fussent obligés d'aller loger à l'hôtel que désigne la personne pour qui est le billet de logement, ainsi que cela se pratique à Strasbourg. On répond qu'à Strasbourg, le général commandant est dans une position supérieure, devant laquelle les officiers sont bien obligés de plier, ce qui n'est pas le cas à Mulhouse, où le commandant n'est guère plus que l'égal des autres officiers.

M. Lantz dit que le prix d'abonnement devrait diminuer aux hôtels, parce que les brosseurs sont nourris à la caserne, mais des hôteliers se refusent à cette concession.

On vote de faire un essai d'abonnement pour deux mois.

la ville se réservant de dénoncer son engagement un mois à l'avance, si elle n'y trouve pas son compte, que les particuliers sont libres de s'engager, qu'on fera connaître à chacun à combien d'officiers il est taxé, et qu'enfin, si le nombre des souscripteurs est minime, la ville se réserve de ne pas donner suite à la chose.

M. Steinbach fait observer que par suite des vivres que reçoivent les soldats, la proportion d'un officier correspondant à 5 soldats n'est plus juste, et qu'il faudra réviser cet article. La commission avisera. M. Jundt demande à ne pas rester seul chargé de la répartition des logements militaires, ce qui donne lieu à trop de tracas et de réclamations.

M. Lantz a parlé au commandant de Place des voituriers trop longtemps retenus en réquisition et a obtenu qu'ils puissent au moins temporairement retourner chez eux. Il a aussi fait des réclamations pour la voiture de déménagements depuis si longtemps égarée ; on lui a dit qu'elle devait être à Altkirch ou à La Chapelle et que c'est là que le propriétaire devait la réclamer avec un billet de la Commandatur.

Vendredi, 6 Janvier 1871

Absents : MM. Jean Dollfus, Beugniot, Romann, Boeringer.

La Chambre de commerce a nommé pour délégués à Bordeaux, relativement aux houilles, MM. Koechlin-Schwartz et Jundt, pour lesquels on préparera la lettre de recommandation promise par la municipalité.

M. Wacker dit que l'officier, avec qui on a traité de l'installation de la caserne, voudrait que surtout on pût y faire aller les Polonais qui sont difficiles à conduire. M. Wacker a tâché d'esquiver la question des draps et probablement les Polonais entreront sans en avoir.

Un autre officier prussien voudrait des lits de camp mobiles ; dès qu'on sera d'accord avec lui, on chargera plusieurs entrepreneurs de les livrer, pour aller plus vite. Le conseil vote cette dépense.

M. Henry Schwartz craint que le séjour des troupes à la caserne ne nous coûte beaucoup de combustible ; on lui répond qu'ils en consomment aussi beaucoup chez les particuliers. On nomme pour aider M. Jundt dans la répartition des logements militaires, ou, pour le remplacer au besoin, MM. Boehler, Engelmann, Gerbaut, Mercklen. Ces Messieurs pourront prendre des auxiliaires en dehors du Conseil municipal, ou même des aides payés. Il y a bien des difficultés pour arriver à une exacte répartition proportionnelle.

La Mairie reçoit de la préfecture de Colmar de nouveaux titres d'engagement de biens pour des prisonniers qui veulent rentrer en France. On répondra comme hier.

Le sous-préfet, Dr Schultze, fait savoir qu'il y a à la disposition de la ville six waggons de houille de Sarrebrück. C'est à la municipalité de les distribuer aux plus pressés ; il faudra donc, pour en enlever, une autorisation de la Mairie, qui garantira en même temps la solvabilité du preneur. On ne donnera que par waggons entiers. La Commission exécutive propose de garder un waggon pour les besoins de la ville et de distribuer les cinq autres à

MM. Haeffely, Charles Mieg, Trapp, Frères Koechlin, Koechlin-Schwartz. MM. Charles Mieg donneront 2000 kg à M. Strohl pour les soupes économiques du Patronage.

Le Conseil reçoit avis du décès d'un nommé Gerspacher de la Légion du Rhône. Cet avis sera transmis à l'état-civil, pour y être inscrit.

La Commandatur nous informe que le bataillon en garnison à Mulhouse a besoin d'argent français contre des bons de caisse prussiens. On décide qu'on l'engagera à s'adresser à la maison Oswald, de façon qu'ils payent eux-mêmes le change, et dût-on en payer une partie, il vaudrait encore mieux en agir ainsi que de charger la municipalité de ce change.

L'Asile des vieillards doit commencer aujourd'hui à recevoir des malades prussiens, il faudra donc se hâter pour les installations nécessaires. L'hôpital prendra chez lui les lits de bois, et les invalides admis dans l'Asile. Les lits de fer qui y sont déjà y resteront et l'hôpital fournira des lits de fer pour les lits de bois qu'il retire de là. L'Internationale fournira en outre 40 lits et le reste du matériel. M. Schwartz est chargé de fournir ce dernier au compte de la ville.

On a accordé au bibliothécaire de la Cité une bourse pour son fils, à la condition de faire rentrer tous les livres de cet établissement qui sont dehors et à classer tous ces livres. M. Aug. Dollfus propose en outre de faire rouvrir cette bibliothèque, surtout en ce moment où il y a tant d'ouvriers sans travail. Adopté.

Le crédit pour pensions aux familles des mobiles et des soldats se trouvant épuisé, on demande à le renouveler pour un mois, celui de Janvier; c'est une nouvelle avance de 15,000 fr. à l'Etat. Le crédit est voté.

Fonctionnaires français.   Pl. 25

LOUIS LOEW
Président du Tribunal civil.

ARMAND WEISS-ZUBER
Substitut du procureur impérial.

A cette occasion, M. Steinbach demande qu'elle est la différence entre les mobilisés et les mobiles. On répond que, avec ceux-ci, il y a un engagement légal, tandis que les premiers n'ont droit qu'à un secours de bienfaisance basé sur l'appréciation de leurs besoins. Les mobilisés, étant mieux payés que les mobiles, pourraient envoyer quelques secours à leurs familles.

Aux écuries du chemin de fer, les perches servant d'attaches aux chevaux sont tout à fait rongées, il faudra les recouvrir de fer-blanc et aussi fournir quelques anneaux d'attaches. Le Conseil vote cette dépense, en priant M. Wacker de l'exécuter.

On donne de Ronchamp des renseignements sur l'armée allemande qui se concentre entre Vesoul et Montbéliard. L'armée prussienne a fait saisir des locomotives appartenant à la Compagnie de Ronchamp. On signale des cartes allemandes, exécutées il y a plusieurs années, où l'Alsace et la Lorraine, avec leurs noms allemands, sont déjà incorporées au reste de l'Allemagne.

Samedi, 7 Janvier 1871

Absents: MM. Jean Dollfus, Boeringer, Romann, Beugniot, Jules Dollfus, Jundt, Huguenin.

La Chambre de commerce a désigné MM. Koechlin-Schwartz et Jundt comme délégués pour aller à Bordeaux traiter la question des houilles à venir de Bâle ici. Mais comme on a appris que M. Jacquemin serait disposé à modifier ses opinions absolues, MM. Jundt et Huguenin ont été aujourd'hui à Bâle pour en conférer avec lui. Ce ne sera qu'en cas d'insuccès que MM. Koechlin-Schwartz et Spoerry, celui-ci en remplacement de M. Jundt, se rendront à Bordeaux.

MM. Aug. Dollfus et Wacker ont fait une nouvelle visite à la caserne, de concert avec un officier prussien, qui paraît mieux disposé que le premier et qui veut de suite faire entrer les Polonais à la caserne, puis plus tard tous les soldats qui y ont place, à mesure que les installations seront faites. Il n'a plus été question de fournitures de draps.

M. Weiss-Fries, de Kingersheim, demande à être compris dans la distribution de la houille. Quatre des waggons arrivés hier n'ont pas reçu la destination qui leur était assignée; par suite d'un malentendu, ces waggons ont été livrés à la maison Koechlin-Steinbach. On avertira de ces erreurs les maisons qui devaient avoir de la houille hier.

M. Bock a répondu à la Commandatur, relativement au change des billets prussiens. On adressera les officiers prussiens à la maison Oswald Frères.

Une lettre de la Commandatur désire qu'on établisse une salle d'ambulance à la gare, pour les malades arrivant par le chemin de fer. Ceux-ci, après quelques heures de repos, peuvent ou continuer leur route ou être réexpédiés à Belfort, de sorte qu'ils embarrasseraient inutilement nos ambulances et causeraient encore des frais de voitures. A l'aide de cette mesure, celles-ci ne seraient pas encombrées et on n'aurait pas besoin de l'Asile des vieillards. Le nouveau chirurgien en chef est très bien disposé en ce sens : il fait, du reste, espérer que la ville sera un jour dédommagée des frais qu'elle fait pour les malades.

Une lettre de l'inspecteur de police dit que des mesures sont prises pour augmenter la compétence des Conseils de guerre. Il veut qu'on en informe le public par les voies ordinaires de publicité et qu'on en agisse de même pour l'*Amtsblatt* ? On décide qu'on affichera au bas de la Mairie ces pièces d'avis prussiens.

On annonce que M. Grumler veut fournir de la houille à 65 fr. la tonne ; c'est de la houille de Saint-Etienne, qui brûle mal. M. Lantz espère en obtenir de meilleure qualité et à plus bas prix chez MM. Koechlin, meuniers.

On demande pour une écurie à la gare de nouvelles crêches. M. Heilmann dit que pour le mètre de ce meuble on demande 4 fr. M. Stengel ira visiter les lieux et fera un échantillon de la crêche demandée, pour savoir si elle convient ainsi, et quel en sera le prix.

Réquisition d'un fourneau au bureau du commandant d'Etapes.

Les troupes arrivées cette nuit ont causé beaucoup d'embarras en ville, en réveillant les gens même pour qui elles n'étaient pas destinées. On s'en est plaint au commandant, avec prière de les laisser à la gare jusqu'au matin. Il a répondu que ces hommes avaient souvent faim, et qu'ainsi il ne pouvait les garder là. Mais sur l'offre de la municipalité d'avoir des vivres prêts, si des soldats étaient signalés pour la nuit, le commandant a accepté de les faire rester à la gare.

Aujourd'hui sont arrivés 4 prisonniers. La Mairie s'est occupée de pourvoir à leurs besoins ; 3 étaient en bourgeois et les explications qu'ils ont données n'ont pas paru satisfaisantes; ils n'ont pas l'air de militaires.

La ville a une réserve de 3200 sacs de blé, dont 200 ont été fournis à l'Institut des pauvres contre payement.

Le Conseil approuve cet emploi et vote qu'on pourra encore pour le même but disposer de 300 autres sacs, d'ici le 15 Janvier. Il restera ainsi encore une réserve de 1700 sacs.

Une lettre de M. le maire de Chambéry annonce que les arrérages de rente pourront être touchés à la Recette générale de cette ville, à partir du 16 Janvier. Les établissements de bienfaisance auront à remplir une formalité supplémentaire.

M. Aug. Dollfus a versé au receveur municipal une somme de 698 fr. pour les plombages faits en douane ; c'est une recette acquise à la ville et une somme de 31,65 fr. pour droits sur quelques marchandises sorties de France.

Le Conseil approuve une nouvelle recette de 3235.30 fr., provenant d'une vente de denrées de notre magasin d'approvisionnements faite par M. Lantz.

On donne lecture de la lettre par laquelle on invite les particuliers à souscrire à l'abonnement pour le logement et la pension des officiers.

Réclamations contre l'impôt sur les chiens, au nom d'un failli et au nom d'un décédé.

Une publication ministérielle invite les souscripteurs des derniers emprunts à payer les termes échus. On demandera à Bordeaux que M. Pillot, percepteur de Mulhouse, siégeant à Bâle, puisse les recevoir. Ce serait ainsi un moyen pour la ville de rentrer dans les fonds qu'elle a avancés à l'Etat.

Réquisition d'une voiture à échelles à la gare, demain matin.

Réquisition d'une bière pour un cas de décès à l'ambulance de la rue Koechlin. On s'adressera au menuisier de l'hôpital.

M. Weninger ne veut payer le solde de ses contributions pour 1870 qu'avec la garantie de la ville, pour ne pas être exposé à les payer deux fois. On décide qu'on ne lui donnera qu'une garantie verbale.

Lundi, 9 Janvier 1871.

Absents : MM. Beugniot, Jundt, Romann.

Avant-hier, MM. Jundt et Huguenin ont vu à Bâle M. Jacquemin qui, quoique ayant reçu ordre de sa compagnie de ne se prêter à aucun service du chemin de fer, se prêterait à un convoi frêté par des particuliers pour chercher à Bâle des houilles de la Loire. Mais il ne voudrait pourtant agir que sur un ordre de son supérieur, M. de Franqueville, à Bordeaux.

La Cie P. L. M. s'est vivement plainte de la saisie de ses waggons par les Prussiens, et refusera de conduire de la houille en Suisse, tant que son matériel ne lui sera pas rendu. MM. Jundt et Spoerry (celui-ci remplaçant comme délégué M. Koechlin-Schwartz) verront le directeur de la Cie du P. L. M., à leur passage à Lyon, et tâcheront de le faire revenir sur sa détermination.

M. Tagant s'est rendu à la gare et a trouvé un local convenable pour un lazareth provisoire, mais le chef de gare a dit qu'il avait besoin de tous ses locaux, de sorte qu'il faudra s'adresser à la Commandatur, pour qu'elle prenne possession du local susdit par la voie de réquisition.

Le commissaire de police prussien a été prié d'envoyer trois exemplaires de l'*Amtsblatt*, afin qu'il puisse être convenablement publié par voie d'affiche, car étant sur les deux faces d'une même feuille, il faut déjà deux exemplaires pour un seul affichage.

M. Stengel a été à la gare pour s'occuper de l'installation des nouvelles mangeoires pour les chevaux; il s'occupera d'en faire d'abord un échantillon.

La commission des logements militaires s'est adjoint quatre membres bénévoles, elle doit avoir des réunions fréquentes pour examiner les réclamations; si elle ne peut les résoudre, elle s'adressera à la Commission municipale et si celle-ci encore est dans le doute, le Conseil tranchera la question pendante.

M. Marniesse, qu'on avait promis d'indemniser pour ses sacrifices au Manège, demande 2 fr. par jour pour l'entretien de chacun des dix chevaux, le salaire du palefrenier et une petite somme pour le dressage d'un cheval. On lui accorde ces dédommagements, et en outre, une somme de 350 fr. par mois pour être privé du produit de ses leçons d'équitation.

Le directeur de la succursale de la Banque de France, revenant de Bordeaux, déclare que la succursale de Chambéry pourra escompter les bordereaux qu'on lui enverra de

Mulhouse et qui seraient approuvés par lui, mais qu'il faudrait encore un agent spécial accrédité à Chambéry, au nom de Mulhouse, ce qui exigerait l'intervention d'un banquier de cette ville. A Bâle, il pourrait y avoir un dépôt d'espèces, où puiseraient ceux qui auraient eu des bordereaux approuvés à Chambéry. Mais ce mandataire serait probablement difficile à trouver et coûterait cher, sans pouvoir donner de garanties personnelles, de sorte que M. Lantz voudrait qu'on cherchât un autre remède, soit celui d'augmenter les fonds du Comptoir d'escompte, soit d'établir une nouvelle institution de crédit pouvant suppléer à la Banque.

Pour élucider cette question, il demande l'adjonction de M. Jean Dollfus à la commission déjà nommée *ad hoc*.

M. Tagant sera chargé de donner à MM. les agents de police des instructions positives sur leurs fonctions.

On propose de réunir de nouveau la commission des logements insalubres en vue de l'épidémie de petite vérole qui règne. A cette occasion, le commissaire de police prussien demande l'état des enfants à vacciner et celui des personnes qui ont droit à l'assistance.

On lui répondra que ces états n'ont jamais été stables à Mulhouse, mais qu'on engagera les médecins cantonaux et communaux à recommencer au plus tôt leurs vaccinations publiques.

Plusieurs centaines de prisonniers ont été faits par les Prussiens à Anjoutey, près de Belfort; ce sont surtout des mobiles du Rhône et de la Haute-Saône; 300 ou 400 sont arrivés ce soir à Mulhouse et il y a parmi eux un enfant de

Mulhouse, le fils de M. Dollfus-Dettwiller. On a assuré leur manger, on leur a procuré des vêtements chauds et un peu d'argent.

Le commandant a assuré que demain passerait un plus grand nombre encore de prisonniers.

Le magasin général d'approvisionnement de l'intendant prussien se trouvant dans les locaux de M. Joriaux, la ville, qui garantit ce local, fera faire auprès de la Compagnie intéressée un avenant pour risques locatifs.

Des pensionnaires de l'Etat demandent le payement de leur arriérage. On leur répondra que nous les payerons, si d'ici à quelques jours nous pouvons obtenir des fonds de l'Etat. Quant aux rentes, les intéressés devront, pour les toucher, envoyer les pièces à Chambéry à un banquier de leur choix; elles seront payées à partir du 16 courant.

Différentes infractions ont été commises aux règlements de l'octroi pour des houilles, pour de l'avoine, pour de la viande. Pour les deux premiers cas, les voitures ont été saisies, et comme le délit paraît excusable, on transigera. Mais pour les viandes, l'introducteur en fraude, un sieur Conrath, a insulté les agents et ils l'ont laissé filer sous les menaces qu'il leur a faites. On ne pourra que dresser procès-verbal, parce que nous ne voulons pas, pour la répression, nous adresser à l'autorité prussienne. Du bois a aussi été volé dans les forêts communales; les coupables ont été arrêtés. La gendarmerie prussienne a demandé ce qu'il fallait en faire. On tâchera de traîner la chose en longueur.

Le Dr Schultze, sous-préfet, fait savoir qu'un convoi de houille de onze waggons est arrivé de Sarrebrück et qu'il faut le distribuer au plus tôt, pour que les waggons puissent promptement retourner à Sarrebrück. Les membres du Conseil ont donc distribué ces waggons aux industriels les plus pressés, deux waggons à chacun des établissements suivants :

André Koechlin, Frères Koechlin, Trapp, Haeffély, Koechlin-Schwartz, un waggon à l'établissement Koechlin-Schwartz.

On aurait dû tirer au sort les établissements qui en ont besoin, mais il est encore difficile de faire ainsi exacte justice, car on ne sait pas quelle est la maison où le besoin est le plus pressant.

M. Jean Dollfus dit que le Bergamt devrait désigner à qui les waggons sont destinés, mais ces waggons sont destinés au chemin de fer qui les cède, parce qu'il a du superflu.

M. Dollfus insiste qu'une partie des houilles arrivantes soit destinée aux pauvres. M. Henry Schwartz en réclame aussi pour l'hôpital. Il dit que pour allonger la courroie, il mêle du bois vert des coupes récentes au bois sec qu'on brûle dans cet établissement.

M. de Lasablière demande que les pensionnaires du Collège puissent payer le prix de leur pension par mois, au lieu par trimestre, pour venir en aide aux parents gênés et pour le cas où ils seraient forcés de retirer leurs enfants, pour qu'ils ne paient pas au delà du nécessaire.

On arrive à la question financière que M. Lantz expose ainsi :

Dépenses prévues :
Termes échus sur des maisons.......... ⎫
Intérêts échus .... ⎬ 100,000 fr.
Emprunts échus .... ⎭
Dépenses ordinaires pour Janvier ....   45,000 »
Mandats faits et à faire sur notes ....   80,000 »
Voituriers ....   6,000 »
Cigares...............................   3,000 »
Sociétés des ambulances ....   10,000 »
Note Steinbach-Koechlin...............   20,000 »
Secours aux mobilisés, ateliers de charité   40,000 »
Notes Romann ....   13,000 »
Notes Wagner ....   3,000 »
Notes Montagnon et Rey ....   2,000 »
Avance Vaucher......................   23,000 »
Note Bléger..........................   2,000 »
Notes non mandatées ....   15,000 »
Chevaux achetés......................   6,000 »
Divers ....   10,000 »
Hospice ....   35,000 »
                      Total........ 413,000 fr.

Ressources :
Marchés et octroi ....   37,000 »
Rentrées dans nos avances à l'Etat ......   40,000 »
Rétributions des Ecoles ....   22,000 »
En caisse.............................   18,000 »
A rentrer de MM. de Speyr............ 130,000 »
  »   »   » .... 130,000 »
                      Total........ 377,000 fr.
Déficit : 36,000 fr.

M. Lantz propose, en conséquence, de contracter un nouvel emprunt à Bâle ou auprès de nos concitoyens. On offrira des cédules à 6 %, pour un an, portant intérêt du jour du versement, et ces versements à effectuer jusqu'au 31 Mars prochain.

Le commissaire de police prussien a demandé que les caisses des tambours des pompiers soient réunies à l'Hôtel de ville, pour qu'ils ne puissent provoquer une alerte en ville, surtout parmi les soldats de la garnison. Il voudrait du commandant des pompiers une garantie personnelle qu'ils ne batteront jamais du tambour.

M. Jean Dollfus a de nouveau traité de la question des houilles avec le Central suisse et espère arriver à un arrangement. M. de Bismarck-Bohlen a aussi répondu dans un sens favorable.

Mardi, 10 Janvier 1871.

Absents: MM. Romann, Beugniot, Jundt, Jules Dollfus, Müller.

Présidence de M. Dujardin.

De nouveaux waggons de houille ont été distribués, un à chacune des maisons suivantes : Franck & Boeringer, Naegely frères, Thorens, Dollfus-Mantz, Weiss-Fries, Heilmann frères.

Quatre waggons ont été réservés pour la ville, dont :
2 waggons pour l'Institut des pauvres,
1 à la caserne,
$1/2$ à l'hôpital,
$1/2$ au Werkhof.

MM. Dollfus-Mieg, l'Usine à gaz, Raphaël Dreyfus, arguant de leurs besoins, demandent à être compris dans les prochaines attributions.

M. Bock a été à la Commandatur pour qu'elle fasse une réquisition à l'effet d'avoir un local pour y installer un lazareth de passage.

On lui a répondu qu'il y aura là une commission d'Etapes qui avisera ; c'est aussi avec elle qu'il faudra traiter la question des vivres à fournir aux soldats arrivant la nuit par le chemin de fer, pour qu'ils n'aient pas à chercher leur logement au milieu de la nuit. La commission d'Etapes voudrait qu'on trouvât des chambres pour lazareth dans un des hôtels voisins, mais on pense que ceux-ci s'y refuseront.

MM. Bock et Tagant sont chargés de continuer leurs recherches pour un local : on cite la maison de M. Desforges, employé du chemin de fer, située sur la rue de Bruebach.

M. Stengel donne des renseignements sur l'installation des lits de camp à la caserne ; le travail est en train, on le prie de le hâter.

L'inspecteur de police prussien fait savoir qu'il n'admet pas les arrestations faites par les gardes forestiers, ni leurs procès-verbaux. Il est disposé à réprimer ces délits, mais il faut qu'on s'adresse à lui ou à ses agents ; les gardes forestiers qui agiraient autrement s'exposeraient à recevoir leur démission.

Le Conseil se pose la question s'il faut que nos agents se soumettent à l'autorité prussienne ou s'il faut laisser commettre des vols impunément, faut-il dire aux Prussiens de faire eux-mêmes la garde de nos forêts ?

On propose que nos agents fassent des procès-verbaux adressés à la Mairie et saisissent le bois volé, pour pouvoir plus tard revenir là-dessus. M. Tagant constate que la justice prussienne existe, puisqu'elle a puni de six jours de prison une tentative d'assassinat. On vote qu'on ne répondra pas à l'inspecteur prussien.

Une lettre du sous-préfet prussien demande que l'ordonnance relative à l'extension des Conseils de guerre soit enregistrée dans notre registre d'affichage, et que nous constations que cette ordonnance a reçu sa publicité dès le 1er Décembre. On lui répondra qu'il n'y a pas de registre pour les affiches et qu'il n'est à la connaissance de personne du Conseil, que la publication ait eu lieu au commencement de Décembre.

Le sous-préfet écrit aussi pour avoir des renseignements sur une voiture perdue, appartenant à un sieur Georges Weber.

M. Riss, directeur des Ecoles primaires, demande par lettre s'il doit continuer le traitement de M. Cuntz, professeur de gymnastique, qui est à l'armée. La Commission exécutive propose d'allouer à sa femme la moitié de son traitement. Le Conseil adopte cette somme de 700 fr. par an.

Quant à M. Basler, deuxième professeur de gymnastique, il continue à toucher son traitement de 300 fr., à condition qu'il reprenne ses leçons, et si elles augmentaient, il serait rétribué en proportion.

On lit la formule de la proposition de l'emprunt que la ville veut contracter; la souscription sera close le 25 courant, à midi.

La souscription extraordinaire pour secours aux pauvres monte déjà à 34,000 fr. par mois, pour les trois mois demandés, et la liste des personnes disposées à souscrire n'est pas encore épuisée.

M. Heilmann demande une salle à l'hôpital pour les varioleux à évacuer de l'ambulance de la rue Koechlin, afin que leur petit nombre ne confisque pas toute une grande salle de cet asile. On pense que l'on veut continuer à ne pas admettre de soldats prussiens à l'hôpital.

Nouvelles visites à la Mairie, qui demandent de l'argent en place du logement et de la pension qu'on leur doit; ces messieurs disent avoir mission de la Commandatur. Ils ont parlé de 15 fr. par personne et par jour pour MM. les lieutenants; 20 fr. pour MM. les capitaines, et 25 fr. pour le commandant. M. Dujardin fait observer qu'on peut entrer dans cette voie, tant qu'on n'aura pas la certitude qu'on aura assez d'abonnements, parce que la ville courrait le risque de trop grandes dépenses.

On décide qu'avant de répondre à ces officiers, qui doivent revenir demain à 11 heures, on ira entretenir de cette question M. le commandant de Place.

Mercredi, 11 Janvier 1871.

Absents : MM. Romann, Beugniot, Jundt.

Réquisitions multiples dans la journée, dont une est à signaler : c'est la demande de payer le change de 1500 thalers prussiens contre de la monnaie française. MM. Oswald ont demandé 10 centimes par thaler, et se sont contentés de 8 centimes qu'il faut que la ville supporte. M. Lantz dit qu'à l'avenir on devra pour cette question s'adresser à lui, et que si on a peu de temps devant soi, on pourra échanger les thalers prussiens contre de la monnaie, sans frais.

Réquisitions de barrières à établir pour les canons.

Réquisitions de douze guérites.

M. Heilmann veut examiner et veiller à l'exécution de ces objets.

M. Dujardin est entré en conférence avec M. Schmidt, inspecteur de police prussien, relativement à nos agents forestiers. Il lui a exposé la position difficile qui nous était faite en désorganisant notre justice, qui n'avait pourtant rien de polique ni de militaire, et que les Prussiens trouveraient eux-mêmes avantage à la voir fonctionner. L'inspecteur a convenu à peu près de ce tort et il a admis que nos agents forestiers pourront continuer à dresser des procès-verbaux, mais que nous renoncerions à faire des arrestations.

Relativement à l'affichage de l'ordonnance concernant la compétence des Conseils de guerre, M. Dujardin a fait observer à l'inspecteur que nous n'avions pas de registre d'affichages à la Marie et que nous ignorons si M. Guerber, ancien commissaire de police, a fait la publication de l'ordonnance.

La liste des personnes qui sont atteintes de petite vérole doit être à mesure communiquée à l'autorité prussienne. Les médecins cantonaux et communaux se sont entendus pour commencer les vaccinations publiques pour enfants et adultes, à partir de dimanche, 15 Janvier.

Le lieutenant-colonel Heussler fait savoir qu'il est chargé du commandement d'Etapes à Mulhouse et qu'il y réunit la surveillance du chemin de fer.

M. Perret, professeur de chimie, fait savoir que, ne payant pas de contribution, il met à la disposition de l'Etat la somme de 100 fr. Accepté avec reconnaissance.

Renvoi à la Commission des finances du compte administratif de l'année 1868.

La Commission exécutive propose qu'on fasse connaître au public que la livre sterling ait cours légal à fr. 25.10, comme en Suisse.

Nouvelle demande de lits à la gare pour y loger des soldats malades, pour qu'on ne les adresse pas à des particuliers. On propose l'ancienne Gendarmerie, que M. Rock a mis gratuitement à la disposition de la Mairie, et qu'on pourra chauffer avec des poêles libres à l'ambulance de la rue Koechlin.

Lettre de M. North, économe de l'hôpital, pour réclamer la nourriture et les autres fournitures nécessaires à l'ambulance de l'Asile des vieillards. Il lui sera répondu qu'il devrait s'entendre avec l'Internationale; du reste, jusqu'à ce que cet Asile reçoive les vivres du magasin d'approvisionnement, l'hôpital fournira les vivres et la pharmacie au prix de fr. 1.25 par jour.

On a fourni des vivres, vêtements etc., à des prisonniers de passage.

La visite du commandant de Place, relativement au logement et à la pension des officiers, a établi que les messieurs venus hier n'avaient pas qualité pour traiter.

C. Fonctionnaires français.

Baron DE THIRY
Receveur des finances.

PILLOT
Percepteur.

JULES HARTUNG
Directeur de la Banque de France, à Mulhouse.

L'autorité prussienne demande quelques billets en blanc pour logement d'officiers arrivant la nuit, afin qu'ils puissent occuper dès le matin ceux qui leur sont assignés. On répondra qu'il y a à cela des difficultés, parce que cela troublera le roulement.

Pour l'exécution de la justice de police simple, il faudra un délégué du Conseil municipal faisant fonctions de procureur de la République. M. Chauffour veut bien accepter cette fonction. M. Jean Dollfus rend compte de ses nouvelles négociations avec le Central suisse pour l'arrivée à Mulhouse des houilles de la Loire. Elles ne sont pas prêtes à aboutir.

Le même membre dit que le Comptoir d'escompte se met d'accord avec M. Hartung, pour que celui-ci vise les effets qui seraient présentés à la succursale de Chambéry qui, à son tour ordonnerait le paiement à Bâle avec les fonds qu'elle y aurait faits.

M. Jean Dollfus propose encore d'établir des chauffoirs publics. Cette proposition n'est pas appuyée, cependant M. Jean Dollfus fera chauffer une salle au restaurant des Cités ouvrières.

Jeudi, 12 Janvier 1871.

Absents : MM. Jundt, Romann, Jean Dollfus, Heilmann, Gerbaut.

Réquisition d'un tableau blanc avec caractères noirs, indiquant le bureau de l'Etapen-Commandant.

Demande de celui-ci de 50 billets par jour pour logements à distribuer par lui à la gare aux soldats arrivant la nuit.

Demande du même de tenir tous les jours trois chambres chauffées à l'*Hôtel de la Paix* pour les officiers arrivant dans la soirée.

Comme on fournit des matelas à la gare, on pense qu'il n'y aura pas besoin de ces billets de logement. Mais ce soir, il a fallu pourtant en fournir 40. Quant aux chambres d'officiers, MM. Tagant et Wacker s'entendront avec l'*Hôtel de la Paix*.

Le préfet adresse une lettre de rappel pour demander communication de nos archives ou du moins du catalogue. On répondra que le travail du catalogue est bien long à faire, que notre archiviste ne peut s'en occuper, parce qu'il remplit les fonctions de secrétaire en chef de la Mairie, en remplacement du titulaire malade.

On nous renvoie les pièces concernant les prisonniers français en Allemagne, qui demandent à rentrer dans leur pays sous garanties.

On répondra que les particuliers intéressés pourront eux-mêmes fournir les pièces qui établiront que les biens ne sont pas hypothéqués. Quant à l'extrait du cadastre établissant le titre de propriété des biens fournis en garantie, la Mairie s'engage à les fournir. Ce moyen-terme est adopté par la majorité.

On lit une proclamation de M. Heinrich, sous-préfet *(in partibus)*, contre les soldats prisonniers qui rentrent ainsi en France sous garanties.

Vendredi, 13 Janvier 1871.

Absents : MM. Beugniot, Romann, Jundt, Boehler.

M. Aug. Dollfus a fait voir à M. le commandant d'Etapes l'ancienne Gendarmerie, où l'on a placé 25 lits. L'Internationale y a envoyé des matelas et des couvertures. Le commandant a dit que le nombre de 25 lits n'est pas suffisant. M. Aug. Dollfus dit que les draps de lit pour toutes les installations d'ambulance commencent à manquer, de sorte qu'il demande que l'hôpital fournisse les draps pour l'Asile des vieillards. M. Schwartz répond que l'hôpital n'est pas en mesure, parce que sa population actuelle est déjà de 550 personnes. La commission nommée *ad hoc* est autorisée à faire confectionner les draps nécessaires.

Les sœurs de Niederbronn ont offert leur concours pour l'ambulance provisoire à l'ancienne Gendarmerie ; elles ont déjà rendu de grands servies aux ambulances de la rue Koechlin, et de la rue de Didenheim. On pense qu'il serait bon de les comprendre dans la distribution des denrées aux indigents, ou de leur fournir une subvention en argent, parce qu'elles donnent asile à beaucoup d'ouvrières qui, actuellement, sont privées de travail. La commission pour les pauvres avisera.

Relativement à la réquisition de 12 guérites, M. Heilmann dit que telles qu'on les demande grandes, et avec un trottoir en planches tout autour, elles reviennent à fr. 75 pièce. Les guérites ordinaires ne reviennent qu'à 45 fr. M. Heilmann fera faire un échantillon de ces dernières, qu'il soumettra à l'autorité prussienne.

Le même conseiller donne des renseignements sur la barrière en bois qu'il faut faire à la gare pour isoler les canons. Il a ordonné le travail pour une somme de 95 fr.

M. Wacker s'est entendu avec l'hôtelier de la *Paix* pour avoir toujours un petit salon chaud à l'arrivée des officiers. C'est un salon qui est chauffé sans cela, et pendant que les officiers prendront leurs repas, on aura toujours le temps de chauffer leurs chambres.

M. Geiger réclame contre le prix de l'adjudication du fossoyage auquel il s'est engagé, parce que, dit-il, y a beaucoup de personnes absentes, et par conséquent moins d'enterrements, et que, d'un autre côté, vu les difficultés des temps, il y a beaucoup plus d'enterrements gratuits que d'habitude.

On ne fait pas droit à cette demande, seulement on engagera M. Ehrsam à ne pas accorder trop facilement la gratuité.

Une lettre du commandant d'Etapes annonce qu'il a fait nourrir hier soir 150 hommes à l'*Hôtel des Etrangers*, et 50 au buffet de la gare. Il demande un billet d'indemnité pour ce fait et l'autorisation d'en agir de même à l'avenir. Par contre, il a rendu partie des billets de logement qu'il avait demandés et, pour les autres, il a noté qu'ils n'avaient servi qu'une nuit au lieu de trois. On donne l'autorisation au commandant, et on s'entendra avec les hôteliers voisins de la gare, pour les prix de ces repas improvisés. M. Tagant veut bien accepter ce soin, et le commandant d'Etapes fournira chaque jour la liste des hommes ainsi logés.

La commission des logements insalubres, réunie aujourd'hui, propose de remplacer M. Ulric Ehrsam, décédé, par

M. le docteur Klippel, pour que la section du Canton Sud ait aussi un médecin, M. le docteur Weber étant attaché à la section du Canton Nord.

Les sections ne visiteront que les logements dont les défauts de salubrité lui seront signalés, et où se manifeste la variole, deux agents de police pour chaque canton feront à cette intention des inspections, et si les membres de la commission proposent des mesures d'hygiène dans les maisons inspectées, M. Mossmann agant-voyer de la ville, veillera à leur exécution. Une Madame Hartmann est propriétaire d'une tapissière qui a été requise et qui a disparu à La Chapelle deux jours avant le Nouvel-An. La Commission exécutive propose de lui allouer 100 fr. en acompte d'indemnité, et de l'engager à louer une voiture à Bâle pour remplacer celle qui lui manque.

A la gare on a trouvé un logement pour 100 chevaux. Le commandant d'Etapes en demande l'appropriation. M. Stengel est chargé d'y veiller et de faire les réparations nécessaires. On nous demande aussi de convertir en ambulance le bâtiment de la douane qui est à la gare; il y faudrait installer des poêles, et le local serait difficile à chauffer. On s'assurera d'abord si cet établissement ne ferait pas double emploi avec celui qu'on veut faire à l'ancienne Gendarmerie.

On nous requiert d'installer des poêles à la prison civile et dans des salles spéciales à la caserne pour des prisonniers.

M. Steinbach appelle l'attention du Conseil sur la disproportion qu'il y a pour le logement et la pension des officiers contre 5 soldats. Il pense que la proportion de ceux-ci devrait être plus forte. On lui répond qu'en modifiant le bail établi il faudrait recommencer tout le travail.

M. Lantz dit qu'on a promis aux voituriers requis par les Prussiens de leur renvoyer leurs chevaux. Comme ils ne reviennent pas, M. Lantz propose de leur louer les chevaux de la ville, pour qu'ils y trouvent leur gagne-pain.

Le même membre propose de continuer de livrer à l'Institut des pauvres, à prix coûtant, les blés dont la ville a fait provision et qui offrent une véritable économie sur le prix actuel.

La ville a acheté 2213 quintaux métriques, et il faut pour l'Institut des pauvres 125 sacs par semaine. On vote de continuer ce prélèvement jusquà la fin du mois de Février, de sorte qu'il restera encore à peu près un millier de sacs en réserve. La Conseil adopte.

Samedi, 14 Janvier 1871

Absents: MM. Jean Dollfus, Bock, Engelmann, Aug. Dollfus, Jundt, Romann, Beugniot, Boehler, Stengel, Boeringer, Gerbaut.

Le Conseil reçoit une lettre de la Commandatur qui dit que pour prévenir les abus, il ne doit être obtempéré à aucune réquisition qui n'est pas signée d'elle ou du commandant d'Etapes.

On a requis, ce matin, 400 paires de fers à cheval et 5000 clous *ad hoc*, sous peine d'une amende de 4000 fr., si la livraison n'est pas faite ce matin à 11 heures. On a pu heureusement exécuter à temps cette pressante réquisition.

Il y a eu aussi réquisition pour 111 soldats à faire souper à la gare et 62 blessés à y faire déjeuner ce matin. M. Tagant annonce que les hôteliers demandent 1 fr. par repas et il les trouve trop copieux pour des malades ou blessés. M. Tagant veut bien se charger de veiller à ce que ces repas ne soient pas trop copieux, ni trop chers, tout excès étant contraire tant aux malades et blessés qu'à la bourse de la ville.

Malgré ces repas à la gare, on a dû loger 80 malades chez les bourgeois; cela n'aurait pas dû arriver.

Madame Kuenemann, directrice de la poste à Dornach, a été arrêtée; on n'en sait pas le motif. Il en est arrivé autant à la directrice de Molsheim, et au directeur de Strasbourg.

Nous recevons successivement des réquisitions pour voitures, une à 1 cheval, une à 2 et une à 3 chevaux. Cette dernière à la gare, ce soir, pour y être chargée et partir demain matin.

Les Prussiens ont demandé la liste des employés français du télégraphe et leur adresse, sans qu'on sache dans quel but. On répondra que nous n'avons pas cette liste, ni ces adresses.

M. Lantz répond que les avances faites à la ville par la maison Dollfus-Mieg se montent à 225,440,90 fr. et non pas seulement 199,000 fr., comme on l'avait cru d'abord, et il donne le détail de cette somme. On donne son approbation à ce décompte, et on porte le crédit militaire à 200,000 fr., s'il n'y a pas déjà un vote sur cette augmentation de 100,000 fr., sur le premier crédit voté et qui est aussi de 100,000 fr.

Une dépêche de nos délégués à Bordeaux dit que ces messieurs ont aussi réussi pour la question de banque, ce qui semble indiquer que celle des houilles a abouti.

M. Rückert a dû cesser l'installation de barrières à la gare pour les canons, l'artillerie étant partie, mais on dit qu'elle est revenue.

Dimanche, 15 Janvier 1871

Séance extraordinaire à 2 heures après-midi.

Absents : MM. Jundt, Beugniot, Romann.

On fait part au Conseil d'une dépêche du gouvernement de la Défense nationale, protestant contre le bombardement de Paris, sans avis préalable, tuant ainsi des femmes et des enfants, et dirigé surtout contre les établissements publics, dont des hôpitaux.

Le Conseil municipal est d'accord pour flétrir cette manière d'agir.

M. Bock est chargé de donner lecture de deux documents allemands qui ont motivé la réunion de ce jour.

Il est dit que les trains de chemin de fer de Colmar à Dannemarie doivent être accompagnés d'habitants notables, un ou deux placés sur la locomotive. A cet effet, on demande la liste de 100 citoyens les plus imposés, on ne donnera d'exemption que pour les personnes valétudinaires. Celles qui, requises, ne se présenteront point, seront frappées d'une amende de 500 fr. Enfin les personnes désignées devront être prêtes à la gare et attendre, les heures du convoi étant incertaines. On demande une réponse immédiate et déjà à midi de ce jour.

Le deuxième document dit que les personnes de Mulhouse n'iront que de Mulhouse à Altkirch et retour.

M. Bertelé a reçu ces documents et a répondu que le Conseil se réunirait à 2 heures pour aviser.

Le Conseil discute ces nouvelles prétentions et incline à une vive protestation, qui est finalement votée, rédigée, et signée séance tenante. Le débat s'est en outre engagé sur la question de savoir s'il fallait prévenir les présumés notables, et demander leur avis, parce qu'ils sont directement intéressés dans cette mesure.

On vote de les convoquer pour ce soir à $8\ 1/2$ heures, au local du Cercle social ; la liste est dressée par des membres du Conseil, sur les états des logements militaires, tandis que d'autres membres se chargent des convocations immédiates.

M. Tagant dit que si nous ne fournissons plus les vivres aux soldats prussiens, les réquisitions par contre pleuvent ; c'est à chaque instant des repas à la gare, des soldats malades à loger chez les habitants, des officiers à héberger la nuit.

Le capitaine d'Etapes demande des bulletins imprimés à donner par lui aux personnes qui veulent voyager.

Puis de nouveau arrivent 450 hommes à nourrir à la gare. M. Tagant a obtenu qu'ils se contentent d'un demi-litre de vin et d'un morceau de pain.

Nouvelle réquisition de voitures, celles d'hier soir n'étant pas suffisantes ; au lieu d'une voiture à 3 chevaux, il en faut deux à 2 chevaux, et la voiture envoyée hier soir était encore là ce matin à 10 heures, sans destination.

On nous enjoint d'obéir à l'Etapen-Commando, aussi bien qu'à la Commandatur.

M. Jean Dollfus fait part des nouvelles démarches qu'il a faites hier pour l'arrivée de la houille. Il croit avoir obtenu qu'un convoi privé, celui qui était destiné pour Sentheim et qui est sans emploi, pourra chercher du combustible à Bâle; M. Dollfus a, pour cet objet, l'assentiment du Central suisse et celui de l'autorité prussienne à Strasbourg, et les compagnies des mines de la Loire s'engageront avec la compagnie P. L. M. à envoyer des houilles à Bâle. Il croit que ce convoi privé pourra commencer mardi prochain. M. Steinbach craint encore l'opposition de la compagnie de l'Est, et que la compagnie P. L. M. ne continue pas ses expéditions de houilles par la Suisse.

M. Dollfus dit qu'il préviendra M. Jacquemin et lui offrira les indemnités nécessaires pour les frais qu'aura la compagnie de l'Est ; salaire des gardes-barrières, etc.

M. Chauffour lit à trois reprises différentes la protestation faite par trois membres du Conseil. Elle est adoptée et signée incontinent. Puis le Conseil convoque les 130 citoyens les plus imposés, pour ce soir, et se charge lui-même d'écrire les billets de convocation. On s'est servi, pour avoir le nom de ces citoyens, des listes dressées pour les logements militaires.

Lundi, 16 Janvier 1871

Absents : MM. Beugniot, Romann, Jundt.

M. Dujardin, président, rend compte de son voyage forcé à Altkirch, de ce matin. Il avait été prévenu dès hier soir, et les gendarmes prussiens l'ont attendu jusqu'à 10 heures.

Ce matin il a obtempéré à la réquisition, conduit à la gare par les gendarmes, qui le précédaient, il est vrai. Ces gendarmes l'ont livré à l'inspecteur de police, qui l'a à son tour transmis à l'inspecteur de la gare. Au bout de vingt minutes d'attente, il a dû monter sur la locomotive, où il n'y avait pas trop de place entre deux mécaniciens et un chauffeur. A Altkirch, il a été libre, mais à midi et demi, il a dû rentrer à Mulhouse, de nouveau sur la locomotive. Au retour, il y avait dans le convoi des prisonniers français.

M. Lantz a reçu une lettre de réquisition pour demain. Il doit être à la gare à 8 heures moins un quart. S'il résiste, ou n'est pas là, il sera cherché de force et est, en outre, passible de l'article 7 de l'ordonnance du 27 Octobre dernier. Cette ordonnance porte amende de 500 thalers, pour celui qui refuse ou se soustrait, et emprisonnement d'un mois à un an.

L'inspecteur prussien, qui a expliqué à M. Lantz cette ordonnance, a demandé si on lui fournirait la liste des notables, après que la liste du Conseil municipal serait épuisée. M. Lantz a répondu négativement au nom du Conseil.

A Dornach, cette liste a été remise. L'inspecteur a alors

demandé à M. Lantz quels étaient les membres du Conseil qui devraient être excusés. M. Lantz lui a indiqué quelques cas d'exemption.

A Colmar, on n'a pas montré la même résistance aux Prussiens: on a fait la liste des notables pour les leur livrer. M. Loew, ex-président du tribunal civil, écrit pour demander à être appelé à son tour à monter sur les locomotives. MM. Schrott et Adrian en font autant. Il leur sera répondu, avec remerciements, que les présenter aux Prussiens, serait commencer à leur livrer une liste des notables. C'est au requérant qu'ils doivent s'adresser.

Les juges de paix des deux cantons de Mulhouse ont reçu la demande s'ils étaient décidés à continuer leur fonctions, que, dans ce cas, le commissaire de police prussien assisterait à leurs séances. Ils ont répondu qu'ils ne consentiraient pas à siéger s'il y avait quelque chose de changé à leurs audiences.

MM. Meyer & Schauenberg envoient une note de plus de 2000 fr. pour frais de voitures requises par les Prussiens et que ceux-ci avaient promis de payer. Il est vrai qu'ils s'étaient plutôt engagés à renvoyer chaque voiture, dans les 48 heures d'usage, ce qui n'a pas eu lieu.

On se demande si ce n'est pas le cas de réclamer auprès de l'autorité prussienne, mais faut-il attendre pour cela que MM. Tesché et Wolf aient aussi envoyé leur note.

On décide de réclamer d'abord pour la note Meyer & Schauenberg, sauf à envoyer ensuite les autres notes, si la première reçoit un accueil favorable.

Une lettre de la Commandatur annonce que les ambulances ont droit aux fournitures qui se distribuent par les magasins d'approvisionnement, mais que, pour les autres, la ville doit pourvoir. Or, ces distributions du magasin d'approvisionnement étant quelquefois insuffisantes, le médecin de l'ambulance se tirait d'embarras en ordonnant, pour le soir, à ses malades du veau, ce qui n'est pas compris dans les magasins d'approvisionnement, et entraîne naturellement bien des frais pour la ville. C'est à cet abus qu'il faudrait veiller. Mais M. Aug. Dollfus assure que, dans ces derniers temps, ce que fournit le magasin d'approvisionnement est à près suffisant.

Une dépêche de MM. Jundt et Spoerry, délégués à Bordeaux, annonce qu'ils trouvent de l'opposition pour l'affaire de la houille, chez M. de Chaudordy, mais que les autres ministres sont favorables. M. Dollfus annonce que demain ira à Bâle le premier train privé, pour chercher des houilles de la Loire. Le président du Central suisse a désiré que M. Jacquemin en soit prévenu, ce que M. Dollfus a fait, mais le premier s'est toujours retranché derrière une autorisation à obtenir de Bordeaux.

Cependant, M. Dollfus dit qu'on peut commencer ce service, en disant que l'approbation de Bordeaux était à peu près acquise.

Le sieur Metzger, de Ronchamp, qui doit aller organiser ce service à Bâle, a eu toutes les peines possibles pour obtenir un laissez-passer; l'inspecteur de police l'a refusé, il a fallu s'adresser au sous-préfet.

M. Schwartz signale l'absence absolue de combustible en ville, et les inconvénients qui peuvent en résulter pour les écoles, l'hôpital, les casernes, etc.

M. Zipélius dit que le comité des pauvres a voté un crédit de fr. 1000 pour les sœurs de Niederbronn, soit en denrées, soit en argent.

M. Aug. Dollfus dit qu'un membre de l'ambulance Monod, qui est à bout de ressources, a recueilli en un jour 5 à 600 fr. On dit aussi que la souscription pour les trois mois d'hiver, pour les pauvres, se monte à plus de 150,000 fr., enfin que la souscription pour les prisonniers en Allemagne a donné aussi une forte somme.

Mardi, 17 Janvier 1871

Absents : MM. BEUGNIOT, JUNDT, ROMANN, JEAN DOLLFUS.

Présidence de M. LANTZ, en place de M. CHAUFFOUR, valétudinaire.

Une dépêche de M. Spoerry annonce que M. Jacquemin est autorisé à permettre la circulation d'un convoi privé de Bâle à Mulhouse. C'est le gouvernement de Bordeaux qui donne cette autorisation.

Réquisition d'une cuisine à la gare, pour les soldats de passage. L'installation en serait aisée dans une buanderie qui est là, mais on décide de traîner la chose en longueur, les circonstances pouvant changer.

L'inspecteur de police prussien écrit qu'il envoie trois exemplaires de l'*Amtsblatt*, appelant surtout notre attention sur l'article relatif aux passeports, qui ne pourront plus être réclamés que du préfet à Colmar, quelle que soit la personne qui fasse la demande. Les autres articles de cette ordonnance, datée de Versailles, ne sont guère moins vexatoires.

L'article 1ᵉʳ constate que M. von der Heydt, le préfet du Haut-Rhin, a repris ses fonctions.

L'article 2 déclare que quiconque d'Alsace ou de Lorraine se joint aux troupes françaises verra confisqués ses biens et ceux qu'il a encore en espérance, et sera banni de 1 à 12 ans.

Un autre article déclare comme non avenues les contributions en retard payées à des agents français.

Si on s'écarte plus de 8 jours de son domicile, sans autorisation, on est déclaré coupable et puni en conséquence.

Les commissaires de police sont chargés avec le maire de fournir l'état des hommes capables de porter les armes, mais on ne demande pas l'état nominatif.

L'*Amtsblatt* contient une série de noms d'officiers français qui ont déserté; leurs biens seront confisqués et les inspecteurs de police doivent rechercher leurs personnes. Les contributions arriérées doivent être payées à Colmar jusqu'au 25 Janvier courant.

On propose d'envoyer ces détails aux journaux suisses et anglais. Les premiers s'en sont déjà en partie emparés.

Réclamation de M. Mathieu Thierry-Mieg demandant 1290 fr. pour du bétail fourni en réquisition, et qui, à titre d'expert, ne valait que 1115 fr. On vote de persister à ne payer que cette dernière somme.

M. Juris, à qui les Prussiens ont voulu acheter des denrées s'y est refusé, de peur d'être un jour maltraité comme fournissant des vivres à l'ennemi. Les Prussiens sont venus se plaindre; on leur a dit qu'ils n'avaient qu'à faire réquisition au particulier de livrer.

MM. Wacker et Stengel donnent des renseignements sur l'installation de la caserne qui avance et peut admettre chaque jour un nombre croissant de soldats.

Il y a eu 171 acceptations pour abonnement d'officiers; le commis du receveur municipal sera chargé des encaissements.

M. Aug. Dollfus dit qu'ayant parlé au sous-préfet, celui-ci a offert de faire mettre à la disposition des conseillers contraints d'aller à Altkirch, un waggon de 1re classe. Il voudrait, par contre, que les conseillers ne demandassent plus à être conduits à la gare par les gendarmes.

M. Klippel, désigné pour demain, demande ce qu'il doit faire si les gendarmes ne se présentent pas chez lui. On décide qu'après avoir constaté que nous ne cédons qu'à la force, on se rendra à la gare sur simple réquisition.

Deux officiers prussiens sont venus à la Mairie pour demander à faire cuire à Mulhouse du pain pour l'armée de Werder. Ils sont entrés en relation avec des boulangers, ont même parlé de prendre possession de la boulangerie de la Cité; qu'ils amèneraient déjà des garçons boulangers et qu'ils sauraient se procurer bois et houille, malgré leur rareté à Mulhouse, que peu leur importait si la population civile n'avait ni pain ni chauffage, que l'armée passait avant tout. Ces ordres viennent de Sentheim, où se trouve l'intendance du corps de Werder.

Pl. 27

DE LASABLIÈRE
Principal du Collège.

DUPUY
Directeur de l'Ecole professionnelle.

JEAN-BAPTISTE RISS
Directeur des Ecoles primaires.

Mercredi, 18 Janvier 1871

Absents : MM. Jundt, Beugniot, Romann, Mercklen.

L'installation d'un local à la gare, pour restaurant et cuisine devient plus pressante. La buanderie de la maison Desforges n'est pas agréée comme cuisine, elle est sans doute trop loin. M. Tagant a trouvé un autre petit bâtiment convenable pour cet usage. Une grande salle est disponible ; un nouveau fonctionnaire (Verpflegungs-Assistent) réclame immédiatement bancs et tables. M. Rückert propose de louer à la ville, à prix modique, ceux qu'il tient prêts pour les banquets des pompiers. Il y aura ainsi place pour 600 personnes. Adopté.

Un sieur Walch est entré, il y a peu de temps, comme commis aux écritures, aux appointements de 1200 fr. Il demande déjà une augmentation. Rejeté.

Le sous-préfet envoie une affiche à poser, réglant l'organisation des Conseils de guerre ; une deuxième affiche, déjà posée, déclarant que les propriétaires des maisons sur lesquelles seront apposés des placards hostiles aux Prussiens, seront emprisonnés. Cette ordonnance injuste excite l'indignation de tout le Conseil. On propose de publier dans les journaux étrangers tous ces procédés barbares des Prussiens.

Sept employés du chemin de fer de l'Est, se rendant à l'appel de leur chef à Bâle, ont été arrêtés à Habsheim et incarcérés. Ils demandent l'intervention de la municipalité pour être délivrés. M. Chauffour a rédigé une recommandation en leur faveur ; elle est adoptée.

M. Spoerry, l'un de nos délégués à Bordeaux, raconte le résultat de la mission qu'il a accomplie avec M. Jundt. Arrivés mercredi soir, ils ont vu jeudi M. de Franqueville, qui leur a dit que l'opposition de M. Jacquemin n'était pas personnelle, que lui-même craignait que les 10 waggons de circulation demandés ne devinssent 20, 30 et qu'on en profitât pour faire venir d'autres marchandises, coton, etc., et finalement des voyageurs, et qu'il n'engagerait pas le gouvernement dans cette voie.

M. Crémieux, visité ensuite, s'est montré plus favorable et a envoyé nos délégués à M. de Chaudordy. Celui-ci ne les a pas reçus, un chef de bureau, M. Jouffroy, leur a donné audience et a éludé la question. On a été au ministère de la guerre et le général, qui a reçu nos délégués, a donné une réponse favorable. M. de Franqueville en a été si étonné, qu'il a demandé une réponse écrite; le général a bien voulu apostiller la demande de Mulhouse. Battu ainsi, M. de Franqueville voulait l'avis de M. Fourrichon, ministre de la marine, qui n'avait rien contre, alors il aurait voulu que nos Mulhousiens tâchassent de provoquer une réunion des ministres pour leur soumettre la question. A défaut, il a voulu qu'on visitât M. Gambetta. Ces messieurs n'ont pu le voir, mais ont été reçus par M. Laurier, son bras droit, qui a pris sur lui de donner l'autorisation. Nos délégués ont alors pensé devoir revenir à M. de Chaudordy, qui s'est encore caché derrière son chef de bureau, malgré la promesse donnée de rendez-vous.

M. Jouffroy refuse net au nom du gouvernement. On lui répond que MM. Crémieux, Laurier, Fourrichon ont accordé. Il réplique qu'on n'a qu'à se passer de l'approbation de M. de Chaudordy. Ces messieurs ont de nouveau insisté pour avoir une audience de ce dernier, en la demandant au nom de notre municipalité. Ils ont été reçus à 7 heures du soir. M. Chaudordy est très opposant, il dit qu'il faut fermer la France à tous rapports extérieurs, que c'est la meilleure guerre à faire aux Prussiens.

A force d'explications, en prenant l'engagement d'honneur que ce convoi ne servirait que pour les houilles, en disant que c'était un acte patriotique pour les ouvriers de la Loire, dont on favorisait ainsi le travail, il a fini par se laisser amadouer.

Le Conseil des ministres, devant se réunir le lendemain, dimanche, M. Jundt est resté à Bordeaux pour savoir sa décision définitive.

La direction des travaux publics a fait connaître à M. Jacquemin que l'autorisation du convoi privé, pour houilles exclusivement, est accordée. Effectivement, M. Jean Dollfus a reçu de M. Jacquemin une lettre qui l'informe de ce fait.

La chose est d'autant plus importante qu'hier le convoi privé est allé à Bâle, et est revenu vide. On le recommencera demain.

M. Spoerry fait encore savoir que les affaires avec la Banque de France ont été réglées favorablement pour le commerce de Mulhouse, et que les termes des emprunts faits par le gouvernement français peuvent être versés entre les mains de M. Pillot, percepteur, en résidence à Bâle.

Un commissionnaire, chargé de correspondre entre Mulhouse et Bâle, a été arrêté et les lettres saisies. On a été réclamer auprès du sous-préfet, qui a déclaré que les lettres d'affaires pouvaient passer ainsi, mais pas les lettres privées.

Hier, une femme de chambre de M. Jean Dollfus, revenant de Vevey avec des lettres, surtout pour la famille, a aussi été arrêtée et conduite chez le sous-préfet. Les lettres ont été envoyées à la poste, qui n'a pas voulu les rendre à M. Jean Dollfus, réclamant en personne, et a dit qu'elles seraient auparavant envoyées à Strasbourg pour la visite.

Le sous-préfet fait savoir que, comme presque tout le monde avait besoin d'un passeport, d'après l'ordonnance d'hier, il se chargerait d'en procurer à ceux qui lui en feraient la demande et qu'il connaîtrait personnellement.

La souscription de l'emprunt municipal se monte jusqu'à ce jour à 68,000 fr.

500 prisonniers ont passé à la gare. Ce sont beaucoup de paysans et de mobiles, et quelques officiers. C'est quand les soldats français reçoivent l'ordre d'enlever un village après l'autre, qu'ils tombent ainsi dans des espèces d'embuscades et sont faits prisonniers. Les Prussiens, cachés dans tous les coins, se montrent subitement et cernent les arrivants.

M. Ch. Wagner a dépensé pour le passage de soldats à Bâle, entre 5 et 6000 fr., dont 2000 ont été fournis par la ville. On avait déjà avancé pour le même objet 7000 fr. à M. Doll. On décide de chercher à rentrer dans ces fonds, en faisant des réclamations auprès du gouvernement de Bordeaux.

MM. Juris frères, ne voulant pas vendre de leurs denrées aux Prussiens, ont été prévenus qu'ils y seraient contraints. Ils voudraient l'intervention de la municipalité, que le Conseil décline.

M. Zipélius a reçu une visite domiciliaire très minutieuse, parce qu'autrefois des fusils ont été distribués devant sa maison.

Jeudi, 19 Janvier 1871

Absents: MM. Jean Dollfus, Beugniot, Romann, Jundt, Tagant, Boehler.

Lecture d'une lettre du général Bourbaki, qui dit que, vu le mauvais temps, il est rentré dans ses lignes. Autres dépêches encore.

Demande du sous-préfet, invitant M. Wacker à se présenter immédiatement chez lui, avec l'un des deux membres du Conseil qu'il désigne : M. Aug. Dollfus ou M. Georges Steinbach. Celui-ci accompagne M. Wacker.

Lettre du sous-préfet, datée du 17, qui invite les notables requis pour accompagner les convois du chemin de fer, à se placer dans le premier compartiment de la voiture qui suit la locomotive.

Une douzaine de personnes sont venues réclamer de la houille à la Mairie, parce qu'on croyait qu'il en était arrivé à Mulhouse; ce qui n'est malheureusement pas vrai.

M. Schwartz revient à la rareté des combustibles, au point qu'il propose de fermer l'Ecole primaire pour la ménager. On répond que l'Inspecteur de la gare a permis à M. Laederich-Weber de faire venir du bois par le chemin de fer de Dannemarie, du reste la question est renvoyée à demain, M. Lantz disant qu'avant de fermer les écoles, il faudrait retirer le combustible aux ambulances ou à la caserne, parce que les Prussiens sauront bien en obtenir de leur administration.

A la caserne, il y a de nouveau place pour 250 à 300 personnes ; on espère que les soldats y entreront demain.

M. Lantz exprime le désir que la Commission des logements militaires se réunisse à une autre heure que celle de 4 heures, parce que cela fait confusion avec la réunion de la Commission exécutive, et qu'ainsi les décisions que prend la première ne peuvent recevoir le contrôle de la seconde. Ainsi des personnes abonnées ont encore reçu aujourd'hui des officiers à loger.

M. Dujardin dit que MM. Wagner se sont engagés à prendre un officier et son brosseur pour 14 fr. par jour. MM. Romann ont demandé 15 fr. Il faudra tâcher de ramener ces derniers au même prix, et de traiter encore avec les autres hôteliers de la ville, pour obtenir de tous la liste quotidienne des officiers logés chez eux.

On demande aussi à la Commission des logements de surveiller le roulement, pour qu'il y ait le plus de justice possible dans la répartition des soldats logés ; la chose présente beaucoup de difficultés.

Comme on a voté la réouverture des bibliothèques populaires, parce qu'il y a beaucoup d'ouvriers inoccupés, on vote un trimestre d'appointement pour le bibliothécaire, soit 120 fr.

MM. Dollfus et Tagant ont été à la gare pour organiser le service des troupes de passage ; on a transporté dans le local destiné à cet effet, bancs et tables, mais l'installation de la cuisine sera un peu plus longue et il faudra en outre une cuisinière.

Le fossoyeur du Cimetière protestant réclame à son tour une diminution de son prix d'adjudication. Le Conseil rejette la demande. Les Prussiens ont déclaré qu'ils prendraient possession du service sanitaire de la rue des Champs et verseraient la recette à la Mairie.

MM. Steinbach et Wacker, revenant de la sous-préfecture, racontent qu'on les a fait venir pour que le second atteste la signature du premier, qui a certifié authentiques des pièces signées par des maisons preneurs de houilles.

On lit une circulaire de M. Heinrich, sous-préfet français, qui appelle sous les armes les jeunes gens de la classe de 1871.

Enfin, on reçoit une lettre du percepteur prussien à Mutzig, qui réclame des contributions arriérées dues à Mulhouse par des propriétaires de là-bas.

C'est une affaire de quelques francs ; on propose de ne pas répondre.

Vendredi, 20 Janvier 1871

Absents: MM. Dollfus, Jundt, Beugniot, Tagant, Romann, Dujardin, Boehler.

M. Chauffour revendique son poste de président, vu l'important débat qui aura lieu dans cette séance.

M. Lallemand fait savoir que 2596 litres d'huile ont été introduits en fraude contre l'octroi, et demande s'il peut considérer comme légales les saisies faites par les gardes de nuit. Comme ils sont assermentés, le Conseil répond affirmativement.

Réquisition d'un vaste magasin pour y réunir tous les objets d'ambulance. Trouvé chez MM. Meyer & Schauenberg, s'il agrée à l'autorité prussienne.

La question du combustible, avec l'appréhension de fermer au besoin les écoles primaires, se pose aujourd'hui.

On a fait venir M. Riss, directeur des écoles primaires, pour le prier de tenir la main à ce qu'aucun abus ne se produise plus dans son établissement. Il regretterait vivement la fermeture de l'école, qui amènerait le désordre; on a eu bien assez de peine à faire la rentrée, après de trop longues vacances; tout ce qu'on pourrait faire serait d'augmenter les jours de sortie.

L'autorité prussienne fait réquisition de trois boulangeries, dont celle de la Cité, pour cuire du pain pour l'armée prussienne.

Ce n'est pas là une réquisition ordinaire, puisqu'on nous demande de priver des industriels de leur gagne-pain. On propose de ne pas se mêler de cette discussion, que les Prussiens n'ont qu'à occuper de force les établissements en question, que cependant on en avertira les chefs.

M. Lallemand fait savoir que les brasseurs se refusent péremptoirement à l'exercice qu'on devrait faire chez eux à la fin de chaque mois, et qu'ils entendent payer les droits dus à l'amiable. La question est très compliquée; il y a bien des détails de la fabrication qu'il faut connaître pour la juger. Mais l'opposition est si vive que des brasseurs ont menaeé de s'adresser à l'autorité prussienne, si on voulait maintenir l'exercice. On réunira les brasseurs, pour entendre leurs réclamations, contradictoirement avec M. Lallemand.

L'autorité prussienne demande une clôture de 1^m,88 en planche, au-dessus du parapet du pont qui passe par-dessus le chemin de fer à la porte du Miroir, pour que de là on ne jette plus de pierres sur la voie. Cette demande paraît étrange et M. Stengel est prié de voir le sous-préfet, pour savoir ce que l'on veut positivement.

On demande le nom des villages qui pourraient loger dans notre voisinage des soldats et des chevaux. M. Tagant a dû s'occuper de la réponse.

M. Oberlin, ancien secrétaire de la sous-préfecture, recommande à la bienveillance du Conseil le sieur Schemmel, ancien garçon de bureau de la dite sous-préfecture, qui a reçu l'ordre d'internement à Nancy. On lui vote un secours unique de 150 fr.

M. Chauffour arrive ensuite au fait principal de la séance : le renvoi de Mulhouse de deux conseillers municipaux, avec leur famille, dans un délai de 5 jours, avec ordre de se rendre à Nancy. Ces conseillers sont : M. Dujardin, notaire, et M. Klippel, docteur en médecine. S'ils n'obtempèrent pas à cet ordre, ces messieurs seront emprisonnés et leurs biens confisqués. La date de l'injonction à M. Dujardin est du 17 courant, celle de M. Klippel, du 19.

Ici se pose la question si le Conseil veut protester contre cette mesure ; veut-il le faire immédiatement ou attendre l'intervention de quelques personnes tierces ? M. Klippel, se croyant seul atteint, avait demandé à M. Trapp de voir le sous-préfet, pour le décider à lui permettre de s'exiler plutôt en Suisse. Il lui a répondu qu'il en référerait à Strasbourg, et que la réponse demanderait deux à trois jours. M. Klippel s'est alors retiré du Conseil, pour ne pas gêner ses délibérations. M. Dujardin ne s'y est pas présenté aujourd'hui.

M. Chauffour est pour la protestation immédiate. Il est appuyé par MM. Koechlin-Steinbach et Bertelé. MM. Aug. Dollfus, Heilmann, Weber sont pour un retard de peu de durée, pensant que c'est casser les vitres que de protester de suite, et empêcher même les Prussiens de pouvoir revenir sur leur mesure. On procède au vote : 14 membres sont pour la protestation immédiate, 7 pour le retard, mais tout le monde entend signer.

M. Chauffour lit un projet de protestation, qui est adopté après quelques corrections. Il sera transcrit dès ce soir, signé dans la matinée de demain et, avant midi, envoyé à la sous-préfecture.

Voici les motifs donnés dans l'injonction :

> Wegen ihrer notorisch feindlichen Haltung gegen die deutsche Besitzergreifung des Elsass, werden sie hiermit angewiesen binnen 5 Tagen die Stadt und der Bezirk des Generalgouvernements in der Richtung auf Nancy zu verlassen. In Nancy, etc., etc.

Samedi, 21 Janvier 1871

Absents : MM. Jean Dollfus, Dujardin, Klippel, Boehler, Jundt, Beugniot, Gerbaut, Tagant, Jules Dollfus, Boeringer.

M. Stengel a vu le sous-préfet et lui a exposé sur les lieux que la réquisition sur le pont d'Altkirch était très difficile à faire, et que l'établissement de ce mur en planches n'empêcherait pas de jeter des pierres, qu'il vaudrait mieux avoir là une garde. Le sous-préfet s'est rendu à cette raison et n'a demandé que des poteaux avec planchettes, indiquant sous peine d'amende la défense de jeter des pierres.

M. Mosmann est venu se plaindre des ateliers de charité, où règne un esprit de rébellion, au point que des contremaîtres ont été maltraités. On lui a répondu de procéder par épuration, et de menacer les ouvriers qu'on dissoudrait les ateliers, s'il y avait de nouvelles plaintes, et qu'en même temps on les signalerait à l'administration des pauvres, pour qu'elle soit sévère avec eux.

Plusieurs maisons industrielles réclament de la houille, mais il n'en est pas arrivé au compte de la municipalité.

Une lettre du sous-préfet, datée du 19 Janvier, proteste contre l'emprunt de la ville, annoncé dans les journaux, et rend les membres du Conseil responsables sur leurs biens des sommes qui seraient ainsi perçues.

On lui répondra que la ville est autorisée par une loi à contracter un emprunt de 1,200,000 fr., qui est loin d'être rempli et que les charges actuelles expliquent suffisamment notre manière d'agir. A cette occasion, M. Steinbach voudrait qu'on cherchât à créer de nouvelles ressources. On demande aussi que la dette envers la maison Dollfus-Mieg soit régularisée. On dit qu'elle l'est, que c'est un compte-courant, que MM. Dollfus-Mieg ne veulent pas de titres à un an, que leur créance doit rester exigible, mais qu'ils ne la demanderont que si la ville est dans de meilleures circonstances.

On invoquera pour la régularisation de l'emprunt de 500,000 fr. à MM. de Speyr et celui de 200,000 fr. à MM. Dollfus-Mieg, le décret du gouvernement de la Défense nationale, qui autorise la ville à faire des emprunts pour les besoins de la guerre.

Les boulangeries requises pour les besoins de la guerre sont vacantes ; les propriétaires ont été avertis ; la ville payera une indemnité de loyer, si les Prussiens s'en dispensent.

M. Aug. Dollfus raconte que M. Engel-Dollfus a visité les mobiles du Haut-Rhin aux environs de Montbéliard. Il paraîtrait que nos chaussures leur sont enfin parvenues, mais qu'il en manque encore, surtout des grandes, au moins 200 paires. On propose de chercher à réunir la somme nécessaire par souscriptions, et on vote que le Conseil parfera la somme, si la souscription n'est pas suffisante, mais pas au delà de 1000 fr.

M. Aug. Dollfus dit que le compte de l'ambulance de la rue Koechlin, y compris l'indemnité aux officiers de santé, est de 6700 fr., pour le mois de Décembre. Il y a eu 2785 journées de malades et 468 journées d'infirmiers. En déduisant les officiers et les infirmiers, la dépense est encore de 1.90 fr. par homme et par jour.

A la rue de Didenheim, défalcation faite des soldats français, il y a eu 579 journées de malades, ce qui fait une dépense d'environ 1000 fr.

Pour le mois de Janvier, la dépense sera moindre, parce qu'il y a moins de personnel et qu'une partie des vivres sera fournie par le magasin d'approvisionnement.

Lundi, 23 Janvier 1871

Absents : MM. Jean Dollfus, Bock, Aug. Dollfus, Klippel, Dujardin, Laederich, Beugniot, Jundt.

M. Stengel dit que l'administration revient à l'idée de poser des parois en planches sur le pont d'Altkirch, et qu'on exclut, par conséquent, les poteaux avec indication de défense de jeter des pierres.

Devant cette incertitude, on suspend le travail commencé.

L'emprunt municipal est souscrit jusqu'à 118,000 fr.

On nous demande de nouveau un registre pour les affiches. Il sera dressé un carnet *ad hoc*.

Le sous-préfet prussien demande s'il est à la connaissance de la municipalité que la ville de Mulhouse a fourni des canons à l'armée française, ainsi que l'avance un journal de Porrentruy, que M. le sous-préfet adresse à l'appui.

MM. Chauffour et Bertelé proposent de répondre que le Conseil a appris, comme le sous-préfet, qu'il y a quelques mois il a été question de ce fait, mais le Conseil y est resté étranger. Adopté.

Obligé que j'ai été de me retirer, je ne puis transcrire le reste du procès-verbal de la séance; mais il n'y a plus eu rien d'important.

Mardi, 24 Janvier 1871.

Absents : MM. Beugniot, Bock, Klippel, Dujardin.

Une lettre du directeur des Postes nous fait part qu'il nous envoie un deuxième paquet de lettres avec indications insuffisantes d'adresses et que si nous ne pouvons pas comprendre celles-ci, ni faire connaître l'adresse des envoyeurs, nous devons les lui retourner.

Le commissaire de police prussien envoie une nouvelle lettre pour demander l'état des hommes de la commune de 17 à 40 ans, en état de porter les armes, en conformité des ordonnances de l'*Amtsblatt* du 23 Décembre dernier. On répond qu'on s'occupe de ce travail, mais qu'il est très long à faire.

L'emprunt municipal est arrivé à 120,000 fr.; c'est donc 180,000 fr. qu'il faudrait encore réaliser à Bâle. Le premier emprunt était à $6\,^0/_0$, tous frais compris, mais maintenant on demande, en outre, une commission. L'affaire proposée à Zurich se négocierait à $6\,^0/_0$, sans autres frais; on demandera à Bâle si on veut consentir à ce taux, ce qui est probable, puisque sur cette place l'escompte n'est plus que de $4\,^1/_2\,^0/_0$.

Il faudra pour ce nouvel emprunt de nouvelles signatures de garantie.

A la distribution de pain d'aujourd'hui pour les pauvres, on a employé 8500 kilos, ce qui prouve l'étendue des besoins.

M. Aug. Dollfus fait part d'une dépêche du général von

Treskow, signalant la grande misère des campagnes à l'ouest de Montbéliard, et à laquelle il ne peut venir en aide; il sollicite des secours de Mulhouse.

M. Aug. Dollfus s'est occupé de l'organisation de ces secours, une douzaine de personnes vont partir dès ce soir, emportant des provisions de toutes espèces. On fera un appel à la charité de Mulhouse, et un jeune homme partira pour aller solliciter des secours à Berne, Genève et dans le Midi de la France. M. Lantz a remis aux personnes partant pour Montbéliard du sel, du riz, du café, des haricots, provenant des approvisionnements de la ville. Vu l'urgence, le Conseil n'a pu être consulté. Le Conseil vote à M. Lantz un bill d'indemnité.

M. le sous-préfet renvoie au Conseil la protestation que celle-ci a faite contre l'exil de deux de ses membres, disant que cette protestation ne donnant lieu à aucune mesure administrative, il n'y fera pas de réponse; qu'il ne s'oppose nullement au départ d'aucun membre du Conseil qui voudra suivre en exil les expulsés, mais quant à en désigner lui-même passible de cette mesure, il avisera.

Une longue délibération suit la lecture de cette missive, dont tous les membres sentent l'odieux. Plusieurs membres sont d'avis de n'y pas répondre, cependant l'avis contraire l'emporte à la majorité de 14 voix contre 10. Mais ceux-ci se refusant en général à signer une seconde protestation, dans la crainte d'envenimer nos rapports avec l'autorité prussienne, il sera dit au dos de la protestation envoyée une seconde fois au sous-préfet, que le Conseil maintient sa protestation contre l'ostracisme qui frappe deux de nos collègues, mais que la pièce ne sera pas signée.

Mercredi, 25 Janvier 1871

Absents : MM. Jean Dollfus, Aug. Dollfus, Beugniot, Steinbach, Bock, Klippel, Dujardin, Roth, Romann.

Présidence de M. Bertelé.

Le sieur Malzacher réclame pour un domestique, auquel on aurait volé et qui se serait présenté à la Mairie. Répondu que non.

Un agent de police vient déclarer que le nommé Heckmann a été arrêté pour insulte au roi de Prusse. Les gardes-champêtres signalent des vols de bois.

Les papiers avec en-tête « République française » sont saisis et il est défendu de s'en servir à l'avenir, sous peine d'un amende de 1000 fr.

Des ouvriers, au nombre de sept, réclament contre le salaire de 1.50 fr. par jour. On leur répondra qu'il est impossible de l'augmenter.

L'emprunt municipal est monté à 146,000 fr. M. Lantz s'occupera de négocier à Bâle le reste de l'emprunt voté.

Une dame envoie 20 fr. pour les malheureux des environs de Montbéliard.

La discussion se rouvre sur la question d'hier au soir, M. Lantz ayant demandé dans la journée à ce que la protestation du Conseil, renvoyée par le sous-préfet, ne lui soit pas immédiatement retournée. Il soutient son opinion, expose les inconvénients de ce renvoi, surtout dans l'intérêt de nos collègues expulsés, en vertu de qui on fait des dé-

Fonctionnaires municipaux.   Pl. 2

NICOLAS EHRSAM
Secrétaire de la Mairie.

FÉLIX MOSMANN
Agent-voyer

Prof. AUGUSTE STOEBER
Bibliothécaire municipal.

marches que notre renvoi de la pétition pourrait compromettre.

L'opinion contraire, se basant sur la dignité et le point d'honneur du Conseil municipal, est soutenue par MM. Chauffour et Alf. Koechlin-Steinbach. Néanmoins, à la majorité de 15 voix contre 8, avec 2 abstentions, le Conseil vote que, pour le moment, il ne faut pas renvoyer au préfet notre première pétition avec une note qui la confirme et l'aggrave.

Sur ce vote, M. Koechlin-Steinbach dit qu'il renonce à faire partie du Conseil municipal, ce qui pourrait bien en amener la dissolution.

Mardi, 26 Janvier 1871

Absents : MM. Koechlin-Steinbach, Jundt, Steinbach, Boehler, Beugniot. MM. Dujardin et Klippel étant exilés, leurs noms ne doivent plus figurer ici.

La Mairie a reçu la visite de l'inspecteur de police prussien qui demande de nouveau la liste des hommes aptes aux armes de 17 à 40 ans. Il veut que cette liste soit au moins fournie dans un délai donné. On lui a objecté que cette liste est très longue à faire et qu'on s'en occupera. Il désire qu'on lui réponde en ce sens. Il raconte qu'on a arrêté un nommé Vogel qui a tiré sur deux sous-officiers prussiens. Comme on le disait employé de l'octroi, il fait demander si ces employés ont le droit de porter des armes? On lui répondra que cet homme n'est pas un agent de l'octroi, mais un employé du chemin de fer.

M. Antuscewicz demande que la ville fournisse la somme mensuelle que le gouvernement fournit aux Polonais pour le mois de Janvier 1871; c'est une somme de 187 fr., que le Conseil vote, sauf à chercher à la récupérer sur le gouvernement. M. Antuscewicz fait espérer que c'est la dernière fois que les Polonais demandent ce secours, parce qu'ils sont menacés d'être prochainement expulsés des pays occupés.

Le registre d'affichage étant demandé de nouveau, pour constater la date des affiches et pour servir de texte à des certificats qu'on fournirait à l'autorité prussienne, indiquant que l'affiche a été bien réellement apposée, M. Bertelé s'est exécuté en commençant ce registre.

Le N° 4 de l'*Amtsblatt* nous est adressé; il contient entre autres ordonnances :

1° Un avis que les voituriers réquisitionnés recevront 5 fr. par jour d'absence, dont moitié pour leur entretien, et moitié pour le propriétaire de la voiture comme indemnité.

2° Interdiction à Mulhouse de certains journaux, dont surtout l'*Helvétie*, de M. Schnéegans, publiée à Berne.

3° Droit sur les bières introduites en Alsace de 2.88 fr. par hectolitre, et annonce que l'exercice va être recommencé chez les brasseurs.

4° Menace de garnisaires chez les contribuables en retard pour 1870.

5° Différentes ordonnances concernant les voituriers, surtout ceux qui sont au service de l'armée.

6° Nouvelles extensions à différents délits du Conseil de guerre.

La Commission exécutive s'est plusieurs fois occupée des

droits à percevoir sur la bière. Ces droits étaient autrefois perçus par la Régie, qui reversait à la ville ce qui devait lui en revenir. Depuis la suppression de la Régie, la ville a continué à percevoir les droits qui lui incombent et même, chez quelques brasseurs, de bonne volonté, les droits qui incombent à l'Etat. Mais les brasseurs, par leurs délégués à la Mairie, refusent de se prêter à l'exercice, prétendant que les employés de l'octroi sont incompétents. Cependant, il faut une surveillance, et l'on ne peut se fier simplement à la parole d'honneur des brasseurs. Les employés de l'octroi sont bien aptes à constater quand le feu a été mis sous les chaudières, mais pour le contenu de celles-ci, il y a différents tempéraments admis : le bord d'ébullition, la contenance brute et nette, etc.

M. Bertelé croit avoir trouvé moyen d'arranger la difficulté, en restant dans les anciennes limites du droit perçu, sauf à ajouter à chaque déclaration la moyenne des excédents de l'an passé. Il fera cette proposition aux brasseurs, dans leur intérêt, dirait-il, car si les Prussiens se mêlent de la chose, suivant les assertions de l'*Amtsblatt*, ils seraient bien autrement sévères.

M. Bock rend compte d'une visite qu'il a faite à Montbéliard. Il a constaté que partout les Français sont en retraite, que la ville de Montbéliard est comme un cimetière, qu'elle a été frappée une première fois d'une contribution de 40,000 fr. et que maintenant le canton de Montbéliard vient d'être frappé d'une contribution de guerre de 2 millions. Le maire de Montbéliard a été arrêté et conduit à Strasbourg, surtout pour avoir donné un laissez-passer à un facteur rural qui a annoncé que les Français allaient venir.

On revient à la question du renvoi au sous-préfet de la protestation du Conseil municipal, que celui-ci nous a retournée avec quelques mots ironiques. Après longue discussion, on vote de laisser tomber la chose et de ne plus en parler.

Vendredi, 27 Janvier 1871

M. Romann ne venant plus au Conseil depuis son arrestation, je ne le porterai plus parmi les membres absents, où je l'ai oublié plusieurs fois.

Je ne porterai plus non plus les noms de MM. Klippel et Dujardin qui sont partis, hier matin, en exil à Nancy.

Ni celui de M. Alf. Koechlin-Steinbach qui a déclaré ne plus vouloir se présenter au Conseil, sur le vote d'avant-hier, où l'on a proposé de retarder le deuxième envoi de la protestation du Conseil, avec quelques observations à l'appui, non signées du Conseil.

Absents: MM. STEINBACH, JEAN DOLLFUS, BEUGNIOT, BOEHLER.

Huit femmes de gendarmes viennent demander un nouveau secours mensuel de 20 fr. par famille, pour indemnité de logement; on vote la somme.

Une communication du sous-préfet annonce qu'il veut deux visites hebdomadaires de la rue des Champs, qu'il s'est entendu avec le médecin, M. Triponel, et qu'il demande 25 francs par semaine pour cette double visite. Par contre, le sous-préfet a envoyé à la Mairie les recettes que produit cette opération.

M. le président donne lecture d'une dépêche qui vient d'arriver et qui traite surtout des conditions que la Prusse veut imposer à la capitulation de Paris, et qui sont vraiment très dures.

M. Riss est à bout de houille pour le chauffage des écoles primaires. Il propose, pour économiser cette denrée, de ne pas chauffer dimanche prochain toute la maison pour les leçons de catéchisme. Adopté.

M. Stengel-Schwartz s'est chargé des devis des crèches qu'on réclame dans les écuries de l'ancienne Gendarmerie. Le devis est de 340 fr. M. Heilmann est chargé, avec M. Stengel, de voir le commandant de Place, pour chercher à échapper à cette dépense.

La ville a reçu trois waggons de houille qui ont été partagés moitié pour l'Institut des pauvres, moitié pour les établissements publics; le quatrième waggon qu'on obtiendra sera destiné à l'Ecole primaire. Le directeur du Gaz réclame aussi de la houille, quoiqu'il ait reçu sept waggons.

Un nommé Boll, aubergiste, a reçu la nuit dernière un coup de fusil d'une patrouille prussienne. Il paraît qu'il y a eu dispute préalable. Le président demande si ce ne serait pas le devoir de la municipalité d'engager le commandant de Place à faire une enquête. Adopté. M. Bock est chargé de la rédaction de la lettre *ad hoc*.

De fréquents vols de houille ont lieu à la gare. M. Tagant est prié d'appeler, sur ce point, l'attention de l'Etappen-Commandant, qui a la police de la gare.

L'armée française, manquant de chevaux, M. le président propose d'envoyer à Lyon le cheval de selle qui appartient à la ville et que l'on a fait dresser. On en demanderait le prix coûtant, environ 600 fr.

Un petit aide de M. Rothan devrait être rétribué; on lui vote 30 fr. par mois, tant que ses services pourront être de quelque utilité.

M. Schwenck a écrit à M. Jean Dollfus à mots couverts, qu'il regarde sa mission comme terminée.

Le Conseil municipal statue sur plusieurs questions de logements militaires, que la Commission exécutive a proposé de soumettre à sa décision.

Samedi, 28 Janvier 1871

Absents : MM. Beugniot, Boehler, Steinbach, Laederich, Stengel, Jules Dollfus, Engelmann.

Un rapport des gardes champêtres signale des vols de bois au Forst et au Tannenwald. Un agent de police, maintenant garde champêtre auxiliaire, a reçu un coup de hache sur la tête et à une autre place, en se défendant contre des voleurs. On donnera le conseil aux gardes champêtres de se munir de leurs fusils, puisqu'ils sont autorisés à en porter, et à être toujours en nombre, puisque les procès-verbaux ne peuvent servir à rien.

M. Jean Dollfus est d'avis qu'on défère ces cas à la justice prussienne. M. Chauffour proteste. La question reste réservée.

Les personnes qui sont parties pour porter des secours aux habitants de Montbéliard et environs, sont autorisées à se servir du télégraphe.

Un épicier, M. Fr.-B., a introduit de nuit de l'huile en ville, voulant frauder l'octroi. Il a eu discussion avec le voiturier qui l'a dénoncé. M. Lallemand a été saisir la marchandise et a dressé procès-verbal, auquel on propose de donner suite, à moins que F. ne consente aux arrangements proposés par M. Lallemand. Dans le premier cas, on vendra publiquement la marchandise, et on fera connaître le nom du fraudeur.

Le sieur Rückert a commencé à l'ancienne Gendarmerie le travail des crèches dont il a été question hier, et sur lequel M. Stengel avait fait un devis, en même temps qu'il exposait les difficultés de la chose, parce que le sol est voûté, et qu'on ne peut y fixer des poteaux. Ce procédé a paru blessant à M. Stengel, mais M. Rückert a agi sur réquisition signée de M. Rothan, employé de la Mairie. On verra avec M. Rückert comment on pourra tourner la difficulté du sol.

L'autorité prussienne revient avec instance sur la nécessité de draps de lits à la caserne, menaçant, si on ne s'exécute pas, d'en retirer les soldats, pour les faire retourner chez les particuliers. Comme on a fait déjà beaucoup de dépenses à la caserne, pour n'en pas perdre le fruit, il faudra bien faire encore celle-ci. On vote, à cet effet, un premier crédit de 500 fr.

On a obtenu la garantie de citoyens de Mulhouse pour les 150,000 fr. restant encore à négocier à Bâle.

M. Lantz propose de reformer le stock de 2000 quintaux métriques de blé que la ville a acquis il y a quelques mois et qui va vite s'épuisant, par la livraison qu'on en fait à l'Institut des pauvres.

Une dépêche de Londres, qu'on reçoit à l'instant, annonce comme très prochaine la capitulation de Paris.

M. Jean Dollfus a été hier à Bâle, pour s'occuper des houilles et du chemin de fer. On lui a fait espérer que bientôt, d'abord les marchandises, plus tard les voyageurs pourraient circuler sur la voie ferrée.

Le convoi privé qui cherche de la houille à Bâle deviendra alors sans emploi, d'autant plus qu'il n'y a plus actuellement là de houille de la Loire, mais il pourrait être organisé à chercher de la houille à Sarrebrück, dont la Suisse elle-même a un pressant besoin.

Lundi, 30 Janvier 1871

Absents : MM. Boehler, Beugniot, Jundt.

Nouvelle saisie de vin pour fraude contre l'octroi.

La Mairie a reçu des renseignements sur l'affaire du sieur Boll, qui a été gravement blessé par une patrouille prussienne ; les officiers prussiens conviennent que le soldat a été trop loin, mais qu'il a été provoqué ; du reste, l'information continue.

Le nommé Thiébault Henry déclare qu'il a eu la main gelée en conduisant une voiture de réquisition à Belfort, il demande un secours. Comme il est employé de la ville, on lui continuera son salaire.

Le directeur de l'Ecole professionnelle demande à s'absenter pour quelques jours, voulant aller à Paris. Il a une autorisation régulière de l'inspecteur d'Académie, il n'y a donc pas lieu à statuer.

Le sieur Pfau, employé à la Marie, n'a plus d'occupations régulières ; on lui dénoncera pour fin Février.

Le directeur du Télégraphe demande, sous forme de réquisition, de la houille ou du bois. On lui a répondu que nous n'en avions pas. Du reste, sa réquisition n'est pas signée par le commandant de Place.

M. Wentzinger, maréchal ferrant, chez qui les Prussiens font ferrer leurs chevaux, demande aussi de la houille sous forme de réquisition. Il a apporté à l'appui une lettre du commandant de Place, certifiant qu'il travaille pour les Prussiens. Comme cependant on n'a pas fait droit à sa demande, il est revenu avec une réquisition signée. Nouveau refus de la Mairie, parce que cette réquisition est indéterminée, et qu'ainsi M. Wentzinger pourrait mettre sur sa note tout ce qui lui plairait.

Le percepteur de Sélestadt envoie une note de contribution de 1,70 fr., due par un habitant de Mulhouse. Nous ne nous regardons pas comme chargés de porter ces contraintes.

Les brasseurs ont envoyé un acte d'adhésion aux propositions qui leur ont été faites, mais il n'est pas rédigé dans les termes convenus, parce que ces Messieurs ne voudraient pas payer aux Prussiens les droits sur les excédents. On s'occupera donc de leur faire signer une lettre dans le sens des conventions verbales qui ont eu lieu.

La souscription pour l'Institut des pauvres dépasse 186.000 fr., de sorte qu'il restera des secours pour le mois d'Avril.

On vote que le Conseil municipal ne se réunisse plus que trois fois par semaine : lundi, mercredi et vendredi, à l'heure ordinaire, à moins de question d'urgence où l'on convoquera à domicile. On ne fera plus non plus de garde à l'Hôtel de ville, de midi à 1 heure.

Le préfet nous adresse trois Straf-Décrets pour trois voituriers qui ont contrevenu aux ordres de l'autorité prussienne, et qui sont condamnés chacun à une amende de 100 fr. On doit les prévenir de la part de la Mairie, pour qu'ils s'exécutent ou se procurent les moyens de dispense qu'ils peuvent avoir. L'un de ces voituriers paraît être le nommé Thiébault Henry, dont il a été question plus haut.

Mercredi, 1er Février 1871

Absents : MM. Jean Dollfus, Boehler, Beugniot, et les absents déjà signalés.

Le sous-préfet envoie une nouvelle lettre relative à l'emprunt de la ville de 300,000 fr., où nous avions dit que nous avions la loi française pour nous. Le sous-préfet réplique que la loi française nous autorise seulement à emprunter à 5 %, et, qu'en offrant plus, il nous faut l'autorisation du commissaire civil de l'Alsace, comme auparavant il en aurait fallu une ministérielle.

On lui répondra que nous sommes en règle vis-à-vis du gouvernement français, qu'en ce moment emprunter à 5 % est impossible, et que la ville ne s'est engagée à un taux supérieur que pour un an. On différera de quelques jours la réponse.

On a saisi en ville 23 veaux introduits, sans droits d'octroi, appartenant à Paul Geissmann, de Dornach.

M. Risler renonce à imprimer la feuille des étrangers arrivés à Mulhouse, feuille qui a cessé de paraître depuis le mois de Juillet ; c'est pour annoncer qu'il ne paiera plus les 100 fr. annuels, dont il a été frappé pour avoir le droit de publier cette feuille.

Les recettes de l'octroi pour Janvier n'ont été inférieures à celles du mois correspondant de l'année dernière que de 21,000 fr., il y a donc amélioration dans les recettes ; encore dans les recettes ne figure pas, comme l'année dernière, celle pour la fabrication de la bière, à cause des discussions avec les brasseurs.

Vendredi, 3 Février 1871

Absents : MM. Jean Dollfus, Aug. Dollfus, Beugniot.

Président : M. Georges Steinbach.

Le Conseil reçoit une lettre de M. Clément, secrétaire en chef de la Mairie, qui, ayant été remercié pour le 1er Janvier 1871, voudrait que le Conseil revînt sur sa décision et lui continuât ses fonctions jusqu'au 1er Mai. Ses principaux arguments sont que sa pension de retraite n'est pas liquidée, qu'il a été gravement malade, et que par là sa position pécuniaire a empiré. Il veut encore s'occuper de la régularisation des anciens comptes.

Le Conseil vote de ne pas revenir sur sa décision d'arrêter les fonctions et le traitement de M. Clément au 1er Janvier, de le laisser jouir de son logement jusqu'au 1er Mai, de lui allouer par mois la somme de 350 fr., à valoir sur ce qui lui reviendra sur sa pension de retraite et de les prendre provisoirement sur le fonds des caisses de retraites.

Le cinquième N° de l'*Amtsblatt* nous est adressé par l'inspecteur de police. Il y est dit que la Mairie n'a plus le droit de délivrer des laissez-passer, qu'il faut pour circuler des passeports, que ceux-ci doivent être demandés à la Mairie, puis approuvés par l'inspecteur de police, qui se fait expliquer le but du voyage, enfin envoyés à Colmar pour être soumis au visa du préfet. L'inspecteur demande pour ces passeports un formulaire imprimé, ce qui lui épargnera les frais d'un commis, de la pension duquel la ville serait passible.

On vote l'impression de ce formulaire. Le même numéro de l'*Amtsblatt* contient diverses ordonnances comme, par exemple, que le *Schweizerische Volksfreund* ne peut plus entrer en France, parce que ce journal manifeste des tendances antiprussiennes. Il commente aussi l'ordonnance relative aux hommes de 17 à 40 ans, dont la liste doit être livrée au sous-préfet avec indication des absents et, parmi ceux-ci, signaler ceux qui sont partis avant le 1er Septembre et ceux qui sont partis après.

M. Riss, directeur des Ecoles primaires, écrit pour annoncer que trois inspecteurs prussiens se sont présentés à l'Ecole primaire et ont procédé à l'examen des classes. Ils ont paru en être satisfaits, mais annoncé pour plus tard des modifications dans l'enseignement. On décide que M. Riss, avant de les adopter, les soumettra d'abord à l'approbation du Conseil.

Trois saisies ont été faites en contravention à l'octroi. Un omnibus est entré en ville et ne s'est pas arrêté devant le bureau, malgré la demande des gardiens. Ceux-ci l'ont poursuivi et y ont fait une saisie de 76 kilos de viande non déclarée. Mais une lutte s'est déclarée, où le sieur Bernheim, propriétaire de la viande, a eu la malheureuse idée d'appeler à son secours les gendarmes prussiens qui ont donné raison à la ville et ont aidé au maintien de la saisie de la viande et des chevaux qui traînaient l'omnibus.

La deuxième saisie comprend des liqueurs accompagnées d'une fausse facture.

La troisième saisie, du vin déclaré en quantité inférieure à la réalité par un nommé Rueff, 50 hl au lieu de 59 ; on lui réclamera une amende de 60 fr. et aux autres des amendes proportionnées.

La Commission exécutive appelle l'attention du Conseil sur l'élection des membres d'une Assemblée constituante, qui doit avoir lieu le 8 Février, et pose la question si les citoyens de la ville doivent se mettre en mesure d'y prendre part, quoique la Mairie n'ait reçu aucune notification à ce sujet. M. Chauffour appuie chaudement cette manière de voir et qu'on allât jusqu'à chercher à influencer les cantons voisins. Mais doit-on demander l'autorisation prussienne pour en agir ainsi, ou au moins le lui signifier ? Cette dernière manière de voir, trop faiblement appuyée, est rejetée. On vote de commencer immédiatement le travail préparatoire, dont on charge la Commission exécutive, qui s'adjoindra, pour cette besogne, tels citoyens qu'elle jugera convenables.

Lundi, 6 Février 1871

Absents : MM. Jean Dollfus, Beugniot, Stengel, Jundt.

Le président annonce que la famille Schmerber, marchand de fer, a légué, en souvenir de son chef récemment décédé, 1000 fr. à l'hôpital et 1000 fr. à l'Institut des pauvres, et que M. Wild a légué à l'hôpital, par testament, la somme de 5000 fr. On vote des remerciements aux donateurs ou à leurs ayants droit.

La question s'engage sur une gratification à donner aux employés de l'octroi. Comme, depuis le mois de Juillet, ils reçoivent un supplément de paye de 30 c. par jour, on pense que la gratification est de trop, surtout avec le déficit qu'accusent les rentrées d'octroi. Mais comme leur service est plus dur que jamais, qu'il s'agit de conserver des employés utiles, et que cette gratification étant celle du Nouvel-An passé, faisant en quelque sorte comme partie du traitement, le Conseil vote la gratification habituelle, avec la condition déjà prévue que le supplément des 30 c. par jour est supprimé, à dater du 1er de ce mois.

L'inspecteur de police prussien est venu déclarer à la Mairie, relativement aux élections, qu'il n'entendait en aucune façon se mêler de la police des salles où s'accomplit le scrutin, ni même de celle des rues avoisinantes, que c'étaient des agents de la ville qui devaient s'en charger. On agira dans ce sens.

M. de Lasablière, principal du Collège, est venu déclarer

qu'il craint que les inspecteurs allemands ne viennent aussi visiter et bousculer le Collège, et demande la conduite qu'il doit tenir. On lui a répondu, en Commission, qu'il devait les recevoir et voir quelles sont leurs exigences, sans rien brusquer, de peur que le Collège ne soit fermé comme l'a été celui de Colmar. On a écrit dans le même sens au directeur de l'Ecole professionnelle.

Le Conseil approuve cette manière d'agir; du reste ces inspecteurs ont quitté Mulhouse depuis.

La Mairie a reçu hier la visite de M. Charles Blech, de Ste-Marie-aux-Mines, et aujourd'hui celle de M. Belin, de Colmar, relativement aux élections prochaines. Ces Messieurs ont dit que dans l'arrondissement de Colmar, suivant décision du maire, agissant en qualité de préfet, on voterait par communes et qu'il serait à désirer qu'il en fût de même dans notre arrondissement, parce qu'il y aurait ainsi moins d'abstention, abstention que les Prussiens interpréteraient dans leur sens. Mais on leur a répondu que les ordres étaient donnés, les convocations faites, qu'on ne pouvait pas renverser tout cela sans amener la plus grande confusion, et que Colmar aurait dû, plus tôt qu'à midi aujourd'hui, faire connaître sa manière de voir.

A Landser, les gendarmes prussiens ont déclaré qu'ils s'opposeraient aux élections; d'un autre côté l'inspecteur de police d'ici a déclaré que le télégraphe était ouvert pour les communications électorales qui auraient le visa de la Commandatur.

Les parois en planches de 2 mètres de haut sur le pont d'Altkirch, au-dessus du chemin de fer, sont de nouveau exigées d'une façon pressante ; il faudra donc se soumettre à cette réquisition.

L'inspecteur de police revient avec insistance à la liste de 100 notables pour accompagner tour à tour les convois du chemin de fer, nous menaçant des peines les plus sévères si on ne fait pas cette liste. On convoquera les notables pour demain soir à $8\frac{1}{2}$ heures au Cercle, pour qu'ils dressent cette liste, qui alors sera envoyée à la sous-préfecture avec l'appui de la municipalité.

Les officiers de la garnison reviennent aussi à la charge pour une indemnité de pension de 15 fr. par jour, non compris le logement, disant que c'est une des conditions de l'armistice et voulant faire remonter cette pension au 29 Janvier dernier, date de la signature de l'armistice ; M. Bock ira traiter la question avec la Commandatur et tâchera au moins d'obtenir que cette indemnité ne date que du jour où on aura traité avec elle. La dépense pour les jours écoulés serait, suivant le calcul des Prussiens, de 10.000 fr., qu'ils voudraient toucher demain.

Il s'agit de voter un nouveau crédit pour les familles des mobiles, etc., pour le mois de Février. M. Lantz propose de voter 12,000 fr. provisoirement. Adopté.

Le directeur des postes prussien n'est pas content de ses bureaux et désirerait qu'on l'aidât à en trouver un autre ; on lui répondra que ce n'est pas l'affaire de la municipalité.

Cinq waggons de houille sont arrivés pour les besoins de la ville.

1. Députés du Haut-Rhin à l'Assemblée nationale de Bordeaux. Pl. 29

LOUIS CHAUFFOUR
de Mulhouse.

LÉON GAMBETTA
de Paris.

JULES GROSJEAN
de Belfort.

Vendredi, 10 Février 1871

Absents : MM. Jean Dollfus, Beugniot, Boehler, Zipélius.

Présidence de M. Wacker.

L'administration du Central Suisse instruit le Conseil que, dès hier, elle a repris le service des marchandises de Bâle sur Mulhouse et que, dès demain, elle reprendra le service de voyageurs.

M. Fritz Kœchlin fait savoir que, comme on ne pourra pas lui rendre les houilles qu'on lui a empruntées, il les facturera à la ville au prix d'achat. Accepté avec remerciements.

MM. Simon, de Sarrebrück, beaux-frères de MM. L. et Isaac Lantz, font savoir qu'il font don à la municipalité, pour ses établissements de bienfaisance, d'un waggon de houille, qu'ils lui ont adressé. Des remerciements sont votés à MM. Simon.

On revient à la demande de la liste des hommes de 17 à 40 ans. Les conseillers de garde sont prévenus de répondre, si la demande se reproduit, que le travail est commencé dans les bureaux de la Mairie, chez M. Gerber.

On demande aussi le travail sur nos archives. Il faudra donc le commencer, pour pouvoir donner la même réponse.

L'hôpital de Colmar fait savoir que le cours d'accouchement n'étant pas ouvert cette année, il ne faudra pas envoyer des femmes enceintes à Colmar. Cet avis est renvoyé à M. Ehrsam.

Une lettre de M. Clément annonce qu'il accepte les conditions qui lui ont été posées, qu'il a sous-loué une partie de son logement, et qu'on veuille bien s'occuper du supplément de la pension de retraite, auquel il a aussi droit.

Le préfet nous fait savoir qu'il se publie à Colmar un journal en français, l'*Alsacien*, contenant les documents officiels et qu'il invite la municipalité à s'y abonner. On passe à l'ordre du jour.

Des ouvriers de la ville, disant que quelquefois, à cause du mauvais temps, ils sont privés de travail, se recommandent à la charité de la ville.

M. Chauffour exprime ses regrets d'abandonner le Conseil pour aller remplir à Bordeaux ses fonctions de représentant. Il portera dans cette assemblée les sentiments qu'il a toujours professés : un ardent amour pour la France et l'invincible attachement de l'Alsace pour elle, et croit ainsi représenter le Conseil municipal lui-même. M. Chauffour se retire ensuite.

M. Bock rend compte de sa mission auprès du commandant de Place, relative à la pension des officiers. On lui a fait savoir d'une manière positive, et par ordre de l'empereur d'Allemagne, que les officiers ont droit tous à une indemnité de 15 fr. par jour, au compte de la ville. Sur cette somme, ils en abandonnent 6 pour leur pension, que le surplus entre dans leur poche et que les surplus de leur logement et de leur pension sont à la charge de la ville, outre leurs 15 fr. Le compte s'élève à près de 10.000 fr., pour les jours écoulés depuis l'armistice.

M. Steinbach donne quelques renseignements sur les votes de la Légion du Haut-Rhin à Lyon, relativement aux représentants. Ces chiffres ne changent rien aux résultats obtenus qui sont les suivants :

M. Keller-Haas a obtenu .... 68.628 voix,
le Colonel Denfert 54.811
Grosjean 54.739
Tachard...................... 53.328
Chauffour 52.568
Gambetta.................... 51.953
Titot........................ 47.029
Hartmann, de Munster......... 42.029
Scheurer-Kestner, de Thann.... 38.028
Rencker, notaire, à Colmar..... 33.976
Alf. Koechlin-Steinbach........ 32.960

Les canditats qui ont obtenu le plus de voix, après les 11 ci-dessus, chiffre auquel le Haut-Rhin a droit, sont : MM. Lefébure avec 30.897, Klippel avec 30.829 et Viellard-Migeon avec 29.040. M. Grosjean a passé aujourd'hui à Mulhouse, sortant de Belfort ; il doit se rendre à Bâle pour voir où en est la mission de M. Châtel, ingénieur. Ses fonctions de représentant doivent lui donner une certaine immunité pour voyager.

Lundi, 13 Février 1871

Absents: MM. Jean Dollfus, Beugniot.

Le sous-préfet, Dr Schultze, demande que la ville établisse un service de surveillance, dans le ban de la commune, des trois tronçons de chemin de fer qui partent de notre gare. La Commission a pensé qu'il fallait s'exécuter; le Conseil vote dans ce sens, et charge M. Jundt de l'organisation de ce service, pour lequel il devra s'entendre avec le Betriebs-Inspector.

Il est à espérer que ce service, une fois établi, exemptera les notables de faire des voyages sur la locomotive.

Le Conseil reçoit le compte de l'hôpital, pour 1870, des frais de malades admis dans cet asile par le Bureau de bienfaisance. Ce compte dépasse 64,000 fr., et est ainsi supérieur au crédit voté. On n'a payé qu'un acompte de 15,000 francs. Il est à savoir si l'hôpital a immédiatement besoin des espèces. Pour toutes ces raisons, ce compte est envoyé à la Commission des finances, à laquelle s'adjoindront MM. Henry Schwartz et Ehrsam, secrétaire en chef de la Mairie.

Des officiers prussiens sont venus s'enquérir d'un champ de manœuvre. On leur a indiqué le terrain de la Doller ou l'Ochsenfeld. Le premier leur est trop petit, le second trop éloigné. Enfin, on leur a indiqué les terrains qui sont du côté de Richwiller. Ils se sont décidés à aller les visiter, parlant de les acheter au besoin.

La forêt du Forst est à peu près coupée, le chantier de la ville est rempli de bois vert, on en conduira aussi aux écoles et autres établissements publics. Cependant, il faut continuer la coupe, parce que les déprédations continuent et s'attaquent à des troncs d'arbres qui ont jusqu'à 50 centimètres de diamètre.

M. Steinbach propose de réviser la question du logement et de la pension des officiers, pensant qu'il n'y a plus rapport entre cinq hommes et un officier avec son brosseur, depuis que l'officier reçoit une pension de 15 fr. par jour, sur lesquels il en consacre 6 pour sa pension. Malgré cela, plusieurs membres pensent qu'un officier répond plutôt à plus de soldats qu'à moins. De plus, ils sont plus nombreux d'habitude que ne le portent les comptes de M. Dujardin, qui ont servi à établir le prix de la pension, de sorte que, de ce côté encore, les abonnés semblent payer trop peu. Renvoi de la question à la Commission des logements.

Mercredi, 15 Février 1871

Absents : MM. Jean Dollfus, Beugniot, Boehler.

Le Conseil reçoit une communication du ministre des finances, de Carlsruhe, qui exempte des droits d'entrée tout ce qui est destiné aux blessés et malades français, prisonniers en Allemagne. Il n'est rien dit des prisonniers simples.

Le service des notables sur les locomotives est supprimé, par suite de l'organisation du service de surveillance des voies ferrées dans la banlieue de Mulhouse.

On revient à la question des officiers. Il y a en moyenne 80 officiers par jour à loger, ce qui fait, au prix de 15 fr. par jour, une somme mensuelle de 36,000 fr. Mais les abonnements ne donnent qu'une somme de 12,000 fr., il s'ensuit que la ville se trouve en déficit de 24,000 fr. Il suit de là que les officiers logés dans les hôtels par les non-abonnés sont réellement nourris par la ville et que c'est à celle-ci et non aux particuliers que doit revenir l'indemnité de 6 fr. par jour, que les officiers abandonnent pour leur pension sur les 15 fr. qu'ils reçoivent par jour.

On préviendra dans ce sens les hôteliers et on donnera un plus grand nombre d'hommes à loger aux particuliers qui logent des officiers, dont ils n'ont pas à payer la pension. Du reste, on demande à la Commission des logements militaires un rapport écrit sur cette question, pour qu'il puisse servir de base à une discussion.

M. Lantz pose la question des chevaux et voitures qui ont été réquisitionnés depuis le mois de Novembre déjà, et qui toujours ne reviennent pas. M. Lantz voudrait, qu'en attendant le retour de leurs attelages, la ville donnât aux propriétaires de ceux-ci en location gratuite les chevaux de la ville, ou même en don, à condition que les chevaux rentrant des expéditions lointaines fussent abandonnés à la ville, qui verrait quel parti elle pourrait en tirer.

Quant aux voituriers absents depuis plus de deux mois, M. Lantz propose de leur allouer 12 fr. par jour, par voitures à deux chevaux et un cocher, mais il est loin de s'entendre avec eux, car ils demandent le double de cette somme. M. Lantz est autorisé à traiter au mieux des intérêts de la ville avec ces voituriers.

M. Warck, Garnison-Verwaltungs-Oberinspector, se présente à la Mairie avec une mission du gouverneur d'Alsace, M. Bismarck-Bohlen. Cette mission consiste à examiner les plaintes qui ont été faites contre la caserne et à aviser aux remèdes, le gouvernement prussien tenant beaucoup à ce que ses soldats soient logés en aussi grand nombre que possible à la caserne, et non chez les particuliers.

Vendredi, 17 Janvier 1871

Absents : MM. Jean Dollfus, Beugniot, Bock, Roth, pharmacien.

M. Lantz annonce qu'il a fini de régler avec les voituriers réquisitionnés, à 12 fr. par jour.

Une lettre de M. Schmitt, inspecteur de police prussien, nous fait savoir que nous avons, comme municipalité, à nous abonner au journal dit *Strasburger amtliche Zeitung*, faute de quoi nous serons mis à l'amende. Nous n'avons plus qu'à nous exécuter.

Une deuxième lettre du même veut connaître la somme définitive perçue sur nos emprunts. On répondra un peu vaguement, mais sans dissimuler tout ce qu'il a fallu d'argent pour subvenir aux charges qui nous ont écrasés depuis la guerre.

La salle du théâtre, actuellement propriété de la ville, exige quelques réparations urgentes. M. Stengel est prié d'y veiller de concert avec l'architecte de la ville, M. Schacre.

M. Riss, directeur des Ecoles primaires, demande s'il doit accorder un congé à l'occasion du carnaval. Le Conseil l'autorise à donner deux jours à cause des nécessités du chauffage et aussi parce que les maîtres ont eu bien de la besogne pour les dernières élections, ayant été chargés de remplir toutes les cartes d'électeurs.

M. Jundt rend compte de la question de la pension des officiers. Il explique comme quoi le grand nombre que nous avons en permanence, fait que le prix de l'abonnement est trop bas, et que pour parfaire la somme que la ville doit aux officiers, il faut que le prix d'abonnement pour un seul officier soit porté de 60 à 80 fr. par mois. Les nouveaux abonnés payeront de suite ce prix, les anciens seulement à partir du 15 Mars prochain, parce qu'ils ont droit de dénoncer. On vote les propositions ci-dessus, et on vote, en outre, que les hôteliers ou les particuliers logeant à l'hôtel, fassent profiter la ville des 6 fr. qui leur reviennent pour frais de nourriture sur les 15 fr. qui leur sont alloués quotidiennement. Cette restitution diminuerait aussi les charges de la ville.

L'inspecteur des casernes, M. Warck, dont il a été question dans la dernière séance, a trouvé différentes difficultés à ce que nos casernes soient de nouveau occupées. Il exige que tout soit lavé et récuré, qu'il y ait des paillasses au lieu de matelas, parce qu'on peut remuer la paille des premières. Quant aux oreillers, il voudrait du véritable crin et non du crin végétal, cependant pour le moment, il se regarde comme satisfait. Il consent à utiliser les lits de camp qui ont été faits, mais plus tard il faudra des couchettes en fer. Enfin, le grand point, c'est qu'on veut des draps de lits en toile, deux par homme, avec facilité de rechange au moins toutes les trois semaines.

M. Warck engage à faire toutes ces choses suivant le texte strict des règlements prussiens, parce que, à la paix, le gouvernement s'emparera des casernes et paiera alors les fournitures qui sont conformes au règlement.

Il s'oppose à ce que l'on loge dans la grande caserne autant de monde qu'elle pourrait contenir, parce qu'il y

Députés du Haut-Rhin à l'Assemblée nationale de Bordeaux.   Pl. 30

Colonel DENFERT-ROCHEREAU
de Belfort.

faudrait un second escalier, que du reste l'administration française avait déjà réclamé.

M. le président réclame à ce que nous nous soumettions à ces exigences, avant qu'elles nous soient notifiées d'une façon plus absolue, et pour soulager d'autre part notre population civile, qui souffre beaucoup de la garnison logée chez elle.

M. Lantz rend compte de la fin du siège de Belfort, comme quoi aujourd'hui même toute la garnison sort avec armes et bagages, musique, enseignes déployées, pour se rendre, libre, dans une autre partie de la France, en l'honneur, dit l'ennemi, de sa vaillante défense.

Un avis du général von Treskow dit que dès après-demain on pourra porter des secours aux habitants de Belfort et environs, et il engage beaucoup à le faire.

On demande si de suite on ne devrait pas aussi faire des démarches pour avoir des houilles de Ronchamp. Le Conseil, tout en approuvant la chose, ne croit pas devoir donner, à cette intention, une mission officielle à un ou deux de ses membres.

Lundi, 20 Février 1871

Absents : MM. Jean Dollfus, Beugniot, Aug. Dollfus, Lantz, Tagant, Boehler, Jundt.

Présidence de M. Paul Heilmann, en l'absence de M. Tagant.

M. Lantz écrit qu'il s'absente pour quelques jours, allant à Versailles, avec une commission envoyée par la Chambre de commerce, et qui a pour mission de s'occuper, dans les stipulations du traité de paix, des intérêts du commerce et de l'industrie de l'Alsace. Cette commission est composée, outre M. Lantz, de MM. Aug. Dollfus, Trapp, Isaac Koechlin, de Willer, Schaeffer, de Dornach, Jean Schlumberger, de Guebwiller.

La sous-préfecture envoie une lettre de rappel pour obtenir les registres des contributions directes, afin qu'on puisse faire rentrer dans les caisses prussiennes les contribution en retard de 1870. Il voudrait que ces registres fussent remis au nouveau percepteur (allemand). On lui répondra que ces registres ne sont pas et n'ont jamais été entre les mains des municipalités.

Un lettre de la Commandatur déclare que les 15 fr. payés journellement aux officiers doivent être francs et nullement servir à payer leurs pensions, de sorte qu'il faudra leur restituer ce qu'ils en ont abandonné dans ce but; ce sera un sujet de nouvelles complications.

M. Lantz a fait savoir que s'il arrive de nouvelles houilles, il faut transmettre l'avis à son bureau où se fera la répartition. M. Henry Baumgartner désire qu'on le raye du nombre de ceux qui en réclament, ayant su s'en procurer ailleurs.

Des voituriers de réquisition ayant ramené une voiture avec deux chevaux blancs, ont reçu une indemnité de 500 fr. Cependant ils réclament encore 24 fr. pour des fournitures qu'ils ont payées, et dont ils joignent la note à leur demande. Accordé.

Le ministre de France, à Berne, demande pour une société de secours spéciale, qui s'est établie en Suisse, le relevé des communes qui, dans le Haut-Rhin, ont souffert de la guerre, pour que cette société pût leur venir en aide par la fourniture de grains et autres objets de semailles. On enverra cette lettre en circulaire aux communes intéressées; quelqu'un ajoute que M. Zweifel, de Cernay, s'occupe déjà de ce relevé.

Un rapport du brigadier des gardes champêtres signale des vols de bois dans le Tannenwald, où, au milieu de la nuit, on a commencé à couper un gros arbre. Les voitures et instruments ont été saisis.

M. Huguenin, qui a été hier à Belfort, dit que le chemin de fer de Ronchamp à Belfort n'a pas été détruit, qu'il pourra bientôt fonctionner et qu'ainsi on peut espérer avoir bientôt de la houille de Ronchamp.

Une dame Hartmann réclame de nouveau pour une tapissière qui a été réquisitionnée dans le temps et qui ne peut se retrouver; une deuxième somme de 100 fr. lui est votée, à titre d'acompte sur l'indemnité qu'elle touchera un jour.

On demande à la Mairie un certificat pour le fils de la veuve Blind, entrepreneuse de voitures de louage, comme quoi ce fils âgé de 25 ans, interné en Suisse parce qu'il faisait partie de l'armée de Bourbaki, est nécessaire à l'exploitation de son industrie, surtout depuis la morte récente de son père. Le Conseil vote qu'on fera un certificat dans le sens ci-dessus.

M. Huguenin rend compte de sa visite d'hier à Belfort et il ne peut assez dépeindre ce qu'il y a là de misère, de maladies, de boue, de mauvaises odeurs, au milieu d'une destruction à peu près absolue, tout étant criblé de boulets et d'obus, de manière à représenter des écumoires. A Belfort même, les vivres ne manquent pas encore, parce qu'on a distribué aux habitants ceux qui étaient réservés pour les soldats, ce dont les Prussiens ont paru mécontents.

Mercredi, 22 Février 1871

Absents : MM. Jean Dollfus, Beugniot, Aug. Dollfus, Lantz.

Les ouvriers de la ville demandent la continuation de la surpaye de 0.25 fr. par jour, qui leur a été allouée depuis plusieurs mois. Le Conseil rejette cette demande.

On demande pour le Manège une nouvelle installation en charpente, afin d'y loger un plus grand nombre de chevaux. On traînera cette affaire en longueur, dans l'espoir d'échapper à cette réquisition.

Le maire de Niedermorschwiller demande à être compris dans la répartition des houilles arrivant par la sous-préfecture de Mulhouse. Il lui sera répondu qu'il n'en arrive plus par cette voie.

M. Guerber, ancien commissaire de police, réclame l'arriéré de son traitement. On lui conseillera de s'adresser à cette intention à l'ancien percepteur de Mulhouse, M. Pillot, en ce moment en résidence à Bâle.

On signale de nouveaux vols de bois au Forst, au Tannenwald et aussi des vols de houille par des femmes.

Le commissaire de police fait savoir que provisoirement on ne délivrera pas de laissez-passer pour Belfort et Paris,

Députés du Haut-Rhin à l'Assemblée nationale de Bordeaux. Pl. 31

FRÉDÉRIC HARTMANN
de Munster.

ALFRED KOECHLIN-STEINBACH
de Mulhouse.

EMILE KELLER-HAAS
de Belfort.

EDOUARD RENCKER
de Colmar.

que pour Bâle on n'en demandera ni aux dames, ni aux personnes âgées de plus de 50 ans.

M. Petit, employé de la Mairie, après avoir été à l'armée, revient reprendre ses fonctions, ce que la municipalité accepte avec plaisir, parce qu'on a toujours été content de son service.

Une lettre des banquiers de Zurich demande que les signatures des garants de l'emprunt municipal soient légalisées par une pièce notariée. Cette demande offrant des difficultés, et pouvant entraîner de grands frais d'enregistrement, est renvoyée à l'examen de la Commission des finances.

Les officiers logés à l'*Hôtel Romann* réclament l'arriéré de huit jours, des cigares auxquels ils prétendent avoir droit, après qu'on leur restitue déjà leurs 6 fr. de pension. On engage l'hôtelier à décliner cette demande.

Un nouveau numéro de l'*Amtsblatt* indique les Kreis dont se composera l'arrondissement de Colmar.

Il dit que l'indemnité de 15 fr. par jour et par officier, durant l'armistice, sera plus tard l'objet d'une répartition sur tout le département.

Il annonce que prochainement la Caisse des enfants assistés payera le troisième trimestre de 1870 aux pères nourriciers.

Enfin, il fait savoir que toutes les réclamations de payement au département doivent être adressées à la préfecture, avant la fin du mois, avec les pièces à l'appui, pour qu'elles soient examinées et réglées, s'il y a lieu.

Vendredi, 24 Février 1871

Absents : MM. Jean Dollfus, Beugniot, Boehler, Lantz, Aug. Dollfus.

Une lettre de la sous-préfecture nous annonce qu'à l'avenir nous devons correspondre en allemand avec l'autorité prussienne. Un membre propose de mettre en regard de la réponse qu'on sera dans le cas d'adresser à cette autorité, la traduction en allemand faite par le secrétaire en chef de la Mairie, traducteur officiel. La majorité se rallie à la proposition de ne décider cette question que lundi prochain.

M. Fritz Koechlin qui, dans le temps, a fourni des houilles à la ville, ne veut plus qu'on les lui remplace par d'autres, à moins que ces houilles ne lui arrivent toutes lundi prochain. Dans le cas contraire, il demande 60 fr. par 1000 kilos de houilles qu'il a livrées.

On lui répondra qu'il a lui-même consenti à les facturer au prix qu'elles valaient, lorsque la livraison en a été faite à la ville, et qui était de 35 fr. les 1000 kilos.

A l'occasion des houilles, M. Huguenin dit que celles de Ronchamp ne pourront pas venir de sitôt ici, parce qu'il faut auparavant rétablir le viaduc de Dannemarie, ce qui pourra traîner jusqu'à Pâques, mais que ces houilles pourront être déchargées à Dannemarie ou à Valdieu, pour venir de là sur essieux ou sur bateaux.

On annonce, pour tenir garnison en ville, un escadron de hulans, de sorte qu'il faudra bien s'exécuter pour les stalles que les Prussiens réclament au Manège. MM. Stengel et Jundt sont chargés de veiller à ce travail, aux moindres frais possibles.

On revient à la question des émoluments dus à M. Guerber, ancien commissaire central. On lui doit évidemment les mois de Novembre et de Décembre; mais comme la somme nécessaire pour ces deux mois a été versée par la ville dans la recette particulière, il est évident que c'est l'Etat, par les mains de M. Pillot, notre ancien percepteur, qui doit solder les deux mois susdits. Mais quant aux trois mois votés par le Conseil municipal, vers le milieu de Décembre, il est évident qu'on ne peut les faire payer par la caisse de l'Etat, parce qu'on n'y a rien versé et que la ville doit s'entendre directement avec M. Guerber. Mais comme celui-ci a touché des fonds provenant de la visite médicale faite rue des Champs, ce sera un décompte à faire avec lui sur le pied de 4000 fr. de traitement annuel, dont on lui doit ainsi deux mois et demi. Il est vrai qu'il touchait 4,800 fr., mais les 800 fr. étaient pour frais de bureau.

M. Zündel, vétérinaire, écrit que la beste bovine s'étant de nouveau déclarée, il entend reprendre, de concert avec les employés de l'octroi, la surveillance de l'abattoir. Le Conseil municipal approuve.

Dans une deuxième lettre, il dit que le couvent d'Oelenberg a adressé au Bureau de bienfaisance un vieux cheval bon à être abattu et la viande être distribuée aux pauvres. Ce genre de distributions ne paraissant pas encore leur agréer, on propose de vendre cette viande et d'en affecter le prix au Bureau de bienfaisance.

Le portier de l'Ecole des sciences appliquées demande,

à l'instar des années précédentes, une gratification pour le travail des cartes qu'il délivre aux auditeurs. Accordé.

Le crédit de 12,000 fr., voté pour les familles des mobiles et mobilisés étant épuisé, il est voté pour le mois de Février un supplément de 3000 fr., mais on préviendra ces familles qu'il devra cesser prochainement. On a déjà dépensé, à cette intention et pour compte du gouvernement, la somme de 58,000 fr. et l'Etat n'a encore remboursé que 16,000 fr.

MM. Jundt et Müller ayant examiné les réparations à faire au théâtre, ont constaté qu'elles se monteraient à environ 400 fr., parce qu'il faut faire, en pierres de taille, une nouvelle corniche. Le Conseil donne plein pouvoir à ces messieurs pour faire les réparations nécessaires.

Lundi, 27 Février 1871

Absents : MM. JEAN DOLLFUS, BEUGNIOT, BOEHLER.

Présidence de M. TAGANT.

Le sous-préfet envoie de nouveaux titres pour des prisonniers qui veulent rentrer sous cautions, pour que le Conseil les examine.

Les biens de l'Urhau sont de nouveau à louer, on propose de faire des baux de six ans, au lieu de trois, pour avoir meilleur prix, mais on objecte que ce n'est peut-être pas le moment pour que la ville ou les particuliers s'engagent dans de longs baux. On vote que MM. Jundt et Zipélius formeront, avec le président de semaine, une Commission qui dressera un cahier des charges et présidera à la location.

D. Députés du Haut-Rhin à l'Assemblée nationale de Bordeaux.

FRÉDÉRIC TITOT
de Colmar.

AUGUSTE SCHEURER-KESTNER
de Thann.

ALBERT TACHARD
de Mulhouse.

De nouveau deux femmes de gendarmes réclament une indemnité mensuelle de loyer. On n'en accordera que pour un mois encore, et seulement aux femmes qui habitent Mulhouse; dans le moment où tout respire l'annexion, nous ne pouvons prendre d'engagement à long terme.

L'inspecteur de police prussien demande que douze de nos anciens agents de police reprennent leurs fonctions, de concert avec ses propres agents, sinon ils seront expulsés. M. Tagant s'est entretenu avec M. l'inspecteur de cette proposition, et celui-là l'a assuré qu'il ne leur demanderait pas de serment, qu'ils seraient seulement un service de sûreté et aideraient à rechercher les délinquants. La raison indiquée ci-dessus sera qu'on ajournera toute décision jusqu'à la prochaine séance.

M. Fritz Koechlin demande par lettre que toute la houille que la municipalité doit recevoir, jusqu'à demain soir, soit employée en remplacement de celle qu'il a fournie à la ville, sinon il entend qu'on lui paye 50 fr. les 1000 kilos de celle qui ne lui aura pas été rendue. On vote de ne pas répondre provisoirement à M. Fritz Koechlin, nous tenant à nos dernières délibérations.

Une lettre du 23 Février, du préfet du Haut-Rhin, arrivée hier, annonce que la ville est comprise pour une somme de 3 millions dans la répartition des frais de guerre. Aujourd'hui le sous-préfet est venu annoncer verbalement qu'il ne sera pas donné suite à cette réquisition; par contre, il a semblé insinuer que le Conseil fera bien d'aller présenter ses hommages, ce soir, à M. de Bismarck-Bohlen, arrivant de Strasbourg. Cette insinuation ne donne lieu à aucun vote de la part du Conseil.

M. Weiss-Zuber, substitut au procureur impérial, ayant reçu un ordre d'expulsion dans les 24 heures, demande qu'il soit à l'avenir exempté des logements militaires. Cette demande est accueillie par le Conseil.

Un colonel, en garnison près de Belfort, envoie une lettre à la ville avec une note de plus de 500 fr., pour la couvrir de l'indemnité de 15 fr., à laquelle il a droit pendant l'armistice. Cet officier n'étant pas en garnison à Mulhouse et sa demande n'étant pas appuyée par le commandant de Place n'a pas droit, selon nous, à se faire payer à Mulhouse. On décline sa demande.

Mercredi, 1er Mars 1871

Absents : MM. Jean Dollfus, Beugniot, Boehler.

Le président annonce que l'affaire des six agents de police est réglée, ces messieurs ont accepté, mais le commissaire a déclaré que leur traitement resterait à la charge de la ville, tout en exigeant qu'ils n'aient plus aucun rapport avec la municipalité. Ceci est presque impossible, et il faudra s'expliquer avec le commissaire prussien.

Ils sont autorisés à continuer, à tour de rôle, la surveillance des gardes de nuit. Ils demandent le remboursement de ce qu'ils ont déposé à la caisse de retraite; cette question est ajournée.

Le président propose d'ajouter aux terrains à louer par la ville un gros enclos de plus d'un hectare, occupé depuis 15 ans par M. Clément. Adopté.

Le traitement de M. Guerber, ancien commissaire central, devra être réglé ainsi qu'il suit : les sommes afférentes à ce traitement pour l'année écoulée ayant été versées par la ville à la recette particulière, c'est le gouvernement qui doit payer. L'agent à Bâle, qui fait fonction de payeur pour lui, ne s'y refuse point, mais il veut être autorisé par le ministre. Il s'agit donc de demander cette autorisation. Quant au traitement de 1000 fr., qui lui a été voté par le Conseil jusqu'au 15 Mars prochain, la Caisse municipale pourra les verser directement à M. Guerber, sauf déduction de ce qu'il a touché pour les visites médicales de la rue des Champs.

La voiture tapissière de Mme Hartmann, enlevée par des réquisitions, s'étant enfin retrouvée, il s'agit d'expertiser les avaries qu'elle a eues. M. Koechlin-Schwartz est chargé de s'entendre avec M. Helmer, maréchal.

On réclame de nouveau un mois de secours de 187 fr. pour les Polonais. Le Bureau de bienfaisance sera chargé de leur venir en aide, seulement en raison des besoins réels et sans dépenser en aucun cas les 187 fr.

Deux officiers logés à l'*Hôtel Romann*, aux frais de la ville, voudraient se loger à leurs frais contre un dédommagement; on leur offrira la somme de 14,50 fr. par jour.

La réclamation du colonel des environs de Belfort, pour ses 15 fr. par jour, a été retirée sur les observations qu'on a faites à son agent. Il y a une autre réclamation d'argent de la part de trois médecins et de deux employés prussiens, se montant à une somme de 125 fr. par mois. On attendra le rappel de cette demande qui n'est pas assez claire.

La pension de retraite de M. Clément a été réglée par délibération du Conseil en date du 2 Juin dernier, à la somme de 4,450 fr. Pour les mois écoulés depuis, M. Clément ayant continué un service actif, demande un supplément à cette pension, qui pourrait bien aller jusqu'à 80 fr. par mois. Cette nouvelle demande fait examiner toute la base de cette liquidation de pension, et il se trouve que M. Clément est déjà trop avantagé, aux dépens de la caisse des retraites. En effet, au lieu d'y avoir versé régulièrement comme les autres membres, il ne s'y est fait admettre qu'en 1862 et n'y a versé en bloc que l'arriéré de 15 ans, au lieu de l'arriéré de 25 ans qu'il aurait dû verser ; encore même ce versement en bloc est-il inégal. Cette question devra donc être soumise à un nouvel examen.

M. Huguenin expose qu'il s'est formé une société de secours pour les populations civiles éprouvées par la guerre aux environs de Belfort et de Montbéliard, qu'outre de l'argent, les secours en matière affluent, mais que les moyens de transport manquent, et qu'ainsi les secours n'arrivent pas au moment opportun et risquent de s'avarier.

M. Huguenin demande en conséquence que la ville veuille bien disposer de quelques-uns des chevaux qu'elle possède, en faveur de cette belle œuvre de bienfaisance. La chose est accordée en principe et, quant aux détails, elle est confiée à M. Lantz.

Vendredi, 3 Mars 1871

Absents : MM. Jean Dollfus, Beugniot, Boehler, Laederich, Jundt, Boeringer, Zipélius, Lantz.

Le président rend compte de sa visite à l'inspecteur de police, relativement à nos agents engagés par lui. Cet inspecteur entend que ceux-ci soient entièrement à sa disposition, mais il n'a aucune objection à faire à ce que les gardes de nuit et les gardes champêtres fassent leurs rapports à la Mairie. Les gardes de nuit, il les trouve si nécessaires qu'il ne comprend pas, dit-il, qu'ils soient entretenus par une souscription privée et que s'ils n'existaient pas, il ferait immédiatement, de leur création et de leur entretien, une charge municipale.

La commission exécutive a eu une explication avec M. Clément et lui a fait comprendre qu'il avait tort de demander une augmentation de retraite, parce que cela menaçait tout l'échafaudage de sa pension même.

On a aussi annoncé à M. Clément que la municipalité mettra en location le grand terrain qu'il a occupé depuis nombres d'années. M. Clément dit qu'il a beaucoup amendé ce terrain et que la ville peut demander jusqu'à 3 fr. par are de ce terrain.

De nouveaux officiers se sont encore adressés à la municipalité pour avoir leurs 15 fr. quotidiens, M. Bertelé a d'abord refusé, mais sur une demande faite au sous-préfet (allemand) d'ici, il a fallu s'exécuter, celui-ci ayant déclaré que cette indemnité est due jusqu'au 2 Mars.

D'un autre côté, une annonce imprimée de M. von Kuhlwetter, à Strasbourg, déclare positivement qu'on ne doit plus lever de contributions de guerre, à partir du 26 Février dernier. Comme il y a là contradiction, MM. G. Steinbach et Henry Schwartz sont chargés d'en référer demain à M. le sous-préfet.

Le compte rendu de l'octroi pour le mois de Février annonce que cette recette va s'améliorant; ce mois a donné 40.000 fr. environ, contre 46.000 qu'il a donnés l'année dernière pour le même mois.

Deux chevaux de la ville ont été loués à M. Lesage, à raison de 4 fr. par jour et par cheval. On propose d'acheter à la ville un de ces chevaux. La question est renvoyée à M. Koechlin-Schwartz, qui se fera aider par un vétérinaire.

M. Guerber, ancien commissaire de police central, désire se rendre à Bordeaux, pour solliciter un nouvel emploi et, à cet égard, demande un certificat de la municipalité. Adopté.

Le Conseil reçoit une circulaire imprimée qui annule la contribution de guerre pour Mulhouse de 3 millions.

Les obligations de la ville pour l'emprunt contracté directement en dernier lieu seront prêtes demain, et pourront alors être distribuées à qui de droit.

Un membre demande que les citadines, extrêmement réduites comme nombre par les événements de guerre, soient de nouveau augmentées. On rapellera à MM. les entrepreneurs leurs engagements. On se plaint aussi que le service de l'enlèvement des boues se fasse très mal.

Lundi, 6 Mars 1871

Absents : MM. Jean Dollfus, Beugniot, Boehler, Jundt, Bock.

Présidence de M. Aug. Dollfus.

A l'invitation qui lui a été faite de mettre un plus grand nombre de voitures de place à la disposition du public, M. Montagnon répond qu'il augmentera le nombre de ses chevaux dès qu'il n'aura plus à loger les chevaux des hulans dans ses écuries.

Au moment où MM. Steinbach et Henry Schwartz se disposaient à aller à la sous-préfecture pour traiter la question de la durée de l'indemnité de 15 fr. à payer aux officiers, on a appris ici que cette indemnité ne devait durer que jusqu'au 2 Mars, et les officiers ont rapporté une somme de 420 fr., perçue par eux au delà du terme ci-dessus.

L'*Amtsblatt* dit, au contraire, que les pays occupés ont à payer l'indemnité aux Prussiens jusqu'au 12 Mars ; il semble que les Prussiens font une différence entre les pays annexés et les pays occupés. Le plus sage semble donc de ne rien réclamer en ce moment.

Les ouvriers de la ville, travaillant en commun dans un chantier, demandent de nouveau une augmentation de salaire, se fondant sur ce qu'ils sont exacts à l'ouvrage et que les journées vont s'allongeant. On ne répondra que mercredi, après qu'on aura entendu notre collègue, M. Jundt, absent en ce moment. On incline à tâcher de supprimer bientôt ces ateliers de charité, de peur que les soldats qui vont rentrer ne leur apportent un renfort considérable. L'examen de cette question est renvoyée à la Commission exécutive.

Le Crédit suisse annonce que, pour la validité des signatures garantissant l'emprunt fait chez lui, il se contentera de la légalisation faite par le président du Tribunal de commerce.

M. Kœchlin-Schwartz fait son rapport sur l'état de la tapissière retenue à l'armée depuis le mois de Novembre. Il conclut à une nouvelle indemnité pour réparation, à une somme de 150 fr., ce qui avec les 200 fr. déjà votés, formera l'indemnité définitive à Mme Hartmann, soit pour retenue de sa voiture depuis plus de trois mois, soit pour usure de celle-ci. Le Conseil adopte.

Mme Vigin, femme d'un officier à l'armée, qui a été blessé à Héricourt, pour laquelle la ville avait voté des secours, part de Mulhouse pour rejoindre son mari, mais auparavant elle remercie la ville de l'intérêt qu'elle lui a témoigné.

Deux commissaires prussiens se sont présentés à la Mairie, annonçant qu'à partir d'aujourd'hui, le service des contributions indirectes reprendra, et ils désirent s'en entendre avec la ville, à cause des contributions mixtes, comme l'octroi.

MM. Tagant et Bertelé sont chargés de s'entendre avec ces commissaires demain matin.

M. Mathieu Mieg réclame avec instance le règlement de compte et les titres qui constatent qu'il a vendu à la ville le terrain formant trottoir sur le côté nord de sa propriété, située plate-forme du Nord.

M. Gobat-Monin demande à louer toute la maison où il a ses bureaux, dès que M. Clément les quittera ; cependant,

Délégués à Versailles par la Chambre de commerce de Mulhouse. Pl. 33

AUGUSTE DOLLFUS
de Mulhouse.

LAZARE LANTZ
de Mulhouse.

il ajoute que le prix de 1800 fr. est trop fort. On lui répondra que la ville se réserve cette question encore pendant six à huit semaines, ne sachant pas si elle-même n'aura pas besoin de ce local.

M. le préfet von der Heyd réclame des *Revers* pour des prisonniers qui veulent rentrer, et qu'il a, dit-il, soumis à l'appréciation du Conseil. On recherchera les pièces en question.

Les Prussiens ont déclaré qu'ils veulent se charger en entier de leurs ambulances, à commencer par celle de la rue Koechlin.

Une réquisition de voitures ayant été faite hier pour Thann, un des chevaux a crevé à Lutterbach ; on nous met en demeure de payer la somme de 10 fr. qu'a coûté le cheval qui a fait le service en place du cheval mort.

M. Lantz annonce que la ville touche du gouvernement français par Bâle, la somme de 40,500 fr., comme quote-part de nos centimes additionnels. Cette annonce est entendue avec satisfaction. M. Lantz propose, en outre, de nommer, comme commis chargé d'examiner tout le compte de règlement entre l'Etat et la ville, l'employé même de M. Pillot, percepteur à Mulhouse. La question est renvoyée à l'appréciation de la Commission exécutive.

Mercredi, 8 Mars 1871

Absents : MM. JEAN DOLLFUS, BEUGNIOT, BOEHLER, BOCK.

M. Lantz, en vue des énormes indemnités qu'il faut payer au Manège pour le logement des chevaux, demande s'il ne serait pas opportun de construire pour le compte de la ville une grande écurie. M. Wacker répond que, suivant M. von Westphalen, chef de la Commandatur de Mulhouse, il y aura toujours ici un escadron de cavalerie, outre de la troupe de ligne, mais que le gouvernement prussien pourvoira déjà au logement de ses chevaux. M. Heilmann propose de voir si on ne pourrait pas offrir à M. Marniesse l'ancien Manège pour ses leçons. M. le président répond qu'il est plein de marchandises. M. Lantz prend la parole pour dire que dans le provisoire où nous sommes maintenant, il vaut mieux de ne rien faire.

Le Conseil reçoit une lettre du directeur de l'Ecole professionnelle, où celui-ci annonce qu'étant appelé à Paris par le ministre de l'Instruction publique, il résigne ses fonctions à Mulhouse, à partir du 15 Mars prochain. Le Conseil exprime ses regrets sur la perte de M. Dupuis et, sur la proposition de M. Steinbach, ces regrets lui seront exprimés dans une lettre.

Le président annonce que les professeurs de l'Ecole professionnelle ont été hier à Bâle, pour conférer avec M. l'inspecteur d'Académie. Ils ont reçu de lui l'avis, qu'après la conclusion de la paix ils auront à opter entre la nationalité française et la nationalité allemande et, dans le premier cas, se hâter de faire leurs paquets.

Le président pense que les tractations définitives pour la paix pourront bien durer encore quelques mois, et qu'en conséquence il faudrait demander au gouvernement français que les professeurs restassent en place jusqu'à la fin de l'année scolaire, si, d'un autre côté, les Allemands n'y voient pas d'obstacles, et il a prié M. Dujardin d'appuyer cette manière d'agir auprès du ministre compétent, ce que ce dernier a accepté.

M. Chauffour écrit qu'il ne croit pas pouvoir faire partie du Conseil municipal, parce qu'il veut conserver intégralement sa qualité de Français. Le Conseil regrette la détermination de M. Chauffour.

La question des ouvriers de la ville du chantier de la place de l'exercice et celle des ateliers communaux en général, dont la suppression est désirée, sera examinée spécialement par la Commission exécutive dans la journée de demain et soumise au Conseil après-demain.

Les employés de la Mairie envoient une protestation contre le chiffre de la pension de retraite de M. Clément, tel qu'il a été fixé dans la séance du 23 juin 1870, à la somme de 4.050 fr. Ils arguent qu'il n'a pas versé régulièrement dans la caisse, qu'il n'en a pas couru les bonnes et les mauvaises chances en rapportant en une fois et seulement il y a 8 ou 9 ans ce qu'il aurait dû verser pendant les 10 années précédentes, et qu'en outre on a eu tort de l'exempter de tout paiement pour 10 années antérieures.

L'examen de cette question est renvoyée à une commission, composée de MM. Tagant, Bertelé et docteur Weber.

Relativement à la rentrée des contributions indirectes, dont il a été question dans la dernière séance, les agents prussiens consentent à attendre le rétablissement de M. Lallemand, qui est malade, et avec lequel il est nécessaire de s'entendre.

Une lettre de M. Jules Siegfried, du Havre, dit qu'il serait possible que la ville de Mulhouse obtienne partie des secours souscrits en Angleterre pour les malheurs de la guerre en

France, si la municipalité en faisait la demande. Le Conseil refuse de demander pour Mulhouse, mais il accepte d'appuyer une demande faite en ce sens par la société fondée à Mulhouse, pour venir aux secours des misères de la guerre dans les départements de l'Est.

On propose de ne pas rouvrir en ce moment les salles de danse où, avec les Prussiens et les soldats français qui vont revenir, il pourrait y avoir bien des rixes. Le commissaire de police prussien est du même avis.

Vendredi, 10 Mars 1871

Absents : MM. Jean Dollfus, Bock, Beugniot, Steinbach, Huguenin, Boehler, Muller.

On a présenté à la Mairie un projet de souscription pour élever à Belfort un monument aux enfants d'Alsace qui ont succombé pour sa défense. La Commission exécutive trouve cette proposition un peu prématurée, et ne pense pas, qu'au milieu de tant de dépenses urgentes et dépassant nos ressources, la municipalité ait le droit d'en consacrer à un but pieux, mais qui n'est pas une chose nécessaire. Le Conseil vote dans ce sens.

La Commission exécutive répond, par l'organe de M. Aug. Dollfus, président, à la question des ateliers de charité :

Le nombre des ouvriers employés a été de 756, il en est parti environ 80, reste 680, divisés en plusieurs ateliers : nouveau canal, cimetières, Doller, chemins vicinaux, Forst et travaux en ville. On a donné à M. Mosmann les instructions suivantes : supprimer d'abord l'atelier de la Doller, qui ne consiste qu'à extraire du gravier, puis, pour le commencement d'Avril, arriver à réduire les ouvriers travaillant en ville, à 120 ou 150; dans les temps ordinaires, ce nombre est de 55.

Ce sont surtout les cimetières qui réclament ce nombre d ouvriers pour leur prompt achèvement. On n'hésite pas à renvoyer les ouvriers, vu qu'il y a du travail soit à Belfort, soit ici.

M. Riss envoie une lettre de M. Kuntz, professeur de gymnastique à qui, pendant son séjour volontaire à l'armée, comme officier-instructeur, on a conservé la moitié de son traitement. Il réclame que sa femme a été obligée de faire des dettes, qu'il n'était pas assez bien rétribué pour pouvoir faire des économies sur sa solde, et produit en même temps un certificat du colonel Denfert, comme quoi il s'est admirablement conduit pendant le siège de Belfort. Ces raisons décident le Conseil à lui voter la seconde moitié de son traitement pour le temps de son absence.

M. Meyer-Baumgartner, représentant de la maison Joriaux, est venu annoncer que cette maison entend reprendre ses magasins, rue du Bassin, et il demande qu'on fasse une expertise pour constater les dégâts qui y ont été faits et les frais qu'occasionnent leur réparation.

Ces magasins servent encore actuellement au fournisseur prussien à loger et à distribuer ses vivres. Il faudra donc le mettre en demeure de vider les lieux. M. Rothan sera chargé de ce soin, puis, sous la direction de M. Tagant, il visitera les magasins pour constater leur état.

Un officier prussien, qui doit déménager en toute hâte un magasin à la gare, est venu demander, à l'aide d'une réquisition, un autre magasin. A force de chercher, on a fini par lui en trouver un à la caserne de gendarmerie. Il ira le visiter demain.

Une lettre de Pont-de-Roide annonce la désertion d'un sapeur qui doit se trouver à Mulhouse et demande qu'on l'expédie à Grenoble, pour y être jugé. On passe à l'ordre du jour.

M. Meyermann, un des receveurs de la régie prussienne, veut entrer immédiatement en fonctions, sans attendre que M. Lallemand soit rétabli. On lui a fait observer que le concours de ce préposé lui était nécessaire, et qu'il ait à s'assurer lui-même de son état de maladie.

M. le président propose d'écrire directement au ministre du commerce pour que les professeurs de l'Ecole professionnelle obtiennent un sursis pour rentrer en France, dès que l'annexion de Mulhouse à la Prusse sera définitive. Comme ce vote définitif peut encore tarder quelques mois, il serait, en effet, désirable et pour notre école et pour le sort des professeurs qu'ils finissent ici l'année scolaire.

L'Usine à gaz facture à la ville le gaz à 15 cent. le mètre cube, et aux particuliers à 30 centimes, mais il ne veut pas regarder l'ambulance de la rue de Didenheim comme un établissement municipal. Le Conseil vote dans ce sens, vu que l'éclairage de cet asile hospitalier est évidemment une charge municipale, et on écrira dans ce sens à la direction du gaz.

M. Tagant propose qu'il n'y ait plus que deux séances municipales par semaine, qu'il n'y a plus qu'une personne (conseiller) de garde à la Mairie. Cette proposition est adoptée; les jours choisis sont mardi et vendredi.

On propose aussi de supprimer la garde les dimanches après-midi.

Mardi, 14 Mars 1871

Absents : MM. Jean Dollfus, Bock, Huguenin, Steinbach, Mercklen.

Présidence de M. Lantz.

Le président communique une publication du préfet du Haut-Rhin, disant que les communes de l'Alsace aient à se pourvoir de vivres et de fourrages, pour les armées de passage rentrant en Allemagne.

A cette occasion, le président, d'accord avec M. Jundt, propose de donner dès maintenant des vacances à l'Ecole primaire, en place des vacances de Pâques, afin que l'Ecole primaire centrale puisse donner un asile momentané à un millier d'hommes. Mais avant de prendre cette mesure, il est nécessaire de savoir si l'autorité militaire prussienne accepte cette combinaison et si elle ne présente pas trop de difficultés pour la préparation des aliments : MM. Wacker et Heilmann seront chargés, avec M. Jundt, d'aviser à ces difficultés.

M. Riss, directeur des Ecoles primaires, écrit à la municipalité pour demander l'autorisation d'exclure des écoles primaires deux enfants logeant rue des Champs. On ne trouve pas la raison suffisante si les enfants se conduisent bien. La Commission exécutive mandera M. Riss, pour avoir des explications plus détaillées.

La famille de M. Cliptus, professeur décédé, demande à être exemptée du loyer de 200 fr. qu'elle devait payer pour être logée à l'école primaire, rue Oberkampf. Ce maître ayant occupé son poste à la satisfaction de la ville, le Conseil vote cette décharge.

M. Knoertzer, autre maître, demande une exemption analogue pour un logement qu'il devait occuper à l'ancienne caserne et qui, vu les circonstances, il n'a pu occuper. La décharge est de droit.

Le président propose, en faveur de M. Steiger, l'employé chargé des logements militaires, et qui n'a rien qu'un traitement annuel de 1300 fr., une augmentation mensuelle de 25 fr., vu la grande besogne qui lui incombe. Le Conseil adopte.

M. Heilmann lit un rapport de la Commission exécutive, en vertu duquel la ville cherchera à rentrer dans les fonds qu'elle a dû verser aux hôtels pour la nourriture des officiers, lorsqu'il a été déclaré que les 6 fr. qu'ils abandonnaient pour leur table, devaient leur être restitués. Les particuliers non abonnés, n'ayant pas soldé cette nourriture, c'est sur eux que la ville cherchera à se récupérer.

Le sous-préfet revient à la question de l'emprunt de la ville qui aurait dû, suivant lui, être autorisé par le commissaire civil et qui viole les conditions sous lesquelles il a été voté par les Chambres françaises, puisqu'il accorde 6 % d'intérêts, tandis que la loi n'en autorise que 5.

On lui répondra que cette augmentation de l'intérêt est un effet naturel des circonstances exceptionnelles où nous

Délégués à Versailles par la Chambre de commerce de Mulhouse. Pl. 34

GUSTAVE SCHAEFFER
de Dornach.

JEAN SCHLUMBERGER
de Guebwiller.

EDOUARD TRAPP
de Mulhouse.

nous trouvons, que l'engagement de 6 %/₀ n'est que pour un an, et que ce n'est qu'un pouvoir législatif et non le commissaire civil qui pourrait changer les conditions qu'il a lui-même votées.

M. Lantz propose de vendre une douzaine de chevaux sur les 26 que la ville possède; les charriages sont moins nombreux et le fourrage est très cher. Adopté.

M. Lantz demande l'autorisation de céder à l'Institut des pauvres le reste des blés qu'elle a en magasin, contre paiement. Il n'a pas fait une nouvelle provision, les communications plus libres faisant cesser la crainte d'une disette.

M. Lantz expose que la cessation des ateliers de charité, le retour des mobiles et des mobilisés donneront lieu à de grands besoins, et que, dès maintenant, l'Institut des pauvres est dans le cas de ne donner que des secours mensuels de 5 à 10 fr. aux familles qui touchaient jusqu'alors le double ou le triple. Cet état des choses fait craindre à M. Lantz que les ressources de l'Institut des pauvres ne soient insuffisantes et il demande en conséquence l'ouverture d'un crédit mensuel de 5000 fr., qui, espère-t-il, ne sera pas absorbé. Après quelque discussion, où l'on manifeste la crainte que des crédits votés ne soient déjà des dépenses faites, parce qu'on s'imagine qu'ils doivent être absorbés et qu'on devient ainsi enclin à les distribuer, la proposition de M. Lantz est adoptée.

Les biens de l'Urhau n'ont pu être adjugés qu'en partie, et seulement au prix moyen de 57 cent. par are.

Vendredi, 17 Mars 1871

Absents : MM. Jean Dollfus, Bock, Steinbach, Aug. Dollfus, Jundt, Beugniot.

Le président annonce qu'il n'y a pas eu vente de chevaux de la ville, parce que le passage de l'armée allemande provoque de fréquentes réquisitions de voitures attelées.

Le président annonce aussi qu'il s'est enquis du télégraphe, qu'on disait ouvert aux particuliers dans quelques parties de l'Alsace. Le sous-préfet a répondu que la réorganisation des télégraphes se poursuivait activement.

MM. Fayolle et Ch. Koechlin ont refusé de payer le prix de leur abonnement. Pour le second de ces messieurs, il y a quelque raison ; il a logé un officier pendant qu'il était déjà abonné, de sorte qu'il y aura un décompte à faire avec lui. Quant à M. Fayolle, il n'a point donné de raisons. La commission des logements militaires avisera.

A la Mairie s'est présenté M. Linder, se disant garde général des forêts. Il voudrait qu'on l'aidât à trouver un bureau avec logement, près de la police. La municipalité décline cette espèce de réquisition.

M. Guerber, ancien commissaire de police central, est venu prendre congé, ayant reçu son ordre d'expulsion sous trois jours.

Les magasins Joriaux, rue du Bassin, ne sont pas encore vidés, et M. Meyer-Baumgartner les réclame au nom de sa maison, tandis qu'une affiche à l'hôtel du *Lion rouge* annonce, dans ses bureaux, l'installation d'une nouvelle administration prussienne. M. Rothan est chargé de veiller à ce que le premier occupant vide les lieux et à ce qu'il ne s'y installe pas d'autre.

La séance est levée à 7 heures moins 1/4.

Mardi, 21 Mars 1871

Absents : MM. Beugniot, Steinbach, Koechlin-Schwartz, Lantz, Aug. Dollfus, Zipélius.

Présidence de M. Bertelé.

La municipalité reçoit une lettre de l'inspecteur de police, relative aux enterrements. Elle ne semble pas s'adresser à Mulhouse, parce que, à ce sujet, il n'y a eu jamais de difficultés et qu'elle déclare que c'est à la municipalité seule d'indiquer le lieu de chaque sépulture.

M. Riss, directeur des Ecoles primaires, demande que l'on avance les vacances de Pâques ; ceci est d'accord avec l'envahissement de nos écoles par les troupes qu'il faut y loger, et après lesquelles il faudra encore nettoyer. Les vacances commencent donc dès maintenant, pour finir avec le lundi de Pâques.

Plusieurs maîtres de l'Ecole primaire ont été employés aux travaux des listes électorales et autres, il s'agit de les rétribuer convenablement. Le secrétaire en chef de la Mairie est d'avis de les rémunérer à raison de 100 fr. par mois. Le Conseil adopte cette base pour le nombre de jours qu'ils ont employés aux travaux de la Mairie.

On mettra en adjudication la location des herbes du canal d'écoulement, aux mêmes conditions que ci-devant.

A une seconde adjudication, les biens de l'Urhau n'ont point encore été tous adjugés. Pour ce qu'il en reste, on traitera à l'amiable pour un an.

Le jardin occupé par M. Clément n'a point encore été pris à bail. On se plaint que beaucoup d'arbres fruitiers en ont été enlevés, et qu'on n'a pas même nivelé les trous qui ont été le résultat de cet enlèvement.

Les troupes de passage logées dimanche dernier à l'Ecole primaire, à l'Ecole de dessin et autres établissements communaux, avaient d'abord déclaré vouloir se nourrir elles-mêmes. Mais, vers 10 heures, contre-ordre est venu, et il a fallu en toute hâte pourvoir à leur alimentation. La viande étant pour le moment très difficile à trouver, il a fallu s'adresser au fournisseur prussien. On pensait bien que sa note serait chère, mais on ne pouvait présumer qu'elle s'élèverait à la somme de 16,845 fr., pour les deux jours qu'il a fallu nourrir ces 500 hommes. On verra à réclamer; du reste, il a été dit que cette somme serait restituée à la municipalité. Aux 4000 hommes logés aujourd'hui en ville, doivent se joindre demain encore 3000 venant des villages voisins, et devant loger la nuit suivante en ville. C'est, dit-on, la fête de l'Empereur qu'ils viennent célébrer. Soit! Mais ce sera un grand embarras pour la ville.

Des fournitures antérieures faites aux soldats, il est resté à la Mairie quelques douzaines de vestes en tricot. On décide de les donner à l'Internationale, pour qu'elle les distribue aux prisonniers français de passage et rentrant en France, qui en auraient le plus grand besoin, tout en ayant soin de ne pas se laisser attraper par leurs mensonges et par leur importunité.

M. Jean Dollfus annonce que sa maison a touché 3000 fr., pour compte de la ville. Ces fonds ont été versés par M. Heinrich, sous-préfet, en remplacement de ceux qu'on lui a avancés pour faciliter le départ des mobilisés à travers la Suisse.

M. Heinrich déclare ne pas vouloir payer les avances qu'on a faites à M. Doll.

On annonce que M. Pillot, ex-percepteur à Mulhouse, est autorisé à recevoir les termes de l'emprunt de 1870, par l'entremise de la maison Dollfus-Mieg, et que, sur les fonds rentrant ainsi, la ville pourrait toucher ce qui lui est encore dû par l'Etat à différents titres.

Vendredi, 24 Mars 1871

Absents : MM. Jean Dollfus, Beugniot, Boehler, Lantz, Huguenin, Muller.

M. Dupuis, ancien directeur de l'Ecole professionnelle, fait savoir qu'ayant demandé à Paris que les professeurs de l'école puissent rester à Mulhouse jusqu'à la fin de l'année scolaire, sans perdre leur nationalité, il a éprouvé que cette proposition était difficile à faire aboutir ; il engageait la municipalité à en écrire directement au ministre de l'Instruction publique, M. Jules Simon. Le Conseil municipal, craignant cette difficulté, a pris les devants, en écrivant directement à M. le ministre de l'Instruction publique.

Le terrain qui a été occupé par M. Clément sur les bords

du Canal d'écoulement, a été dépouillé de ses arbres et on a laissé les trous qui sont résultés de leur enlèvement. Cette dévastation empêche que la location de ce jardin ne trouve des amateurs. On a écrit à M. Clément, qui, après avoir cherché à établir qu'il avait grandement amélioré ce terrain, a fini par consentir que les trous résultant de l'enlèvement des arbres fruitiers dans son ancien jardin soient comblés à ses frais.

Plusieurs ouvriers de la ville réclament des indemnités comme ayant été malades. On en avait accordé sous forme de demi-solde à un ouvrier qui a eu les pieds gelés en travaillant pour la ville, mais le Conseil est d'avis que les maladies ordinaires ne rentrent pas dans le cadre des indemnités dues pour manque de travail, et vote d'adresser simplement ces ouvriers au Bureau de bienfaisance, qui avisera aux secours à leur donner, suivant leur position.

L'Etappen-Commando a annoncé son prochain départ, ce qui semble indiquer la cessation du passage en grand nombre des troupes allemandes; le Conseil accepte avec satisfaction cette espérance. Par suite, on tâchera de restituer le Manège à leurs propriétaires, l'usage de ce local entraînant de grands frais pour la ville; mais il faudra auparavant constater les réparations qu'il y aura à y faire.

Le fournisseur prussien n'a pas encore vidé les magasins de la maison Joriaux, rue du Bassin, malgré nos incessantes réclamations. Il prétend que la ville lui doit un local pour le magasinage de ses denrées, et qu'il le prouvera, en appuyant sa demande d'une réquisition de la Commandatur. Il ne veut pas des locaux qui sont à la caserne, parce que, dit-il, ils sont insuffisants.

Le directeur du Gaz a demandé à ce que ses mémoires soient faits sur papier libre, le papier timbré n'existant plus. On lui répondra qu'il y a du papier timbré prussien et qu'on l'engage à s'en servir, s'il veut éviter des amendes.

Deux sergents de ville de Lure sont venus chercher ici un cheval enlevé par les Prussiens ; il paraît qu'ils l'ont retrouvé, mais n'ont pu l'emmener avec eux.

Le directeur du *Courrier du Bas-Rhin* demande qu'on lui envoie les mercuriales des marchés de Mulhouse. On propose de passer à l'ordre du jour.

Mardi, 28 Mars 1871

Absents : MM. Bock, Beugniot, Aug. Dollfus, Muller.

Présidence de M. Wacker.

La Mairie a reçu une circulaire du Steuer-Director, qui organisera la perception des contributions directes. Il n'y aura plus de contrôleur ; les patentes seront à peu près comme par le passé. Le directeur demandera l'assistance d'un employé de la ville, pour l'aider dans ses fonctions.

La Mairie a reçu une lettre de M. Delmas, au nom de la Société du Manège, demandant que cet établissement soit restitué à ses propriétaires, après réparations nécessaires, et il dit qu'on pourrait se servir de l'ancien Manège pour recevoir les chevaux. Il est très important que le Manège nouveau soit rendu au plus tôt à leurs propriétaires, et ceci dès la fin du mois courant, parce que nous en payons un prix de location mensuel très élevé (1500 fr.), mais on propose de ne pas faire encore les réparations majeures, ce local pouvant de nouveau être envahi par des troupes, malgré la Mairie.

Samedi, l'Hôtel de ville a reçu la visite du major de Place, disant qu'il a fait faire l'exercice à ses troupes dans des champs privés, ce dont les propriétaires se sont plaints, qu'alors il a eu recours à la place d'exercice de la Doller, mais que les arbres le gênent et il en demande l'abattage. Ces arbres sont peu nombreux, ils ornent un peu ce champ de gravier, on cherchera donc à résister aux insinuations du major, qui peut-être ne restera plus longtemps ici.

La Mairie reçoit une lettre de M. Clément, donnant de longues explications sur la valeur qu'il a donnée aux champs de l'Urhau, dont il a joui, et dont il a déjà été question. Il demande à toucher au plus tôt les mois échus de sa pension de retraite, disant qu'il aura à payer ses fournisseurs au 1er Avril; mais ainsi qu'il a été dit dans un des procès-verbaux précédents, la liquidation de sa pension n'est pas en règle et le receveur municipal ne peut la payer.

Neuf femmes de gendarmes réclament de nouveau l'indemnité de loyer de 20 fr. par mois, que la ville leur a accordée pour les mois antérieurs. On la vote, à la condition que ce sera pour la dernière fois et qu'on les en instruira.

Le sous-préfet demande de nouveau une réponse relative à l'emprunt.

Un officier est venu presser la fourniture des draps pour la caserne. On s'en occupera activement, pour débarrasser

A. Officiers français.   Pl. 35

Général BOURBAKI

FRÉD.-ALBERT AUDRAN
Capitaine de mobiles.

LÉON SCHEIN
Capitaine de francs-tireurs.

CHARLES DOLL
Intendant divisionnaire, administrateur du
camp de Clermont.

d'autant les habitants des logements militaires. Il faudra, à cet effet, aussi de nouvelles couvertures.

M. Steinbach voudrait savoir si c'est à la ville ou à l'Etat à pourvoir à toutes ces fournitures. M. Wacker répond que, d'après les informations qu'il a puisées auprès des officiers prussiens, tout ce qui dans les casernes sera conforme aux réglements prussiens, sera plus tard acquis par les Prussiens et qu'en conséquence il faut se conformer à leur règlement pour tout ce qu'on introduit de nouveau dans les casernes. On nomme une commission pour s'enquérir des droits et des devoirs de la municipalité à ce sujet. Sont nommés: MM. Steinbach, Wacker et Heilmann.

Le Conseil reçoit une lettre de Mme Vve Ehrsam, réclamant la suppression des latrines publiques qui sont devant sa maison, rue du Mittelbach. La conclusion de la commission qui avait déjà été nommée dans le temps pour cet objet, était d'établir des latrines dans la Halle même, pour arriver à supprimer celles qui se trouvent dans la rue. Mais le rapport de cette commission n'avait pas été communiqué au Conseil. On vote que la Commission de viabilité examine cette affaire à nouveau, pour en faire rapport.

Le président annonce que le mémoire excessivement chargé des fournisseurs prussiens, pour la livraison de vivres aux troupes de passage, a été débattu contradictoirement avec les fournisseurs par M. Lantz et que ce dernier a réussi à obtenir une déduction de 6 à 7000 fr.

Vendredi, 31 Mars 1871

Absents : MM. Jean Dollfus, Bock, Beugniot, Stengel.

Il faudra enfin répondre aux demandes réitérés de M. le sous-préfet, voulant que notre emprunt municipal soit soumis à la sanction prussienne.

On lui écrira que nous sommes en règle en vertu des lois françaises, et que nous ne croyons pas avoir besoin d'autre sanction, tant qu'il n'y aura pas un nouveau pouvoir délibérant disposant de nos destinées.

M. Koechlin-Schwartz demande que la ville prenne possession de la rue Lamartine, qu'il a fait mettre en état, sauf quelques trottoirs dont il s'occupe en ce moment. Un procès-verbal de M. Mosmann est conforme à cette demande, de sorte qu'elle est votée par le Conseil.

M. Gros fait savoir qu'une société théâtrale espagnole veut donner quelques représentations à l'Alcazar. Le Conseil refuse son autorisation, parce qu'il faudrait payer les assurances qui sont considérables, et parce que le temps ne lui semble pas propice aux divertissements.

Le sous-préfet annonce par lettre qu'il a donné des permis de chasse provisoires pour la chasse à la bécasse ; ces permis devront toutefois être remplacés par des permis définitifs que délivre la préfecture.

M. Bertelé est d'avis que les personnes qui ont profité de ces permis, sont passibles envers la ville de la somme dont elle bénéficie pour sa part dans les permis de chasse. Cette opinion rencontre des contradicteurs, le permis de chasse ordinaire durant un an, la permission de chasser les bécasses n'étant que de quelques jours de durée.

M. Jundt rend compte du personnel de bureau de M. Mosmann, et déclare que l'un des employés, M. Hornus, n'y a plus sa raison d'être et qu'on ne peut utilement l'employer ailleurs. En conséquence, M. Jundt propose de le remercier, en lui accordant encore son traitement pendant deux mois.

M. de la Sablière, principal du Collège, demande si, comme d'habitude, il doit faire encaisser le trimestre d'avril chez ses élèves. La commission a répondu affirmativement et le Conseil est du même avis.

Un membre propose qu'il n'y ait qu'une séance du Conseil par semaine. Le Conseil approuve cette décision et fixe la séance au vendredi à 5 heures et demie du soir.

Vendredi, 7 Avril 1871

Absents : MM. Jean Dollfus, Steinbach, Bock, Beugniot, Gerbaut.

Présidence de M. Tagant.

Le président annonce que le revenu de l'octroi va s'améliorant, que la recette de Mars est meilleure que celle des précédents mois, quoiqu'encore inférieure à la recette du mois correspondant de l'année dernière.

Il y a eu expertise pour la calèche Blind, qui a été abîmée dans un voyage à Belfort; le devis des réparations est de 292 fr., ce qui paraît exagéré. On ajoute que tout ce dommage ne doit pas être à la charge de la ville, que le cocher de la voiture a aussi eu tort, en ne se garant pas contre l'obstacle d'une pièce d'artillerie. On prie en conséquence M. Heilmann, qui s'est déjà occupé de cette affaire, de l'arranger au moyen d'une transaction, en allant offrir jusqu'à 150 fr. pour la part de responsabilité qui semble pouvoir incomber à la ville.

M. Clément devant quitter son logement le 1er Mai, M. Gobat s'offre pour louer toute la maison, où il a son bureau, au prix de 1200 fr. La Commission exécutive ne voudrait pas louer cette maison à long terme, parce qu'elle ne sait pas quand la municipalité pourra en avoir besoin; en conséquence, on offrira la maison derrière l'Hôtel de ville en bail à M. Gobat, au prix de 1500 fr., avec trois mois de dénonciation.

M. Wagner, hôtelier, déclare qu'il se présente chez lui beaucoup d'officiers français, revenant de leur emprisonnement en Allemagne, et qui souvent n'ont pas de ressources. Il a hébergé les uns gratuitement, les autres à moitié prix et il demande si, à l'avenir, la ville veut accepter cette dernière condition pour les officiers qui se présenteraient chez lui. On lui répondra que l'Internationale ayant encore des fonds destinés à des misères de ce genre, c'est avec cette société que l'hôtelier Wagner devra s'entendre.

Les fournisseurs militaires prussiens ont quitté les magasins Joriaux, rue du Bassin, pour s'installer dans l'ancien local de M. Ch. Mieg père, rue du Temple, dont le propriétaire actuel est M. Bloch. Celui-ci ne demandera pas de loyer pour le premier mois, mais après la ville aura à s'en entendre avec lui, la charge de ce loyer lui incombant.

M. Stengel a été chargé de faire les réparations nécessaires dans les magasins Joriaux.

Il est question de solder les dépêches que l'*Industriel* a communiquées à la municipalité à mesure de leur réception. Le Conseil vote à cet effet la somme de 300 fr., en conformité d'un crédit antérieurement ouvert à cet effet.

Plusieurs employés du canal ayant travaillé cet hiver pour la ville, M. Jundt propose d'allouer à M. Kæffer, le principal employé, 100 fr. d'indemnité et 50 fr. à chacun des deux autres. Le Conseil adopte.

Le locataire de la place d'exercice demande une réduction du prix de son bail, attendu que ce terrain est utilisé par les Prussiens pour leurs exercices. Le principe de l'indemnité est adopté, et la quantité est soumise à l'appréciation de M. Mosmann.

M. Bertelé rend compte du travail de la commission chargée d'examiner l'affaire de la pension de retraite de M. Clément, et la réclamation à l'encontre des employés de la Mairie. Cette pension avait été arrêtée par le Conseil à la somme de 4,450 fr., parce qu'on croyait que M. Clément était tout à fait en règle vis-à-vis de cette caisse de pension, mais, examen fait, il s'est trouvé que M. Clément n'a payé régulièrement la retenue obligatoire que depuis 1863, que pour les quatorze années antérieures, il a payé en bloc à la fin, sans la cumulation des intérêts que ces retenues auraient portés et qu'enfin, pour les dix premières années de son service à la Mairie, on ne lui a rien fait payer du tout. Or, le fonds de retraite doit servir les pensions liquidées des employés de la ville, jusqu'à concurrence de son revenu annuel, et s'il est absorbé par les pensions déjà liquidées, les nouveaux ayants droit doivent attendre pour toucher leur pension que le revenu annuel de la caisse s'y prête. Le revenu étant de 7600 fr. et la pension allouée à M. Clément de 4450 fr., avec les autres pensions déjà liquidées, absorbant près de 7000 fr., il s'ensuit qu'il n'y aurait presque plus de marge pour de nouvelles pensions. C'est cette position de la caisse qui a motivé les réclamations des employés de la ville.

Dans cette circonstance, plutôt que de se déclarer incompétente et laisser les employés s'engager dans une procédure administrative dont nous ne saurions pas, en ce moment, quels seraient les juges, votre Commission a pensé qu'il vaudrait mieux arriver à une transaction, en proposant à M. Clément de consentir à une réduction de sa pension, de peur que le conflit ne la fasse pas indéfiniment retarder et peut-être évanouir, et que, d'un autre côté, la ville s'engageât à parfaire les sommes des pensions nouvelles à voter, si le revenu de la caisse était insuffisant. Le Conseil devait prendre cet engagement, parce qu'il avait fait une faute en laissant entrer M. Clément dans la caisse des retraites, en violation des conditions qui la régissent.

Le docteur Weber a été chargé de traiter la question avec M. Clément, qui a consenti à borner ses prétentions à la somme de 3000 fr. de pension annuelle. En conséquence, le Conseil adopte la transaction ci-dessus relatée.

Le président entretient de nouveau le Conseil de la réclamation de Mme veuve Ulrich Ehrsam contre les latrines qui sont devant sa propriété, rue du Mittelbach. La Commission de viabilité n'est pas d'avis que les latrines soient établies dans l'intérieur de la Halle. Cette solution ferait perdre un assez grand revenu à la ville, parce qu'il faudrait sacrifier deux des boutiques du pourtour, mais, en outre, il pourrait s'en suivre une mauvaise odeur dans cet établissement public.

La Commission propose donc de demander à Mme Ehrsam une languette de terrain de 30 mètres de superficie, entre la rue de Mittelbach et le Tränckbach, où les latrines seraient établies avec tout le soin désirable pour qu'elles fussent masquées et bien appropriées. Le difficile sera de faire agréer cette proposition par Mme Ehrsam. M. Jundt veut bien se charger de cette négociation.

M. Aug. Dollfus verse à la caisse de la ville une nouvelle somme de 1283.70 fr., pour les plombages exécutés à la douane.

M. Lallemand, malade, voulant aller se faire soigner chez les sœurs de Niederbronn, fait savoir qu'il a laissé la direction de l'Octroi à M. Zipfel.

La nouvelle direction des forêts fait savoir que les indigents, qui veulent ramasser le bois mort dans les forêts, doivent se munir de permis qui sont délivrés à la Mairie.

M. Riss écrit pour déclarer que les nettoyages et réparations des Ecoles primaires à la suite du logement des soldats prussiens qu'elles ont subis, réclameront encore toute la semaine prochaine, et il demande d'y étendre les vacances de Pâques. On lui fixe la rentrée à jeudi prochain, en le chargeant de prendre tout le personnel nécessaire pour que l'appropriation soit faite jusque-là.

Le président propose une augmentation de traitement pour deux employés très méritants, qui ont eu beaucoup de fatigues; ce sont M. Bazin, chargé du Werkhof et des travaux de la ville, et M. Schaal, surveillant des ateliers de la ville. Ces deux employés seront portés de 12 à 1400 fr. par an.

M. Lantz expose que le dernier rabbin n'est pas encore remplacé, vu les circonstances politiques, que cet état de choses a entraîné la communauté israélite à beaucoup de frais pour faire venir d'ailleurs des rabbins dans les cas nécessaires, et il demande, en conséquence, au nom du Consistoire israélite, que la ville alloue à ce dernier le semestre qu'elle payait à M. le rabbin pour indemnité de logement et supplément de traitement, soit 750 fr. Adopté.

On nous annonce que notre garnison habituelle sera de 2700 hommes, ce qui fait qu'il y aura toujours beaucoup de soldats logés en ville et que les plaintes qui en résultent ne sont pas près de cesser.

A cette occasion, on propose de revoir la liste des logements, pour examiner s'il y a encore des omissions ou des taxations injustes, et de voir si les officiers, étant maintenant eux-mêmes chargés de leur nourriture, correspondent encore à cinq soldats. La Commission exécutive veut bien se charger de ce travail.

Le ministre des finances de France donne, dans une lettre, des renseignements sur la manière dont seront ordonnancées les dépenses faites par la ville et qui reviendront à sa charge, enfin sur le règlement des pensions échues.

B. Officiers français.   Pl.

ALFRED KOECHLIN-SCHWARTZ
Commandant de place de Mulhouse.

CHARLES MEUNIER
Capitaine de la garde nationale.

Dr J. SCHROTT
Médecin-major.

Vendredi, 14 Avril 1871

Absents : MM. Beugniot, Boehler.

Présidence de M. Paul Heilmann.

M. Bock propose, pour portier à l'Hôtel de ville, un sieur Germain. On lui répond que d'autres personnes se sont déjà présentées, que la Commission fera son choix, qui sera soumis à l'approbation du Conseil municipal.

Le président annonce que la ville a vendu neuf chevaux, pour la somme de 2620 fr.

Mme Blind a consenti à une réduction de 90 fr. sur son mémoire, de sorte qu'il sera payé 200 fr.

40 fr. sont alloués à un particulier pour indemnité d'occupation d'une écurie.

La rentrée des écoles primaires a eu lieu jeudi dernier.

MM. Koechlin, meuniers, envoient leur règlement de compte avec la ville, pour fourniture de pain et façon de meunerie. Ils font abandon à la ville d'une somme de 1841 francs, qui forme un solde.

L'administration de la gare a, dans le temps, renvoyé les employés de l'octroi ; elle est prête à les recevoir de nouveau et ils sont en effet nécessaires, mais elle ne sait pas si la ville ne devra pas payer un prix de location pour leur bureau, et si on pourra leur rendre celui qui a été construit à cet effet. M. Tagant veut bien se charger de suivre cette affaire.

Le Kreis-Director demande des renseignements sur le

nombre de nos écoles, le nombre des élèves, leur confession religieuse, etc. Il lui sera répondu.

Les gardes champêtres ont arrêté deux jeunes gens qui ont volé du bois, on demande s'il faut les adresser à l'autorité prussienne, ainsi qu'il a déjà été fait pour une première fois, où cette affaire a été soumise à l'administration forestière allemande. Le Conseil vote affirmativement.

Les autorités prussiennes ont demandé à louer l'ambulance de la rue de Didenheim. Comme cela ne doit plus former qu'une ambulance de paix, elles pensent qu'elle sera suffisante, mais s'ils ne pouvaient louer ce local, elles mettraient la ville en demeure d'en fournir un. Les propriétaires de ce cercle veulent bien le céder à la ville, sauf à celle-ci à s'engager avec les Prussiens. Le Conseil accepte cet arrangement. M. Aug. Dollfus lit un projet de bail déjà signé par les personnages prussiens compétents. Ce bail est fait pour six mois à raison de 90 thalers par mois, qui reviendront aux propriétaires.

Un article de l'*Amtsblatt* demande le chiffre de la somme qui a été dépensée par la ville pour fournir 15 fr. aux officiers allemands pendant l'armistice. Ce chiffre est de plus de 42,000 fr. Il sera transmis à qui de droit. On nous demande aussi le chiffre de nos réquisitions diverses; il sera dressé.

La Commission exécutive chargée de l'examen de la question des logements militaires fait savoir que notre garnison est de 2800 hommes, dont seulement 700 sont logés à la caserne. Elle propose d'en augmenter le nombre, convertissant en atelier de travail pour les tailleurs et cordonniers militaires, le marché couvert de la rue Franklin, ce qui causerait une dépense de 700 fr., mais débarrasserait deux salles de la caserne occupées par ces métiers. Elle propose aussi de convertir en caserne provisoire trois maisons appartenant à M. Biehler, au faubourg de Colmar, à raison de 300 fr. par mois. On pourrait arriver ainsi à exonérer des logements militaires beaucoup d'habitants pauvres. On propose aussi de réduire le prix d'abonnement pour les officiers de 80 fr. à 50, parce qu'il ne faut plus les nourrir.

Le Conseil adopte la proposition de la Commission.

Il y a eu de grands passages de prisonniers français à la gare, il a fallu les pourvoir de paille pour le coucher et de nourriture. On demande s'il faut obéir à cette espèce de réquisition et si les autorités prussiennes sont prêtes à les appuyer. M. Tagant veut bien se charger d'examiner cette affaire.

M. Rothfelder écrit pour demander qu'une salle de l'Ecole primaire soit mise à sa disposition pour y donner des leçons de dessin de machines. Le Conseil autorise à titre gratuit, à condition qu'il n'en résultera aucun trouble dans l'école, ce dont M. Riss restera juge.

M. Petit, employé à la Mairie, parti comme volontaire avec les mobiles, demande à toucher l'intégralité de son traitement pour le temps de son absence. A sa femme a été attribuée la moitié de ce traitement. Le Conseil refuse toute nouvelle concession.

Vendredi, 21 Avril 1871

Absents : MM. Beugniot, Boehler, Roth, Muller.

Présidence de M. Aug. Dollfus.

(Je n'ai pas assisté tout le temps à cette séance, de sorte que ce compte rendu est incomplet).

Le sous-préfet met la ville en demeure de payer les frais de retour d'un enfant qui a été envoyé en Allemagne par son père, et qui, de retour ici, n'a pas les ressources nécessaires pour payer ses frais.

Le Conseil entend protester contre cette attribution insolite d'une dépense qu'il ne croit pas devoir lui incomber, mais avant de répondre au sous-préfet, l'affaire sera encore une fois examinée par la Commission exécutive.

L'administration militaire prussienne demande que les mêmes soldats soient logés trente jours, au lieu de quinze, ou même indéfiniment chez les mêmes habitants. Le Conseil entend protester contre cette exigence, qui présente par trop d'inconvénients.

Le président communique les principales données du rapport que l'administration prussienne a demandé sur les établissements publics et privés d'instruction de notre ville. Il énumère le nombre des écoles, de classes, d'élèves de chaque confession, le nombre des maîtres, des institutrices, leurs qualités de brevetés ou non. En résumé, le nombre des élèves est de 5950, dont 5800 de 6 à 14 ans. D'après les tableaux de recensement, il manquerait encore environ 4000 élèves, pour que tous reçussent l'instruction primaire obligatoire.

Le chiffre ci-dessus paraît exagéré, car la Ligue de l'enseignement, dans ses tournées, n'en a trouvé que 2000. L'écart de ces deux chiffres tient sans doute à ce que beaucoup d'enfants reçoivent un semblant d'instruction dans les fabriques, et que les familles aisées n'envoient pas leurs enfants aux écoles.

Il est évident que nos maisons d'école seront absolument insuffisantes pour accepter, disons seulement 2000 nouveaux élèves; il est donc urgent qu'on nous rende au plus tôt la maison d'école de la rue Koechlin et qu'on avise au moyen de recevoir bientôt un nombre plus considérable d'enfants dans nos écoles.

Vendredi, 28 Avril 1871

Absents : MM. Jean Dollfus, Beugniot, Bock.

Présidence de M. Lantz.

L'enfant Diry, qui est celui dont il a été question dans la dernière séance, comme ayant été entraîné en Allemagne, est revenu à Mulhouse. Si l'on veut faire payer à la ville les frais de retour, la municipalité s'y opposera.

M. Lallemand, préposé en chef de l'Octroi, a demandé une pension pour sa sœur, dans le cas où il viendrait à décéder. La chose a été adoptée en principe par la Commission exécutive; sauf à fixer plus tard le chiffre de cette pension, ce qui n'est pas urgent, M. Lallemand allant mieux.

M. le Kreis-Director écrit de nouveau pour amener enfin la régularisation de l'emprunt de 300,000 fr. Le même a demandé la liste des conseillers municipaux, avec la date de leur admission, ainsi que le nom de ceux qui ont été admis d'une manière irrégulière. On lui a envoyé la liste des membres, avec la date de leur admission.

Il demande aussi des renseignements sur les subsides que le gouvernement accordait aux pasteurs et aux églises.

C'est sur la demande de deux membres du Conseil que la police sur les chiens a été changée et ils peuvent de nouveau circuler, mais en ayant toujours une muselière. Un membre fait observer que cet engin empêche les chiens de boire, on augmente peut-être les chances d'accidents, au lieu de les faire cesser. Il est répondu que les muselières, telles qu'on les fait actuellement, n'empêchent pas les chiens de boire.

Le gouvernement français et l'administration prussienne nous demandent également la note de nos dépenses pour la guerre, avec pièces justificatives. M. Paul Heilmann veut bien se charger de la mise en ordre de toutes ces données.

M. Aug. Dollfus rend compte des ambulances, sous le rapport financier. L'Internationale les a administrées pour le compte de la ville.

L'ambulance de la rue Koechlin a coûté plus de 18,000 fr., du milieu de novembre aux premiers jours d'avril; c'est un peu moins de 2 fr. par mois, par jour et par homme, quand il fallait tout fournir; après que les Prussiens ont fourni partie de vivres, c'était encore 1.25 fr. par jour.

A la rue de Didenheim, le compte est plus difficile à faire, parce qu'il y a eu un mélange de Français et de Prussiens, et que l'Internationale prend à sa charge les frais des premiers. On a donc adopté, pour les Prussiens, le chiffre de la rue Koechlin, ce qui fait environ 6000 fr. A l'Asile des vieillards, c'est l'hôpital qui a supporté les frais et qui décomptera avec la ville. Enfin, à l'ancienne Gendarmerie, on a fait une dépense de 1000 fr.

Enfin, il y a eu usure du matériel; M. Dollfus conclut donc que la dépense pour les Prussiens a été de 30,000 fr., si la somme est remboursée par les indemnités de guerre, l'Internationale n'en réclamera de la ville que 20,000 fr.

Par contre, s'il n'y a pas de remboursement, l'Internationale ne réclamera rien, à moins qu'il ne lui manque des fonds pour liquider ses comptes. Du reste, cette affaire des ambulances n'est pas encore terminée, il vient de nouveau d'arriver un Feld-Lazareth à la rue Koechlin.

Le Conseil approuve une recette de 580.50 fr., faite à l'Entrepôt, et une autre de 1700 fr., pour vente de chevaux.

Lettre du Kreis-Director qui met fin à la garde des chemins de fer au compte de la ville. Cette garde ayant occasionné une dépense de 18 fr. par jour, un membre demande que la somme soit aussi portée au compte des réquisitions qui ont été imposées à la ville. La chose sera tentée.

Les magasins des fournisseurs militaires ont été transportés à l'ancienne propriété de M. Charles Mieg père, rue du Temple, le propriétaire actuel, M. Bloch, a mis gratuitement pendant un mois son local à la disposition de la municipalité. Mais la Commission exécutive est d'avis que ce loyer ne doit pas incomber à la ville, et propose au Conseil de s'en défendre. Adopté.

L'administration prussienne exige le payement des contributions de 1870, de toutes les personnes qui ne peuvent pas produire les reçus de leur payement. Or, plusieurs personnes les ont égarés et, ne voulant pas payer une seconde fois, se sont adressées à M. Pillot, l'ancien percepteur, pour avoir des duplicatas des payements qu'elles ont faits; mais M. Pillot refuse obstinément, ce qu'il a fait notamment hier, à notre collègue, M. Bœhler, disant qu'on n'avait qu'à en référer au ministre des finances. Dans ces circonstances, on discute s'il n'y aurait pas opportunité de faire auprès de M. Pillot, au nom du Conseil, une demande officielle de son registre des quittances ou des duplicatas des sommes qu'il a reçues. MM. Bœhler et Tagant veulent se charger de faire une démarche, dans ce sens, à Bâle. Si M. Pillot refuse, on en référera à Versailles.

M. Gustave Dollfus écrit une lettre, pour proposer une souscription en faveur des soldats prisonniers qui, en arrivant, sont sans ressources et ne trouvent pas de travail. Il voudrait ainsi les empêcher de se livrer à la mendicité, qui les démoralise. On objecte qu'il y a déjà eu bien des secours cet hiver, mais on répond qu'il y a encore bien des ateliers qui chôment, et qu'une souscription serait bien accueillie, si elle empêchait cette mendicité de ces soldats ou soi-disant tels. Mais il faudrait un bureau où les adresser, et qui examinerait le cas de chacun. On vote donc dans le sens de la proposition de M. Dollfus et la Commission exécutive s'en entendra avec lui.

M. Jundt propose le vote d'un crédit de 800 fr., pour couverture du marché aux porcs à l'abattoir. La dépense est demandée par les marchands et les bouchers, parce que ces bêtes se salissent horriblement par le mauvais temps.

.. Officier allemand. Pl. 37

Colonel von LOOS

Cette somme est, du reste, à prendre sur le crédit voté pour l'ouverture d'une rue entre le quai du Fossé et le quai du Cimetière, rue déjà ouverte en partie.

Vendredi, 5 Mai 1871

Absents : MM. Beugniot, Koechlin-Schwartz, Gerbaut.

Présidence de M. Bertelé.

A l'occasion des dépenses votées pour les ambulances prussiennes dont il a été question dans la dernière séance, M. Schwartz fait observer que l'hôpital aura aussi à présenter à la ville un compte d'environ 3600 fr.

M. Steinbach rend compte de sa démarche avec M. Jundt auprès du Kreis-Director, pour faire reprendre les travaux des nouveaux bassins à la Wæsserung.

M. Schultze a pris intérêt à cette exposition et a annoncé l'arrivée d'un ingénieur en chef chargé d'examiner la question. M. Jundt, qui a entretenu M. le préfet de la même chose, dit que ce dernier voudrait que des corps constitués, comme la Chambre de commerce et la municipalité, demandassent l'intervention de l'administration prussienne dans cette affaire; ce qui a été fait.

Le Kreis-Director, de son côté, est venu entretenir du creusement de ce bassin M. Jean Dollfus, et a promis d'appuyer auprès de ses supérieurs toutes les démarches qui seraient tentées à cet effet. M. Dollfus lui a fait entendre que s'il donnait l'assurance que ces travaux seraient plus tard soldés par son administration, la ville pourrait faire l'avance du payement à l'effet d'occuper les ouvriers sans travail, mais M. le Kreis-Director n'a pas voulu prendre d'engagement formel à cet égard.

La commission déjà nommée devra donc s'occuper encore de cette question et le Conseil y ajoute M. Jean Dollfus.

Il est de nouveau question des contribuables qui ont perdu leurs quittances pour les sommes qu'ils ont versées l'année dernière. MM. Boehler et Tagant ont été chargés de faire des démarches auprès de M. Pillot, pour obtenir des duplicatas de leurs quittances. Ce dernier a annoncé qu'il ne peut donner des duplicatas, lorsqu'il est obligé de détacher les quittances d'un registre à souches, mais voici comment on a fini par s'entendre : les personnes qui n'ont plus leurs quittances l'annonceront à la Mairie, qui prendra leur nom et le chiffre de leur payement, les communiquera à M. Pillot, et si celui-ci atteste que ces choses sont conformes à ses registres, le percepteur prussien se contentera de cette déclaration.

M. Montagnon demande une réduction sur le prix du droit de stationnement de ses voitures sur la place publique, motivant cette réduction sur les difficultés de l'hiver dernier, ses chevaux vendus forcément à l'administration militaire prussienne, ses écuries occupées pendant une grande partie de la guerre par les cavaliers prussiens, le bénéfice qu'il eut pu tirer de ses voitures si on ne l'avait pas privé de ses chevaux, le peu de citadines qu'il a pu employer, tandis qu'il avait les dépenses d'une immense installation, etc., etc.

On propose de lui allouer une indemnité de 500 fr. sur son prix annuel de 3000 fr. Le Conseil se partage à cette occasion en 12 voix pour et 12 voix contre, de sorte que la solution de cette question est remise à huitaine.

M. Riss, en annonçant à la municipalité la démission d'un des maîtres, a demandé comment il devait procéder à son remplacement. Jusqu'à présent c'était lui qui désignait les nouveaux maîtres, sauf approbation du maire, parce que tous étaient censés seulement ses aides. D'après la loi allemande, c'est le préfet qui seul a le droit de nomination, mais la Commission exécutive voudrait que ce droit fût réservé à la ville et a ainsi autorisé M. Riss à continuer de nommer les nouveaux maîtres, sous l'approbation de la municipalité. M. Riss a désigné pour le remplaçant du démissionnaire, un jeune homme de Colmar, mais il a oublié cette dernière restriction, de sorte qu'il faut la réparer, ce qui a été fait.

Une question brûlante se présente en ce moment, c'est la crainte qu'on en nous applique, comme à Strasbourg, l'usage de la langue allemande, même dans les établissements secondaires d'instruction publique. Il est évident qu'une brusque tranformation ferait sauver professeurs et élèves, et ferait perdre à ceux-ci plusieurs années d'études. M. Jean Dollfus espère qu'on pourra obtenir de l'autorité prussienne quelques transactions. M. Aug. Dollfus pense qu'a Berlin les esprits sont partagés entre ceux qui veulent un changement immédiat dans tout l'enseignement et ceux qui ne demanderaient que des transformations successives, comme, par exemple, d'introduire l'allemand comme enseignement essentiel dans les écoles primaires et de ne le commencer dans les établissements secondaires que dans les plus basses classes. M. de Bismark serait des derniers tandis que M. von Kuhlwetter, à Strasbourg, se rattacherait aux premiers. M. Aug. Dollfus en conclut qu'il nous faudrait à Berlin une délégation quasi-permanente pour obtenir dans cette question de l'instruction publique les tempéraments nécessaires et pour suivre bien d'autres questions dans la capitale de la Prusse.

Le Conseil adopte à l'unanimité le principe de cette délégation, et charge la Commission exécutive d'en régler les détails et d'en proposer les membres dans une nouvelle séance du Conseil.

Deux membres du Conseil se sont rendus à une invitation de l'inspecteur de police, qui a désiré les entretenir d'une affaire de service. Il a cherché à leur démontrer l'utilité, la nécessité même de diviser la ville en 4, au moins en 3 arrondissements, sous le rapport de la police et d'y comprendre les communes de Dornach et de Riedisheim. Ces messieurs n'y ont pas vu d'objection, ils approuvent pleinement une police mieux faite, à condition cependant qu'il n'en résulte pas une trop forte dépense pour la ville. Ce dernier point restant indéterminé, personne ne sachant si les Prussiens continueront à payer leur police, la question soulevée par l'inspecteur de police reste pour le moment en suspens.

On nous demande un crédit pour l'entretien d'un nommé Bitschine, aliéné se trouvant à Stephansfeld, la famille du malade se trouvant hors d'état de continuer ses sacrifices pour lui. La ville, voulant continuer les réglements anciens, vote la moitié de cette dépense, à la condition que le département vote l'autre moitié.

Le Conseil reçoit une lettre de M. Alfred Koechlin-

Schwartz, qui donne sa démission de membre du Conseil municipal, sans doute parce que sa nomination n'est pas le résultat d'un scrutin et que les temps difficiles qui ont exigé cette admission extraordinaire de nouveaux conseillers ne sont plus. Le Conseil partage les regrets qu'exprime le président sur cette détermination de M. Koechlin-Schwartz, et vote que, pour le moment, cette démission n'est pas acceptée, et l'on cherchera à faire revenir sur elle M. Koechlin.

La souscription au profit des anciens militaires sans travail est commencée; il faudra une commission spéciale pour en remplir le programme; la Commission demande qu'elle soit recrutée en dehors du Conseil municipal, avec adjonction cependant de deux membres de celui-ci. On désigne à cet effet MM. Engelmann et Zipélius.

M. Aug. Dollfus lit le compte administratif pour l'année 1870 de l'école professionnelle. Il en résulte que, malgré la difficulté des temps, le déficit n'est pas aussi considérable qu'on aurait dû le craindre. Il est vrai que, sans la guerre, ce qui nous aurait dû conserver nos 140 et 150 pensionnaires, au lieu du déficit, nous aurions eu du boni. Le directeur ayant quitté l'école et le censeur le remplaçant, la Commission administrative trouve qu'il est tout à fait à la hauteur de sa mission et elle propose en conséquence de lui attribuer le traitement du directeur, ce qui fait, pour les cinq mois à courir encore cette année, un supplément de 1200 fr. A M. Drudin et à deux maîtres d'études, qui ont dû partir pour l'armée, on vote, comme on l'a fait pour d'autres employés de la ville, la moitié de leur traitement pour ce temps d'absence, ce qui fait environ une affaire de 400 fr.

Séance (extraordinaire) du Mardi, 9 Mai 1871
à laquelle je n'ai pas assisté.

Séance du Vendredi, 12 Mai 1871

Absents : MM. Boehler, Gerbaut, Huguenin, Mercklen, Jules Dollfus, Paul Heilmann, Beugniot.

Présidence de M. Wacker-Schoen.

Un agent de police, M. Riffel, demande sa mise à la retraite ; il n'a pas tout à fait 30 ans de service, mais il produit un certificat de médecin qui établit qu'il est maladif et incapable à l'avenir d'un service actif. Le Conseil admet la demande et la Commission exécutive cherchera quel sera le chiffre de la pension.

On s'est entendu avec M. Riss pour la nomination des maîtres à l'Ecole primaire. M. Riss fera cette nomination sous la sanction du Conseil municipal. Un des maîtres, M. Kern, ayant donné sa démission, M. Riss propose de le remplacer par un M. Stackler, de Battenheim, qui présente de bonnes garanties.

La Compagnie du Gaz annonce que, pendant l'occupation prussienne, le gaz a continué à éclairer les magasins Joriaux. C'est une somme de fr. 7 et quelques centimes qui est due et la maison Joriaux refuse de le payer. Il paraît évident au Conseil que cette dépense incombe à la ville et il autorise de la solder.

Le Conseil reçoit une lettre du sieur Holzschuh, loueur de voitures, qui dit qu'il avait un traité avec l'administration de la justice à Mulhouse, pour tenir à sa disposition une voiture cellulaire destinée au transport des prisonniers. Il réclame le solde des deux derniers trimestres de ce traité et, comme indemnité, le payement du trimestre courant ; en somme, il demande 375 fr. On lui répondra que la ville n'a aucun traité avec lui, que celle-ci s'est simplement engagée envers le ministre de la justice de contribuer pour 300 fr. à l'établissement de cette voiture cellulaire, qu'en conséquence, c'est au gouvernement français que M. Holzschuh doit adresser sa réclamation. On doit d'autant moins d'égards à M. Holzschuh, qu'ayant demandé à la ville l'autorisation de faire stationner des voitures de place sur les places publiques et ayant éprouvé un refus, parce que la ville était liée par des traités, il a eu l'outrecuidance de s'adresser aux autorités prussiennes. M. Bertelé est chargé de faire la réponse.

Le Conseil revient à l'affaire de M. Montagnon, qui demande une remise partielle de la somme qu'il paye pour droit de station sur les voies publiques. M. Alfred Koechlin-Schwartz fait observer que M. Montagnon n'a jamais fourni de chevaux lors des incendies, malgré que la clause en existe dans le cahier des charges qui le lie à la ville. Cette inexécution d'un engagement pris change aux yeux du Conseil la position de M. Montagnon, et sa demande de réduction est aujourd'hui repoussée à la majorité ; c'est à peine si un tiers des voix s'élèvent en sa faveur.

Le colonel von Quistorp, commandant les troupes prussiennes à Mulhouse, écrit à la Mairie une lettre peu gracieuse, où il se plaint que celle-ci ne vienne pas au-devant de lui pour assurer de bons logements à ses officiers. Il demande 100 logements d'officiers en ville. Il dit en outre qu'il ne logera plus ses soldats à la caserne, parce que les latrines l'infectent.

Ce qui surprend dans cette lettre, c'est la demande de 100 logements d'officiers, parce que cette demande a déjà été faite trois jours auparavant et que M. Paul Heilmann s'est empressé de l'exécuter et à en donner avis à la Commandatur. La lettre raide du colonel est donc sans but, sous ce rapport. Quant à la désinfection des latrines, elle n'a jamais été signalée et on n'a pas mis la ville en demeure de l'exécuter, c'est donc à tort qu'on fait de cet objet une menace contre la cité.

M. Wacker a cherché à entretenir de cet objet M. le major, pensant que c'était lui qui guidait le colonel dans ses réclamations, mais ce major a donné courte audience à notre collègue et a renvoyé M. Wacker au chirurgien-major, avec qui M. Wacker cherchera à traiter la question demain.

M. Alfred Koechlin-Schwartz s'élève vivement contre le ton de cette lettre et propose de n'en pas rester là.

Il est arrivé à la municipalité une autre plainte d'un officier, qui ne s'est pas contenté d'un logement qu'on lui a assigné au *Lion rouge*, ni d'un autre qu'on lui a assigné en ville, et qui menace d'en prendre un de force à sa guise.

Ce langage indigne le Conseil et il adopte à l'unanimité la proposition de M. Jean Dollfus, qui s'offre d'écrire de ces deux choses à M. de Bismarck, à Berlin.

On nous écrit de nouveau pour la régularisation de notre dernier emprunt. On demande les délibérations qui l'ont motivé, on s'élève contre le taux de l'intérêt, on demande comment l'emprunt sera amorti. On répondra qu'il fallait

. Officier allemand. Pl. 38

Commandant von OHLEN-ADLERSKRON

bien emprunter sous le poids des réquisitions énormes qui nous ont frappés, qu'on ne pouvait pas discuter l'intérêt et être satisfait de trouver de l'argent à 6 %, qu'enfin, l'amortissement serait tout trouvé si les Prussiens nous remboursaient les 600,000 fr. qu'on a employés à satisfaire à toutes leurs demandes.

M. Bock demande si on a répondu au directeur des postes, relativement au local qu'il a demandé pour s'installer avec toute son administration. On lui a offert une partie des pièces du bâtiment de la douane.

Une lettre prussienne demande que l'horloge de Mulhouse soit mieux réglée, relativement à celle qui guide le chemin de fer. Plusieurs membres font, en effet, observer que notre horloge est bien en retard sur l'heure de Suisse et, à plus forte raison, sur l'heure de Berlin, et qu'elle semble vouloir se régler sur le méridien de Paris. Cet état de choses entraînant beaucoup d'inconvénients, on décide que Mulhouse se réglera peu à peu sur son propre méridien.

M. Delmas écrit au nom de la Société du Manège, pour réclamer l'intérêt, pour le temps de l'occupation prussienne de cet établissement, des sommes qui y sont engagées, disant que l'engagement de payer cette somme avait été pris par la ville. L'occupation a duré cinq mois et c'est une somme de 1900 fr. qu'on nous réclame. Cette demande étonne le Conseil, il pense que la Société du Manège pourrait bien aussi supporter une partie des frais de la guerre, que d'ailleurs cet établissement a été requis par l'autorité militaire. La question est renvoyée à la Commission exécutive, pour voir s'il y avait réellement engagement de la ville et pour déléguer des membres du Conseil, à l'effet d'arranger cette affaire avec le comité du Manège.

Le sous-préfet renvoie les budgets de 1870 et 1871, afin qu'on y introduise les changements motivés par les faits de guerre.

M. Lantz demande la réunion de la Commission des finances, parce qu'il faut pourvoir à des échéances d'emprunt.

Les directeurs de la Caisse d'épargne se sont réunis aujourd'hui pour aviser aux nécessités de leur établissement; il a réussi à rembourser 350,000 fr., mais il doit encore 400,000 fr. Il a, en outre, en mains une certaine quantité de titres de rente. M. Lantz, qui expose cette question, dit qu'il y a deux choses à faire : demander au gouvernement français la liquidation de cette dette, puisque d'autres villes ont obtenu cette liquidation contre des bons du Trésor, et, en second lieu, réorganiser cette Caisse d'épargne sur le pied où elles existent en Allemagne. Là, ce sont des particuliers riches qui se mettent à la tête et peuvent rembourser au besoin, dès qu'on le demande. M. Jean Dollfus n'approuve pas beaucoup ce système : il voudrait pour le moins que les maisons garantes fussent solidaires entre elles, et il n'aime pas créer au gouvernement français plus d'ennuis qu'il n'est nécessaire.

Dans une séance supplémentaire à celle de mardi dernier, le Conseil a désigné trois membres pour aller suivre nos affaires à Berlin : MM. Aug. Dollfus, Jean Dollfus et Bertelé. Mais aujourd'hui ces trois membres viennent successivement, pour divers motifs, décliner cette mission, de sorte qu'il faudra chercher, même en dehors du Conseil, d'autres personnes prêtes à remplir cette mission de dévouement. La chose est renvoyée à la Commission exécutive, pour aviser et aussi pour presser la chose, parce qu'il y a urgence et que les délégués de Strasbourg et de Colmar sont déjà en route, sinon arrivés.

Vendredi, 19 Mai 1871

Absents : MM. Huguenin, Mercklen, Koechlin-Schwartz, Jules Dollfus, Beugniot, Boeringer, Gerbaut.

Présidence de M. Paul Heilmann.

Une lettre du Kreis-Director déclare que l'agent de police municipal Valentin a été destitué pour refus de service.

M. Aug. Dollfus traite des canalisations à imposer à l'Usine à gaz, en exécution du traité qui la lie à la ville. Il craint qu'en attendant trop longtemps on ait tout d'un coup à lui imposer de trop lourdes charges. Il faudra donc faire un choix parmi les travaux à faire et exiger ceux qui paraissent les plus urgents.

Une lettre du directeur du Central suisse déclare que notre gare est encombrée, qu'il faut prendre de promptes et énergiques mesures pour la débarrasser, sinon il se verra contraint de cesser ces expéditions. MM. Lantz et Aug. Dollfus ont examiné cette question, qui est plutôt du ressort de la Chambre de commerce que du Conseil municipal. On tâchera d'organiser un camionnage plus actif et de prendre quelques autres mesures provisoires. La difficulté, en effet, vient de ce qu'il faut s'adresser à la Direction centrale des chemins de fer à Strasbourg, et que celle-ci, n'étant que provisoire, ne veut pas prendre d'engagements prolongés.

Le Conseil reçoit une lettre de M. Lallemand, réclamant contre un bureau à faire à l'abattoir; M. Jundt déclare que M. Lallemand est mal renseigné, et qu'il n'est question de rien de pareil.

Le président revient à la question de l'horloge, dont on s'est occupé dans la dernière séance. En suite de recherches appropriées, il a constaté que notre horloge est en retard de 21 minutes sur notre méridien. Il propose donc de l'avancer de ce chiffre dimanche matin, en prévenant le public par la voie des journaux, qui indiqueraient aussi qu'après cette rectification, nous n'étions plus en retard sur les méridiens de Strasbourg et de Berne, que l'on suit à la Mulhouse, que de 1 à 2 minutes.

M. le président lit plusieurs avis donnés par l'*Amtsblatt*.

Une lettre du percepteur allemand demande un délégué du Conseil pour l'assister dans la répartition des impôts. Au lieu de charger un de ses membres de cette corvée, le Conseil donnera au percepteur le travail fait par M. Guerber à ce sujet, qu'il pourra aussi consulter au besoin. Nous ne devons pas contrarier ce travail, parce que la ville y est intéressée pour une grosse somme de centimes additionnels.

Beaucoup d'objets importants étant à traiter par la Commission des finances, M. Lantz en demande la réunion prochaine. On remplace dans cette commission M. Dujardin, toujours absent, par M. Bertelé.

Dans une lettre, MM. Engelmann et Zipélius réclament une assistance de la ville pour l'œuvre des militaires rentrant de l'armée ou de l'exil et qui sont sans travail. On répond que la ville n'a pris aucun engagement à cet égard, mais que l'Institut des pauvres s'est offert, par l'organe de M. Jean Dollfus, à venir ici en aide, au moyen d'un excédent de recette de la grande souscription de cet hiver pour les pauvres et les gens sans travail. Le comité de l'Institut, se réunissant lundi, avisera.

Lettre de M. Zipélius demandant quelles mesures il y aurait à prendre à la gare pour nourrir au passage une centaine de mille hommes qui doivent y passer dans peu de jours, soit Prussiens, soit Français rapatriés. La question est difficile et complexe; MM. Bock et Jundt sont chargés de s'en entretenir avec le Kreis-Director.

Lettre d'une demoiselle Stoll, qui réclame un secours pour son père atteint depuis longtemps de paraplégie et qui, dit-elle, a beaucoup aidé la ville dans le traité qu'elle a conclu avec la Société du gaz.

Cette demande est renvoyée à la Commission exécutive.

Lettre d'une autorité prussienne demandant à prendre possession de l'ancienne Gendarmerie, afin d'y loger environ 150 hommes. Avant tout, il faudra s'en entendre avec la propriétaire, Mme Rock, ce qui sera fait.

M. Jundt parle de travaux municipaux déjà votés à faire cette année ou à différer à cause de la situation de nos finances. Le pavage de la rue du Manège sera suspendu, mais on vote l'achèvement du pont sur l'Ill en amont de l'établissement Naegely, à coté du Cercle des ouvriers. On vote également une étroite voûte sur le Dollergraben aux trois quarts rétréci à la porte de Nesle, près de la maison Gysperger. Quant au pont à la Wässerung, devant relier le faubourg de Bâle à la rue d'Illzach, il entraînerait une dépense de 11,500 fr., parce que beaucoup de matériaux achetés par l'administration française sont déjà sur place. Il serait nécessaire de faire ce pont, parce que la passerelle provisoire, qui est déjà là, ne tiendra plus longtemps ; mais comme on espère que l'administration prussienne se chargera de ce pont, en même temps que des travaux du nouveau bassin, le Conseil vote l'ajournement de ce travail.

On nous fait savoir que les Prussiens veulent rester jusqu'à la fin du mois dans les logements qu'ils occupent, sans se soucier des arrangements de la Mairie et des engagements qu'elle a en quelque sorte pris avec les personnes qui logent. Dans ces circonstances, il ne reste à la Mairie qu'à faire connaître aux intéressés cette décision de l'autorité prussienne et à avertir le public qu'il ne doit aux soldats qu'on loge ni nourriture, ni boisson. Comme il y a ainsi bien des difficultés et toujours nouvelles avec les troupes ou leurs chefs, le Conseil voudrait connaître quels sont nos devoirs et nos droits à leur égard, et délègue MM. Lantz et Wacker pour aller s'en entendre à Strasbourg avec les autorités militaires supérieures.

M. Wacker rend compte de l'examen des latrines à la caserne ; il y a là effectivement des abus et, par suite, une grave cause d'insalubrité. On nous demande, pour les réprimer, des sièges avec cuvettes ; ce qui est accordé.
M. Weber demande au nom des propriétaires des salles de danse, dont cette industrie est le seul gagne-pain, qu'après près de 10 mois ces particuliers soient autorisés à rouvrir leurs établissements, se fondant sur ce que le Conseil avait ajourné cette réouverture jusqu'après la conclusion de la

paix. Cette demande ne trouve pas d'appui et est repoussée au nom de la Patrie en deuil.

Vendredi, 26 Mai 1871

Absents: MM. Jean Dollfus, Müller, Wacker, Engelmann, Beugniot.

Présidence de M. Tagant.

Le président expose relativement à la demande de secours de Mlle Amélie St. pour son père, que M. St. n'a aucun droit aux secours de la ville et que, par conséquent, elle ne peut ni doit en voter ; qu'ici ce serait à des souscriptions particulières qu'il faudrait avoir recours : le Conseil adopte la proposition du président.

L'agent de police Valentin, destitué par les Prussiens, a 28 ans de service honorable, de sorte qu'on lui a trouvé un autre emploi, en attendant qu'il ait droit à une retraite.

Relativement aux frais de passage de troupes à la gare, et il est question que ce passage doit être, en peu de jours, d'une trentaine de mille hommes, le président dit, qu'après information, il a appris que c'est le magasin prussien qui est chargé des fournitures nécessaires.

Des personnes charitables ont demandé à fournir aussi du vin au compte de la ville. Le Conseil refuse de voter un crédit de 5000 fr. pour cet objet.

Une réquisition a été adressée à la Mairie pour établir le mobilier nécessaire pour ce passage avec nourriture : tables, bancs, chaudières (quoiqu'il y en ait déjà 8). On nous promet le remboursement de ces frais.

Les démarches faites auprès de la propriétaire de l'ancienne Gendarmerie n'ont pas abouti ; elle demande des dédommagements trop considérables : ainsi, nous ne pourrons pas loger là 150 hommes. On cherchera, pour loger des soldats, d'autres locaux, avec l'espoir que la future garnison ne sera plus que de deux bataillons, chacun d'environ 500 hommes, sur pied de paix.

Le directeur général des Postes, de Strasbourg, s'est annoncé pour venir visiter le bâtiment de la douane qu'on offre pour la poste. On propose de demander 6000 fr. de loyer, sauf à voir venir.

La Commission de viabilité propose un règlement pour les cimetières, parce que celui du culte catholique surtout devient insuffisant. Ce règlement sera imprimé et distribué, pour que la discussion en soit plus facile.

Le président propose une avance de 1400 fr. pour les enfants assistés, de peur que les pères nourriciers ne les rapportent. M. Bock dit que cette dépense a déjà été votée antérieurement. Dans le doute, le vote est maintenu, sauf à réclamer la restitution de l'autorité prussienne.

Une lettre du Kreis-Director annonce que, dans un bref délai, l'enseignement de la langue allemande sera obligatoire dans les écoles primaires, publiques et particulières ; il donne la liste de livres dont il faudra se servir, et demande qu'on lui fasse connaître le nombre dont on aura besoin, parce qu'il se chargera de les faire venir.

Le Conseil exprime le désir qu'au moins il n'y ait pas de changements avant les vacances, pour ne pas induire les

Portraits divers.   Pl. 39

Dr FRANÇOIS ADRIAN
Pharmacien.

CAMILLE CHATEL
Représentant.

GUSTAVE DOLLFUS
Manufacturier.

HENRI GERBAUT
Un des premiers otages pour les trains militaires.

parents dans des frais inutiles. La Commission exécutive est chargée des démarches nécessaires pour tâcher d'obtenir ce point.

M. Lantz rend compte des propositions de la Commission des finances. A la fin de Mai, il y aura encore un encaisse de 20,000 fr., suffisant pour marcher. Nous devons mettre en ordre tous nos comptes, solder toutes nos dépenses, et faire position nette à nos successeurs.

Pour justifier notre million d'emprunt, M. Lantz expose que les rentrées habituelles, depuis la guerre, ont été moindres de 160,000 fr.

Les charges de guerre se sont élevées à 600,000 fr.

Du 1er Janvier à ce jour, la diminution sur les recettes a été de 51,000 fr.

Dépenses extraordinaires depuis le 1er Janvier dernier, 149,000 fr. environ.

Enfin, on a remboursé sur les anciens emprunts de la ville : 153,000 fr.

Avec ces charges, on devrait contracter un nouvel emprunt, et M. Lantz dit qu'on le trouverait à Bâle à $4\:^1/_2\:\%$, avec une commission, il est vrai, de 2 à $3\:\%$, une fois payée.

Cette commission augmentera le taux de l'intérêt, qui n'arrivera cependant pas à $5\:\%$, mais ce taux est variable, selon la durée de l'emprunt. Malheureusement, un terme de 10 ans est déjà bien long pour les Prussiens, il faudra donc s'appuyer sur notre ancienne loi française, pour obtenir un plus long terme.

Avec cet emprunt, on réglerait tout le passé et on préparerait l'avenir. Il est vrai qu'il nous incombe encore une grosse dépense, c'est le Marché Couvert dont nous touchons le revenu sans avoir payé, pour l'acquérir, ni capital, ni intérêt. M. Bertelé est chargé d'apurer tous les comptes et de préparer les bugets additionnels rectificatifs.

Le président annonce que M. Jean Dollfus a proposé son fils Charles, pour aller à Berlin avec M. Aug. Dollfus, en qualité de délégués de la ville. Le Conseil accepte la proposition.

Le sieur Rapp, rue la Wanne, demande la permission de rouvrir sa salle de danse, qui est son gagne-pain. Le Conseil, suivant ses errements de la dernière séance, passe à l'ordre du jour.

Une grave question est soumise au Conseil, c'est l'exemption des logements militaires pour les pompiers: à cette occasion, M. Koechlin-Schwartz expose, qu'en principe, lors de la formation du corps des pompiers, qu'il faut bien attirer par quelques avantages, il avait été décidé qu'ils seraient exemptés des logements militaires. Mais les charges de la guerre sont devenues si lourdes, qu'on n'a pu en exempter un si grand nombre de citoyens; aujourd'hui que la paix est revenue, il est nécessaire de faire revivre les conditions antérieurement convenues.

La Commission des logements militaires, à laquelle la question a été soumise, n'est pas de cet avis, et croit qu'on doit différer encore l'exemption des pompiers, la charge des logements militaires étant encore trop lourde pour notre population.

C'est contre cette opposition de la Commission des logements que s'élève encore M. Koechlin, il craint que si elle est partagée par le Conseil, le corps des pompiers ne se désorganise; d'un autre côté, fort d'une approbation de la

Commission exécutive, il a déjà pris des engagements avec les pompiers. Cet engagement consiste non pas à leur donner absolument pas d'hommes à loger, mais à exempter du logement militaire les pompiers qui sont taxés à deux soldats, et à en ôter deux à ceux qui sont taxés à un chiffre supérieur. Le Conseil de famille des pompiers a partagé cette manière de voir et sur ce, les pompiers ont signé la circulaire qui leur a été envoyée *ad hoc*, et qui les avertit en même temps que, en échange de ce bénéfice, ils devront être exacts dans leur service, sinon il deviendrait caduc.

La Comission des logements répond qu'elle n'avait pas cru les choses si avancées, qu'elle croyait à une demande d'avis et qu'elle l'avait donné suivant sa manière de voir.

Le Conseil adopte les propositions de M. Koechlin-Schwartz, déjà approuvée par la Commission exécutive.

Le président expose que le terme de notre mission municipale étant depuis longtemps expiré, puisque nous aurions dû être renouvelés par de nouvelles élections il y près d'un an, que de plus, ayant dû changer de nationalité, nous n'avons plus à fonctionner comme conseillers municipaux élus en vertu des lois françaises, qu'enfin la paix étant conclue, ce qui ôte à notre présence ici tout caractère d'urgence, nous devons déposer notre mandat à la fin du mois prochain, après avoir clairement établi nos comptes. Le Conseil adopte la proposition de son président.

Séance du Vendredi 2 Juin 1871

Absents : MM. Muller, Steinbach, Koechlin-Schwartz, Bock, Beugniot, Mercklen.

Présidence de M. Lantz.

Le président annonce que M. Charles Dollfus ayant accepté la mission d'être notre délégué à Berlin, a reçu mardi les instructions *ad hoc* de la Commission exécutive. M. Charles Dollfus devait partir le lendemain et précéder de quelques jours M. Aug. Dollfus, notre second délégué. En premier lieu, ces messieurs devront demander quels sont nos devoirs et nos droits vis-à-vis de l'armée, et demander aussi la diminution de notre garnison.

Le président propose et le Conseil vote l'emprunt d'un million de francs, dont il a été déjà question, à $4\,^1/_2\,^0/_0$, avec $3\,^0/_0$ de commission à payer de suite, l'emprunt devant avoir une durée de 10 à 15 ans. Le Kreis-Director ne s'oppose pas à des amortissements à long terme.

Le même envoie une lettre pressante et un peu hautaine pour demander la régularisation de nos précédents emprunts.

Il demande une prompte réponse; cependant, après des explications avec M. Lantz, il accorde un délai de huitaine. Le président a saisi l'occasion pour traiter aussi avec M. le Kreis-Director de l'introduction dans nos écoles de livres allemands. Le Kreis-Director veut bien ne changer l'état des choses qu'après la fin de l'année scolaire, mais il désire connaître maintenant le nombre de livres allemands dont on aura besoin, pour les faire venir. On lui répondra que les libraires de la ville se chargeraient de cette besogne.

MM. Jean Dollfus, Bertelé et Tagant ont conféré chez le Kreis-Director avec un inspecteur prussien de l'enseignement secondaire, qui a promis que, pour le moment, rien ne serait changé dans l'enseignement du Collège et de l'Ecole professionnelle. Il a aussi promis qu'on maintiendrait le droit des professeurs à leurs pensions de retraite et que cet objet deviendrait le sujet d'une transaction entre la France et l'Allemagne.

Quant à la division confessionnelle des écoles, l'inspecteur a été étonné qu'elle n'existât pas, mais il promet de ne pas exiger systématiquement qu'elle soit établie.

M. le Kreis-Director demande à bref délai la confection des listes électorales; MM. Bertelé et Engelmann sont nommés pour former le bureau de réclamation.

Le président dit qu'il a appris du Kreis-Director qu'en Allemagne les personnes élues pour conseillers, maires ou adjoints, ne peuvent pas décliner ces fonctions, qu'il n'y a d'exception que pour l'âge, les infirmités constatées, ou la nécessité de faire pour l'élu dans l'année quatre absences de six semaines pour les intérêts de ses affaires. En Alsace, les conseillers municipaux éliraient les maires.

Ces élections étant décidées, le président propose de ne pas donner suite à notre démission collective pour la fin du mois courant.

On demande l'annexion à Mulhouse du hameau de Burtzwiller, faisant partie des trois communes de Mulhouse,

Pfastatt et Illzach, tandis que le Conseil municipal de cette localité voudrait le voir établi en commune. L'examen de la question est renvoyé à une commission, composée de MM. Bertelé, Henry Schwartz et Schoen.

La commune d'Illzach demande à être réunie au canton Nord de Mulhouse. La chose est renvoyée à l'appréciation de la même commission.

M. Trapp ayant annoncé que le champignon s'est déclaré dans les bois de l'église allemande, la chose a été renvoyée à l'examen de l'architecte de la ville, qui a déclaré que le mal n'était pas grave; il l'attribue au manque d'air et de soleil, et il prendra les mesures nécessaires pour réparer le mal.

Le Kreis-Director revient à la charge pour l'indemnité des frais de voyage à accorder à cet enfant qui s'est enfui de Mulhouse; il exige pour cet objet la somme de 30 florins et un thaler. On cherchera encore à faire revenir le sous-préfet sur cette décision, parce que cette dépense, à la charge du Conseil municipal, est en dehors de toutes les règles.

Le président rend compte des recettes de l'octroi pour le mois de Mai écoulé, elles sont de 53,000 fr., en arrière encore de 11,000 fr. sur le mois correspondant de 1870. Les deux principaux déficits sont sur les matériaux de construction, on ne bâtit pas, et sur les boissons, les expéditions n'ayant presque pas pu avoir lieu.

Le président expose qu'il a reçu une demande de secours pour la veuve d'un cocher mort de froid et de misère dans une réquisition dont il avait été chargé pour la ville. Parti de Mulhouse le 30 novembre, sa veuve n'a reçu de ses nouvelles qu'au commencement du mois de Mai. Il a succombé le 29 Décembre à Challonvillars (Haute-Saône). On ne veut pas lui voter de pension, mais on lui accorde un premier secours de 15 fr. par mois, pour la durée d'un an.

M. Jean Dollfus déclare qu'il a obtenu du Kreis-Director de ne plus accorder de débits de boisson qu'avec l'agrément de la ville.

M. Weber demande si les droits de circulation du vin pour la ville sont changés, que l'on a demandé 2 fr. par mesure, au lieu de 65 cm. Il est répondu que les droits sont toujours les mêmes.

M. Zipélius se plaint de la mauvaise qualité du pain distribué à la gare aux prisonniers français de passage. Ce pain est noir et l'échantillon, qu'il présente, un peu moisi. Mais comme c'est le pain qu'on distribue aux soldats prussiens, il n'y a pas de réclamations à faire et cela entraînerait le Conseil dans bien des dépenses, qu'il n'a pas le droit de voter, s'il voulait faire distribuer à son compte du pain blanc.

M. Boehler annonce que l'*Amtsblatt* fait connaître que les armes confisquées sont rendues à leurs propriétaires par l'intermédiaire des mairies. On propose en conséquence de faire savoir au public que ces armes seront restituées et que les ayants droit devront adresser leurs réclamations à la Mairie, pour que celle-ci agisse en leur nom collectif.

Vendredi, 9 Juin 1871

Absents : MM. Jean Dollfus, Bock, Huguenin, Naegely, Engelmann, Beugniot, Koechlin-Schwartz.

Présidence de M. Bertelé.

La Commission exécutive propose de remplacer le concierge de l'Hôtel de ville, Mme Vve Strub, par le sieur Germain, fortement recommandé. On objecte qu'il ne sait pas l'allemand, mais on répond que sa femme le sait. Le Conseil adopte.

M. Lallemand, préposé en chef de l'octroi, appelle l'attention du Conseil sur l'inégale répartition des frais réciproques que l'Octroi paye pour l'Etat et l'Etat pour l'Octroi; montrant que l'Etat paye beaucoup moins que sa part proportionnelle. Il en a parlé au Steuereinnehmer, qui paraît d'accord, de sorte que cette question sera réglée plus tard.

M. Lallemand revient aussi à la question des droits d'octroi à payer par les brasseurs. L'hiver dernier, on avait transigé avec eux, à condition qu'ils payeraient chacun annuellement la moyenne des trois dernières années. Mais depuis que la régie allemande est en exercice, les brasseurs se sont adressés à elle, qui, ne connaissant pas les faits, est leur dupe au point qu'un brasseur qui, les deux dernières années, a payé une fois 1200 fr., puis 1400 fr., arrive à ne payer maintenant que 200 fr.

Pour parer à cette perte pour la ville, M. Lallemand propose de rétablir l'exercice, d'exercer la surveillance

B. Portraits divers. Pl. 40

JOSUÉ HEILMANN
Manufacturier.

JEAN MIEG
Manufacturier.

Mme ETIENNE MIQUEY

ETIENNE MIQUEY
Négociant.

dans l'intérieur des brasseries et d'exiger la double déclaration à laquelle ils étaient astreints antérieurement. Le Conseil adopte.

M. Wacker signale le manque de houille à la caserne, et M. Lantz veut bien se charger des achats à faire.

On nous signale le passage prochain de 600 militaires; par contre, on nous annonce la réduction de notre garnison de 1800 à 800 hommes.

M. Lantz a reçu une lettre de Bâle, relative à la réalisation de notre dernier emprunt. On demande, pour le lancer, l'aperçu des ressources de la ville. M. Lantz est chargé de suivre cette affaire.

La commission chargée d'examiner la demande de la commune d'Illzach, d'être annexée au Canton Nord de Mulhouse, donne son adhésion à cette proposition, que le Conseil vote.

La deuxième question relative à Burtzwiller présente plus de difficultés. Le Conseil municipal d'Illzach donne à cette agglomération de maisons environ 800 habitants, dont 400 sur le territoire de Mulhouse et 350 sur celui d'Illzach, et 50 sur celui de Pfastatt.

Ces chiffres sont erronés: il n'y a en tout qu'environ 350 habitants à Burtzwiller, dont une soixantaine sur le territoire de Mulhouse. Par l'annexion de ce hameau à Mulhouse, on pourrait tout au plus obtenir, par l'octroi qu'on y établirait, 1200 fr., qui seraient mangés et au delà par les frais du bureau à établir. Par contre, en provoquant l'érection de ce hameau en commune, il est évident, d'après la loi, que nous perdrions une partie de nos biens communaux; il y a donc ainsi des raisons contre, et il est évident qu'une petite commune sur notre dos, sans police, sans école probablement, nous serait plus préjudiciable qu'utile.

M. Bertelé propose en conséquence de répondre au Kreis-Director, qu'il faut ici suivre la loi, d'abord faire une enquête à Burtzwiller, de faire délibérer sur cet objet les conseils municipaux intéressés, mais en ajoutant à chaque conseil, pour délibérer, autant de citoyens choisis parmi les plus imposés, qu'il y a de conseillers municipaux. Le Conseil adopte.

M. Tagant croit devoir avertir le Conseil que, par suite de la législation allemande, nous pouvons éprouver de graves déficits dans nos droits d'octroi, parce que cette législation porte que tous les objets qui payent les droits d'entrée, ne peuvent plus être taxés à l'Octroi.

MM. Gerbaut et Boehler posent la question de savoir si les citoyens qui votent pour le Conseil municipal ou qui en acceptent les fonctions, font par là adhésion à la Prusse. Ils désirent aussi savoir si, dans l'un ou l'autre cas, on demandera le serment. La chose paraît assez sérieuse pour être traitée par nos délégués à Berlin.

M. Lantz raconte qu'il a été cité devant le Kreis-Director pour s'entendre condamner à une amende, parce qu'il a signé, dans l'exercice de ses fonctions municipales, un certificat de vie relativement à un enfant mort depuis 15 mois. En causant avec le Kreis-Director, il a été question du loyer de la sous-préfecture, qui ne devrait pas plus longtemps être à la charge de la ville. Le sous-préfet a convenu que ce loyer ne devait plus à l'avenir être à la charge de la ville. Il se montre prêt à aider les démarches qui l'en déchargeront.

Vendredi, 16 Juin 1871

Absents : MM. Jean Dollfus, Bock, Heilmann, Wacker.

Présidence de M. Tagant.

Demande d'extraction de sable à la Doller, par le sieur Rein. Accordée aux conditions ordinaires.

Réclamation de MM. Weiller frères, pour fourniture de viande à la troupe française lors de la grève. La somme de la fourniture est de 1837 fr. Le commandant de ces troupes répond de Bourg, que la municipalité a promis le payement de cette fourniture : comme la chose s'est passée pendant l'administration de M. Bock, on attendra son retour pour prendre une décision.

M. Rouquille, locataire du chalet du Tannenwald, demande l'autorisation d'établir un quillier dans la carrière qui est à côté de son chalet. L'autoritation est accordée, moyennant une redevance de 5 fr. par an, à la condition de supprimer le quillier, si la ville y trouve des inconvénients.

M. Lantz revient à la question de l'emprunt. Il est d'accord avec les maisons de banque de Bâle, MM. de Speyer, et Bischoff de Saint-Alban, mais il faut encore l'autorisation du gouvernement allemand. Le remboursement pourra se faire après 10 ou 15 ans, et comme il sera réparti entre beaucoup de mains, on ne pourra presque le rembourser qu'à la volonté de la ville, bien des prêteurs ne demandant qu'à garder leurs titres. Les $3\,^0/_0$ de commission pourront n'être payés qu'en deux ans, et s'ils sont payés de suite, ils seront escomptés à raison de $4\,^1/_2\,^0/_0$.

M. Huguenin demande si les chiens doivent toujours subir le même système de séquestration, qui peut être de tant d'inconvénients pour ces pauvres bêtes. On vote de faire une démarche pour demander la levée de cette séquestration. M. Gros, locataire d'une partie de prés de la Doller, réclame contre le fermage qu'il devrait payer, parce que les Prussiens détruisent tout à fait les herbes qui croissent là. En conséquence, on vote l'annulation de ces baux.

Trois femmes d'inculpés d'assassinats en Allemagne, réclament des secours de charité; la question ayant été renvoyée à M. Loew, celui-ci déclare que ces femmes reçoivent des secours suffisants et que leur donner davantage serait encourager la mendicité et le désordre.

On vote que les indemnités de logements accordées par la ville aux juges de paix et aux commissaires de police étaient dues à des considérations personnelles et ne sont nullement attachées à leurs places.

Une lettre du Kreis-Director nous avertit de faire imprimer, publier et insérer dans l'*Amtsblatt*, de Strasbourg, un règlement relatif au canal. Le Conseil se déclare incompétent et passe à l'ordre du jour.

Le Conseil passe à la seconde délibération sur la cession d'un cimetière de 2 hectares d'étendue, à la communauté israélite, au prix de 10,000 fr. avec différentes conditions d'exécution. La chose est adoptée absolument dans les mêmes termes que lors de la première délibération.

M. Ch. Weiss a pris possession, sans autorisation, d'un sentier qui est en amont de sa propriété à la Berggasse. On mettra M. Weiss en demeure de rétablir les lieux, personne ne se rappelant qu'une autorisation lui ait été donnée et il ne produit aucun titre à l'appui.

On se plaint de l'insuffisance des gardes champêtres qui ne sont qu'au nombre de sept. La question est renvoyée à une commission, comme on devrait toujours le faire, quand il s'agit de dépenses. La commission est composée de MM. Schoen, Koechlin-Schwartz et Henry Schwartz. Un membre propose qu'il soit nommé un garde spécial pour le Tannenwald. La commission avisera.

Le directeur des postes, de Strasbourg, écrit qu'il n'a pas trouvé un local convenable à Mulhouse pour y installer ses services ; il met la municipalité en demeure de lui trouver ce local. Le Conseil passe à l'ordre du jour.

On vote que la distribution des prix dans les établissements d'instruction se fera cette année à huis clos, dans les établissements eux-mêmes, et sans cérémonie officielle.

Nos délégués de Berlin sont revenus, et M. Aug. Dollfus rend un compte succint de leur mission. Ces messieurs ont eu, avec les autres délégués de l'Alsace, trois longues audiences de M. de Bismarck. Mais on n'a pu traiter avec lui que les questions qu'il a bien voulu accepter, et souvent il n'a donné que des réponses vagues.

Il ne demande pas la suppression de la langue française devant les tribunaux, chez les notaires, etc. Il a été étonné qu'on ait demandé, dans les écoles primaires, l'introduction à quinzaine de la langue allemande, dans la base de l'enseignement. Il a dit qu'on pouvait continuer l'usage de la langue allemande comme principale dans les écoles secondaires. Il a dit que les charges payées de notaires, d'avoués, etc., devaient disparaître, mais il a accordé le principe d'une indemnité aux titulaires. Quant aux élections pour les conseils municipaux et généraux, il a d'abord paru pressé, puis il s'est ralenti sur ce point.

Il voudrait organiser l'Alsace-Lorraine de manière à contenter ces deux provinces, en faire une sorte de petite république, et voudrait avoir à Berlin une délégation constante de citoyens de ces provinces, pour qu'elle l'aidât de ses conseils, et il a beaucoup insisté auprès de M. Ignace Chauffour pour qu'il accepte cette fonction. A défaut, il voudrait organiser à Strasbourg un conseil mixte d'Alsaciens et d'Allemands. On lui a demandé que les Alsaciens-Lorrains ne fussent pas astreints au service militaire et surtout n'être pas appelés à porter les armes contre la France. Il a répondu que ce service ne commencerait, pour eux, qu'au 1er Octobre 1872, que s'il devait y avoir une nouvelle guerre entre la France et l'Allemagne, elle serait faite pendant ce temps-là, que s'il n'y en avait point pendant un an, il faudrait à la France au moins douze pour se relever de ses pertes.

Quant aux réquisitions de guerre, il demande qu'on lui en envoie le mémoire ; comme il a déjà été adressé au préfet, on ne pourra lui en fournir qu'une copie. La question du serment n'a pas été traitée. Celle des logements militaires a obtenu comme réponse que nous serions traités comme l'Allemagne et sur le pied de paix.

M. Tagant expose que l'exercice pour les droits d'octroi éprouve beaucoup de résistance de la part des brasseurs. Avant de passer à des mesures rigueur, on tâchera encore une fois de les convaincre.

Vendredi, 23 Juin 1871

Présents : MM. Tagant, Bertelé, Koechlin-Schwartz, Jundt, Engelmann, Stengel, Henry Schwartz, Gerbaut, Laederich, Roth, Jules Dollfus, Schoen, Zipélius, Weber, Huguenin.

Présidence de M. Tagant.

Le Conseil municipal vote l'annulation pour le second semestre de 1871 du crédit porté au budget pour indemnité de logement aux juges de paix et commissaires de police.

La commission nommée dans la dernière séance, pour la question des gardes champêtres, vote l'augmentation d'un garde, ce qui entraîne une dépense annuelle de 900 fr.

Les gardes champêtres, dont les uniformes datent de trois ans, demandent à être habillés à nouveau. La question est complexe, parce qu'on ne sait pas si l'administration prussienne ne changera pas ces uniformes ; l'affaire est renvoyée à M. Schœn, pour aviser.

Le directeur des douanes d'Epinal, nous dénonçant le bail que l'administration française a contracté avec la ville pour le bâtiment des douanes, le bail cessera au 1ᵉʳ Juillet prochain, et, jusqu'à cette date, l'administration française payera son loyer.

L'administration prussienne a déjà pris possession, pour ses douanes, d'une partie de ces bâtiments ; il est entendu qu'on lui réclamera le prix du bail.

La Mairie a reçu, après coup, mardi, de l'autorité prussienne l'invitation pour les conseillers municipaux d'assister au service divin qui a été célébré le dimanche précédent pour le rétablissement de la paix.

Le même jour, mardi, le Kreis-Director a fait parvenir à la municipalité plusieurs communications pressantes.

Il demande qu'on envoie de suite à Colmar la quittance originale des 40,000 fr. qui nous a été délivrée pour l'avance des 15 fr. par jour, aux officiers prussiens, pendant l'armistice. Sans cette quittance, nous dit-il, nous ne serons pas payés. Il a promis de fournir un reçu de cette quittance. Il revient ensuite à l'emprunt ; quand il en a demandé l'autorisation à Strasbourg, les personnes compétentes étaient absentes ; comme le manque de cette autorisation pourrait faire hésiter les banquiers prêteurs, de Bâle, le Kreis-Director s'offre d'accompagner à Bâle un des conseillers municipaux, pour donner aux banquiers une assurance verbale d'autorisation.

Pour les écoles primaires, le Kreis-Director revient aussi à la charge, pour qu'on fixe le nombre des livres allemands dont on aura besoin, et il veut savoir s'il les doit faire venir, ou si la ville s'en charge. On lui a répondu que le directeur des écoles primaires fera lui-même le relevé du nombre nécessaire de ces livres et qu'il se chargerait de les faire venir.

Puis, le Kreis-Director veut s'occuper avec nous des gardes de nuit ; il trouve le nombre 13 insuffisant, il en voudrait 30, et quand on lui objecte que nous sommes de son avis, mais que la souscription volontaire pour cet objet suffit à peine pour l'entretien de ces 13, il répond qu'il re-

C. Portraits divers. Pl. 41

EMILE PERRIN
Libraire.

FRÉDÉRIC RÜCKERT
Entrepreneur.

J.-B. SCHACRE
Architecte.

garde l'entretien de ces gardes de nuit comme une charge municipale. De même que les agents de police, il en voudrait 40 ou même 60, et quand on lui répond l'obstacle de notre budget, il nous dit de rétablir au moins le nombre que nous avions antérieurement, et qu'alors il demanderait à son administration une allocation suffisante pour le surplus. M. le président a décliné ces demandes, en cherchant à les renvoyer au futur Conseil municipal.

Par contre, le Kreis-Director s'étonne de l'opposition que nous faisons à l'établissement de nouveaux cabarets, ceux-ci sont surtout demandés par des Allemands qu'il semble vouloir favoriser. On lui répond que l'augmentation des cabarets exigerait encore bien plus d'agents de police qu'il n'en demande et que le Conseil municipal devrait être consulté sur ce point avant le commissaire de police. La question de la circulation des chiens a aussi été traitée avec lui ; ils seront libres dans la rue, à condition d'être toujours muselés. Il voudrait qu'il y eût moins de chiens ; on tiendra donc à la plaque, pour que ceux qui n'en ont pas soient détruits.

Le président annonce que sur les 40,000 fr. qui, dans le temps, ont été votés pour l'organisation de la Garde nationale, et confiés, à cette intention, à M. Couget, 1150 fr. n'ont pas été absorbés et seront ainsi restitués à la caisse municipale.

Une lettre de M. Jean Dollfus, en ce moment à Wædenschwyl (Suisse), annonce qu'il a reçu de M. Cordier, député de la Seine-Inférieure, la somme de 400 fr., provenant d'une quête faite au Lycée de Rouen, à destination des victimes de la guerre dans notre circonscription. Le Conseil vote une lettre de remerciements aux généreux donateurs de cette somme, et désigne une commission composée de MM. Engelmann et Zipélius, pour répartir cette somme entre les plus méritants parmi les victimes de la guerre à Mulhouse.

Deux caisses et quelques colis d'armes ont été envoyés de Strasbourg à la municipalité, pour être distribués à ceux à qui elles appartiennent, ces armes provenant, soit des saisies faites, soit des dépôts auxquels les Prussiens ont requis nos concitoyens. Un avis sera inséré dans les feuilles publiques, pour que les ayants droit viennent les réclamer.

Le président annonce la situation de notre garnison. Il y a, en ce moment, 576 hommes à la caserne, 208 dans les maisons Biehler, au faubourg de Colmar, dites la *petite caserne*, 433 chez les particuliers. On pourrait augmenter le nombre des hommes à la caserne, si une partie du local n'était pas absorbée par des magasins et des ateliers de tailleurs et de cordonniers. On tâchera de rendre libres ces locaux ainsi absorbés, pour finir par loger toute la garnison à la caserne.

Une lettre du Kreis-Director nous avertit de ne pas donner à la légère nos signatures à la Mairie, un membre du Conseil, étant de garde, ayant dû être admonesté pour avoir donné un certificat de vie à un enfant assisté, lorsqu'après vérification il s'est trouvé que cet enfant était mort depuis plusieurs mois. On répond que le blâme doit remonter aux employés de la Mairie, le membre faisant fonction de délégué n'ayant le temps ni les moyens de faire les vérifications nécessaires.

Le président s'élève contre la manière barbare dont les Prussiens traitent les personnes qu'ils arrêtent ; ainsi ils ont presque assommé un marchand de bois, M. Dietrich, qui a eu maille à partir avec eux. Ils ont aussi maltraité quelques-uns de nos gardes champêtres pour être porteurs d'armes, ce à quoi ils ont cependant été autorisés.

Enfin, les personnes qui voient passer les convois de prisonniers et qui crient : *Vive la France!* sont aussi victimes de leurs sévices. On traitera de cet objet avec le Kreis-Director.

Le président expose que la viande dépecée, qui est vendue à domicile en ville, provient surtout de Dornach, où l'on abat beaucoup d'animaux plus ou moins atteints de la peste bovine. Il propose de créer, pour cet objet, une surveillance plus grande que ne peut être celle des employés de l'octroi, en exigeant, par exemple, que toute cette viande ait un lieu spécial de vente. La question est renvoyée à une commission composée de MM. Weber, Roth et Stengel.

M. Schœn dit qu'un officier d'administration prussien est venu inspecter les registres de l'état civil, qu'il a trouvés en ordre, sauf qu'ils ne sont pas timbrés. Cette omission est le fait de la guerre, mais il peut exposer la ville à de lourdes amendes, qui sont établies par la loi ; en conséquence, le Conseil vote que les timbres seront apposés.

Le Conseil vote qu'il n'y aura plus de séance à jour fixe du Conseil, mais seulement sur convocations, quand il aura lieu de faire un ordre du jour. Les séances de garde des délégués seront aussi abrégées.

Vendredi, 7 Juillet 1871

Présents : MM. Schoen, Tagant, Huguenin, Zipélius, Alfred Koechlin - Schwartz, Gerbaut, Boehler, Heilmann, Naegely, Stengel, Lantz, Roth, Mercklen, Bock, Laederich, Jean Dollfus, Aug. Dollfus, Bertelé, Weber, docteur.

Présidence de M. Bertelé.

Le président, après avoir rappelé l'incident du manque de procédés envers la ville de M. le colonel von Quistorp, et la lettre que, à ce sujet, M. Jean Dollfus a écrite au prince de Bismarck, donne connaissance d'une lettre de M. le général von Werder, chargé par M. de Bismarck de nous répondre. Cette lettre est plutôt une accusation qu'une excuse, elle dit que le colonel n'a fait que son devoir, qu'on a vexé quelquefois les Prussiens à Mulhouse et qu'il faut plus de support mutuel. Le Conseil maintient son opinion sur le peu de convenance de la lettre du colonel.

M. le directeur des douanes à Strasbourg, Regenauer, veut établir un entrepôt des douanes à Mulhouse et, à cet effet, demande à louer notre bâtiment des douanes, désirant savoir à quelles conditions.

M. Aug. Dollfus dit qu'un entrepôt des douanes sera utile à Mulhouse et que notre bâtiment s'y prêtera, mais il est loué pour sa plus grande partie à la Chambre de commerce qui paie 3,000 fr. de loyer et, pour le surplus, il était occupé par la douane française, qui payait 2,600 fr. D'après ce qui vient d'être dit, la douane prussienne ne peut traiter avec la ville, mais avec la Chambre de commerce, dont le bail persiste, et qui pourrait mieux que la ville veiller à la perception des droits à payer.

Le Conseil vote la location de nos bâtiments de douanes et d'entrepôt à l'administration prussienne, sauf à s'entendre sur le détail, le prix, les constructions nouvelles, et aussi à s'entendre avec la Chambre de commerce.

Le président demande le vote d'une dépense de 59 fr., prix de la moitié d'un trottoir devant la maison Sattler, rue de Brubach. Le propriétaire cède, en outre, à la ville une languette de terre qui lui appartient. Le Conseil approuve.

Il y a des plaintes sur le non-écoulement des eaux de la rue de la Fidélité, qui y séjournent en larges flaques; MM. Heilmann, qui ont établi cette rue, non encore acceptée par la ville, seront requis de faire disparaître cette cause d'insalubrité.

L'alignement demandé par Mme Ehrsam, rue du Mittelbach, devait être délibéré dans cette séance, mais M. Jundt, qui en a les documents, étant absent, la question est remise à une prochaine séance.

M. de la Sablière s'est présenté devant la Commission municipale, pour traiter de la nouvelle position des établissements d'instruction secondaire. Il a affirmé que le Kreis-Director lui a dit, à la suite de la séance où ont assisté trois conseillers municipaux, avec un inspecteur prussien de l'enseignement secondaire, que les professeurs restants seraient obligés de prêter serment. MM. Jean Dollfus, Tagant et Bertelé, qui étaient de cette conférence, n'ont rien entendu de pareil; le Kreis-Director consulté ne se rappelle pas l'avoir dit, mais, poussé dans ses retranchements, il dit que tôt ou tard ce serment sera exigé, tout fonctionnaire en Prusse y étant astreint.

Le président voit là un nouveau signe de cette germanisation qui nous enserre de plus en plus. M. Jean Dollfus annonce qu'il a écrit à Berlin pour éclaircir cette question si importante pour nous ; il espère une prompte réponse.

En même temps qu'on s'inquiète de la condition que fera, à nos professeurs, l'administration prussienne, M. de la Sablière désire qu'on demande à Paris, s'ils peuvent rester en Alsace avec des congés renouvelables, ainsi que cela se pratique pour des ingénieurs, des professeurs placés au Lycée de Constantinople, etc.

Ces questions sont de la plus haute importance, et veulent une prochaine solution, sans quoi nos établissements secondaires seront entièrements disloqués à la rentrée. M. Aug. Dollfus a déjà parlé de ces choses avec M. Jules Simon, ministre de l'instruction publique, et avec son secrétaire, mais ces messieurs ont répondu négativement, disant que la question est assez grave pour être soumise au Conseil des ministres.

Cependant M. Jean Dollfus a écrit à son tour à M. Jules Simon sur ces questions, et il se flatte d'une prompte réponse.

La Mairie reçoit une lettre de M. Riss, qui nous informe que, sous la pression d'un inspecteur prussien, qui vient passer tous les jours plusieurs heures aux écoles, il a engagé maîtres et maîtresses à peu à peu se servir de la langue allemande dans l'enseignement. Le président désapprouve M. Riss, qui ne devait rien changer sans l'autorisation de la Mairie, mais M. Tagant l'excuse, parce qu'il est difficile de résister, quand on est ainsi harcelé toute la journée. M. le président conclut en disant qu'on ne peut guère compter sur les promesses qui nous ont été faites de respecter notre mode d'enseignement jusqu'à la fin de l'année scolaire.

Dans sa lettre, M. Riss discute les conditions qui pourraient nous permettre de conserver, sous le nouveau régime, une partie de notre personnel, mais il faudrait pour cela que le directeur de nos écoles, sous l'approbation du Conseil municipal, conservât le droit de nommer les maîtres, ce qui n'est guère probable.

Enfin, M. Riss annonce qu'il a été obligé d'acheter certains livres sur l'ordre de l'inspecteur, M. Voigt. Il a eu le tort de ne pas se retrancher suffisamment derrière le Conseil municipal. M. Bock lit une lettre de cet inspecteur, qui est très raide, et qui ici, comme ailleurs, fait prévoir de nouveaux conflits.

M. Jean Dollfus a écrit à la Mairie, pour savoir ce qu'il y a à faire de différents objets qui ont été confectionnés pour les mobilisés et qui n'ont pu arriver à leur destination. M. Dollfus propose et le Conseil vote que ces objets d'habillement soient partagés entre les comités de patronage de la ville. D'autres objets d'habillement ont été commandés par le préfet, M. Grosjean, et sont aussi restés entre les mains de M. Dollfus. Celui-ci propose et le Conseil vote qu'après s'en être entendu avec M. Grosjean, qui doit venir ici, ces objets soient vendus pour le produit être consacré à la diminution de la dette que le département doit à la ville.

Le commissaire de police central demande de plus grands

locaux pour y installer ses bureaux, ou de nouveaux locaux en ville pour les commissaires de quartier. Il voudrait, à cette intention, une partie du logement qui a été occupé par M. Clément, mais la ville est en pourparlers pour le louer, de sorte qu'on ne peut obtempérer au désir de M. le commissaire central. Ce dernier dit qu'il est aux ordres de la Mairie, s'il s'agit de prêter main-forte à l'octroi contre les brasseurs ou autres délinquants.

Un nouveau commandant de Place, arrivé à Mulhouse, annonce que la garnison va être doublée, qu'il y aura de 12 à 1400 hommes d'augmentation. On ne sait si cette aggravation de charges est motivée sur le fait de cet ancien zouave qui a succombé cette semaine à un coup de feu donné par des soldats prussiens, et dont l'enterrement a donné lieu à quelques manifestations bruyantes.

Quoiqu'il en soit, la Commission des logements, réunie aujourd'hui, propose qu'on fasse immédiatement des démarches à Strasbourg et même à Carlsruhe, pour éviter cette sorte de pénalité non fondée; le colonel commandant de Place craint que ces démarches ne soient tardives, et pense que les ordres ne soient déjà donnés.

M. Heilmann, au nom de la Commission des logements, dit qu'on pourrait construire des baraques pour loger ces nouvelles troupes, en en demandant les fonds, soit par souscription, soit à un impôt. Avant tout, cependant, il faudra savoir si nous aurons ce surcroît de garnison, et si les Prussiens entreraient dans ces baraques. Il pourrait même arriver qu'un des chefs consentît à y faire entrer ses soldats, et que le suivant s'y refusât.

Il est donc nécessaire, si on ne peut détourner cette

D. Portraits divers.   Pl. 42

AMÉDÉE SCHLUMBERGER-EHINGER
Banquier.

JULES SIEGFRIED
Manufacturier au Havre.

AUGUSTE ZUNDEL
Vétérinaire.

GASPARD ZWEIFEL
de Cernay.

augmentation de garnison, qui doit être notre premier but, de s'informer si on accepte pour elle ces baraques et, à cet effet, de nommer une commission pour aller s'entendre avec les autorités de Strasbourg ou de Carlsruhe. M. Bock veut bien accepter cette mission, si on lui adjoint d'autres membres, même pris en dehors du Conseil municipal. On désigne MM. Loew ou Trapp, et M. Bock ira, au sortir de la séance, avec MM. Jean et Aug. Dollfus, demander le secours patriotique de ces deux messieurs. La commission devra partir dès demain.

Le Conseil municipal a surtout été convoqué en vue des nouvelles élections municipales, qui étaient fixées au 15 et 16 juillet, et dont il avait été question dans une réunion des maires qui a eu lieu chez le Kreis-Director, où l'on a aussi nommé des experts pour taxer les indemnités de guerre. Les experts désignés sont : MM. Tagant, de Mulhouse, Gerber, maire de Reiningen, Harnisch, maire de Niedermorschwiller, Welterlé, de Heimsbrunn.

Quant aux élections, notre réunion de ce jour n'a plus de but, une ordonnance de Berlin, du 5 Juillet, en annonce le retard.

A cette occasion, le président demande si le Conseil ne devrait pas revenir à la démission que nous voulions offrir pour la fin du mois de Juin, et l'envoyer maintenant à l'autorité prussienne, en annonçant que nous cesserons nos fonctions dans un mois. Les motifs de cette démission sont les mêmes qu'il y a six semaines. En conséquence, le Conseil, vu :

1° Que nous remplissons un mandat illégal, parce que

nous aurions dû être remplacés le 8 Août 1870, et que nous ne sommes restés en fonctions que par le fait de la guerre, qui a empêché les élections municipales ;

2° Que la guerre a cessé et qu'ainsi il n'y a aucune raison à ne pas revenir à la pratique de la loi ;

3° Qu'un assez grand nombre de membres du Conseil municipal ont donné leur démission ou s'abstiennent de paraître aux séances, de sorte que ce corps ainsi mutilé n'a plus l'autorité morale qui devrait lui incomber,

Le Conseil municipal, disons-nous, vote que notre démission collective sera adressée à l'autorité prussienne, avec l'avis que nous cesserons nos fonctions dans un mois.

Le président expose que la Commission exécutive est aussi très réduite et ainsi d'autant plus chargée de besogne. Il manifeste l'intention formelle de donner sa démission de membre de cette Commission, et M. Tagant, autre membre très actif de la même Commission, en fait autant.

Le Conseil exprime ses regrets de ces deux déterminations, et, sur l'invitation de M. Lantz, MM. Bertelé et Tagant acceptent de conserver leurs fonctions spéciales jusqu'à la fin prochaine du Conseil municipal actuel.

M. Aug. Dollfus entretient le Conseil des demandes de remboursement de la contribution de guerre et de l'indemnité payée aux officiers pendant l'armistice. Ces demandes devaient être adressées à M. le prince de Bismarck lui-même, et peut-être est-il un peu tard maintenant de le faire. La chose a été perdue de vue, parce que M. Dollfus, qui s'en était chargé, a été longtemps absent.

Quoiqu'il en soit, M. Dollfus lit le dispositif des lettres qu'il a formulées à ce sujet et le dépose sur le bureau, pour que la Commission en soigne l'exécution.

La séance est levée à 7 $^1/_2$ heures.

Séance du 20 Juillet 1871

Présents : MM. Tagant, Schoen, Boehler, Naegely, Heilmann, Stengel, Boeringer, Zipélius, Muller, Huguenin, Koechlin-Schwartz, Gerbaut, Laederich, Bock, Wacker, Lantz et Roth.

Présidence de M. Lantz.

N'ayant pas assisté à cette séance, je n'en donne qu'un résumé.

La Kreis-Direction demande un complément de délibération concernant l'amortissement de l'emprunt d'un million. Le président propose d'affecter à cet amortissement le produit de la taxe additionnelle, qui est de 3 décimes par franc, sur les droits d'octroi qui, outre les 18 c. sur le principal des contributions directes, ont été affectés au remboursement des différents emprunts de la ville. Si, en 1878, cet emprunt n'est pas éteint, il y a lieu de proposer au gouvernement de nous maintenir, jusqu'en 1881, la taxe additionnelle de 3 décimes d'octroi.

M. Bock, qui s'était rendu à Strasbourg avec MM. Trapp et Loew, donne lecture du rapport de leur visite chez le général Franzecki et le comte de Bismarck-Bohlen, faite dans le but d'obtenir, pour la ville de Mulhouse, l'exemption d'une augmentation de la garnison, dont l'effectif est environ de 1200 hommes.

Le président annonce que les élections pour le renouvellement intégral du Conseil municipal, auront définitivement lieu les 29 et 30 Juillet, en vertu des ordres dont il donne lecture. Pour la facilité des votes, il sera formé deux bureaux. Le premier, pour le canton Nord, sous la présidence de M. Bock, se réunira à la Mairie, le second, pour le canton Sud, sous la présidence de M. Tagant, dans la grande salle de la Bourse. M. Tagant demande si les élus conserveront le droit d'option entre la France et l'Allemagne, et s'ils devront prêter serment. M. Koechlin-Schwartz demande à son tour, si l'acceptation des fonctions municipales ne fera pas refuser par la France la qualité de citoyen à ceux qui voudraient la conserver.

On décide de demander simultanément la solution de ces deux questions à Berlin et à Versailles.

Le président ayant annoncé un versement de 100,000 fr., en acompte de notre emprunt d'un million, M. Jean Dollfus demande que cette somme soit appliquée au payement cédé par M. Daniel Linck pour l'établissement du marché couvert. Le Conseil approuve et charge M. Bock de remplir les formalités nécessaires.

Le Conseil, sur la demande de M. Aug. Stoeber, bibliothécaire de la ville, alloue un crédit de 118 fr., pour l'agencement des rayons de la bibliothèque.

Le président soumet une demande collective des agents de police pour obtenir d'autres emplois, attendu qu'ils veulent se retirer du corps. Le Conseil regrette de ne pas avoir de places à leur offrir, et renvoye la demande à la Commission exécutive.

Par une lettre, le Kreis-Director demande à ce que le Conseil se réunisse dimanche, pour délibérer sur l'affaire de l'emprunt de la ville. On répondra que la délibération d'aujourd'hui doit suffire, sinon on se réunira un jour de la semaine prochaine, pour délibérer, parce que les dimanches, en cette saison, il y a trop de conseillers absents.

Le président entretient le Conseil de l'ex-compagnie de M. Doll. Bien que la ville ait dépensé au delà de 3000 fr., accordés dans le principe pour l'organisation de ce corps, elle reçoit sans cesse de nouvelles réclamations des fournisseurs. Considérant leur bonne foi, le Conseil vote le payement de ce qui leur est dû, se réservant son recours contre M. Doll.

Le Conseil approuve une note de 600 fr., de M. Zündel, vétérinaire, pour ses honoraires d'inspection du bétail à l'abattoir.

Le président soumet le compte de gestion de l'Ecole supérieure des jeunes filles, accusant un déficit de fr. 262.50. Le Conseil vote le crédit nécessaire pour combler ce déficit. Il vote, en même temps, des remerciements à Mme Grisch pour la bonne direction de l'école, à elle et aux professeurs pour l'abandon qu'ils ont fait du quart de leur traitement.

M. Schweissguth-Coudray réclame à la ville fr. 1083.35 pour le loyer du bâtiment du télégraphe. Le Conseil rejette cette demande, parce qu'aucune réquisition ne lui a été adressée pour fournir un bureau télégraphique, et pour ce qui concerne la portion de loyer due par le gouvernement français, M. Schweissguth devra s'adresser à Versailles.

Le Conseil délègue MM. Bock et Wacker pour arriver à loger le plus de militaires possible à la caserne; les plaintes des habitants contre la charge des logements devenant de plus en plus vives.

Le Conseil renvoie à la Commission des logements militaires une demande de remaniement du tarif d'abonnement pour le logement des officiers, à partir du 15 Août.

M. de la Sablière annonce qu'il quittera le Collège, en demandant qu'il soit fait un récolement des objets appartenant à la ville. MM. Naegely et Gerbaut sont chargés de cette besogne.

Le Conseil rejette la demande de M. Van den Berghe, tendant à obtenir l'autorisation de disposer, pendant les vacances, d'une des salles de l'Ecole supérieure des filles.

M. Jean Mieg soumet au Conseil le bulletin des contributions auxquelles a été imposée l'ex-société théâtrale, dont il faisait partie. Il pense que la ville, maintenant propriétaire, pourrait obtenir décharge de ces contributions; des démarches seront tentées dans ce but.

Le président communique au Conseil le relevé des créances de la ville sur les gouvernements français et allemand, ensuite des réquisitions de guerre. La somme totale est de 938,858.83 fr., dont 301,380.85 fr. pour la France et 637,677.68 fr. pour l'Allemagne.

A l'occasion de la construction de Mme Ehrsam sur le Mittelbach, M. Boehler demande le dépôt du rapport de M. Jundt; le Conseil lui en donne acte.

La veuve de M. Cliptus, décédé instituteur à l'Ecole pri-primaire, obtient, en considération des longs et loyaux services de son mari, un secours une fois payé de 500 fr., imputé sur le crédit des dépenses imprévues.

Séance du 27 Juillet 1871

Présents: MM. Wacker, Bertelé, Lantz, Schoen, Boehler, Naegely, Heilmann, Stengel, Boeringer, Zipélius, Muller, Mercklen, Gerbaut, Huguenin, Laederich, Alf. Koechlin-Schwartz, Aug. Dollfus, Weber, Bock.
Présidence de M. Wacker.

M. Boehler revient à l'affaire de Mme Vve Ehrsam, il demande qu'on lui rende enfin justice, en lui permettant des ouvertures sur la rue de Mittelbach, comme on l'a permis à d'autres riverains; il désire qu'on ne continue pas à lui opposer l'absence du rapporteur, M. Jundt, parce qu'elle pourrait longtemps se prolonger.

Le Kreis-Director est introduit: c'est parce qu'il a annoncé avoir diverses communications à faire au Conseil, que la convocation d'urgence pour aujourd'hui a eu lieu.

Il traite d'abord la question du nouveau tribunal à construire, et il pense qu'il ne pourra être établi que là où les fondations en ont déjà été posées, c'est-à-dire devant les prisons. Il voudrait qu'on réglât l'affaire du terrain Paraf, qu'il ne connaît pas très bien, et qu'il juge être pendante entre la ville et le département. On lui répond que le terrain a été acheté 83,000 fr. et que la ville en a environ payé la moitié, soit 43,964 fr., mais à la charge pour le département de lui restituer cette somme. D'un autre côté, le créancier contre le département a vendu sa créance à une Mme veuve Schlumberger, ce qui cause des embarras. La ville a droit au remboursement de sa quote-part, parce qu'on n'a pas adopté le terrain qu'elle a proposé pour le tribunal, et que le département avait si bien adopté, que l'acquisition de ce terrain a été faite en son nom.

Le Kreis-Director demande si la ville ne serait pas disposée à acheter ce terrain, pour y bâtir une école ou une caserne. Le Conseil déclare que n'ayant plus que quelques jours à vivre, il ne peut pas prendre de nouveaux engagements.

Le Kreis-Director déclare, de la part du gouverneur général de l'Alsace, que l'action de voter pour les nouveaux conseillers municipaux, comme celle d'accepter cette fonction, n'entraîne pas la perte de la nationalité française, qui dépendra toujours de l'option que chacun pourra faire jusqu'au 1er Octobre 1872.

Le Kreis-Director trouve que la construction de l'école primaire au Nordfeld n'avance pas assez vite; il voudrait qu'elle arrivât sous couvert pendant l'automne, et exprime le désir qu'on stimule l'entrepreneur. M. Lantz dit que des mesures ont été prises à cet effet.

Le Kreis-Director voudrait qu'on pût établir le chiffre des enfants à soumettre à l'enseignement obligatoire, et il propose d'envoyer, dans chaque maison, un bulletin avec demande que les propriétaires y consignent tous les noms des enfants de la maison, qui ont l'âge de 6 à 14 ans. Le Kreis-Director voudrait qu'on avertît les propriétaires qu'on contrôlera leurs bulletins, pour les engager à les remplir promptement et avec exactitude.

M. Bertelé objecte que cette manière d'agir n'est pas conforme à la loi, et qu'on n'a pas le droit d'imposer une chose qui n'est pas ordonnée par la loi.

Le Kreis-Director demande si ce ne serait pas plus utile de faire un recensement général de la population, auquel il croit la ville plus intéressée que son administration à lui. On lui répond que, dans un moment où la population va devenir si mobile, ce recensement n'a pas de but.

Le Kreis-Director demande des renseignements sur le cimetière israélite et, avant, si les cimetières sont propriétés de la ville ou des Eglises. Dans le premier cas, il s'étonne que les israélites aient eu à payer leur terrain. On lui répond que les israélites ne déterrant jamais leurs morts, ont dû acquérir une cession perpétuelle du sol de leur cimetière.

Le Kreis-Director demande des renseignements sur l'éclairage de la ville, qu'il trouve insuffisant. On lui répond qu'un certain nombre de becs sont éteints à minuit, que d'autres, aux angles des rues, aux places, brûlent toute la nuit, et que cela nous avait paru suffisant, vu que faire brûler toute la nuit tous les becs de gaz serait trop dispendieux pour la ville.

Le Kreis-Director voudrait qu'on augmentât le nombre des gardes de nuit, dont le chiffre de treize lui paraît insuffisant, et il exprime le désir que leur entretien devienne une charge municipale. Il croit qu'il en faudrait une trentaine, mais il les voudrait agents municipaux et non dépendant d'une manière précaire d'une souscription annuelle. On lui objecte les nécessités de notre budget. Il dit aussi que les militaires ne peuvent pas remplacer les gardes de nuit, qu'ils provoquent des conflits et n'ont pas le droit de verbaliser, qu'ils ne sont utiles qu'en cas de flagrant conflit ou d'accident. Le Kreis-Director voudrait que le Conseil s'engageât à augmenter ces gardes de nuit, mais on lui répond qu'une question de cette importance devrait d'abord être portée à l'ordre du jour, puis renvoyée à une commission spéciale, qui devrait à son tour consulter la Commission des finances.

Le Kreis-Director dit que toute notre police est encore à l'état provisoire et a besoin d'être remaniée. Il y a eu une émotion parmi nos anciens agents, parce qu'on leur avait dit qu'ils devraient immédiatement revêtir l'uniforme prussien. Il ajoute que, quant à lui, il n'est pas pressé que la chose s'accomplisse, quoiqu'il soit difficile d'avoir deux espèces de *Schutzmänner*, et qu'il aurait volontiers attendu des ordres supérieurs, mais que ces ordres sont arrivés aujourd'hui, et qu'ainsi, dès demain, il en fera part à nos anciens agents. Quant aux dépenses résultant de ce changement d'uniforme, le département en fera l'avance et décomptera plus tard avec la ville. Ici se représente le même débat que pour les gardes de nuit. Le Kreis-Director voudrait que la ville eût 60 agents de police. On est de nouveau obligé de lui objecter l'exiguïté de notre budget, en présence de tant d'augmentations.

Le Conseil prend seulement l'engagement de payer pour les agents de police la même somme qu'il a consacrée jusque-là à cet usage dans son budget.

Le Kreis-Director demande si les fonds municipaux ne

permettraient pas d'établir de suite un nouveau bureau de commissaire de police. Il demande aussi si on ne pourrait pas purifier les rigoles de nos rues, qui sentent si mauvais. Cette question sera renvoyée à l'agent-voyer chef de la ville.

Enfin, le Kreis-Director remercie le Conseil des soins nombreux qu'il a donnés aux affaires de la ville dans ces temps difficiles, et puis il se retire.

La séance du Conseil continuant, M. Aug. Dollfus l'entretient de la location des bâtiments de la Douane, qui conviendrait à l'autorité allemande. Les pourparlers, à cet effet, avec la Chambre de commerce n'ayant pas abouti, les Prussiens ont menacé de faire un entrepôt des douanes à Saint-Louis, et un autre près des frontières de Belfort. Cette menace dont l'exécution aurait été si préjudiciable aux intérêts de la ville a fait son effet, et maintenant la ville peut traiter avec l'autorité allemande. Celle-ci ne demande que le bâtiment de devant, que les douanes françaises payaient 2,600 fr. de loyer, mais où quelques pièces étaient réservées à la Chambre de commerce. Mais les douanes prussiennes exigent, outre ces pièces, des réparations et de nouveaux travaux, dont M. Aug. Dollfus donne le détail, et dont le devis se monte à 13,000 fr.

L'autorité allemande ne veut pas faire elle-même ces travaux, il faudra donc en faire porter l'intérêt et l'amortissement sur le prix du loyer et demander ainsi 6,500 fr. de loyer annuel, dont 3,000 pour l'ancien bail, avec addition des pièces réservées jusqu'alors à la Chambre de commerce, et 3,500 fr. pour intérêts et amortissement des nouveaux travaux. Si les Allemands ne restaient pas dans cette location un temps suffisant pour l'extinction de cette dette, ils s'engageraient à rembourser à la ville la partie qui n'aurait pas déjà été éteinte par la seconde moitié des loyers.

Il y a une offre de 100 fr. pour pâturer sur les terrains de la Doller, pendant le reste de la saison ; elle est adoptée.

L'inspecteur de police fait demander à la ville, si elle entend maintenir l'arrêté qui défend de fendre du bois dans les rues étroites et passagères. Le Conseil répond affirmativement. MM. Weil & fils ont obtenu le droit de surbâtir une partie de la Tränckbach, au côté Sud du Passage-Couvert, mais on ne se rappelle plus à quelles conditions ; si c'est 50 fr. par mètre occupé en saillie sur la rivière, une fois payés, ou une redevance annuelle de 15 fr. Les souvenirs de plusieurs membres du Conseil sont pour cette dernière condition.

L'autorité militaire demande de grandes réparations et une partie de nouveau mobilier à la caserne, sinon, elle en fera sortir les soldats, pour les reloger chez les particuliers. Le Conseil, pour éviter ce grave inconvénient, vote le principe de ces dépenses, sauf à en discuter les détails avec les autorités prussiennes.

M. Gerbaut rend compte du contrôle qu'il a été appelé à faire du mobilier du collège avec M. Naegely, sur la demande de M. de la Sablière, le principal, qui veut quitter cet établissement. M. Gerbaut dit qu'il n'y a pas de contrôle à faire ; M. de la Sablière s'engageant à envoyer à la Mairie toute sa comptabilité et l'inventaire du mobilier. Ici figurent surtout le cabinet de physique et le laboratoire de chimie, qu'il ne faudra pas perdre de vue. M. de la Sablière fait savoir que les professeurs du Collège comptent sur leurs appointements jusqu'au 1er Octobre.

Un membre fait observer que le passage de la Zunft entre la rue des Boulangers et la rue Henriette est de nouveau fermé pendant le jour, et que la vile aurait tort de laisser péricliter cette servitude. L'examen de cette question est renvoyé à la Commission exécutive.

Séance du 5 Août 1871

Présents: MM. Jean Dollfus, Jundt, Bock, Laederich, Roth, Gerbaut, Beugniot, Jules Dollfus, Henry Schwartz, Heilmann, Naegely, Muller, Boeringer, Zipélius, Stengel-Schwartz, Boehler, Jean de Frédéric Schoen, Aug. Dollfus, Wacker.

Il y a quelques observations sur le procès-verbal, qui sera modifié par le bureau.

Le Conseil passe à la discussion du règlement pour les nouveaux cimetières, qui est arrêté.

M. le président annonce au Conseil que la vente des terrains de M. Linck pour le marché couvert a été régularisée. La ville a déjà fait des démarches pour être exonérée du payement des frais d'enregistrement qui se montent à environ 11,000 fr. Mais, en attendant la solution de cette demande, M. Hickel aura à faire le versement du montant des dits frais, et il demande à ce que la ville lui en fournisse les fonds. Le Conseil décide qu'on remettra à M. Hickel un mandat sur la caisse municipale, en couverture de la somme à payer.

M. Jean Guerber, chef du bureau militaire, demande sa mise à la retraite et la liquidation de la pension à laquelle il a droit. Suivant décompte de la manière ordinaire, il revient à M. Gerber la somme annuelle de 1194.40 fr., qui est votée avec jouissance du 1er Septembre 1871.

Une demande du même genre est faite par le brigadier des agents de police, Félix-Ignace Rieffel. Sa pension est arrêtée à la somme de fr. 572.16, avec jouissance du 1er Septembre 1871.

M. Rothan, qui était entré à la Mairie lors des événements de la guerre, a trouvé une place en ville et demande à pouvoir se retirer. Il lui revient, à titre de complément de ses appointements, une somme de 333.33 fr. dont le payement est approuvé.

M. le Kreis-Director a loué dans la rue Oberkampf un local de police pour le canton Sud; il a envoyé la liste d'objets d'ameublement pour ledit local. Le Conseil en vote l'achat.

Le Conseil approuve la location de la maison de M. Emile Thierry-Burnat, à raison de 2,600 fr. par an. Cette maison est louée pour M. le colonel, dont le logement à l'hôtel coûtait 900 fr. à la ville par mois. Il reste encore à louer, pour le colonel, les écuries nécessaires pour y loger 5 chevaux. Le Conseil vote la dépense nécessaire pour cet objet.

M. Weiss, qui possède un jardin séparé de la propriété de M. Fréd. Wolff par un petit sentier, avait supprimé ledit sentier sans autorisation. La commission l'ayant fait rouvrir, M. Weiss demande à ce que la suppression en soit mise à l'enquête. Le Conseil vote celle-ci.

M. Paul Heilmann ayant été chargé de se mettre en communication avec M. le colonel, relativement au logement des officiers, expose dans son rapport que bientôt ceux-ci auront à se loger à leurs frais, devant recevoir à cette intention une indemnité de l'Etat allemand, appelé *Service*, mais qu'en attendant, la ville, qui sera indemnisée, devra pourvoir au logement des officiers, et comme ceux-ci aimeraient mieux, pour la plupart, choisir eux-mêmes leurs logements, il s'agirait pour la ville de leur allouer une indemnité en argent. Ce mode de procédé offrant de grandes difficultés, à cause des personnes qui sont abonnées pour le logement et celles qui ne le sont pas, le Conseil décide que les abonnements pour officiers cesseront à partir du 1er Octobre prochain et que les indemnités de logement aux officiers seront supportées par le budget.

M. Jean Dollfus ayant fait construire, pour le compte de la ville, le bâtiment du Marché-Couvert, avait présenté, à la séance du 12 Mars 1867, le compte de ces constructions, montant à 283,366.55 fr., valeur 1er Novembre 1866, avec intérêts $4 \frac{1}{2} \%$.

Ces chiffres ont été approuvés alors. A la même époque, M. Jean Dollfus avait déclaré qu'il abandonnerait à la ville, à titre de don, la part du bénéfice qui lui reviendra sur la vente des terrains qu'il possède avec M. Linck, aux abords du Marché-Couvert. Aujourd'hui, M. Jean Dollfus désirerait que cette affaire fût réglée. Il propose, en conséquence, que la ville lui paye en deux fois la somme qui lui revient, soit la première moitié fin Juin 1872, et l'autre moitié fin Décembre 1872, avec facilité de payer par anticipation, si les ressources de la ville le lui permettent. Il est entendu que la somme, dont M. Dollfus fait don à la ville, sera décomptée. Le Conseil adopte la proposition de M. Dollfus.

Mme Collin, veuve d'un ancien employé de l'octroi, demande à la ville un secours mensuel. Le Conseil, vu la mauvaise situation de nos finances, ne saurait donner suite à cette demande.

M. le président communique au Conseil le rapport sur les recettes de l'octroi, pendant le mois de Juillet écoulé. Il en ressort un déficit de 17,000 fr. sur le mois de Juillet 1870. Le déficit total jusqu'à ce jour est de 91,000 fr. sur l'an passé.

M. Jundt expose que nous avons un certain nombre de rues, qui n'ont pas encore de noms et d'autres dont il serait convenable de changer les noms. Le Conseil adopte les noms proposés par M. Jundt.

Le président rappelle au Conseil qu'il est arrivé à la fin de ses travaux, et le félicite de la bonne entente qui a toujours existé parmi les membres pendant les temps malheureux qu'ils ont traversés ensemble, et il termine en faisant des vœux pour la prospérité de la ville.

Pl. 43

GROUPE DES AGENTS DE POLICE DE MULHOUSE, en 1871.

Photographie Banduin-Wormer, Mulhouse – Armand Bernheim, éditeur.

Ziemen Luthringer Meschede Hintze Henning Freckmann Miessner Birkenstock Profit Mühlmeyer Tiede Tiegs Valentin Heil Meikatt Salbach Rheinländer
Heitz Eicke Ziegler Schmitt Weller Kühlthau Leimbacher Gerasch
Regulier Gendarm Polizei-Kommissar Polizei-Inspektor Polizei-Kommissar Gendarm Brigadier Gendarm

APPENDICE

PRÉLIMINAIRES DE PAIX
TRAITÉ DE PAIX
CONVENTION ADDITIONNELLE

PRÉLIMINAIRES DE PAIX

Versailles, le 26 Février 1871.

Entre le chef du pouvoir exécutif de la République française, M. Thiers, et le ministre des affaires étrangères, M. Jules Favre, représentant la France, d'un côté, et, de l'autre, le chancelier de l'Empire germanique, M. le comte Otto de Bismarck-Schœnhausen, muni des pleins pouvoirs de S. M. l'Empereur d'Allemagne, roi de Prusse ;

Le ministre d'Etat et des affaires étrangères de S. M. le roi de Bavière, M. le comte Otto de Bray-Steinburg ;

Le ministre des affaires étrangères de S. M. le roi de Wurtemberg, M. le baron Auguste de Waechter ;

Le ministre d'Etat, président du conseil des ministres de S. A. R. Mgr le grand-duc de Bade, M. Jules Jolly ; représentants l'Empire germanique ;

Les pleins pouvoirs des deux parties contractantes ayant été trouvés en bonne et due forme, il a été convenu ce qui suit, pour servir de base préliminaire à la paix définitive à conclure ultérieurement :

Art. 1. — La France renonce en faveur de l'Empire allemand à tous ses droits et titres sur les territoires situés à l'Est de la frontière ci-après désignée :

La ligne de démarcation commence à la frontière nord-ouest du canton de Cattenom, vers le grand-duché de Luxembourg, suit, vers le sud, les frontières occidentales des cantons de Cattenom et Thionville, passe par le canton de Briey en longeant les frontières occidentales des communes de Montois-la-Montagne et Roncourt, ainsi que les frontières orientales des communes de Sainte-Marie-aux-Chênes, Saint-Ail, Habonville, atteint la frontière du canton de Gorze qu'elle traverse le long des frontières communales de Vionville, Bouxières et Onville, suit la frontière sud-ouest resp. sud de l'arrondissement de Metz, la frontière occidentale de l'arrondissement de Château-Salins jusqu'à la commune de Pettoncourt dont elle embrasse les frontières occidentale et méridionale, pour suivre la crête des montagnes entre la Seille et le Moncel, jusqu'à la frontière de l'arrondissement de Sarrebourg au sud de Garde.

La démarcation coïncide ensuite avec la frontière de cet arrondissement jusqu'à la commune de Tanconville, dont elle atteint la frontière au nord; de là elle suit la crête des montagnes entre les sources de la Sarre blanche et de la Vezouse jusqu'à la frontière du canton de Schirmeck, longe la frontière occidentale de ce canton, embrasse les communes de Saales, Bourg-Bruche, Colroy-la-Roche, Plaine, Ranrupt, Saulxures et Saint-Blaise-la-Roche du canton de Saales et coïncide avec la frontière occidentale des départements du Bas-Rhin et du Haut-Rhin jusqu'au canton de Belfort, dont elle quitte la frontière méridionale non loin de Vourvenans pour traverser le canton de Delle, aux limites méridionales des communes de Bourogne et Froide-Fontaine et atteindre la frontière suisse, en longeant les frontières orientales des communes de Jonchery et Delle.

L'Empire allemand possédera ces territoires à perpétuité, en toute souveraineté et propriété. Une commission territoriale, composée des représentants des hautes parties contractantes, en nombre égal des deux côtés, sera chargée, immédiatement après l'échange des ratifications du présent traité, d'exécuter sur le terrain le tracé de la nouvelle frontière, conformément aux stipulations précédentes.

Cette commission présidera au partage des biens-fonds et capitaux qui, jusqu'ici, ont appartenu en commun à des districts ou des communes séparées par la nouvelle frontière ; en cas de désaccord sur le tracé et les mesures d'exécution, les membres de la commission en référeront à leurs gouvernements respectifs.

La frontière, telle qu'elle vient d'être décrite, se trouve marquée en vert sur deux exemplaires conformes de la carte du territoire formant le gouvernement général d'Alsace, publiée à Berlin en Septembre 1870, par la division géographique et statistique de l'état-major général, et dont un exemplaire sera joint à chacune des deux expéditions du présent traité.

Toutefois, le tracé indiqué a subi les modifications suivantes, de l'accord des deux parties contractantes : dans l'ancien département de la Moselle, les villages de Sainte-Marie-aux-Chênes, près de Saint-Privat-la-Montagne, et de Vionville, à l'ouest de Rezonville, seront cédés à l'Allemagne ; par contre, la ville et les fortifications de Belfort resteront à la France avec un rayon qui sera déterminé ultérieurement.

Art. 2. — La France paiera à S. M. l'Empereur d'Allemagne la somme de 5 milliards de francs. Le paiement d'au moins 1 milliard de francs aura lieu dans le courant de l'année 1871, et celui de tout le reste de la dette dans un espace de trois années, à partir de la ratification des présentes.

Art. 3. — L'évacuation des territoires français occupés par les troupes allemandes commencera après la ratification du présent traité par l'Assemblée nationale, siégeant à Bordeaux. Immédiatement après cette ratification, les troupes allemandes quitteront l'intérieur de la ville de Paris, ainsi que les forts situés sur la rive gauche de la Seine et, dans le plus bref délai possible, fixé par une entente entre les autorités militaires des deux pays, elles évacueront entièrement les départements du Calvados, de l'Orne, de la Sarthe, d'Eure-et-Loir, du Loiret, de Loir-et-Cher, d'Indre-et-Loire, de l'Yonne, etc., de plus, les départements de la Seine-Inférieure, de l'Eure, de Seine-et-Oise, de Seine-et-Marne, de l'Aube et de la Côte-d'Or jusqu'à la rive gauche de la Seine. Les troupes françaises se retireront en même temps derrière la Loire, qu'elles ne pourront dépasser avant la signature du traité de paix définitif. Sont exceptées de cette disposition la garnison de Paris dont le nombre ne pourra pas dépasser 40,000 hommes, et les garnisons indispensables à la sûreté des places fortes. L'évacuation des départements situés entre la rive droite de la Seine et la frontière de l'Est, par les troupes allemandes, s'opérera graduellement après la ratification du traité de paix définitif, et le paiement du premier demi-milliard de la contribution stipulée par l'article 2, en commençant par les départements les plus rapprochés de Paris, et se continuera au fur et à mesure que les versements de la contribution seront effectués. Après le premier versement d'un demi-milliard, cette évacuation aura lieu dans les départements suivants : Somme, Oise et les parties des départements de la Seine-Inférieure, Seine-et-Oise et Seine-et-Marne, situées sur la rive droite de la Seine, ainsi que la partie du département de la Seine et les forts situés sur la rive droite. Après le paiement de 2 milliards, l'occupation allemande ne comprendra plus que le département de la Marne, des Ardennes, de la Haute-Marne, de la Meuse, des Vosges, de la Meurthe, ainsi que la forteresse de Belfort avec son territoire qui serviront de gage pour les 3 milliards restants, et où le nombre des troupes allemandes ne dépassera pas 50,000 hommes. S. M. l'Empereur sera disposée à substituer à la garantie territoriale, consistant dans l'occupation partielle du territoire français, une garantie financière, si elle est offerte par le gouvernement français dans des conditions reconnues suffisantes par S. M. l'Empereur et Roi pour les intérêts de l'Allemagne. Les 3 milliards dont l'acquittement aura été différé porteront intérêt à 5 % à partir de la ratification de la présente convention.

Art. 4. — Les troupes allemandes s'abstiendront de faire des réquisitions soit en argent, soit en nature dans les départements occupés. Par contre, l'alimentation des troupes allemandes qui resteront en France aura lieu aux frais du gouvernement français, dans la mesure convenue par une entente avec l'intendance militaire allemande.

Art. 5. — Les intérêts des habitants des territoires cédés par la France, en tout ce qui concerne leur commerce et leurs droits civils, seront réglés aussi favorablement que possible lorsque seront arrêtées les conditions de la paix définitive. Il sera fixé à cet effet un espace de temps pendant lequel ils jouiront de facilités particulières pour la circulation de leurs produits. Le gouvernement allemand n'apportera aucun obstacle à la libre émigration des habitants des territoires cédés et ne pourra prendre contre eux aucune mesure atteignant leurs personnes ou leurs propriétés.

Art. 6. — Les prisonniers de guerre qui n'auront pas déjà été mis en liberté par voie d'échange seront rendus immédiatement après la ratification des présents préliminaires. Afin d'accélérer le transport des prisonniers français, le gouvernement français mettra à la disposition des autorités allemandes, à l'intérieur du territoire allemand, une partie du matériel roulant de ses chemins de fer dans une mesure qui sera déterminée par des arrangements spéciaux et aux prix payés en France par le gouvernement français pour les transports militaires.

Art. 7. — L'ouverture des négociations pour le traité de paix définitif à conclure sur la base des présents préliminaires aura lieu à Bruxelles immédiatement après la ratification de ces derniers par l'Assemblée nationale et par S. M. l'Empereur d'Allemagne.

Art. 8. — Après la conclusion et la ratification du traité de paix définitif, l'administration des départements devant encore rester occupés par les troupes allemandes, sera remise aux autorités françaises; mais ces dernières seront tenues de se conformer aux ordres que le commandant des troupes allemandes croirait devoir donner dans l'intérêt de la sûreté, de l'entretien et de la distribution des troupes.

Dans les départements occupés, la perception des impôts après la ratification du présent traité s'opérera pour le compte du gouvernement français et par le moyen de ses employés.

Art. 9. — Il est bien entendu que les présentes ne peuvent donner à l'autorité militaire allemande aucun droit sur les parties du territoire qu'elle n'occupe point actuellement.

Art. 10. — Les présentes seront immédiatement soumises à la ratification de l'Assemblée nationale française siégeant à Bordeaux et à S. M. l'Empereur d'Allemagne.

En foi de quoi, les soussignés ont revêtu le présent traité préliminaire de leurs signatures et de leurs sceaux.

Fait à Versailles, le 26 Février 1871.

    BISMARCK.   A. THIERS.
                                       JULES FAVRE.

Les royaumes de Bavière et Wurtemberg et le grand-duché de Bade ayant pris part à la guerre actuelle, comme alliés de la Prusse, et faisant partie maintenant de l'Empire germanique, les soussignés adhèrent à la présente convention au nom de leurs souverains respectifs.

Versailles, le 26 Février 1871.

                        Comte DE BRAY-STEINBURG,
                          Baron DE WAECHTER.
                              MITTNACHT.
                              JOLLY.

TRAITÉ DE PAIX

Francfort-sur-le-Mein, 10 Mai 1871.

M. Jules Favre, ministre des affaires étrangères de la République française, M. Augustin-Thomas-Joseph Pouyer-Quertier, ministre des finances de la République française, et M. Marc-Thomas-Eugène de Goulard, membre de l'Assemblée nationale, stipulant au nom de la République française, d'un côté ;

De l'autre, le prince Otto de Bismarck-Schœnhausen, chancelier de l'Empire germanique, le comte Harry d'Arnim, envoyé extraordinaire et ministre plénipotentiaire de S. M. l'Empereur d'Allemagne près du Saint-Siège, stipulant au nom de S. M. l'Empereur d'Allemagne ;

S'étant mis d'accord pour convertir en traité de paix définitif le traité de préliminaires de paix du 26 Février de l'année courante, modifié ainsi qu'il va l'être par les dispositions qui suivent, ont arrêté :

Art. 1. — La distance de la ville de Belfort à la ligne de la frontière, telle qu'elle a été d'abord proposée lors des négociations de Versailles et telle qu'elle se trouve marquée sur la carte annexée à l'instrument ratifié du traité des préliminaires du 26 Février, est considérée comme indiquant la mesure du rayon qui, en vertu de la clause y relative du premier article des préliminaires, doit rester à la France avec la ville et les fortifications de Belfort.

Le gouvernement allemand est disposé à élargir ce rayon

de manière qu'il comprenne les cantons de Belfort, de Delle et de Giromagny, ainsi que la partie occidentale du canton de Fontaine, à l'ouest d'une ligne à tracer du point où le canal du Rhône au Rhin sort du canton de Delle, au sud de Montreux-le-Château, jusqu'à la limite nord du canton entre Bourg et Félon, où cette ligne joindrait la limite Est du canton de Giromagny.

Le gouvernement allemand, toutefois, ne cédera les territoires susindiqués qu'à la condition que la République française, de son côté, consentira à une rectification de frontière le long des limites occidentales des cantons de Cattenom et de Thionville qui laissera à l'Allemagne le terrain à l'Est d'une ligne partant de la frontière du Luxembourg entre Hussigny et Redingen, laissant à la France les villages de Thil et de Villerupt, se prolongeant entre Errouville et Aumetz, entre Beuvillers et Boulange, entre Trieux et Lomeringen, et joignant l'ancienne ligne de frontière entre Avril et Moyeuvre.

La commission internationale, dont il est question dans l'article 1 des préliminaires, se rendra sur le terrain immédiatement après l'échange des ratifications du présent traité pour exécuter les travaux qui lui incombent et pour faire le tracé de la nouvelle frontière, conformément aux dispositions précédentes.

Art. 2. — Les sujets français, originaires des territoires cédés, domiciliés actuellement sur ce territoire, qui entendront conserver la nationalité française, jouiront, jusqu'au 1er Octobre 1872, et moyennant une déclaration préalable faite à l'autorité compétente, de la faculté de transporter leur domicile en France et de s'y fixer, sans que ce droit puisse être altéré par les lois sur le service militaire, auquel cas la qualité de citoyen français leur sera maintenue.

Ils seront libres de conserver leurs immeubles situés sur le territoire réuni à l'Allemagne.

Aucun habitant des territoires cédés ne pourra être poursuivi, inquiété ou recherché, dans sa personne ou dans ses biens, à raison de ses actes politiques ou militaires pendant la guerre.

Art. 3. — Le gouvernement français remettra au gouvernement allemand les archives, documents et registres concernant l'administration civile, militaire et judiciaire des territoires cédés. Si quelques-uns de ces titres avaient été déplacés, ils seront restitués par le gouvernement français, sur la demande du gouvernement allemand.

Art. 4. — Le gouvernement français remettra au gouvernement de l'Empire d'Allemagne, dans le terme de six mois à dater de l'échange des ratifications de ce traité :

1° Le montant des sommes déposées par les départements, les communes et les établissements publics des territoires cédés ;

2° Le montant des primes d'enrôlement et de remplacement appartenant aux militaires et marins originaires des territoires cédés, qui auront opté pour la nationalité allemande ;

3° Le montant des cautionnements des comptables de l'Etat ;

4° Le montant des sommes versées pour consignations judiciaires, par suite de mesures prises par les autorités administratives ou judiciaires dans les territoires cédés.

Art. 5. — Les deux nations jouiront d'un traitement égal en ce qui concerne la navigation sur la Moselle, le canal de la Marne au Rhin, le canal du Rhône au Rhin, le canal de la Sarre et les eaux navigables communiquant avec ces voies de navigation. Le droit de flottage sera maintenu.

Art. 6. — Les hautes parties contractantes étant d'avis que les circonscriptions diocésaines des territoires cédés à l'Empire allemand doivent coïncider avec la nouvelle frontière déterminée par l'article 1 ci-dessus, se concerteront après la ratification du présent traité, sans retard, sur les mesures à prendre en commun à cet effet.

Les communautés appartenant, soit à l'Eglise réformée, soit à la confession d'Augsbourg, établies sur les territoires cédés par la France, cesseront de relever du consistoire supérieur et du directeur siégeant à Strasbourg.

Les communautés israélites des territoires situés à l'Est de la nouvelle frontière cesseront de dépendre du consistoire central israélite siégeant à Paris.

Art. 7. — Le paiement de 500 millions aura lieu dans les trente jours qui suivront le rétablissement de l'autorité du gouvernement français dans la ville de Paris. Un milliard sera payé dans le courant de l'année et un demi-milliard au 1er Mai 1872. Les trois derniers milliards resteront payables au 2 Mars 1874, ainsi qu'il a été stipulé par le traité de paix préliminaire. A partir du 2 Mars de l'année courante, les intérêts de ces 3 milliards de francs seront payés chaque année, le 3 Mars, à raison de 5 % par an.

Toute somme payée en avance sur les trois derniers milliards cessera de porter des intérêts à partir du jour du paiement effectué.

Tous les paiements ne pourront être faits que dans les principales villes de commerce de l'Allemagne et seront effectués en métal or ou argent, en billet de la Banque d'Angleterre, billets de la Banque de Prusse, billets de la Banque royale des Pays-Bas, billets de la Banque nationale de Belgique, en billets à ordre ou en lettres de change négociables, de premier ordre, valeur comptant.

Le gouvernement allemand ayant fixé en France la valeur du thaler prussien à 3 fr. 75, le gouvernement français accepte la conversion des monnaies des deux pays au taux ci-dessus indiqué.

Le gouvernement français informera le gouvernement allemand, trois mois d'avance, de tout paiement qu'il compte faire aux caisses de l'Empire allemand.

Après le paiement du premier demi-milliard et la ratification du traité de paix définitif, les départements de la Somme, de la Seine-Inférieure et de l'Eure seront évacués en tant qu'ils se trouveront encore occupés par les troupes allemandes. L'évacuation des départements de l'Oise, de Seine-et-Oise, et de Seine-et-Marne et de la Seine, ainsi que celle des forts de Paris, aura lieu aussitôt que le gouvernement allemand jugera le rétablissement de l'ordre, tant en France que dans Paris, suffisant pour assurer l'exécution des engagements contractés par la France.

Dans tous les cas, cette évacuation aura lieu lors du paiement du troisième demi-milliard.

Les troupes allemandes, dans l'intérêt de leur sécurité, auront la disposition de la zone neutre située entre la ligne de démarcation allemande et l'enceinte de Paris, sur la rive droite de la Seine.

Les stipulations du traité du 26 Février, relatives à l'occupation des territoires français après le paiement des 2 milliards, resteront en vigueur. Aucune des déductions que le gouvernement français serait en droit de faire ne pourra être exercée sur le paiement des 500 premiers millions.

Art. 8. — Les troupes allemandes continueront à s'abstenir des réquisitions en nature et en argent dans les territoires occupés ; cette obligation de leur part étant corrélative aux obligations contractées pour leur entretien par le gouvernement français. Dans le cas où, malgré les réclamations réitérées du gouvernement allemand, le gouvernement français serait en retard d'exécuter lesdites obligations, les troupes allemandes auront le droit de se procurer ce qui sera nécessaire à leurs besoins en levant des impôts et des réquisitions dans les départements occupés et même en dehors de ceux-ci, si leurs ressources n'étaient pas suffisantes.

Relativement à l'alimentation des troupes allemandes, le régime actuellement en vigeur sera maintenu jusqu'à l'évacuation des forts de Paris.

En vertu de la convention de Ferrières, du 11 Mars 1871, les réductions indiquées par cette convention seront mises à exécution après l'évacuation des forts.

Dès que l'effectif de l'armée allemande sera réduit au-dessous du chiffre de 500,000 hommes, il sera tenu compte des réductions opérées au-dessous de ce chiffre pour établir une diminution proportionnelle dans le prix d'entretien des troupes payé par le gouvernement français.

Art. 9. — Le traitement exceptionnel accordé maintenant aux produits de l'industrie des territoires cédés pour l'importation en France sera maintenu pour un espace de temps de six mois, depuis le 1er Mars, dans les conditions faites avec les délégués de l'Alsace.

Art. 10. — Le gouvernement allemand continuera à faire rentrer les prisonniers de guerre en s'entendant avec le gouvernement français. Le gouvernement français renverra dans leur foyer ceux de ces prisonniers qui sont libérables. Quant à ceux qui n'ont point achevé leur temps de service, ils se retireront derrière la Loire. Il est entendu que l'armée de Paris et de Versailles, après le rétablissement de l'autorité du gouvernement français à Paris, et jusqu'à l'évacuation des forts par les troupes allemandes, n'excédera pas 80,000 hommes. Jusqu'à cette évacuation, le gouvernement français ne pourra faire aucune concentration de troupes sur la rive droite de la Loire, mais il pourvoiera aux garnisons régulières des villes placées dans cette zone, suivant les nécessités du maintien de l'ordre et de la paix publique.

Au fur et à mesure que s'opérera l'évacuation, les chefs de corps conviendront ensemble d'une zone neutre entre les armées de deux nations.

20,000 prisonniers seront dirigés sans délai sur Lyon, à la condition qu'ils seront expédiés immédiatement en Algérie, après leur organisation, pour être employés dans cette colonie.

Art. 11. — Les traités de commerce avec les différents Etats de l'Allemagne ayant été annulés par la guerre, le gouvernement français et le gouvernement allemand prendront pour base de leurs relations commerciales le régime du traitement réciproque sur le pied de la nation la plus favorisée.

Sont compris dans cette règle les droits d'entrée et de sortie, le transit, les formalités douanières, l'admission et le traitement des sujets des deux nations ainsi que de leurs agents.

Toutefois, seront exceptées de la règle susdite les faveurs qu'une des parties contractantes, par des traités de commerce, a accordées ou accordera à des Etats autres que ceux qui suivent : l'Angleterre, la Belgique, les Pays-Bas, la Suisse, l'Autriche, la Russie.

Les traités de navigation ainsi que la convention relative au service international des chemins de fer dans ses rapports avec la douane, et la convention pour la garantie réciproque de la propriété des œuvres d'esprit et d'art, seront remis en vigueur.

Néanmoins, le gouvernement français se réserve la faculté d'établir sur les navires allemands et leurs cargaisons des droits de tonnage et de pavillon, sous la réserve que ces droits ne soient pas plus élevés que ceux qui grèveront les bâtiments et les cargaisons des nations susmentionnées.

Art. 12. — Tous les Allemands expulsés conserveront la jouissance pleine et entière de tous les biens qu'ils ont acquis en France.

Ceux des Allemands qui avaient obtenu l'autorisation exigée par les lois françaises pour fixer leur domicile en France sont réintégrés dans tous leurs droits, et peuvent, en conséquence, établir de nouveau leur domicile sur le territoire français.

Le délai stipulé par les lois françaises pour obtenir la naturalisation sera considéré comme n'étant pas interrompu par l'état de guerre pour les personnes qui profiteront de la faculté ci-dessus mentionnée de revenir en France dans un délai de six mois, après l'échange des ratifications de ce traité et il sera tenu compte du temps écoulé entre leur expulsion et leur retour sur le territoire français, comme s'ils n'avaient jamais cessé de résider en France.

Les conditions ci-dessus seront appliquées en parfaite réciprocité aux sujets français résidant ou désirant résider en Allemagne.

Art. 13. — Les bâtiments allemands qui étaient condamnés par les conseils de prises, avant le 2 Mars 1871, seront considérés comme condamnés définitivement.

Ceux qui n'auraient pas été condamnés à la date susindiquée seront rendus avec la cargaison, en tant qu'elle existe encore. Si la restitution des bâtiments et de la cargaison n'est plus possible, leur valeur, fixée d'après le prix de la vente, sera rendue à leurs propriétaires.

Art. 14. — Chacune des deux parties continuera sur son territoire les travaux entrepris pour la canalisation de la Moselle. Les intérêts communs des parties séparées des deux départements de la Meurthe et de la Moselle seront liquidés.

Art. 15. — Les hautes parties contractantes s'engagent mutuellement à étendre aux sujets respectifs les mesures qu'elles pourront juger utile d'adopter en faveur de ceux de leurs nationaux qui, par suite des événements de la guerre, auraient été mis dans l'impossibilité d'arriver en temps utile à la sauvegarde ou à la conservation de leurs droits.

Art. 16. — Les deux gouvernements français et allemands s'engagent réciproquement à faire respecter et entretenir les tombeaux des soldats ensevelis sur les territoires respectifs.

Art. 17. — Le règlement des points accessoires sur lesquels un accord doit être établi, en conséquence de ce traité et du traité préliminaire, sera l'objet de négociations ultérieures qui auront lieu à Francfort.

Art. 18. — Les ratifications du présent traité par l'Assemblée nationale et par le chef du pouvoir exécutif de la République française d'un côté, et de l'autre, par S. M. l'empereur d'Allemagne, seront échangés à Francfort, dans le délai de dix jours, ou plus tôt si faire se peut.

En foi de quoi les plénipotentiaires respectifs l'ont signé et y ont apposé le cachet de leurs armes.

Francfort, le 10 Mai 1871.

Jules Favre.
Pouyer-Quertier.
De Goulard.

Bismarck.
Arnim.

Articles additionnels

Art. 1, § 1. — D'ici à l'époque fixée pour l'échange des ratifications du présent traité, le gouvernement français usera de son droit de rachat de la concession donnée à la Compagnie du chemin de l'Est. Le gouvernement allemand sera subrogé à tous droits que le gouvernement français aura acquis par le rachat des concessions, en ce qui concerne les chemins de fer situés dans les territoires cédés, soit en construction.

§ 2. — Seront compris dans cette concession :

1° Tous les terrains appartenant à ladite Compagnie, quelle que soit leur destination, ainsi que : établissements de gares et de stations, hangars, ateliers et magasins, maisons de gardes de voie, etc. ;

2° Tous les immeubles qui en dépendent, ainsi que les barrières, clôtures, changements de voie, aiguilles, plaques tournantes, prises d'eau, grues hydrauliques, machines fixes, etc. ;

3° Tous les matériaux, combustibles et approvisionnements de tout genre, mobilier de gare, outillage des ateliers et des gares, etc. ;

4° Les sommes dues à la Compagnie des chemins de fer de l'Est, à titre de subventions accordées par des corporations ou personnes domiciliées dans les territoires cédés.

§ 3. — Sera exclu de cette cession le matériel roulant. Le gouvernement allemand remettra la part du matériel roulant avec ses accessoires qui se trouverait en sa possession au gouvernement français.

§ 4. — Le gouvernement français s'engage à libérer envers l'Empire allemand entièrement les chemins de fer cédés, ainsi que leurs dépendances, de tous les droits que des tiers pourraient faire valoir, nommément des droits des obligataires. Il s'engage également à se substituer, le cas échéant, au gouvernement allemand, relativement aux réclamations qui pourraient être élevées vis-à-vis du gouvernement allemand par les créanciers des chemins de fer en question.

§ 5. — Le gouvernement français prendra à sa charge les réclamations que la Compagnie des chemins de fer de l'Est pourrait élever vis-à-vis du gouvernement allemand ou de ses mandataires, par rapport à l'exploitation desdits chemins de fer et à l'usage des objets indiqués dans le paragraphe 2, ainsi que du matériel roulant. Le gouvernement allemand communiquera au gouvernement français, à sa demande, tous les documents et toutes les indications qui pourraient servir à constater les faits sur lesquels s'appuieront les réclamations susmentionnées.

§ 6. — Le gouvernement allemand paiera au gouvernement français, pour la cession des droits de propriété indiqués dans les paragraphes 1 et 2 et en titre d'équivalent pour l'engagement pris par le gouvernement français dans le paragraphe 4, la somme de 325 millions de francs. On défalquera cette somme de l'indemnité de guerre stipulée dans l'article 7.

§ 7. — Vu que la situation qui a servi de base à la convention conclue entre la Compagnie des chemins de fer de l'Est et la Société royale grand-ducale du chemin de fer Guillaume-Luxembourg, en date du 6 Juin 1857 et du 21 Janvier 1868, et celle conclue entre le gouvernement du grand-duché de Luxembourg et les sociétés des chemins de fer Guillaume-Luxembourg et de l'Est français, en date du 5 Décembre 1868, a été modifiée essentiellement, de manière qu'elles ne sont applicables à l'état des choses créé par les stipulations contenues dans le paragraphe 1, le gouvernement allemand se déclare prêt à se substituer aux droits et charges résultant de ces conventions pour la Compagnie des chemins de fer de l'Est.

Pour le cas où le gouvernement français serait subrogé, soit par le rachat de la concession de la Compagnie de l'Est, soit par une entente spéciale, aux droits acquis par cette société, en vertu des conventions susindiquées, il s'engage à céder gratuitement, dans un délai de six semaines, ses droits au gouvernement allemand.

Pour le cas où ladite subrogation ne s'effectuerait pas, le gouvernement français n'accordera de concessions pour les lignes de chemins de fer appartenant à la Compagnie de l'Est et situées dans le territoire français que sous la condition expresse que le concessionnaire n'exploite point les lignes de chemin de fer situées dans le grand-duché de Luxembourg.

Art. 2. — Le gouvernement allemand offre 2 millions de francs pour les droits et les propriétés que possède la Compagnie des chemins de fer de l'Est sur la partie de son réseau située sur le territoire suisse, de la frontière à Bâle, si le gouvernement français lui fait tenir le consentement dans le délai d'un mois.

Art. 3. — La cession de territoire auprès de Belfort, offerte par le gouvernement allemand dans l'article 1 du présent traité en échange de la rectification de frontière demandée à l'ouest de Thionville, sera augmentée des territoires des villages suivants : Rougemont, Leval, Petite-Fontaine, Romagny, Félon, La Chapelle-sous-Rougemont, Angeot, Vauthiermont, La Rivière, La Grange, Reppe, Fontaine, Frais, Foussemagne, Cunelières, Montreux-le-Château, Bretagne, Chavannes-les-Grandes, Chavanatte et Suarce.

La route de Giromagny à Remiremont, passant au Ballon d'Alsace, restera à la France dans tout son parcours et servira de limite en tant qu'elle est située en dehors du canton de Giromagny.

Francfort, le 10 mai 1871.

Jules Favre.
Pouyer-Quertier.
De Goulard.

Bismarck.
Arnim.

Protocole de signature

Francfort, 10 Mai 1871.

Les soussignés, après avoir entendu la lecture du traité de paix définitive, l'ont trouvé conforme à ce qui a été convenu entre eux. En vertu de quoi ils l'ont muni de leurs signatures. Les trois articles additionnels ont été signés séparément. Il est entendu qu'ils feront partie intégrale du traité de paix. Le soussigné, chancelier de l'Empire allemand, a déclaré qu'il se charge de communiquer le traité aux gouvernements de Bavière, de Wurtemberg et de Bade, et d'obtenir leurs accessions.

Jules Favre.
Pouyer-Quertier.
E. de Goulard.

Bismarck.
Arnim.

CONVENTION ADDITIONNELLE
AU TRAITÉ DE PAIX DU 10 MAI ENTRE LA FRANCE ET L'ALLEMAGNE

Le président de la République française d'une part, et S. M. l'Empereur d'Allemagne, d'autre part, ayant résolu, conformément à l'article 17 du traité de paix conclu à Francfort le 10 Mai 1871, de négocier une convention additionnelle à ce traité, ont, à cet effet, nommé pour leur plénipotentiaires, savoir :

Le président de la République française, M. Marc-Thomas-Eugène de Goulard, membre de l'Assemblée nationale, et M. Alexandre-Johann-Henry de Clercq, ministre plénipotentiaire de 1re classe,

Et S. M. l'Empereur d'Allemagne, M. Weber, conseiller d'Etat de S. M. le Roi de Bavière, et M. le comte Uxkull, conseiller intime de légation de S. M. le Roi de Wurtemberg ;

Lesquels, après s'être communiqué leurs pleins pouvoirs, trouvés en bonne et due forme, sont convenus des articles suivants :

Art. 1. — Pour les individus originaires des territoires cédés qui résident hors d'Europe, le terme fixé par l'article 2 du traité de paix pour l'option entre la nationalité française ou la nationalité allemande est étendu jusqu'au 1er Octobre 1873.

L'option en faveur de la nationalité française résultera,

pour ceux des individus qui résident hors d'Allemagne, d'une déclaration faite soit aux maires de leur domicile en France, soit dans une chancellerie diplomatique ou consulaire française, ou de leur immatriculation dans une de ces chancelleries.

Le gouvernement français notifiera au gouvernement allemand, et par périodes trimestrielles, les listes nominatives qu'il aura fait dresser d'après ces mêmes déclarations.

Art. 2. — Les pensions tant civiles qu'ecclésiastiques, régulièrement acquises ou déjà liquidées jusqu'au 2 Mars 1871, au profit soit d'individus originaires des territoires cédés, soit de leurs veuves ou de leurs orphelins qui opteront pour la nationalité allemande, restent à leurs titulaires en tant qu'ils auront leur domicile sur le territoire de l'Empire et seront désormais, à dater du même jour, acquittés par le gouvernement allemand.

Sous les mêmes conditions et à dater du même jour, le gouvernement allemand se chargera des pensions militaires, régulièrement acquises ou déjà liquidées jusqu'au 19 Juillet 1870, au profit soit d'individus originaires des pays cédés, soit de leurs veuves et orphelins.

Le même gouvernement tiendra compte aux fonctionnaires civils de tout ordre et aux militaires et marins originaires des territoires cédés et qui seraient confirmés par le gouvernement allemand dans leurs emplois ou grades, des droits qui leur sont acquis par les services rendus au gouvernement français.

Art. 3. — Les hautes parties contractantes voulant, dans l'intérêt des justiciables, obvier aux difficultés qui pourraient, en matière civile, résulter du démembrement des anciennes circonscriptions judiciaires, il est entendu :

1º Que tout jugement prononcé par les tribunaux français et ayant acquis l'autorité de la chose jugée avant le 20 Mai 1871, sera considéré comme définitif et exécutoire de plein droit dans les territoires cédés ;

2º Qu'aucune exemption d'incompétence, à raison du changement des frontières respectives, ne pourra être élevée contre les jugements d'un tribunal civil ou d'une Cour d'appel français rendus avant le 20 Mai 1871 et qui seraient encore passibles d'appel ou de recours en cassation ;

3º Que la solution des procès engagés sur des matières non personnelles appartiendra au tribunal de la situation de l'objet litigieux ;

4º Que le tribunal du domicile du défendeur sera seul compétent pour vider les procès de première instance engagés sur des matières personnelles ;

5º Que le même principe sera appliqué aux procès vidés en première ou en seconde instance qui n'auraient pas encore acquis force de chose jugée, mais dont les pourvois d'appel ou les recours en cassation ne seraient interjetés que postérieurement au 20 Mai 1871 ;

Et 6º qu'en ce qui concerne les procédures d'appel et les pourvois en cassation régulièrement engagés avant le 20 Mai 1871, ils seront vidés par les tribunaux qui s'en trouveront saisis, à moins que, par suite de la nouvelle démarcation des frontières respectives, les parties en cause ne se trouvent tous deux soumises, en matières personnelles, à la compétence des tribunaux de l'autre Etat.

ART. 4. — Les condamnés originaires des territoires cédés qui sont actuellement détenus dans les prisons, maisons centrales et établissements pénitentiaires de la France ou de ses colonies, seront dirigés sur la ville la plus rapprochée de la nouvelle frontière pour y être remis aux agents de l'autorité allemande.

Réciproquement, le gouvernement allemand fera remettre aux autorités françaises compétentes les condamnés français non originaires des territoires cédés, qui sont actuellement détenus dans les prisons, maisons centrales et établissements pénitentiaires des pays cédés.

Il en sera de même des personnes recueillies dans les maisons d'aliénés.

Art. 5. — Dans les provinces cédées, l'Allemagne recouvrera par ses agents, et à son profit, les frais de justice criminelle et les amendes; elle prendra à sa charge et paiera aux intéressés les frais de justice criminelle qui leur sont actuellement dus.

Art. 6. — Les extraits des casiers judiciaires, relatifs aux communes que la nouvelle frontière sépare de leurs anciens arrondissements, seront réciproquement échangés entre le gouvernement français et l'Empire allemand.

Les autorités judiciaires et administratives françaises, ainsi que les particuliers, auront la faculté de se faire délivrer des extraits des casiers judiciaires conservés dans les territoires cédés.

L'Empire allemand remettra à l'avenir, sans frais, à la France, les bulletins des condamnations prononcées par les tribunaux de répression des territoires cédés, contre des individus de nationalité française.

Réciproquement, la France remettra à l'avenir, sans frais, à l'Allemagne, les bulletins des condamnations prononcées par ses tribunaux de répression, contre des individus originaires des territoires cédés qui seront devenus sujets allemands.

Art. 7. — Conformément aux principes posés par l'article 15 du traité de paix, il est convenu que toute facilité sera accordée aux ayants droit, français ou allemands, pour assurer la garantie et l'exercice des droits hypothécaires acquis avant le 20 Mai 1871.

Il est également entendu :

1º Que les registres de la conservation des hypothèques, déposés actuellement dans les chefs-lieux des arrondissements démembrés, seront laissés ou mis à la disposition de celui des deux Etats qui, par suite de la nouvelle délimitation, possédera l'étendue la plus considérable du territoire de ces mêmes arrondissements ;

Et 2º que les intéressés, français ou allemands, établis dans l'étendue des circonscriptions administratives démembrées, auront toujours la faculté de se faire délivrer, par les autorités respectives compétentes, des copies en forme des certificats d'inscription ou de radiation dont ils pourront avoir besoin.

Art. 8. — Les hautes parties contractantes s'engagent à se restituer réciproquement tous les titres, plans, matrices cadastrales, registres et papiers des communes respectives que la nouvelle frontière a détachées de leurs anciens centres administratifs et qui se trouvent déposés dans les archives des chefs-lieux de département ou d'arrondissement dont elles dépendaient précédemment.

Il en sera de même des actes et registres concernant les services publics de ces mêmes communes.

Les hautes parties contractantes se communiqueront réciproquement, sur la demande des autorités administratives supérieures, tous les documents et informations relatifs à des affaires concernant à la fois la France et les territoires cédés.

Art. 9. — Jusqu'à la conclusion des arrangements prévus par le premier paragraphe de l'article 6 du traité de paix du 10 Mai 1871, il est convenu que les évêques établis dans les diocèses traversés par la nouvelle frontière conserveront, dans toute son étendue, l'autorité spirituelle dont ils sont actuellement investis, et resteront libres de pourvoir aux besoins religieux des populations confiées à leurs soins.

Art. 10. — Les individus originaires des territoires cédés ayant opté pour la nationalité allemande, qui ont obtenu du gouvernement français, avant le 2 Mars 1871, la concession d'un brevet d'invention ou d'un certificat d'addition, continueront à jouir de leur brevet dans toute l'étendue du territoire français, en se conformant aux lois et règlements qui régissent la matière.

Réciproquement, tout concessionnaire d'un brevet d'invention ou d'un certificat d'addition accordé par le gouvernement français avant la même date, continuera jusqu'à l'expiration de la durée de la concession, à jouir pleinement des droits qu'il leur donne dans toute l'étendue des territoires cédés.

Art. 11. — Une commission mixte, composée de délégués spéciaux choisis en nombre égal par chacune des hautes parties contractantes, sera chargée d'assurer l'exécution des stipulations contenues dans l'article 4 du traité de paix signé à Francfort, le 10 Mai 1871.

Elle sera de même chargée de la liquidation des sommes

dues à la Caisse des dépôts et consignations pour les prêts faits par elle aux départements, villes et communes comprises dans les territoires cédés.

A cet effet, elle opérera l'apurement et la liquidation des sommes réclamées de part et d'autre, et fixera le mode à adopter pour leur acquittement.

Cette commission sera également chargée de la remise des titres et documents relatifs aux créances sur lesquelles elle aura à statuer. Son travail ne sera considéré comme définitif qu'après avoir reçu l'approbation des hautes parties contractantes.

Art. 12. — Pour faciliter l'exploitation des biens-fonds et forêts limitrophes des frontières, sont affranchis de tout droit d'importation, d'exportation ou de circulation : les céréales en gerbes ou en épis, les foins, la paille et les fourrages verts, les produits bruts des forêts, bois, charbons ou potasses, ainsi que les engrais, semences, planches, perches, échalas, animaux et instruments de toute sorte servant à la culture des propriétés situées dans une zone de 10 kilomètres de chaque côté de la frontière, sous réserve du contrôle réglementaire existant dans chaque pays pour la répression de la fraude.

Dans le même rayon et sous les mêmes garanties, sont également affranchis de tous droits d'entrée et de sortie ou de circulation : les grains et bois envoyés par les habitants des deux pays à un moulin ou à une scierie situés sur le territoire de l'autre, ainsi que les farines et planches en provenant.

La même faculté est accordée aux nationaux des deux pays pour l'extraction de l'huile des semences recueillies sur leurs biens-fonds et pour le blanchiment des fils et toiles écrues fabriqués avec les produits de la terre qu'ils cultivent.

Art. 13. — Le gouvernement allemand reconnaît et confirme les concessions de routes, canaux et mines accordées, soit par le gouvernement français, soit par les départements ou les communes sur les territoires cédés.

Il en sera de même des contrats passés par le gouvernement français, les départements ou les communes, pour le fermage ou l'exploitation de propriétés domaniales, départementales ou communales, situées sur les territoires cédés.

L'Empire allemand demeure subrogé à tous les droits et à toutes les charges qui résulteraient de ces concessions et contrats pour le gouvernement français.

....

Art. 14. — (*Arrangements relatifs aux canaux.*)

Art. 15. — (*Arrangements relatifs au curage et à l'entretien des cours d'eau.*)

Art. 16. — Le gouvernement de l'Empire allemand demeure subrogé en tout aux droits et obligations du gouvernement français en ce qui concerne les concessions des chemins de fer ci-après spécifiés, savoir :

....

Art. 17. — Les hautes parties contractantes s'engagent à se communiquer mutuellement, dans le plus bref délai, la liste des bureaux de douanes et des localités spécialement ouvertes aux opérations de transit et de transbordement, prévues par les articles 2, 10 et 17 de la convention du 2 Août 1862 sur le service international des chemins de fer dans ses rapports avec la douane.

L'article 23 du traité de commerce conclu le 2 Août 1862 entre la France et le Zollverein, qui exempt réciproquement de tout droit le transit des marchandises de toute nature venant de l'un des deux territoires dans l'autre ou y allant, est remis en vigueur pour le temps déterminé dans l'article 32 de ce même traité.

Art. 18. — En dehors des arrangements internationaux mentionnés dans le traité de paix du 10 Mai 1871, les hautes parties contractantes sont convenues de remettre en vigueur les différents traités et conventions existants entre la France et les Etats allemands antérieurement à la guerre, le tout sous réserve des déclarations d'adhésion qui seront fournies par les gouvernements respectifs lors de l'échange des ratifications de la présente convention.

Sont toutefois exceptées les conventions spéciales entre la France et la Prusse relatives au canal de la Sarre.

De même, les stipulations du présent article ne sont pas applicables aux relations postales qui sont réservées à un arrangement ultérieur entre les deux gouvernements.

Il est également convenu que les dispositions de la convention franco-badoise du 16 Avril 1846 sur l'exécution des jugements, du traité d'extradition conclu entre la France et la Prusse le 21 Juillet 1845 et de la convention franco-bavaroise du 24 Mars 1865 sur la garantie réciproque de la propriété des œuvres d'esprit et d'art, seront provisoirement étendues à l'Alsace-Lorraine et que, dans les matières auxquelles ils se rattachent, ces trois arrangements serviront de règle pour les rapports entre la France et les territoires cédés.

Art. 19. — La présente convention, rédigée en français et en allemand, sera ratifiée, d'une part, par le président de la République française après approbation de l'Assemblée nationale et, d'autre part, par S. M. l'Empereur d'Allemagne, et les ratifications en seront échangées à Versailles dans le délai d'un mois ou plus tôt si faire se peut.

En foi de quoi, les plénipotentiaires respectifs l'ont signée et y ont apposé le cachet de leurs armes.

Francfort, le 11 Décembre 1871.

 E. DE GOULARD.   WEBER.
 DE CLERCQ.   UXKULL.

Protocole de clôture

Au moment de procéder à la signature de la convention additionnelle au traité de paix du 10 Mai 1871, arrêtée entre eux à la date de ce jour, les plénipotentiaires soussignés ont fait la déclaration suivante :

I. — Tous les militaires et marins français originaires des territoires cédés, actuellement sous les drapeaux et à quelque titre qu'ils y servent, même celui d'engagés volontaires ou de remplaçants, seront libérés en présentant à l'autorité militaire compétente leur déclaration d'option pour la nationalité allemande.

Cette déclaration sera reçue, en France, devant le maire de la ville dans laquelle ils se trouvent en garnison ou de passage, et des extraits en seront notifiés au gouvernement allemand, dans la forme prévue par le dernier alinéa de l'article 1 de la convention additionnelle de ce jour.

II. — (*Disposition relative aux arrérages de pensions payées par le Trésor français depuis les préliminaires de Versailles.*)

III. — (*Disposition relative à la liquidation des caisses de retraite, de prévoyance, secours mutuels, etc., établies dans les territoires cédés.*)

IV. — La loi du 14 Juillet 1871 sur la réorganisation judiciaire de l'Alsace-Lorraine ayant, par son article 18, consacré le principe d'un dédommagement au profit des titulaires des offices dits ministériels, en cas d'abolition du régime de vénalité sous lequel ils étaient placés, les plénipotentiaires allemands déclarent que leur gouvernement est prêt à étudier les mesures propres à étendre le même principe d'indemnité aux titulaires de charges vénales n'ayant pas le caractère d'offices de judicature, dont la transmission à titre onéreux viendrait à être légalement prohibée.

Dans le cas où une indemnité serait accordée, celle-ci sera attribuée aux titulaires, sans distinction de nationalité et restera de même acquise à leurs veuves et orphelins.

V. — (*Déclaration des plénipotentiaires français sur les droits des individus brevetés mentionnés dans l'article 10 de la convention additionnelle.*)

VI. — (*Remboursement de fonds des communes cédées, versés dans les caisses des recettes générales de Colmar, Strasbourg et Metz.*)

VII. — (*Remboursement de cautionnements des comptables.*)

VIII. — (*Facilités accordées au Trésor français pour le recouvrement de ses créances.*)

IX. — A dater de la signature de la convention additionnelle de ce jour, la Banque de France liquidera seule et directement, par ses propres agents, les trois succursales établies dans les territoires cédés.

Le liquidateur choisi par elle aura désormais la libre et entière disposition de sa correspondance, des clefs de sa caisse et de tous les fonds et valeurs dont il est chargé d'assurer la rentrée. Ses opérations devront être complètement terminées au plus tard dans l'espace de trois mois après l'échange des ratifications de la convention additionnelle.

Jusqu'à cette époque, il ne pourra toutefois entreprendre aucune opération nouvelle d'escompte, de prêts ou d'avances sur titres, ni faire, dans les territoires cédés, aucun placement temporaire de fonds, avant de s'être concerté avec l'autorité locale compétente.

Mainlevée est donnée à la Banque de France du séquestre mis sur son dépôt de monnaies divisionnaires, et restitution lui en sera faite en espèces monnayées d'argent.

Le présent protocole, qui sera considéré, de part et d'autre, comme approuvé et sanctionné sans autre ratification spéciale, par le seul fait de l'échange des ratifications de la convention additionnelle à laquelle il se rapporte, a été dressé, en double expédition, à Francfort, le 11 Décembre 1871.

E. DE GOULARD.   WEBER.
DE CLERCQ.   UXKULL.

Protocole de signature

Les plénipotentiaires soussignés de la République française et de S. M. l'Empereur d'Allemagne s'étant réunis le 11 Décembre 1871, il a été procédé au collationnement des textes en langue française et allemande de la convention additionnelle au traité de paix du 10 Mai 1871, ainsi que du protocole de clôture y annexé, qui ont été arrêtés entre eux dans la conférence du 2 de ce mois. Les deux textes ont été reconnus exacts et identiquement conformes.

Au moment d'apposer leurs signatures, les plénipotentiaires français, par ordre de leur gouvernement, ont fait la déclaration suivante :

Des aliénations de coupes de bois dans les forêts de l'Etat ont été consenties dans la guerre, sur territoire français, par les autorités civiles et militaires allemandes. A raison des circonstances au milieu desquelles ont été souscrits les contrats passés à ce sujet, le gouvernement français ne saurait, en ce qui le concerne, reconnaître à ces contrats ni valeur légale ni force obligatoire, et entend repousser toute responsabilité, pécuniaire ou autre, que les tiers intéressés pourraient, de ce chef, vouloir faire peser sur lui.

Les plénipotentiaires allemands ont, de leur côté, déclaré que la réserve relative au chemin de fer de Nancy à Château-Salins et Vic, mentionnée dans l'article 16 de la convention additionnelle, concerne une entente entre le gouvernement impérial et la Compagnie concessionnaire sur les conditions d'exploitation de ce chemin.

A la suite de ces déclarations, dont il a été donné acte, les plénipotentiaires respectifs ont signé et scellé les deux actes susmentionnés, et le présent protocole a été dressé séance tenante à Francfort, le jour, mois et an que dessus.

De Goulard.   Weber.
De Clercq.   Uxkull.

DOCUMENTS COMPLÉMENTAIRES

EXTRAITS DES PAPIERS LAISSÉS PAR M. CHARLES WAGNER
DÉLÉGUÉ A BALE

NOTICE CONCERNANT
LA SUCCURSALE DE LA BANQUE DE FRANCE, DE MULHOUSE

INSTRUCTIONS

pour les chefs de détachement de mobilisés passant par la Suisse.

Aller à pied jusqu'à Liestal, y coucher à l'auberge du *Faucon*, où il y a de la place pour 200 hommes.

Coucher sur la paille, y déjeûner ; se paie 60 centimes.

Prendre à 5 $^1/_2$ heures le train pour Berne, billet de 3ᵉ classe.

A Berne $^1/_2$ heure d'arrêt. Prendre un billet de 2ᵉ classe pour Genève (il n'y a pas de 3ᵉ classe dans ce train, qu'il faut absolument prendre pour arriver le même soir à Bellegarde).

A Genève, éviter soigneusement de se faire remarquer par la police. Aller tout doucement au guichet, demander des *places gratuites* jusqu'à Bellegarde. Partir le même soir pour Bellegarde, y demander M. Weiss-Bornand qui aura préparé souper et coucher.

Pour la route, le chef de détachement fera bien de prendre à Saint-Louis du pain et un peu de viande ou de la charcuterie.

Il donnera 50 centimes à chaque homme pour prendre un verre de vin, et leur recommandera *la plus grande sobriété*.

Il est essentiel d'éviter en Suisse toute apparence militaire. Les hommes qui passent, sont des ouvriers sans travail allant chercher de l'ouvrage à Lyon, et non des soldats.

Tout ce qui pourrait être contraire à la neutralité suisse, *qui doit être soigneusement respectée*, est défendu. Donc :

    ni chants,
    ni cris,
    ni commandements à haute voix,
    ni marche en troupe.

Il faut s'avancer partout par petits groupes de 5 à 6 hommes.

Le chef de détachement reçoit pour chaque homme, 25 fr.

Les frais sont de :

Voyage de Bâle à Genève en 2ᵉ classe	Fr. 20.15
(donc si on va à pied une partie du chemin, ou si on prend des 3ᵉ jusqu'à Berne, on fait gagner quelque chose aux hommes.)	
Entretien en route, à peu près	» 1.50
Souper à Bellegarde	» 1.25
Total.......	Fr. 22.90

Donc, si même il fallait payer la place de Genève à Bellegarde (bien entendu, on ne paierait que $1/4$ de place), il doit encore rester quelques sous aux hommes. On les leur distribuera à Bellegarde, quand toutes les dépenses seront soldées.

Le chef de détachement, qui recevra 50 fr. pour son voyage (aller et retour) rentrera le plus promptement possible à Saint-Louis.

Trois Lettres de M. Jean Dollfus à M. Ch. Wagner [1]

Mulhouse, le 30 novembre 1870.

Monsieur Wagner,

à Bâle.

Je vous adresse les deux personnes dont je vous ai parlé hier et qui doivent pouvoir vous être très utiles pour tout ce qu'il y a à faire.

Je suis convenu avec eux qu'ils toucheront chacun fr. 5 par jour et qu'ils auront à payer toutes leurs dépenses. Je leur ai toujours donné à chacun fr. 10 acompte.

Vous les garderez, si vous en êtes content, tant qu'il le faudra. Je vous les recommande.

Recevez mes amicales salutations.

Signé : Jean Dollfus.

---

[1] Voir pages 144, 153, 160, 167, 177 (sous les initiales C. W.), puis pages 200, 209, 216 et 276, sous le nom entier.

Mulhouse, le 5 décembre 1870.

Monsieur Wagner,
à Bâle.

Je voudrais savoir où vous en êtes avec l'expédition de nos hommes sur Lyon et si les deux personnes envoyées pour vous assister, vous conviennent et vous sont nécessaires?

Avez-vous été obligé de prélever quelque chose sur le crédit ouvert à Bâle. Avez-vous encore de l'argent? Combien?

M. Mansbendel-Hartmann, qui s'est rendu à Lyon pour se rendre utile à son pays, m'écrit qu'il a pris des renseignements à l'ambassade de Berne et ailleurs, et qu'il faudrait, pour les hommes à envoyer, leur faire prendre de préférence la route de Herzogenbuchsée par Bienne et Neuchâtel à Genève, que ce serait meilleur marché et qu'on les remarquerait moins. Que, dans tous les cas, si on les envoye par Berne, il faudrait les faire descendre à la station avant Berne (Zollikofen), pour les faire aller à pied de là jusqu'à la première station après Berne (Bumplitz).

Je m'empresse de vous en faire part, car la Suisse est forcée de prendre certaines mesures contre ce qu'on pourrait reprocher à sa neutralité.

Recevez mes amicales salutations.

Signé : Jean Dollfus.

Remettez vos lettres pour moi à MM. De Speyr & Cie.

Mulhouse, le 17 décembre 1870.

Monsieur,

Je vous remercie pour les renseignements que vous avez bien voulu me donner et je suis l'interprète des mes concitoyens pour vous dire que nous sommes heureux de voir tout ce que vous arrivez à faire, grâce à l'énergie, à l'activité, au savoir-faire que vous déployez.

Si les deux aides envoyés ne devaient pas vous être bien nécessaires, utiles, il ne faut pas vous gêner pour les renvoyer ici.

Recevez mes bien cordiales salutations.

Signé : Jean Dollfus.

Notice concernant la succursale de la Banque de France, de Mulhouse

Le journal du docteur Weber mentionne, pages 166 et 176, la prise de possession par les Allemands de la succursale de la Banque de France de Mulhouse. Voici quelques renseignements inédits qui complètent ses données.

Dès que les premières installations administratives allemandes opérées systématiquement à Mulhouse eurent démontré l'intention des nouvelles autorités de s'emparer de tous les rouages de la vie publique, M. Jules Hartung, directeur de la Banque de France de notre ville[1], reconnaissant le danger qu'allaient courir les fonds considérables confiés à sa garde, s'empressa de les mettre en sûreté. Secondé par son caissier, il transporta ainsi plusieurs millions à Bâle, en faisant, à cet effet, une série de voyages.

Le 6 octobre 1870, la Banque de France fut occupée militairement. M. Hartung, sommé de remettre les clefs, dut accompagner les inspecteurs dans les caveaux du sous-sol, où ils ne trouvèrent que fr. 17,25 rentrés le matin même.

Le gouvernement français décora M. Hartung pour sa conduite patriotique et il fut nommé, après la guerre, directeur de la nouvelle succursale de Roubaix, qu'il dut installer. Environ deux ans après, il fut appelé à la direction de l'établissement de Lille, où il resta jusqu'au moment de sa retraite, vers 1885.

---

[1] Les bureaux de la Banque de France se trouvaient dans les locaux occupés depuis lors par la *Reichsbank*, avenue du Commerce.

LISTE DES PERSONNES
citées dans cet ouvrage

Conseillers municipaux

Nota. — Comme la plupart des conseillers sont cités presque continuellement, on s'est abstenu de mentionner les pages où ils figurent.
Ceux qui sont marqués d'un * formaient la *Commission exécutive* (v. planche 4).

* Bertelé Charles, avocat.
  Beugniot Edouard, ingénieur.
* Bock Henri, manufacturier.
  Boehler Aloïse, avoué.
  Boeringer Henry, manufacturier.
* Chauffour Louis, avocat.
* Dollfus Auguste, manufacturier.
  Dollfus Jean, manufacturier.
  Dollfus Jules, manufacturier.
* Dujardin Auguste, notaire.
* Engelmann Godefroi, lithographe.
  Gerbaut Charles, négociant.
* Heilmann-Ducommun Paul, atelier de constructions.
  Huguenin Louis, manufacturier.
  Jundt Théodore, ingénieur des Ponts-et-Chaussées.
  Klippel Eugène, docteur.
  Koechlin Nicolas, père, manufacturier.
  Koechlin-Schwartz Alfred, manufacturier.
* Koechlin-Steinbach Alfred, manufacturier.
  Laederich-Weber Charles, négociant.

* Lantz Lazare, manufacturier.
Merklen Félix-Pierre, graveur sur rouleaux.
Muller Frédéric, entrepreneur.
Naegely Charles, manufacturier.
Romann Georges, hôtelier.
Roth Emile, pharmacien.
Schoen Jean de Frédéric, négociant.
* Schwartz Henry, père, manufacturier.
* Steinbach Georges, manufacturier.
Stengel-Schwartz Aloyse, entrepreneur.
* Tagant Victor-Amédée, négociant.
* Wacker-Schoen Charles, marchand de fer.
Weber Jean, docteur (v. sa biographie en tête du volume).
Zipélius Jean, négociant.

Députés du Haut-Rhin à l'Assemblée nationale à Bordeaux (v. page 307)

Chauffour Louis, de Mulhouse.
Denfert, colonel, de Belfort.
Gambetta Léon, de Paris.
Grosjean Jules, de Belfort.
Hartmann Frédéric, de Munster.
Keller-Haas Emile, de Belfort.
Koechlin-Steinbach Alfred, de Mulhouse.
Rencker Edouard, notaire, de Colmar.
Titot Frédéric, de Colmar.
Scheurer-Kestner A., de Thann.
Tachard Albert, de Mulhouse.

Délégués à Versailles par la Chambre de commerce de Mulhouse (v. page 314)

Dollfus Auguste, de Mulhouse.
Koechlin Edouard, de Willer.
Lantz Lazare, de Mulhouse.
Schaeffer Gustave, de Dornach.
Schlumberger Jean, de Guebwiller.
Trapp Edouard, de Mulhouse.

Autres délégués de la ville

Beugniot Edouard, délégué à Tours.
Dollfus Auguste, délégué à Tours.
Dollfus Charles, fils de Jean, délégué à Berlin.
Engel-Dollfus Frédéric, délégué à Tours.
Koechlin Jules, délégué à Bâle.
Schwenk Alexandre, délégué de la Ligue de l'Est.
Spoerry Henri, délégué à Bordeaux.
Wagner Charles, délégué à Bâle.
Weiss-Bornand Jules, délégué à Bellegarde et à Villefranche.

Experts pour taxer les indemnités de la guerre
(v. page 401)

Tagant, de Mulhouse.
Gerber, maire de Reiningen.
Harnist, maire de Niedermorschwiller.
Welterlé, de Heimsbrunn.

Officiers allemands

Born, officier d'administration, 213.
von Bülow, capitaine, 104.
Franzecki, général, 403.
Heussler, lieutenant-colonel, chef de l'Etappenkommando, 256, 257, 259, 261, 262, 293.
Kirstein, major, commandant de place, 188, 193, 204, 208, 213, 217, 219, 222, 229, 231, 238, 254.
von Loos, colonel du 25e régiment d'infanterie, 6, 7, 25, 26, 30, 31, 47, 68, 75, 84, 96.
Mayer, intendant, 212, 216.
Müller, chirurgien en chef, 228, 242.
von Ohlen-Adlerskron, major de hulans, commandant de place, 14, 68.
von Pretlwitz, commandant, 6.
von Quistorp, colonel, 367, 396.
von Rœder, général, 137, 185, 187.
von Schmeling, général, 11, 28, 30, 75, 77, 83, 100, 104, 105, 106, 107, 158, 203.
Schramm, commandant, 119.
von Treskow, général, 100, 107, 112, 141, 150, 161, 179, 220, 224, 231, 287, 313.
von Usedom, commandant de place, 138, 141, 142, 147, 159, 161, 164, 168, 171, 173, 176, 183, 186.
Weiseck, adjudant, 188.
von Werder, général, 396.

Fonctionnaires allemands

Baudoin, futur sous-préfet de Belfort, 213.
von Bismarck, comte (futur chancelier), 363, 368, 389, 396.
von Bismarck-Bohlen, gouverneur général d'Alsace, 40, 168, 219, 251, 310, 321, 403.

von der Heydt, préfet de Colmar, 122, 123, 124, 126, 151, 165, 195, 239, 258, 271, 298, 321, 329, 335.
von Kühlwetter, président civil, à Strasbourg, 326, 364.
Linder, garde général des forêts, 338.
Meyermann, receveur de la Régie, 334.
Regenauer, directeur des douanes, à Strasbourg, 396.
Schmitt, inspecteur de police, 125, 128, 149, 215, 218, 227, 243, 252, 255, 267, 270, 289, 300, 302, 304, 311, 321, 325, 339.
Schneider, chef de gare, 157, 166, 235, 246.
Schultze Waldemar, D[r], Kreisdirector, 139, 140, 148, 168, 172, 188, 199, 201, 202, 205, 219, 236, 239, 248, 253, 273, 276, 277, 283, 285, 287, 298, 307, 318, 320, 336, 338, 344, 346, 353, 356, 358, 359, 361, 370, 371, 376, 380, 381, 382, 386, 388, 392, 394, 397, 403, 405, 407, 408, 413.
Voigt, inspecteur des écoles, 399.
Warck, Garnisonsverwaltung-Oberinspector, 310, 312.
von Westphalen, chef de la Commandatur, 330.

Personnages divers

Adrian François D^r, pharmacien, 43, 46, 268.
Ammann, capitaine de francs-tireurs, 89.
Antuscewicz, 290.
Audran Fréd.-Albert, capitaine de mobiles, 172.
Basler Hans, professeur de gymnastique, 253.
Baumert-Scheidecker, charcutier, 229.
Baumgartner Henry, 314.
Bazaine, maréchal, 70, 73.
Bazin, employé des travaux de la ville, 192, 352.
Beck Pancrace, 205, 222.
Bernheim, boucher, 301.
Beinert Frédéric, chapelier, 47.
Belin, de Colmar, 303.
Bernardini, directeur de l'*Industriel Alsacien*, 4.
Bernheim Philippe, 219, 222.
Bertier-Bassinon, comestibles, 51.
Bietsch Edouard, 195.
Bischof de Saint-Alban, banquier, 387.
Blech Charles, de Sainte-Marie-aux-Mines, 303.
Bléger Alexandre, 250.
Blind, Mme, 207, 315, 347, 353.
Bloch, rue du Temple, 348, 359.
Boll, aubergiste, 293, 296.
Botz, agent des douanes, 114.
Bourbaki, général, 277.
Braesch, 190.
Braun, de l'Ambulance de la rue Koechlin, 228.
Brucker, 182.
Bühler Joseph, entrepreneur, 173, 355, 394.
Burgart J., marchand de bois, 231, 236.
Cambriels, général, 62.
Challemel-Lacour, préfet du Rhône, 74, 91, 94, 162, 216.
Châtel, ingénieur, de Belfort, 307.
Châtel Camille, 113.

Chaudordy de, représentant du ministère des Affaires étrangères, 60, 269, 274.
Clément, secrétaire de la Mairie, 58, 82, 83, 299, 306, 324, 325, 331, 342, 344, 349.
Clyptus, instituteur, 147, 336, 407.
Collin Mme, veuve d'un employé de l'Octroi, 415.
Conrath, 248.
Cordier, député de la Seine-inférieure, 393.
Cornefert, agent pour les blés, 56.
Couget-Moerlen, consul d'Espagne, 169.
Crémieux, ministre, 60, 64, 73, 77, 274.
Cuntz, professeur de gymnastique, 253, 333.
Degermann Jacques, brasserie, 232.
Delmas, 343, 369.
Demling-Rott, épicier, 41.
Denfert, colonel, 64, 307.
Denthony, entrepreneur du Nouveau-Bassin, 66.
Desforges, 252, 273.
Dietrich Joseph, marchand de bois, 395.
Diry, 357.
Doll Charles, consul de Bade, Bavière et Wurtemberg, capitaine des tirailleurs de la garde nationale, puis intendant divisionnaire, administrateur du camp de Clermont-Ferrand, 8, 17, 25, 34, 36, 37, 46, 48, 53, 67, 87, 97, 98, 106, 136, 139, 142, 143, 144, 167, 276, 341, 405.
Dollfus Charles, fils de Jean, 378, 380.
Dollfus Daniel, 71.
Dollfus-Dettwiller fils, 248.
Dollfus Gustave, 360.
Dollfus & Mantz, 251.
Dollfus-Mieg & Cie, 252, 263, 284, 341.
Douay, généraux, 1, 1.
Dreyfus Raphaël, manufacturier, 252.
Drudin 365.
Ducommun Jules, consul suisse, 164.
Dupuy, directeur de l'Ecole professionnelle, 296, 330, 341.

Ehrmann, docteur, 132.
Ehrsam Nicolas, secrétaire de la Mairie et archiviste, 47, 68, 78, 79, 151, 258, 260, 305, 308, 339.
Ehrsam Ulrich, Mme, 345, 350, 397, 406, 407.
Engel-Dollfus Frédéric, 59, 62, 225, 284.
Faehnlein Jean, hôtelier, 51.
Faidherbe, général, 235.
Favre-Blech fils, 194.
Fayolle Petrus, 338.
Fischer-Lischy, 43.
Fourichon Martin, amiral, ministre de la Marine, 274.
Franck & Boeringer, 251.
Franqueville, de, 73, 77, 245, 274.
Fritsch, garde champêtre chef, 15.
Frossard, général, 1.
Fuchs, agent de réquisitions, 15.
Gambetta Léon, ministre de la Guerre, 33, 43, 60, 61, 62, 77, 106, 133, 274, 307.
Geiger, 260.
Geissmann Paul, de Dornach, 298.
Gerber Jean, employé de la Mairie (bureau militaire), 305, 372, 413.
Gerber Joseph, maire de Reiningen, 154, 401.
Germain, concierge de la Mairie, 353, 384.
Gerspacher, de la Légion du Rhône, 240.
Gingembre, lieutenant de francs-tireurs, 51, 73.
Gobat-Monin, 328, 348.
Goetz, aubergiste à l'hôtel du Rhin, 211.
Gohr, planton de la Mairie, 229.
Grévy Jules, 56.
Grimm, 195.
Grisch Mme, directrice de l'Ecole supérieure de jeunes filles, 405.
Gros, 346, 388.
Grosjean Jules, préfet du Haut-Rhin, 29, 32, 35, 37, 41, 45, 47, 48, 56, 57, 63, 64, 66, 70, 73, 74, 78, 95, 126, 177, 307, 399.

Grumler, marchand de houilles, 243.
Guerber, commissaire central, 21, 118, 123, 154, 158, 188, 189, 230, 255, 316, 319, 323, 326, 338.
Guth, bibliothécaire des Cités ouvrières, 190, 240.
Gysperger J.-F., 373.
Haeffely Henri, 207, 210, 240, 249.
Haensler Chrétien, entrepreneur, 67.
Harnist, maire de Niedermorschwiller, 316, 401.
Hartmann, Mme, 261, 315, 323, 328.
Hartmann Albert, fils d'Antoine, 226.
Hartmann Frédéric, de Munster, 64, 307.
Hartung Jules, directeur de la Banque de France, 222, 246, 257, 460.
Haury, voiturier, 208.
Heeckeren, de, sénateur, de Soultz, 36.
Heckmann, 288.
Heilmann, 185.
Heilmann frères, 251, 397.
Heilmann Josué, 22, 25.
Heinrich Alphonse, sous-préfet, 181, 188, 194, 197, 209, 213, 214, 225, 258, 279, 341.
Helmer J., maréchal-ferrant, 323.
Hickel S.-F., notaire, 413.
Holzschuh, loueur de voitures, 366.
Hornus, employé de l'agent-voyer, 347.
Jacquemin, directeur de la Compagnie de l'Est, 61, 64, 65, 73, 79, 102, 105, 115, 116, 124, 129, 223, 241, 245, 266, 269, 270, 274, 275.
Jacquinot, baron, sous-préfet, 2, 58, 66, 85, 89, 91, 92, 97.
Joriaux, 248, 333, 338, 342, 348, 366.
Jouffroy, chef de bureau du ministère, 274.
Joulin, directeur des télégraphes, 22.
Jourdain, agent de l'*Industriel Alsacien*, 123.
Juris frères, épiciers, 271, 276.
Kaeffer, employé du Canal, 349.
Karcher, chef des gardes de nuit, 21.

Keller-Haas Emile, 36, 80, 89, 307.
Kern, instituteur, 366.
Kestner, Mme, de Thann, 140.
Knoertzer, instituteur, 336.
Koch Mme, 196, 222.
Koechlin André, 249.
Koechlin Charles, 338.
Koechlin Edouard, de Willer, 314.
Koechlin Emile, minotier, consul des Pays-Bas, 57, 243, 353.
Koechlin Eugène, docteur, 139.
Koechlin frères, 240, 249.
Koechlin Fritz, 305, 318, 321.
Koechlin Jules, vice-consul de France, à Bâle, 101, 145, 216.
Koechlin-Schlumberger Jos., Mme, 87.
Koechlin-Schwartz & Cie, 240, 242, 249.
Koenig, ancien agent-voyer, 207.
Kuenemann Mme, directrice de la poste à Dornach, 263.
Kullmann Auguste, 166.
Kullmann Paul, 6.
Kuntz, Mme, veuve du commissaire de police, 151.
Lallemand, directeur de l'Octroi, 152, 218, 279, 280, 295, 334, 351, 357, 372, 384.
Lasablière, de, principal du Collège, 249, 302, 347, 397, 406, 412.
Laurier, à Bordeaux, 275.
Lefébure, de Belfort, 307.
Lehmann, sergent de la garde nationale à Dornach, 86.
Lereboullet, rédacteur de l'*Industriel Alsacien*, 123.
Lesage François, entrepreneur de vidange, 326.
Linck Daniel, manufacturier, 82, 404, 413, 415.
Lischer Mathias, 183.
Loew Louis, président du tribunal civil, 30, 31, 172, 216, 268, 388, 401, 403.
Lugino. Mme, 149, 154, 223.
Mac-Mahon, maréchal, 1, 2.
Malzacher, 288..

Marniesse, directeur du Manège, 179, 194, 246, 330.
Marsal, commandant d'artillerie à Neuf-Brisach, 103.
Mayer, employé de la Mairie, 51.
Mayer-Warnod, Mme, 139, 140.
Mécusson, 161, 179, 184.
Metzger, de Ronchamp, 269.
Meunier J.-B.-Charles, capitaine de la garde nationale, 78, 82.
Meyer-Baumgartner, 333, 338.
Meyer & Schauenberg, 103, 268, 280.
Mieg Charles, père, 348, 359.
Mieg & Cie, Charles, 240.
Mieg Jean, plus tard maire de Mulhouse, 406.
Mieg Mathieu, 328.
Miquey Etienne, Mme, 30.
Montagnon, loueur de voitures, 83, 184, 237, 250, 327, 362, 367.
Mosmann Félix, architecte de la ville, 24, 51, 68, 185, 283, 332, 346, 347, 349.
Munschina fils, 102.
Naegely frères, 251, 373.
Napoléon III, 2.
North, économe de l'hôpital, 170, 256.
Oberlin Charles, ancien secrétaire de la sous-préfecture, plus tard secrétaire général de la Mairie, 256.
Oswald frères, banquiers, 212, 240, 242, 254.
Otages, 217, 264, 309.
Paraf Benjamin, 82.
Perrey, professeur de chimie, 226, 256.
Perrin Emile, libraire, 104, 105, 106.
Petit, employé de la Mairie, 317, 355.
Pfau, employé de la Mairie, 297.
Pillot, percepteur, 202, 203, 213, 214, 220, 244, 275, 316, 319, 329, 341, 360, 362.
Pontius, instituteur, 154.
Rapp J., 378.
Rencker Edouard, notaire, de Colmar, 307.
Rey F.-J., loueur de voitures, 236, 250.

Rieder, manufacturier, Ile Napoléon, 71.
Rieffel, brigadier de police, 366, 414.
Ring, planton de la Mairie, 229.
Risler Jean-Pierre, imprimeur, 299.
Riss J.-B., directeur des Ecoles primaires, 30, 94, 147, 154, 253, 280, 293, 300, 311, 333, 335, 339, 351, 355, 363, 366, 398, 399.
Rock Fridolin, Mme, 256, 373, 376.
Romann frères, hôteliers, 250, 278.
Rothan, employé de la Mairie, 294, 295, 333, 339, 413.
Rothfelder, professeur de dessin, 355.
Rouquille, aubergiste, 387.
Rückert Frédéric, entrepreneur, 186, 189, 264, 273, 295.
Rueff, 301.
Sauterot, colonel de Belfort, 5.
Schaal, surveillant des ateliers de la ville, 352.
Schacre J.-B., architecte, 311.
Schaeffer Gustave, de Dornach, 314.
Scheidecker, planton de la Mairie, 229.
Scheidecker C., charcutier, 157, 225, 227.
Schein, capitaine de francs-tireurs, 46, 47, 76, 80, 109.
Schemmel, ancien garçon de bureau de la sous-préfecture, 281.
Scheurer-Kestner A., de Thann, 307.
Schlumberger Mme, veuve, 408.
Schlumberger Amédée, 8, 221.
Schlumberger Jean, de Guebwillier, 314.
Schmerber, marchand de fer, 302.
Schmidlin, directeur du Central-Suisse, à Bâle, 102, 105, 112, 128, 209, 223, 371.
Schnéegans, directeur du journal l'*Helvetia*, à Berne, 290.
Schrott Joseph, docteur, dentiste, 126, 132, 268.
Schwartz Henry fils, 101.
Schultz, capitaine de francs-tireurs, 160.
Schweisguth-Coudray, 405.
Schwenk Alexandre, 48, 58, 67, 73, 89, 91, 92, 93, 95, 100, 117, 138, 160, 207, 216, 294.

Sergent, sous-inspecteur des douanes, 45, 105, 114.
Servin, 91.
Sester, curé, 94.
Siegfried Jules, du Havre, 331.
Simon frères, de Sarrebruck, 305.
Simon Jules, ministre de l'Instruction publique, 341, 398.
Speyr & Cie de, banquiers, de Bâle, 114, 225, 250, 284, 387.
Spoerry Henri, 177, 242, 245, 269, 270, 274, 275.
Stackler, instituteur, 366.
Staub, garde champêtre chef, 15, 43, 50.
Steiger, employé de la Mairie, 207, 226, 336.
Stein Martin, cordier, 15.
Steinbach Jean, Mme, 8, 196.
Stoeber Auguste, bibliothécaire municipal, 404.
Stoll Mlle 373, 375.
Strohl Auguste, consul des Etats-Unis, 240.
Strub, concierge de la Mairie, 229, 384.
Sulger, administrateur du Central-Suisse, de Bâle, 105.
Tachard Albert, de Mulhouse, 307.
Tesché Jules, commissionnaire de roulage, 268.
Thiébaut Henry, 296, 298.
Thierry-Burnat Emile, 414.
Thierry-Mieg Mathieu, 44, 271.
Thiers (plus tard président de la République), 84, 91.
Thiers, capitaine du génie, 49, 51.
Thiry baron de, receveur des finances, 81, 116, 118, 121, 165.
Thorens, 251.
Titot Frédéric, de Colmar, 307.
Trapp Edouard, 32, 78, 84, 155, 170, 233, 234, 240, 249, 282, 314, 382, 401, 403.
Triponel, docteur, 292.
Trochu, général, 65, 84.
Truy de, consul de France à Bâle, 145.
Ullmann, curé, 94.
Valentin, agent de police, 217, 224, 371, 375.
Valentin Edmond, préfet du Bas-Rhin, 40.

Valette, capitaine, 49.
Van den Berghe, professeur, 406.
Vaucher Edouard, 211, 215, 250.
Viellard-Migeon, 307.
Vigin Mme, femme d'un officier, 328.
Vogel, employé du chemin de fer, 289.
Wagner, hôtel, 250, 278, 348.
Wagner Charles, 144, 153, 160, 167, 177, 200, 209, 216, 276, 453, 457, 458, 459.
Walch, commis aux écritures, 273.
Wallach, 160.
Wantz, directeur de l'Orphelinat, 89.
Weber Georges, 253.
Wehrlin Edouard, consul de Belgique, 35.
Wehrlin Fritz, Mme, 237.
Weiger, voiturier, de Hirtzfelden, 141.
Weil & fils, 412.
Weiller frères, bouchers, 23, 387.
Weiss-Bornand Jules, 115, 124, 136, 152, 153, 160, 180, 455.
Weiss Charles, 388, 414.
Weiss-Fries, de Kingersheim, 242, 251.
Weiss-Zuber Armand, substitut du procureur impérial, 322.
Welterlé, de Heimsbrunn, 401.
Weninger Rod., boucher, 152, 245.
Wentzinger, maréchal-ferrant, 297.
West, docteur, adjoint au maire de Soultz, 80.
Wild, 302.
Willmann César, 207.
Winterer, architecte de la ville, 83.
Wolf Benjamin, commissionnaire de roulage, 268.
Wolf Frédéric, 414.
Zipfel, sous-directeur de l'Octroi, 351.
Zundel Auguste, vétérinaire, 51, 70, 73, 218, 319, 405.
Zweifel Gaspard, de Cernay, 315.

TABLE DES PORTRAITS

	Planches
Adrian François D^r	39
Audran Fréd.-Albert	35
Bertelé Charles	5
Beugniot Edouard	5
Bock Henri	5, 6
Boehler Aloïse	5
Boeringer Henry	8
Bourbaki (général)	35
Bourcart Jacques	22
Châtel Camille	39
Chauffour Louis	8, 29
Couget-Moerlen	22
Denfert-Rochereau (colonel)	30
Doll Charles	22, 35
Dollfus Auguste	8, 33
Dollfus Charles	19
Dollfus Gustave	39
Dollfus Jean	6, 8
Dollfus Jules	9
Ducommun	22
Dujardin Auguste	9
Dupuy	27
Ehrmann D^r	16
Ehrsam Nicolas	28
Engel-Dollfus Frédéric	19
Engelmann Godefroi	9
Gambetta Léon	29
Gerbaut Charles	9
Gerbaut Henri	39

	Planches
Grosjean Jules	24, 29
Hartmann Frédéric	31
Hartung Jules	26
Heilmann Josué	40
Heilmann-Ducommun Paul	10
Heinrich Alphonse	24
Huguenin Louis	10
Jundt Théodore	10
Keller-Haas Emile	31
Klippel Eugène D^r	10
Koechlin Emile (consul)	23
Koechlin Eugène D^r	2
Koechlin Jules	19
Koechlin Nicolas, père	6, 11
Koechlin-Schwartz Alfred	11, 36
Koechlin-Steinbach Alfred	11, 31
Laederich-Weber Charles	11
Lantz Lazare	12, 33
Lasablière de	27
Loew Louis	25
Loos von	6, 37
Merklen Félix-Pierre	12
Meunier Charles	36
Mieg Jean	40
Miquey Etienne, Mme	40
Miquey Etienne	40
Mosmann Félix	28
Muller Frédéric	12
Naegely Charles	12

	Planches		Planches
Oberlin Charles	24	Spoerry Henri	20
Ohlen-Adlerskron von	38	Steinbach Georges	6, 15
Perrin Emile	41	Stengel-Schwartz	15
Pillot	26	Stoeber Auguste	28
Rencker Edouard	31	Strohl Auguste	23
Riss Jean-Baptiste	27	Tachard Albert	32
Romann Georges	14	Tagant Victor-Amédée	15
Roth Emile	14	Thesmar Frédéric	23
Rückert Frédéric	41	Thiry baron de	26
Schaere Jean-Baptiste	41	Titot Frédéric	32
Schaeffer Gustave	34	Trapp Edouard	34
Schein Léon	35	Wacker-Schoen Charles	15
Scheurer-Kestner Auguste	32	Wagner Charles	20
Schlumberger Jean	34	Weber-Koechlin Jean, Dr	1, 18
Schlumberger-Ebinger Améd.	42	Wehrlin Edouard	23
Schoen Jean de Frédéric	14	Weiss-Bornand Jules	20
Schrott J. Dr	36	Weiss-Zuber Armand	25
Schwartz Henry, père	14	Zipélius Jean	18
Schwenk Alexandre	19	Zundel Auguste	42
Siegfried Jules	42	Zweifel Gaspard	43

Portraits des deux groupes

Planches

Groupe des agents de police de Mulhouse, en 1871 43
 Birkenstock, Eicke, Freckmann, Gerasch, Heil, Heitz, Henning, Hintze, Kohlmeyer, Kühlthau (gendarme), Leimbacher, Luthringer, Meikatt, Meschede, Miessner, Proft, Rheinländer, Salbach (gendarme), Schmitt (inspecteur de police), Tiede, Tiegs, Valentin, Weller (commissaire de police), Ziegler (commissaire de police), Ziemen.

Scène de la Doller 6
 De gauche à droite : Georges Steinbach, Nicolas Koechlin, Jean Dollfus, Henri Bock, Colonel von Loos.

AUTRES ILLUSTRATIONS

	Planches
L'Hôtel de ville de Mulhouse, en 1867	3
Commission municipale de 1870-1871. Reproduction du tableau des bourgmestres de l'Hôtel de ville	4
Scène de la Doller	6
Ordre de la Couronne	7
Fac-similé d'un bulletin de réquisition	13
Fac-similé d'une lettre du Dr Schultze, Kreisdirektor	17
Fac-similé d'un laissez-passer délivré par la ville de Mulhouse	21
Groupe des agents de police de Mulhouse, en 1871	43

TABLE DES MATIÈRES

		Pages
Préface de M. Aug. Dollfus		V
Préface de l'éditeur		VII
Notice biographique		IX
Résumé général (15 Juillet 1870 au 18 Février 1871)		1

Conseil municipal. Séances :

		Pages			Pages
5 Octobre 1870		11	26 Octobre 1870 (matin)		59
6 »		13	26 » (après-midi)		63
7 »		14	27 »		65
8 »		16	28 »		67
9 »		16	29 »		68
10 »		18	30 »		72
11 »	(matin)	22	31 »		73
11 »	(après-midi)	25	1er Novembre 1870		75
12 »		29	2 »		77
13 »		30	3 »		80
14 »		33	4 »		83
15 »		36	5 »		87
16 »		39	6 »		88
17 »		40	7 »		89
18 »		42	8 »		91
19 »		45	9 »		94
20 »		47	10 »		96
21 »		50	11 »		99
22 »		52	12 »		101
23 »		53	13 »		104
24 »		55	14 »		106
25 »		57	15 »		110

		Pages			Pages
16 Novembre 1870	.....	111	21 Décembre 1870		198
17 »	.....	113	22 »	......	200
18 »	.....	117	23 »	......	202
19 »	.....	119	24 »	......	204
20 »	.....	122	26 »	......	206
21 »	.....	125	27 » (matin)		210
22 »	.....	127	27 » (après-midi)		214
23 »	.....	129	28 »	......	215
24 »	.....	131	29 » (matin)		217
25 »	.....	134	29 » (soir) .		221
26 »	.....	137	31 »	......	222
27 »	.....	138	2 Janvier 1871	....	225
28 »	.....	141	3 »	....	228
29 »	.....	144	4 »	....	231
30 »	.....	147	5 »	....	235
1er Décembre 1870	....	149	6 »	....	238
2 »	.....	151	7 »	....	241
3 »	.....	154	9 »	....	245
4 »	.....	157	10 »	....	251
5 »	.....	159	11 »	....	254
6 »	.....	161	12 »	....	257
7 »	.....	164	13 »	....	259
8 »	.....	167	14 »	....	262
9 »	.....	170	15 »	....	264
10 »	.....	172	16 »	....	267
11 »	.....	175	17 »	....	270
12 »	.....	177	18 »	....	273
13 »	.....	178	19 »	....	277
14 »	.....	181	20 »	....	279
15 »	.....	183	21 »	....	283
16 »	.....	185	23 »	....	285
17 »	.....	189	24 »	....	286
18 »	.....	191	25 »	....	288
19 »	.....	194	26 »	....	289
20 »	.....	195	27 »	....	292

	Pages		Pages
28 Janvier 1871	294	24 Mars 1871	341
30 »	296	28 »	343
1er Février 1871	298	31 »	346
3 »	299	7 Avril 1871	347
6 »	302	14 »	353
10 »	305	21 »	356
13 »	307	28 »	357
15 »	309	5 Mai 1871	361
17 »	311	9 »	366
20 »	313	12 »	366
22 »	316	19 »	371
24 »	318	26 »	375
27 »	320	2 Juin 1871	380
1er Mars 1871	322	9 »	384
3 »	325	16 »	387
6 »	327	23 »	391
8 »	329	7 Juillet 1871	396
10 »	332	20 »	403
14 »	335	27 »	407
17 »	338	5 Août 1871	413
21 »	339		

Appendice :

Préliminaires de paix	419
Traité de paix	426
Articles additionnels	435
Protocole de signature	439
Convention additionnelle au traité de paix du 10 Mai 1871 entre la France et l'Allemagne	440
Protocole de clôture	449
Protocole de signature	451

Documents complémentaires :

    Instructions pour les chefs de détachement allant à Liestal 455
    Trois lettres de M. Jean Dollfus à M. Charles Wagner   457
    Notice concernant la succursale de la Banque de France, de Mulhouse 460

Liste des personnes citées dans l'ouvrage :

    Conseillers municipaux 461
    Députés du Haut-Rhin à l'Assemblée nationale de Bordeaux 462
    Délégués à Versailles par la Chambre de commerce de Mulhouse 463
    Autres délégués de la Ville 463
    Experts pour taxer les indemnités de la guerre 463
    Officiers allemands 464
    Fonctionnaires allemands 464
    Personnages divers 466

Table des portraits 475
Portraits des deux groupes 476
Autres illustrations 477

ERRATA

N. B. — Nous rectifions ci-après l'orthographe de quelques noms propres, mal écrits dans le manuscrit original.

Mercklen, conseiller municipal, lire partout : *Félix-Pierre Merklen*.
Page 11 Gerbaut Henry, lire : Gerbaut *Charles*.
» 35, 2e ligne, Wehrlen, lire : *Wehrlin*.
» 48 et suivantes, Schwenck, lire partout : *Schwenk*.
» 50, 23e et 26e lignes, Schaub, lire : *Staub*.
» 139, 1re ligne, Schultz, lire : *Schultze*.
» 140, 20e » » » »
» 141, 3e » du texte, Mulhoose, lire : *Mulhouse*.
» 165, 15e » von de Heydt, lire : von *der* Heydt.
» 185, 4e » témoins, lire : *témoin*.
» 186, 2e » l'unaminité, lire : *l'unanimité*.
» 198, 3e avant-dernière ligne, L'administration des pains, lire : des *bains*.
» 226, 7e ligne, Perret, lire : *Perrey*.
» 231, ligne de titre, 4 Janvier 1870, lire : *1871*.
» 231, avant-dernière ligne, Burgard, lire : *Burgart*.
» 236, 16e ligne, » » »
» 237, 6e ligne, Mme Wehrlen, lire : Mme *Wehrlin*.
» 255, 23e » Marie, lire : *Mairie*.
» 256, 4e » Perret, lire : *Perrey*.
» 261, 9e » Mossmann agant-voyer, lire : *Mosmann, agent*-voyer.
» 262, 14e » La Conseil, lire : *Le* Conseil.
» 305, 17e » du texte, Gerber, lire : *Guerber*.

Page 307, 14e ligne, canditats, lire : *candidats*.
 » 314, 3e » Isaac Koechlin, lire : *Edouard* Koechlin.
 » 330, 15e » Dupuis, lire : *Dupuy*.
 » 333, 10e » Kuntz, lire : *Cuntz*.
 » 341, 18e » Dupuis, lire : *Dupuy*.
 » 347, 9e » de la Sablière, lire : *de Lasablière*.
 » 355, 5e » Biehler, lire : *Bühler*.
 » 372, 20e » Guerber, lire : *Gerber*.
 » 394, 15e » Biehler, lire : *Bühler*.
 » 397, 22e » de la Sablière, lire : *de Lasablière*.
 » 398, 9e » » » »
 » 401, 17e » Harnisch, lire : *Harnist*.
 » 406, 10e » de la Sablière, lire : *de Lasablière*.
 » 412, dernier alinéa, » » »
 » 413, avant-dernière ligne, Jean Guerber, lire : *Gerber*.

Ouvrages d'auteurs mulhousiens
sur la
GUERRE DE 1870-1871

Chaque volume: M. 4.— (fr. 5.—) broché; M. 6.— (fr. 7.50) relié. Édition sur papier de Hollande: M. 12.— (fr. 15.—) broché. (Port non compris.)

Le Bataillon de la Mobile du Haut-Rhin, Journal d'un sous-officier (EMILE GLUCK). Un volume in-8°, avec 2 portraits et 1 carte en couleurs.

L'Ambulance d'Alphonse à l'armée de l'Est, par HENRI HIRCLARD, infirmier volontaire. Un vol. in-8°, avec 2 portraits, 4 vues hors texte et 15 illustrations dans le texte.

Journal du Siège de Belfort, par EDOUARD DOLL, garde mobile du 4e bataillon du Haut-Rhin, d'abord détaché au bureau de recrutement, puis infirmier en chef de l'Ambulance du camp retranché de Belfort. Un vol. in-8°, avec 13 portraits, 2 groupes, 11 vues de Belfort, 1 plan de Belfort en 1870 et 1 carte.

Documents officiels concernant le 4e Bataillon de la Mobile du Haut-Rhin, suivis de notes sommaires sur les autres bataillons du département, recueillis par ALFRED ENGEL, lieutenant au 68e régiment de mobiles, etc. Un fort vol. in-8°, avec 172 portraits ou vues, 4 planches de vues et de fac-similé, 1 morceau de musique et 1 itinéraire en 4 couleurs.

Mulhouse en 1870. Journal d'un officier de la garde nationale, JEAN WEBER-KOECHLIN, avec préface de M. Auguste Dollfus et sur note par M. le docteur Eugène Koechlin. Planches diverses.

Se commandent à

L'IMPRIMERIE ERNEST MEININGER MULHOUSE
Rue du Sauvage, 9-11

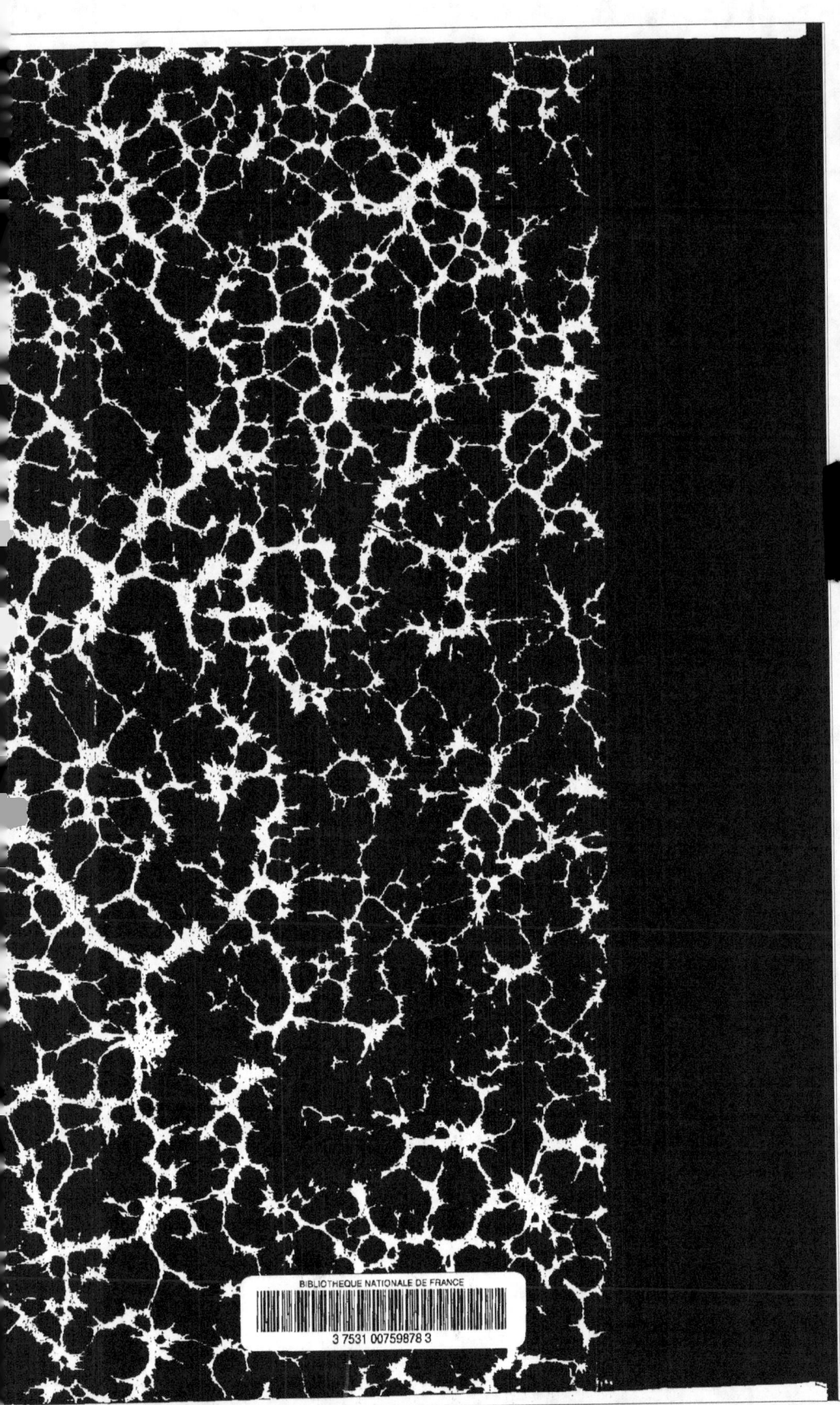

www.ingramcontent.com/pod-product-compliance
Lightning Source LLC
Chambersburg PA
CBHW060411230426
43663CB00008B/1453